파이썬으로 배우는 인공지능

파이썬으로 배우는 인공지능

현실 세계와 지능적으로 상호 작용하는
인공지능 애플리케이션 만들기

프라틱 조쉬 지음 남기혁·윤여찬 옮김 이용진 감수

i!i
에이콘

지은이 소개

프라틱 조쉬^{Prateek Joshi}

인공지능 분야의 연구원이다. 다섯 권의 책을 출판한 저자이자 TEDx 연사며, 벤처 투자를 유치한 실리콘밸리 소재의 스타트업인 플루토^{Pluto} AI의 창업자이기도 하다. 플루토 AI는 딥러닝 기반의 지능형 수자원 관리용 분석 플랫폼을 제공하는 회사다. AI와 관련해 여러 건의 특허를 갖고 있으며 유명 IEEE 학회에서 다양한 연구 논문과 기술 데모를 발표했다. TEDx, AT&T 파운드리, 실리콘밸리 딥러닝, 오픈 실리콘밸리를 비롯한 기술 및 창업 관련 행사에서 초청 강연을 한 바 있으며, 저명 기술 잡지의 객원 필자로도 활동한다.

저자의 블로그(www.prateekjoshi.com)는 200여 개 나라에서 6,600여 명의 팔로워를 확보하고 있으며, 1,200만 건 이상의 페이지 뷰를 기록하기도 했다. 주로 인공지능, 파이썬 프로그래밍, 추상 수학에 관련된 글을 블로그에 올리고 있다. 열렬한 프로그래머로서 다양한 기술 분야를 겨루는 해커톤에서 여러 차례 우승했다. USC(남캘리포니아대학)에서 인공지능으로 석사 학위를 취득했으며, 엔비디아, 마이크로소프트 리서치 등에서 근무했다. 저자의 개인 홈페이지(www.prateekj.com)를 방문하면 더욱 자세한 이력을 볼 수 있다.

기술 감수자 소개

리차드 마스덴 Richard Marsden

20년 이상의 경력을 가진 소프트웨어 개발 전문가다. 석유 업체를 위한 지구 물리 조사 분야를 시작으로 최근 10년 동안 독립 소프트웨어 벤더인 원웨이드 소프트웨어 테크놀로지를 운영하고 있다. 원웨이드는 지형 공간 정보 분야에 특화된 도구와 애플리케이션을 주로 취급하며, http://www.mapping-tools.com에서 캘리퍼 맵티튜드와 마이크로소프트 맵포인트를 비롯한 여러 가지 지형 공간 관련 도구와 플러그인을 제공한다.

팩트출판사에서 출간한 『Python Geospatial Development』(2016)와 『Python Geospatial Analysis Essentials』(2015), 『Python Geospatial Analysis Cookbook』(2015), 『Mastering Python Forensics』(2015), 『Effective Python Penetration Testing』(2016)을 기술 감수했다.

옮긴이 소개

남기혁(kihyuk.nam@gmail.com)

고려대 컴퓨터학과에서 학부와 석사 과정을 마친 후 한국전자통신연구원에서 선임 연구원으로 재직하고 있으며, 현재 ㈜프리스티에서 네트워크 제어 및 검증 소프트웨어 개발 업무를 맡고 있다. 에이콘출판사에서 출간한 『GWT 구글 웹 툴킷』(2008), 『해킹 초보를 위한 USB 공격과 방어』(2011), 『자바 7의 새로운 기능』(2013), 『iOS 해킹과 보안 가이드』(2014), 『실전 IoT 네트워크 프로그래밍』(2015), 『현대 네트워크 기초 이론』(2016), 『도커 컨테이너』(2017), 『스마트 IoT 프로젝트』(2017), 『메이커를 위한 실전 모터 가이드』(2018), 『트러블 슈팅 도커』(2018), 『Go 마스터하기』(2018), 『자율주행 자동차 만들기』(2018), 『The Hundred-Page Machine Learning Book』(2019) 등을 번역했다.

윤여찬(ycyoon@gmail.com)

고려대학교 컴퓨터학과에서 학부와 석사 과정을 마치고 한국전자통신연구원에 입사한 후 현재까지 10년 넘게 자연어 처리, 이미지 처리 등 인공지능이 필요한 분야에 관한 연구를 수행해오고 있다. 에이콘출판사에서 『The Hundred-Page Machine Learning Book』(2019)을 번역했다.

한국어판 기술 감수자 소개

이용진(xyzeroth@gmail.com)

포스텍^{Postech} 컴퓨터공학과에서 머신 러닝 전공으로 석사 과정을 마친 후, 2004년부터 한국전자통신연구원에서 근무 중이다. 2012년부터 워싱턴대학교^{University of Washington}의 전기공학과에서 박사 과정 학생으로 영상 인식과 머신 러닝을 공부했으며, 현재 휴학 중이다. 박사 학위 과정 중에 인공지능, 고급 선형 대수^{Advanced Linear Algebra}, 컨벡스 최적화^{Convex Optimization} 과목의 수업 조교^{Teaching Assistant}를 맡았다. 현재는 한국전자통신연구원에 복귀해 심층 신경망^{Deep Neural Network}과 강화 학습^{Reinforcement Learning} 관련 연구 프로젝트를 수행하고 있다.

옮긴이의 말

최근 딥러닝을 비롯한 AI 기술에 대한 인기는 놀라울 정도입니다. 주기적으로 유행처럼 찾아오는 기술과 달리 다양한 분야에서 일하는 IT 개발자가 AI를 공부하게 만들 정도로 큰 영향을 미치고 있으며, 이미 컴퓨터 서적 판매 순위에서 머신 러닝이 상위권을 차지했습니다. 세계적인 IT 업체 중에서 AI에 관심 없는 회사는 찾아보기 어렵습니다. 이러한 현상이 영원하지는 않겠지만 생각보다 길게 이어지고 있기 때문에 AI 전문가가 아닌 개발자라도 AI의 기초는 갖출 필요가 있습니다.

이 책은 한마디로 AI의 기초를 다지고 싶은 프로그래머를 위한 것이며, 그 장점으로는 크게 두 가지를 꼽을 수 있습니다. 첫 번째는 AI 관련 기술을 전반적으로 다루고 있다는 것입니다. 이 책의 구성을 보면 AI 교과서의 축소판과 같습니다. 최근 유행하는 특정한 세부 기술에 치우치지 않고, 지금까지 축적된 다양한 AI 기술을 고루 섭렵할 수 있습니다. 두 번째는 철저히 실습 위주라는 것입니다. 모든 개념과 기법마다 파이썬 예제를 제공합니다. 복잡한 이론과 수식에 너무 빠져들면 정작 핵심은 보지 못하거나 응용 기법을 놓치기 쉽습니다.

이 책은 이론은 최대한 쉽고 간략하고 직관적으로 표현하고, 파이썬 프로그램을 통해 개념을 직접 확인하는 방식으로 구성돼 있습니다. 당장 AI 기법을 활용해 응용프로그램을 작성하려는 개발자 입장에서 굉장히 효율적입니다.

번역의 기준은 내용을 빠르게 이해시키고 정확히 전달하는 데 초점을 맞췄습니다. 원서의 내용과 의미를 최대한 보존하는 선에서 문체와 용어를 현실적으로 선택해 표현했습니다. 그래서 때로는 용어를 의미 중심으로 무조건 번역하기보다는 원어의 음차 표기를 채택했습니다. 예제 코드는 직접 확인하면서 오류를 최대한 걸러내도록 노력했습니다. 완벽을 추구해 번역했지만, 본의 아니게 놓친 부분에 대해서는 미리 양해를 구합니다. 개선 사항이 있다면 언제든지 연락하길 바랍니다.

빠듯한 번역 일정에도 묵묵히 맡은 분량을 소화해준 윤여찬 연구원과 바쁜 업무 시간을 쪼개서 원고의 부족한 부분을 예리하게 지적해준 이용진 연구원께 감사의 말을 남깁니다. 그리고 아메리카노 한 잔만 시켜놓고 몇 시간 동안 작업하는 역자를 항상 반갑고 편안하게 맞아주시는 도담동 파스쿠찌 관계자 분들께도 감사합니다.

남기혁

차례

들어가며

최근 데이터와 자동화 기술에 관련된 다양한 분야에서 인공지능을 적용하는 사례가 늘고 있다. 인공지능은 검색 엔진, 이미지 인식, 로보틱스, 금융을 비롯한 다양한 분야에서 널리 사용된다. 이 책에서는 현실에서 인공지능을 활용하는 다양한 사례와 이러한 인공지능 애플리케이션을 구현하는 데 필요한 여러 가지 알고리즘을 살펴보고 실제로 작동하는 코드도 작성해본다.

먼저 인공지능에 관련된 다양한 분야를 소개한다. 이어서 극단 랜덤 포레스트, 은닉 마르코프 모델, 유전 알고리즘, 인공 신경망, CNN을 비롯한 여러 가지 복잡한 알고리즘을 살펴본다. 이 책은 인공지능 알고리즘을 이용해 현실에 적용할 수 있는 애플리케이션을 작성하려는 파이썬 프로그래머를 위한 것이다. 파이썬을 처음 접하는 이들도 쉽게 이해할 수 있지만, 파이썬 프로그래밍을 어느 정도 경험해봤다면 이 책을 통해 다양한 응용을 개발할 수 있다. 인공지능 기법을 구현하는 방법을 배우려는 숙련된 파이썬 프로그래머도 이 책을 통해 많은 도움을 받을 수 있다.

이 책은 주어진 문제에 가장 적합한 알고리즘을 선택하고 최상의 결과를 얻을 수 있도록 이러한 알고리즘을 구현하는 방법을 소개한다. 이미지와 텍스트를 비롯한 다양한 형태의 데이터를 인식할 수 있는 다재다능한 애플리케이션을 개발하려는 이들에게 이 책은 훌륭한 길잡이가 될 것이다.

이 책에서 다루는 내용

1장. 인공지능 인공지능에 관련된 다양한 개념을 소개한다. AI의 응용 및 연구 분야, 모델링 방법을 소개하고, AI 응용을 구현하는 데 필요한 파이썬 패키지를 설치하는 방법도 설명한다.

2장. 분류와 회귀 분석 분류와 회귀 분석을 위한 지도 학습 기반의 기술을 소개한다.

소득 데이터를 분석하고 주택 가격을 예측하는 프로그램도 만들어본다.

3장. 앙상블 학습을 이용한 예측 분석 앙상블 학습을 이용해 예측 분석 모델을 만드는 방법을 랜덤 포레스트를 중심으로 설명한다. 이러한 기법을 이용해 스포츠 경기장 주변의 교통량을 예측하는 방법도 살펴본다.

4장. 비지도 학습을 이용한 패턴 인식 K-평균, 평균 이동 군집(클러스터링)을 비롯한 비지도 학습에 관련된 여러 가지 알고리즘을 소개한다. 이러한 알고리즘을 주식 시장 데이터 분석과 고객 세분화 작업에 적용하는 방법도 살펴본다.

5장. 추천 시스템 추천 엔진을 구현하기 위한 알고리즘을 소개한다. 그리고 이러한 알고리즘을 이용해 협업 필터링과 영화 추천 기능을 구현하는 방법도 살펴본다.

6장. 논리형 프로그래밍 논리형 프로그래밍의 개념과 기본 구성 요소를 소개한다. 표현식 매칭, 가계도 분석, 퍼즐 풀기를 비롯한 다양한 응용을 살펴본다.

7장. 휴리스틱 탐색 솔루션 공간을 탐색하기 위한 여러 가지 휴리스틱 탐색 기법을 소개한다. 시뮬레이티드 어닐링simulated annealing, 영역 색칠, 미로 찾기와 같은 다양한 응용도 살펴본다.

8장. 유전 프로그래밍 진화 알고리즘과 유전 프로그래밍을 소개한다. 교배, 변이, 적합도 함수와 같은 다양한 개념을 살펴보며, 이를 이용해 기호 회귀 문제를 풀고 지능형 로봇 제어기를 만드는 방법을 알아본다.

9장. 인공지능을 이용한 게임 만들기 인공지능을 이용해 게임을 만드는 방법을 소개한다. 틱택토Tic Tac Toe, 커넥트 포Connect Four, 헥사폰Hexapawn을 비롯한 다양한 게임을 만들어본다.

10장. 자연어 처리 토큰화, 어간 추출, 백오브워드bag of words를 비롯한 여러 가지 텍스트 데이터 분석 기법을 소개한다. 이러한 기법을 이용해 감성 분석, 주제 모델링을 수행하는 방법도 살펴본다.

11장. 순차 데이터에 대한 확률 추론 시계열 데이터와 순차 데이터를 은닉 마르코프와 조건부 랜덤 필드로 분석하는 기법을 소개한다. 이러한 기법을 순차적 데이터 분석과 주식 시장 예측에 응용하는 방법도 살펴본다.

12장. 음성 인식기 만들기 음성 데이터를 분석하는 데 사용되는 다양한 알고리즘을 소개하고, 이를 이용해 음성 인식 시스템을 만들어본다.

13장. 물체 감지와 추적 실시간 비디오에서 물체를 감지하고 추적하는 알고리즘을 소개한다. 광학 흐름, 얼굴 추적, 시선 추적과 같은 다양한 기법도 살펴본다.

14장, 인공 신경망 신경망을 구축하는 알고리즘을 소개한다. 그리고 신경망을 이용해 광학 문자 인식[OCR] 시스템을 구현하는 방법도 살펴본다.

15장. 강화 학습 강화 학습 시스템을 구축하는 기법을 소개한다. 주변 환경과의 상호 작용을 통해 학습하는 에이전트를 만드는 방법도 살펴본다.

16장. CNN을 이용한 딥러닝 CNN을 이용해 딥러닝 시스템을 구축하는 알고리즘을 소개한다. 그리고 텐서플로우[TensorFlow]로 신경망을 구축하는 방법도 살펴보고, 이를 이용해 CNN으로 이미지 분류기를 만들어본다.

준비 사항

이 책의 주제는 파이썬이 아니라 파이썬을 이용한 인공지능이다. 예제는 파이썬 3으로 작성하며, 각 응용에 가장 적합한 파이썬 라이브러리로 구현한다. 코드는 최대한 이해하기 쉽게 작성했다. 이 책의 예제를 기반으로 다양한 문제에 쉽게 응용할 수 있을 것이다.

이 책의 대상 독자

이 책은 현실 세계에 적용할 수 있는 인공지능 애플리케이션을 구축하려는 파이썬 개발자를 위해 저술됐다. 파이썬을 처음 접하는 이들도 이 책의 내용을 충분히 이해할 수 있지만, 파이썬에 능숙하다면 예제를 마음껏 응용해볼 수 있다. 인공지능 기법을 자신의 전문 분야에 적용하려는 숙련된 파이썬 프로그래머도 이 책에서 많은 도움을 얻을 수 있다.

편집 규약

이 책에서는 독자의 이해를 돕고자 다루는 정보에 따라 글꼴 스타일을 다르게 적용했다. 이러한 스타일의 예와 의미는 다음과 같다.

텍스트에서 코드 단어는 다음과 같이 표기한다.

"include 지시자를 통해 다른 문맥을 추가할 수 있다."

코드 블록은 다음과 같이 표기한다.

```
[default]
exten => s,1,Dial(Zap/1|30)
exten => s,2,Voicemail(u100)
exten => s,102,Voicemail(b100)
exten => i,1,Voicemail(s0)
```

코드 블록에서 유의해야 할 부분이 있다면 다음과 같이 굵은 글꼴로 표기한다.

```
[default]
exten => s,1,Dial(Zap/1|30)
exten => s,2,Voicemail(u100)
exten => s,102,Voicemail(b100)
exten => i,1,Voicemail(s0)
```

명령행 입력이나 출력은 다음과 같이 표기한다.

 # cp /usr/src/asterisk-addons/configs/cdr_mysql.conf.sample

화면상에 표시되는 메뉴나 버튼은 다음과 같이 표기한다.

"메뉴에서 Sketch ➤ Include Library ➤ Manage Libraries를 클릭하면, 다이얼로그 창이 하나 뜬다."

 경고나 중요한 노트는 이와 같이 나타낸다.

독자 의견

독자로부터의 피드백은 항상 환영이다. 이 책에 대해 무엇이 좋았는지 또는 좋지 않았는지 소감을 알려주길 바란다. 독자 피드백은 독자에게 필요한 주제를 개발하는 데 매우 중요하다. 일반적인 피드백을 우리에게 보낼 때는 간단하게 feedback@packtpub.com으로 이메일을 보내면 되고, 메시지의 제목에 책 이름을 적으면 된다.

여러분이 전문 지식을 가진 주제가 있고, 책을 내거나 책을 만드는 데 기여하고 싶다면 www.packtpub.com/authors에서 저자 가이드를 참조하길 바란다.

고객 지원

팩트출판사의 구매자가 된 독자에게 도움이 되는 몇 가지를 제공하고자 한다.

예제 코드 다운로드

이 책에 사용된 예제 코드는 http://www.packtpub.com의 계정을 통해 다운로드할 수 있다. 다른 곳에서 구매한 경우에는 http://www.packtpub.com/support를 방문해 등록하면 파일을 이메일로 직접 받을 수 있다.

코드를 다운로드하려면 다음과 같이 한다.

1. 팩트출판사 웹사이트(http://www.packtpub.com)에서 이메일 주소와 암호를 이용해 로그인하거나 계정을 등록한다.
2. 맨 위에 있는 SUPPORT 탭으로 마우스 포인터를 이동한다.
3. Code Downloads & Errata 항목을 클릭한다.
4. Search 입력란에 책 이름을 입력한다.

5. 코드 파일을 다운로드하려는 책을 선택한다.

6. 드롭다운 메뉴에서 이 책을 구매한 위치를 선택한다.

7. Code Download 항목을 클릭한다.

파일을 다운로드한 후에는 다음과 같은 압축 프로그램을 이용해 파일의 압축을 해제한다.

- 윈도우: WinRAR, 7-Zip

- 맥: Zipeg, iZip, UnRarX

- 리눅스: 7-Zip, PeaZip

또한 에이콘출판사의 도서정보 페이지인 http://www.acornpub.co.kr/book/ai-python에서도 예제 코드를 다운로드할 수 있다.

 파이썬은 코드 들여쓰기(indentation)에 따라 그 의미가 달라질 수 있으므로, 각 내용을 설명하기 위해 분할 게재된 예제 코드의 전체 흐름과 정확한 들여쓰기를 확인하려면 제공되는 예제 코드를 참고하길 바란다.

컬러 이미지 다운로드

이 책에서 사용된 스크린샷/다이어그램의 컬러 이미지를 PDF 파일로 제공한다. 컬러 이미지는 출력 결과의 변화를 이해하는 데 큰 도움이 될 것이다. 컬러 이미지는 https://www.packtpub.com/sites/default/files/downloads/ArtificialIntelligence withPython_colorImage.pdf에서 다운로드할 수 있다. 또한 에이콘출판사의 도서 정보 페이지 http://www.acornpub.co.kr/book/ai-python에서도 컬러 이미지를 다운로드할 수 있다.

정오표

내용을 정확하게 전달하기 위해 최선을 다했지만, 실수가 있을 수 있다. 팩트출판사의 도서에서 문장이든 코드든 간에 문제를 발견해서 알려준다면 매우 감사하게 생각할 것이다. 그런 참여를 통해 그 밖의 독자에게 도움을 주고, 다음 버전의 도서를 더 완성도 높게 만들 수 있다. 오탈자를 발견한다면 http://www.packtpub.com/submit-errata를 방문해 책을 선택하고, 구체적인 내용을 입력해주길 바란다. 보내준 오류 내용이 확인되면 웹사이트에 그 내용이 올라가거나 해당 서적의 정오표 부분에 그 내용이 추가될 것이다. http://www.packtpub.com/support에서 해당 도서명을 선택하면 기존 정오표를 확인할 수 있다. 한국어판은 에이콘출판사 도서정보 페이지 http://www.acornpub.co.kr/book/ai-python에서 찾아볼 수 있다.

저작권 침해

인터넷에서의 저작권 침해는 모든 매체에서 벌어지고 있는 심각한 문제다. 팩트출판사에서는 저작권과 사용권 문제를 아주 심각하게 인식한다. 어떤 형태로든 팩트출판사 서적의 불법 복제물을 인터넷에서 발견한다면 적절한 조치를 취할 수 있도록 해당 주소나 사이트명을 알려주길 부탁한다.

의심되는 불법 복제물의 링크는 copyright@packtpub.com으로 보내주길 바란다. 저자와 더 좋은 책을 위한 팩트출판사의 노력을 배려하는 마음에 깊은 감사의 뜻을 전한다.

질문

이 책과 관련해 질문이 있다면 questions@packtpub.com으로 문의하길 바란다. 최선을 다해 질문에 답하겠다. 한국어판에 관한 질문은 이 책의 옮긴이나 에이콘출판사 편집 팀(editor@acornpub.co.kr)으로 문의해주길 바란다.

1

인공지능

이 장에서는 인공지능^{AI, Artificial Intelligence}의 개념과 이를 현실에 적용하는 방법을 소개한다. AI는 이미 일상 속에 널리 사용되고 있다. 인터넷에서 정보를 검색하거나, 얼굴 인식을 비롯한 생체 인식에 적용하거나, 음성을 텍스트로 변환하는 작업의 중심에는 AI가 자리잡고 있으며, 현대 생활에서 AI가 차지하는 핵심 영역의 비중이 지속적으로 늘어나는 추세다. AI를 활용한 시스템은 복잡한 현실 세계의 문제를 수학과 알고리즘으로 해결한다. 이 책에서는 이러한 시스템을 구축하는 데 필요한 기본을 소개한다. 이 책의 궁극적인 목적은 독자들이 일상생활에서 부딪히는 새롭고 도전적인 인공지능 관련 문제를 직접 해결하는 능력을 갖추게 하는 데 있다.

이 장에서 다루는 내용은 다음과 같다.

- AI의 기본 개념과 AI를 배워야 하는 이유
- AI 관련 다양한 응용 분야 및 사례
- AI 관련 세부 분야
- 튜링 테스트
- 이성적인 에이전트
- 범용 문제 해결기^{GPS}

- 파이썬 3 설치 방법(리눅스, 맥, 윈도우)
- 주요 파이썬 패키지 설치 방법

인공지능이란?

인공지능은 기계가 사람처럼 생각하고 행동하게 만드는 기술이다. 기계는 주로 소프트웨어로 제어한다. 따라서 AI에서는 이러한 기계를 잘 제어하는 지능적인 소프트웨어를 연구하고 개발한다. 한마디로 AI는 기계가 사람처럼 세상을 이해하고 상황에 따라 적절히 대처하게 만드는 이론과 방법론을 연구하는 과학 분야다.

지난 수십 년 동안 AI 연구의 발전 과정을 살펴보면, 학자마다 다양한 관점에서 AI를 정의했다는 것을 알 수 있다. 최근 들어 AI는 여러 분야마다 특화된 형태로 활용되고 있다. AI의 궁극적인 목표는 기계가 스스로 주변 상황을 감지하고 추론하고 사고하고 행동할 뿐만 아니라, 이성을 가지게 하는 것이다.

AI는 사람의 뇌를 연구하는 분야와 밀접한 관련이 있다. 학자들은 뇌의 작동 원리를 이해함으로써 AI를 실현할 수 있다고 생각한다. 뇌가 학습하고, 사고하고, 행동하는 방식을 흉내 내면 사람처럼 생각하고 행동하는 기계를 만들 수 있다. 이렇게 만든 기계는 학습 능력을 갖춘 지능 시스템을 개발하는 플랫폼으로 활용할 수 있다.

AI를 배워야 할 이유

AI는 일상생활의 거의 모든 영역에 큰 영향을 미친다. AI 연구는 개체의 패턴과 동작을 파악하는 데 주력하고 있다. AI를 통해 시스템을 똑똑하게 만들 수 있을 뿐만 아니라, 지능intelligence에 대한 이해를 넓힐 수 있다. AI를 이용해 구축한 지능형 시스템은 사람의 뇌와 같은 지능형 시스템이 또 다른 지능형 시스템을 어떻게 구축하는지 파악하는 데도 유용하다.

사람의 뇌는 다음과 같은 과정을 통해 정보를 처리한다.

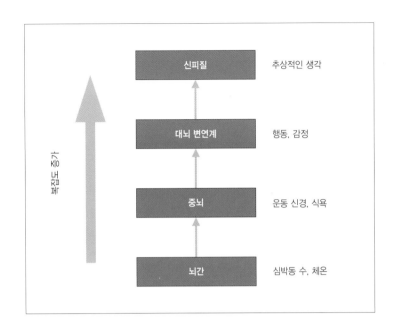

수학이나 물리학처럼 수세기에 걸쳐 발전한 분야에 비해 AI는 아직 걸음마 단계에 있다. 최근 수십 년간 AI 분야는 자율 주행 자동차와 사람처럼 걷는 지능형 로봇 같은 괄목할 만한 성과를 이뤘다. 이러한 추세가 이어진다면, 다가오는 미래의 일상생활에 AI가 미치는 영향이 엄청날 것이란 사실은 충분히 예상할 수 있다.

사람의 뇌는 신기하게도 큰 노력을 들이지 않고도 수많은 작업을 처리한다. 물체를 인식하고, 언어를 이해하고, 새로운 것을 배우고, 여러 가지 복잡한 작업도 수행한다. 사람의 두뇌는 도대체 어떤 방식으로 이러한 일들을 처리할까? 막상 이러한 작업을 기계가 처리하게 만들어보면, 사람의 수준에 한참 못 미친다. 그렇다고 해서 지능을 가진 기계를 만드는 것이 허황된 꿈은 아니다. 외계 생명체를 찾거나 시간 여행을 하는 것은 실현 가능한지조차 알 수 없는 데 반해, AI가 궁극적으로 추구하는 사람의 뇌는 최소한 실제로 존재하기 때문이다. 따라서 사람의 뇌를 따라 하는 것만으로도 사람과 비슷하거나 가능하다면 더 뛰어난 지능형 시스템을 만들 수 있다.

사람의 뇌가 원시 데이터로부터 지혜를 도출하는 과정은 다음과 같다.

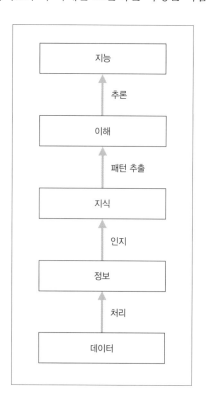

AI를 연구하는 주목적 중 하나는 세상에 존재하는 수많은 일들을 자동화하는 것이
다. 우리가 사는 세상은 다음과 같은 특징을 지닌다.

- 세상에는 어마어마하게 많은 데이터가 있다. 사람의 뇌는 이렇게 방대한 데이터
  를 일일이 처리할 수 없다.
- 데이터는 여러 곳으로부터 동시에 들어온다.
- 데이터는 정리되지 않은 무질서한 형태로 존재한다.
- 이러한 데이터로부터 도출한 지식은 데이터의 변화에 따라 끊임없이 수정하고
  보완해야 한다.
- 데이터를 감지하고 적절한 행동을 취하는 일련의 과정은 신속하고 정확해야 한다.

사람의 뇌는 주변 환경을 분석하는 능력은 뛰어나지만, 앞에서 나열한 상황을 처리하는 데는 미숙하다. 따라서 이런 작업은 AI로 처리하는 것이 더 좋다. 따라서 AI 시스템은 다음과 같은 것을 할 수 있어야 한다.

- 방대한 데이터를 효율적으로 처리할 수 있어야 한다. 클라우드 컴퓨팅의 등장으로 방대한 양의 데이터를 저장할 능력은 이미 갖췄다.
- 다양한 경로에서 동시에 들어오는 데이터를 실시간으로(지연 없이) 처리할 수 있어야 한다.
- 데이터에서 의미 있는 지식을 도출하기 쉽도록 데이터에 대한 색인을 만들어 체계적으로 정리할 수 있어야 한다.
- 적합한 학습 알고리즘을 이용해 새로 들어온 데이터를 학습하고 그동안 파악한 사실을 지속적으로 개선할 수 있어야 한다.
- 상황에 따라 실시간으로 판단하고 대처할 수 있어야 한다.

기계를 좀 더 똑똑하고 빠르고 효율적으로 만들기 위해 다양한 AI 기술을 적극적으로 활용하고 있다.

AI의 응용 분야

지금까지 AI로 정보를 처리하는 방법을 알아봤다. 이번에는 실생활에서 AI를 어떻게 활용하고 있는지 살펴보자. AI는 분야마다 다양한 형태로 활용된다. 따라서 각 분야마다 AI를 어떻게 활용하는지부터 이해해야 한다. 그동안 AI는 다양한 산업 분야에서 활용돼 왔으며, 앞으로도 AI를 적용하는 분야가 급격히 증가할 것으로 전망된다. AI를 활용하는 대표적인 몇 가지 분야를 소개하면 다음과 같다.

- **컴퓨터 비전**Computer Vision: 이미지나 비디오를 비롯한 시각적인 데이터를 처리하는 시스템을 개발하고 연구하는 분야다. 이러한 시스템은 특정한 활용 사례를 토대로 문맥을 파악하고 의미 있는 사실을 도출한다. 예를 들어 웹에서 시각적으로 유사한 이미지를 찾아내는 구글 리버스 이미지 검색(이미지로 검색하기)에서 이 기술을 활용한다.

- **자연어 처리**Natural Language Processing: 텍스트를 이해하는 기술을 연구하는 분야로서, 이 기술을 활용하면 자연어 문장으로 기계와 대화할 수 있다. 참고로 검색 엔진도 결과의 정확도를 높이기 위해 이 기술을 적극적으로 활용한다.
- **음성 인식**Speech Recognition: 음성 언어를 듣고 이해하는 기술을 연구하는 분야다. 예를 들어 스마트폰용 개인 비서 시스템(예: 아이폰의 시리Siri)은 이 기술을 이용해 사용자가 하는 말을 알아듣고 정보를 검색하거나 특정한 동작을 수행한다.
- **전문가 시스템**Expert System: 조언을 하거나 의사 결정을 하는 시스템에 관련된 AI 기술을 연구하는 분야다. 금융, 의료, 마케팅과 같은 특수 전문 분야의 지식이 축적된 데이터베이스를 활용해 중요한 사항에 대한 의사 결정에 도움을 준다. 다음 그림은 전문가 시스템의 구조를 보여주고 사용자와 상호 작용하는 방식을 간략히 표현한다.

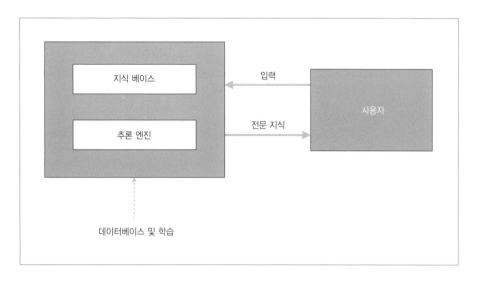

- **게임**[Game]: AI는 게임에 매우 광범위하게 활용된다. 특히 사람과 경쟁하는 지능형 에이전트를 설계할 때 많이 사용한다. 대표적인 예로 바둑을 두는 컴퓨터 프로그램인 알파고[AlphaGo]가 있다. 그 밖에 다른 종류의 게임도 AI를 이용해 지능적으로 행동하게 만든다.
- **로보틱스**[Robotics]: 로봇 시스템은 AI에 관련된 여러 가지 기술을 조합해 사용한다. 이렇게 만든 로봇은 다양한 작업을 수행한다. 작업의 성격과 환경에 적합한 센서와 액추에이터를 장착해 여러 가지 일을 처리한다. 앞에 놓인 사물을 인식하거나 주변 온도나 열, 움직임을 감지하기도 한다. 그리고 로봇에 탑재된 프로세서를 통해 다양한 연산을 실시간으로 처리한다. 또한 새로운 환경에 적응하기도 한다.

AI 관련 세부 분야

AI와 관련된 세부 연구 분야를 잘 알아둬야 한다. 그래야 현실에서 마주치는 문제를 해결할 때 가장 적합한 프레임워크를 고를 수 있다. AI와 관련된 대표적인 분야 중 몇 가지만 소개하면 다음과 같다.

- **머신 러닝**machine learning[1]**과 패턴 인식**pattern recognition: 현재 AI에서 가장 인기 있는 분야로서, 데이터를 보고 학습할 수 있는 모델과 소프트웨어를 개발한다. 이러한 학습 모델을 이용하면 이전에 보지 못한 새로운 데이터에 대해 예측할 수 있다. 한 가지 제약 사항이 있다면, 프로그램이 할 수 있는 일의 범위가 데이터에 제한된다는 것이다. 데이터 집합이 작으면 학습 모델의 능력도 떨어진다. 머신 러닝 모델을 그림으로 표현하면 다음과 같다.

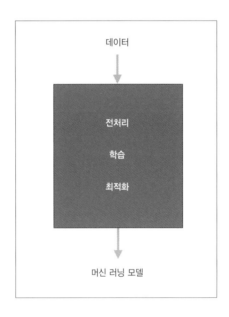

새로운 데이터가 주어지면 기존에 파악한 패턴과 비교하는 방식으로 학습한다. 예를 들어 얼굴 인식 시스템에 얼굴 이미지가 입력됐을 때 그 얼굴이 기존 사용자 데이터베이스에 있는지 확인하기 위해 입력된 눈과 코, 입술, 눈썹에 대한 패턴과 일치하는 이미지가 있는지 검사한다.

- **논리 기반 AI**: 수리 논리mathematical logic를 기반으로 프로그램을 실행하는 기법으로서, 특정한 분야에 대한 사실과 규칙을 논리적인 문장으로 표현한다. 패턴 매칭, 언어 파싱, 의미 분석과 같은 분야에서 주로 활용한다.

---

1 기계 학습이라고 표현하기도 한다. – 옮긴이

- **탐색**search: 다양한 AI 프로그램에서 널리 활용하고 있는 기법이다. 탐색 프로그램은 수많은 경우의 수를 검토한 후 최적의 경로를 선택한다. 체스와 같은 전략 게임과 네트워킹, 자원 할당, 스케줄링에서 많이 활용한다.

- **지식 표현**knowledge representation: 주변 세상에 대한 사실은 시스템이 이해할 수 있는 형태로 표현해야 한다. 이때 수리 논리 언어를 주로 사용한다. 지식을 효과적으로 표현할수록 시스템을 좀 더 똑똑하게 만들 수 있다. 지식 표현과 밀접한 분야로 온톨로지ontology가 있다. 온톨로지는 세상에 존재하는 지식이나 사실을 효과적으로 표현하고 처리하는 방법을 연구하는 분야로서, 특정한 영역에 존재하는 개체의 속성과 상호 관계를 정형화된 형태로 정의한다. 주로 특정한 분야에 대한 분류 체계나 계층 구조를 구축할 때 활용된다. 참고로 정보information와 지식knowledge은 의미가 다른데, 간단히 그림으로 표현하면 다음과 같다.

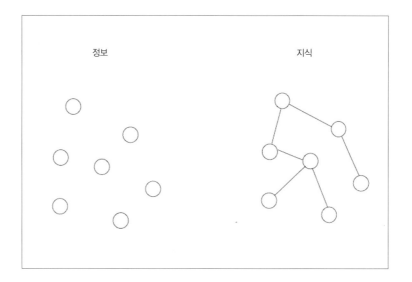

- **계획**planning: 최소 비용으로 최대 효과를 내는 최적의 계획을 수립하는 방법을 연구하는 분야다. 계획 프로그램은 특정한 상황에 대한 사실과 목표를 표현한 문장을 입력 값으로 받아서 실행한다. 계획 프로그램은 세상에 대한 사실도 알고 있어서 어떤 규칙을 따라야 하는지 안다. 이렇게 수집한 정보를 토대로 주어진 목적을 달성하기 위한 최적의 경로를 생성한다.

- **휴리스틱**heuristics: 주어진 문제에 대한 최적의 해결 방안은 아니지만, 당장 문제를 해결하는 데 현실적으로 효과적인 기법이다. 문제에 대한 해답을 정확히 구하기 보다는, 문제를 해결하기 위해 취해야 할 접근 방법에 대한 합리적인 추측이라고 볼 수 있다. AI로 문제를 공략하다 보면 모든 경우를 완벽하게 확인한 후 최적의 방안을 선택하기 힘든 경우가 많다. 이럴 때 휴리스틱으로 해결한다. 로보틱스, 검색 엔진을 비롯한 다양한 AI 분야에서 이 기법을 활용한다.
- **유전 프로그래밍**genetic programming: 프로그램끼리 교배해서 가장 뛰어난 프로그램을 선택하는 방식으로 문제를 해결하는 기법이다. 프로그램을 유전자gene의 집합으로 인코딩한 후 알고리즘을 이용해 주어진 작업을 잘 처리하는 프로그램을 구한다.

튜링 테스트를 이용한 지능의 정의

전설적인 컴퓨터과학자이자 수학자인 앨런 튜링Alan Turing은 지능을 정의하기 위한 한 가지 방법으로, 기계(컴퓨터)가 사람을 흉내 낼 수 있는지 검사하는 튜링 테스트 Turing Test를 제안했다. 튜링은 사람의 수준으로 대화하는 능력을 지능적인 행동으로 정의했다. 따라서 주어진 질문에 대해 사람이 응답하는 것처럼 속일 수 있다면 지능을 갖췄다고 판단한다.

튜링은 정확한 검사를 위해 테스트 환경을 다음과 같이 구성했다. 한 사람은 질문 자interrogator로서 두 명의 응답자respondent에게 질문한다. 응답자 중 한 명은 사람이고 다른 하나는 기계다. 이때 질문자는 응답자를 볼 수 없고 텍스트 인터페이스로만 대화한다. 이렇게 진행하다가 상대방이 사람인지 아니면 기계인지 질문자가 도저히 구분할 수 없다면 기계는 테스트를 통과한다. 이를 그림으로 표현하면 다음과 같다.[2]

---

2 이미테이션 게임(imitation game)이라고도 부른다. 얼핏 보면 굉장히 단순하지만, 튜링의 인공지능에 대한 심오한 통찰과 고민을 담고 있으며 당대의 철학과 기술적인 이슈를 모두 다루도록 고안한 실험이다. 이 글이 게재된 후 수많은 반론이 제기됐는데, 튜링은 이에 대해 논리적이고 때로는 재치 있게 대응했다. - 옮긴이

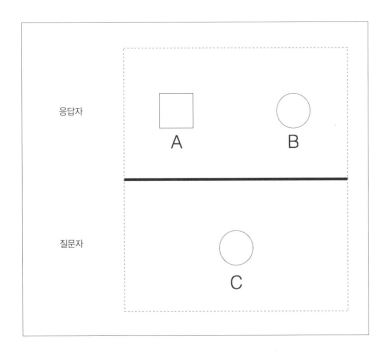

물론 튜링 테스트를 통과하는 기계를 만들기란 상당히 힘들다. 튜링 테스트에 참가하려면 최소한 다음과 같은 기능을 갖춰야 한다.

- **자연어 처리**: 질문자와 대화하는 데 필요하다. 기계는 문장을 분석하고, 문맥을 추출하고, 적절한 답변을 제시할 수 있어야 한다.
- **지식 표현**: 기계는 테스트하기 전에 어느 정도 정보를 축적하고 있어야 한다. 또한 대화 중에 등장했던 사항들을 잘 기억하고 있다가 나중에 다시 언급될 때 적절히 응답해야 한다.
- **추론**: 기계가 저장된 정보를 제대로 해석하는 데 꼭 필요한 능력이다. 참고로 사람은 이러한 과정을 순간적으로 처리해 결론을 도출한다.
- **학습**: 기계가 새로운 조건에 빠르게 적응하는 데 필요한 기능이다. 기계는 현상을 분석하고 패턴을 찾아내서 추론할 수 있어야 한다.

튜링 테스트에서 굳이 텍스트 인터페이스만으로 대화하는 데는 이유가 있다. 튜링은 사람을 물리적으로 흉내 내는 것은 지능과 관련이 없다고 여겼다. 그래서 사람과 기계가 물리적으로 상호 작용하는 부분은 생략했다. 반면 토탈 튜링 테스트^{Total Turing} ^{Test}는 시각과 움직임도 함께 검사한다. 기계가 이 테스트에 통과하려면 컴퓨터 비전 기술을 이용해 사물을 볼 수 있고 로보틱스 기술을 이용해 움직일 수 있어야 한다.

기계가 사람처럼 생각하게 만들기

지난 수십 년 동안 기계가 사람처럼 생각하게 만들기 위해 노력했다. 이렇게 하려면 무엇보다 먼저 사람의 사고 과정부터 제대로 파악해야 한다. 그렇다면 어떻게 해야 사람의 사고 과정을 알아낼 수 있을까? 한 가지 방법은 사람이 사물에 대해 반응하는 과정을 기록하는 것이다. 막상 해보면 생각보다 쉽지 않다. 기록할 내용이 급격히 증가하기 때문이다. 또 다른 방법은 미리 정의된 형식에 따라 실험하는 것이다. 사람이 다루는 다양한 영역마다 일정한 수의 질문을 마련해두고, 이러한 질문에 대해 사람이 어떻게 반응하는지 관찰한다.

데이터를 충분히 수집했다면, 이를 토대로 사람의 사고 과정을 흉내 내는 모델을 만든다. 이렇게 만든 모델을 이용해 사람처럼 생각하는 소프트웨어를 작성한다. 말이 쉽지 실제로 구현하기는 굉장히 어렵다. 여기서 핵심은 주어진 입력에 대해 프로그램이 어떤 값을 출력하는가에 있다. 프로그램의 반응이 사람과 유사하다면, 사람의 사고 과정은 이 프로그램의 모델과 비슷하다고 볼 수 있다.

사고에 대한 여러 가지 단계와 이에 대해 뇌에서 우선순위를 결정하는 방식을 그림으로 표현하면 다음과 같다.

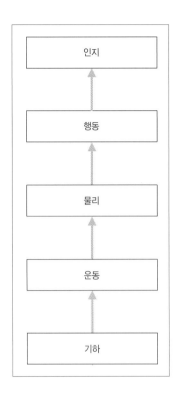

사람의 사고 과정을 흉내 내는 기법을 다루는 컴퓨터과학의 한 분야로 인지 모델링 Cognitive Modeling이 있다. 이는 사람이 문제를 해결하는 과정에서 발생하는 정신 작용을 밝혀서 소프트웨어 모델로 표현한다. 이렇게 만든 모델을 이용해 사람의 행동을 흉내 낸다. 인지 모델링은 딥러닝, 전문가 시스템, 자연어 처리, 로보틱스를 비롯한 다양한 AI 응용 분야에서 활용하고 있다.

이성적인 에이전트

많은 AI 학자들은 이성적인 에이전트rational agent를 만들기 위해 노력하고 있다. 이성적인 에이전트가 정확히 무엇인지 살펴보기 전에, 먼저 이성rationality의 개념부터 정의해야 한다. 이성이란 주어진 상황에서 옳고 그름을 판단할 수 있는 능력이다. 이를 위해 어떤 행동을 할 때 이익을 극대화할 수 있는지 판단할 줄 알아야 한다. 주어진 규칙을 어기지 않고 목적을 달성하는 데 필요한 행위를 할 수 있다면, 에이전트가 이성적으로 행동한다고 볼 수 있다. 에이전트는 현재 주어진 정보만으로 상황을 파악하고 행동한다. 이러한 시스템은 AI 분야 중에서도 미지의 영역을 탐사하는 로봇을 설계할 때 주로 활용한다.

그렇다면 옳다는 것은 어떻게 정의해야 할까? 구체적인 정의는 에이전트의 목적에 따라 다르다. 에이전트는 지능을 갖추고 독자적으로 행동해야 한다. 새로운 상황에 적응하는 능력도 필요하다. 주변 환경을 파악한 후 최선의 결과를 얻도록 행동해야 한다. 최선의 결과는 에이전트가 궁극적으로 달성하려는 목표에 따라 결정된다. 에이전트에서 입력된 정보가 행동으로 변환되는 과정을 그림으로 표현하면 다음과 같다.

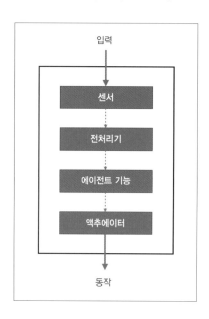

그렇다면 이성적인 에이전트에 대한 성능은 어떻게 측정할 수 있을까? 한 가지 방법은 주어진 작업 중에서 몇 건을 성공적으로 수행했는지 계산하는 것이다. 에이전트가 특정한 작업만 수행한다면, 그 작업을 완수하는 비율로 성능을 평가할 수 있다. 하지만 제대로 측정하기 위해서는 이성을 구성하는 모든 요소를 평가해야 한다. 결과만 놓고 판단하면, 목적을 달성하기 위해 어떠한 행동을 해도 상관없게 되버릴 수 있다.

올바른 추론 능력은 이성의 중요한 구성 요소다. 이성적인 에이전트는 목적을 달성하기 위해 이성적으로 행동해야 하기 때문이다. 올바른 추론 능력을 갖춰야만 항상 정확한 결론을 도출할 수 있다. 그렇다면 어떤 행동이 옳은지 명확히 판별하기 어려운 상황은 어떻게 처리해야 할까? 아무리 판단이 어려워도 반드시 뭔가 해야 하는 경우도 있다. 이럴 때는 추론만으로 이성적인 행동을 정의할 수 없다.

범용 문제 해결기

범용 문제 해결기$^{GPS,\ General\ Problem\ Solver}$란 허버트 사이먼$^{Herbert\ Simon}$과 J. C. 쇼$^{J.\ C.\ Shaw}$, 앨런 뉴웰$^{Allen\ Newell}$이 제안한 AI 프로그램이다. 이는 AI 분야에서 최초로 등장한 실용적인 컴퓨터 프로그램이기도 하다. GPS의 목적은 만능 문제 해결 기계$^{universal\ problem-solving\ machine}$처럼 작동하는 것이다. 물론 GPS 이전에도 비슷한 소프트웨어가 많이 나왔지만, 대부분 특정한 작업에 특화된 것이었다. 모든 문제를 풀 수 있도록 만든 프로그램으로는 GPS가 최초다. 이상적인 GPS라면 하나의 기반 알고리즘만으로 모든 종류의 문제를 해결할 수 있어야 한다.

짐작하듯이 GPS를 구현하기란 결코 만만치 않다. GPS 개발자들은 GPS 프로그램을 작성하기 위해 IPL$^{Information\ Processing\ Language}$이라는 언어를 따로 정의했다. 모든 문제를 규칙이나 문법에 맞게 작성된 수식(정형식$^{well-formed\ formula}$)으로 표현하기 위해서다. 이렇게 표현된 수식은 다중 소스와 싱크를 가진 방향 그래프$^{directed\ graph}$를 형성한다. 그래프에서 소스^{source}는 시작 노드를, 싱크^{sink}는 마지막 노드를 가리킨다. GPS에서 소스는 공리^{axiom}가 되고, 싱크는 결론을 의미한다.

GPS는 원래 범용적으로 활용하려고 제작했지만, 실제로는 기하학이나 논리학에 관련된 수학적 정리^{theorem}처럼 잘 정의된 문제만 풀 수 있었다. 물론 낱말 맞추기 문제를 풀거나 체스도 둘 수 있다. 이러한 문제들은 어느 정도 공식으로 표현할 수 있기 때문이다. 하지만 현실 세계에서는 선택할 수 있는 경로가 무한히 많기 때문에 대다수의 문제는 적절한 시간 안에 GPS로 해결하기 힘들다. 다시 말해, 그래프에 존재하는 수많은 경로를 무작위로 탐색하는 방식으로 문제를 공략하면 계산 복잡도가

굉장히 높아서 죽기 전에 결과를 보지 못할 수도 있다.[3]

GPS를 이용한 문제 해결 방법

주어진 문제를 GPS로 푸는 방법은 다음과 같다.

1. 먼저 목표를 정의한다. 예를 들어 편의점에서 우유 한 통을 사오는 것을 목표로 정의할 수 있다.

2. 다음으로 사전 조건^{precondition}을 정의한다. 이때 사전 조건은 앞서 설정한 목표에 따라 정한다. 예를 들어 편의점에서 우유를 사려면, 편의점까지 가는 교통 수단이 있거나 편의점에 우유가 실제로 있어야 한다.

3. 마지막으로 연산자를 정의한다. 운송 수단이 자가용인데 연료가 거의 바닥났다면 주유비가 필요하다. 또한 편의점에서 우유를 살 돈도 있어야 한다.

연산자는 주어진 조건과 이로 인해 영향받는 모든 요인을 관리한다. 연산자는 동작^{action}, 사전 조건^{precondition}, 그리고 동작을 수행함으로써 발생한 변화^{change} 등으로 구성된다. 가령 편의점에서 우유 값을 지불하는 것은 동작에 해당한다. 이러한 동작은 현재 보유하고 있는 돈의 액수(사전 조건)에 영향을 받는다. 그리고 우유 값을 지불한 후에는 현재 보유 금액이 달라진다(변화).

이렇게 표현할 수 있는 문제는 모두 GPS로 풀 수 있다. 한 가지 단점은 현실 세계에서 의미 있는 문제들은 대부분 계산 복잡도가 상당히 높아서 문제를 풀기 위한 탐색 시간이 굉장히 오래 걸린다는 것이다.

지능적인 에이전트 구현 방법

지능적인 에이전트를 구현하는 방법은 다양하다. 가장 흔히 사용하는 기법으로는 머신 러닝, 축적된 지식, 규칙 등이 있다. 이 절에서는 머신 러닝을 활용한 방법을 소개한다. 머신 러닝은 데이터를 이용한 학습을 통해 에이전트에 지능을 부여한다.

---

3 계산 복잡도 이론에서는 이를 풀기 어려운/다루기 힘든(intractable) 문제라고 표현한다. – 옮긴이

지능적인 에이전트가 주변 환경과 상호 작용하는 과정을 그림으로 표현하면 다음과 같다.

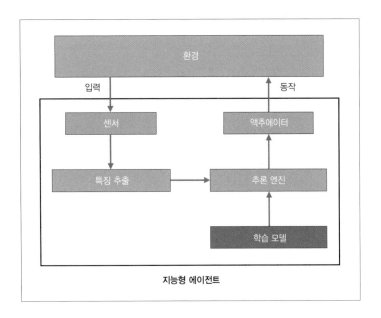

머신 러닝 기법은 주어진 문제를 해결할 수 있도록 기계를 프로그래밍할 때 레이블이 달린 데이터를 이용한다. 기계는 데이터와 여기에 달린 레이블 사이의 관련성을 분석함으로써 패턴과 관계를 추출하는 방법을 학습한다.

앞에서 소개한 지능형 에이전트는 학습 모델을 토대로 추론 엔진을 실행한다. 센서가 입력 값을 감지하면, 이를 특징 추출 모듈로 전달한다. 필요한 특징을 모두 추출했다면 학습된 추론 엔진으로 결과를 예측한다. 이때 사용하는 학습 모델은 머신 러닝 기법으로 구축한다. 예측한 값을 토대로 추론 엔진이 최종 결론을 내려서 액추에이터에게 전달하면 실제 세계에 적절한 동작을 수행한다.

현재까지 알려진 머신 러닝의 응용 사례는 굉장히 다양하며 이미지 인식, 로보틱스, 음성 인식, 주식 시장 예측을 비롯해 광범위하게 활용되고 있다. 머신 러닝을 제대로 이해하고, 이를 이용한 제품을 만들기 위해서는 패턴 인식, 인공 신경망, 데이터 마이닝data mining, 통계를 비롯한 다양한 분야의 기술을 잘 알아야 한다.

모델의 종류

AI에서 사용하는 모델은 크게 두 가지가 있다. 하나는 해석 모델$^{Analytical model}$이고, 다른 하나는 학습 모델$^{Learned model}$이다. 컴퓨터가 등장하기 전에는 주로 해석 모델을 사용했다. 해석 모델은 수학 공식을 토대로 만든 모델로서, 최종 등식을 구하기 위해 거쳐야 할 단계를 나열한 것이다. 이 모델은 사람의 판단을 통해 문제를 해결한다는 단점이 있다. 따라서 단순하고 결과도 정확하지 않으며 다룰 수 있는 매개변수도 많지 않다.

그 후로 컴퓨터가 등장하면서 데이터를 쉽고 정확하게 분석할 수 있게 됐다. 이로인해 학습 모델을 활용하는 사례가 늘어났다. 학습 모델은 학습 과정을 통해 구축한다. 기계는 학습하는 동안 등식에 적용되는 입력과 출력에 대한 다양한 예를 관찰한다. 모델을 정확하게 표현하기 위해 수천 가지의 매개변수로 복잡하게 구성한다. 이런 식으로 학습 모델을 만들면 데이터를 해석하기 위한 굉장히 복잡한 수식도 구할수 있다.

머신 러닝을 이용하면 추론 엔진에 사용할 수 있는 학습 모델을 만들어낼 수 있다. 머신 러닝의 가장 큰 장점은 데이터를 표현하는 수식을 직접 만들 필요가 없다는 것이다. 복잡한 수학 이론에 대해 모르더라도 기계(컴퓨터)를 이용해 데이터를 학습시켜서 수식을 만들어낼 수 있다. 여러 가지 입력 값에 대한 출력 값만 나열해주기만 하면 된다. 이렇게 만든 학습 모델은 레이블이 붙은 입력과 이에 대해 예상되는 출력 사이의 관계를 표현한 것에 불과하다.

파이썬 3 설치

이 책에서는 파이썬 3를 사용한다. 따라서 파이썬 3를 최신 버전으로 설치한다. 현재 설치된 버전을 확인하려면 터미널 창에서 다음과 같이 입력한다.

```
$ python3 --version
```

Python 3.x.x(x.x는 세부 버전 번호)와 같이 출력됐다면 제대로 설치된 것이다. 그렇지 않다면 새로 설치한다. 설치 방법은 간단하다.

우분투에 설치하기

우분투Ubuntu 14.xx 버전부터는 파이썬 3가 기본으로 설치돼 있다. 현재 사용하는 우분투에 파이썬 3가 설치돼 있지 않다면, 다음과 같이 명령을 실행해 새로 설치한다.

```
$ sudo apt-get install python3
```

앞에서 본 버전 출력 명령을 실행해 제대로 설치됐는지 확인한다.

```
$ python3 --version
```

제대로 설치됐다면 터미널 화면에 구체적인 버전 번호가 출력된다.

맥 OS X에 설치하기

맥 OS X를 사용한다면 홈브루Homebrew 기반으로 파이썬 3를 설치하는 것이 좋다. 홈브루는 맥 OS X용 패키지 관리자로서 기능이 뛰어나고 사용하기도 쉽다. 홈브루가 없다면 다음과 같이 명령을 실행해 설치한다.

```
$ ruby -e "$(curl -fsSL https://raw.githubusercontent.com/Homebrew/install/master/install)"
```

설치한 후에는 다음과 같이 업데이트한다.

```
$ brew update
```

그러고 나서 파이썬 3를 설치한다.

```
$ brew install python3
```

앞에서와 마찬가지로 버전을 확인한다.

```
$ python3 --version
```

제대로 설치됐다면 터미널에 버전 번호가 출력된다.

윈도우에 설치하기

윈도우에서는 SciPy 스택 호환 파이썬 3 배포판을 설치하는 것이 좋다. 가장 인기 있는 배포판은 아나콘다^{Anaconda}다. 사용하기도 쉽고 데이터 분석 관련 패키지도 간편하게 설치할 수 있기 때문이다. 구체적인 설치 방법은 https://www.continuum.io/downloads를 참고한다.

아나콘다 대신 다른 SciPy 스택 호환 파이썬 3를 설치하고 싶다면, http://www.scipy.org/install.html에서 적절한 것을 선택해서 설치한다. 이러한 배포판의 가장 큰 장점은 관련 패키지들이 기본적으로 설치돼 있다는 점이다. 따라서 패키지를 별도로 설치할 필요가 없다.

다 설치했다면 앞에서와 마찬가지로 버전을 확인한다.

```
$ python3 --version
```

그러면 터미널에 버전 번호가 출력되는 것을 확인할 수 있다.

패키지 설치

이 책에서는 NumPy^{넘파이}, SciPy^{사이파이}, scikit-learn^{사이킷런}, matplotlib^{맷플롯립}을 비롯한 다양한 패키지를 사용한다. 따라서 이러한 패키지도 함께 설치한다.

우분투나 맥 OS X 사용자는 이러한 패키지를 간단히 설치할 수 있다. 터미널에서 한 줄의 명령만 실행하면 된다. 각각의 설치 방법에 대한 링크는 다음과 같다.

- NumPy: http://docs.scipy.org/doc/numpy-1.10.1/user/install.html
- SciPy: http://www.scipy.org/install.html
- scikit-learn: http://scikit-learn.org/stable/install.html
- matplotlib: http://matplotlib.org/1.4.2/users/installing.html

윈도우 사용자는 SciPy 스택 호환 파이썬 3 배포판을 먼저 설치한 후에 이 패키지를 설치한다.

데이터 불러오기

학습 모델을 구축하려면 학습할 대상에 대한 데이터가 필요하다. 학습 모델을 제작하는 데 필요한 파이썬 패키지는 앞 절에서 모두 설치했다. 이제 이러한 패키지를 활용해 본격적으로 데이터를 다뤄보자. 터미널 창을 띄우고 다음과 같이 명령을 입력해 파이썬 세션을 시작한다.

```
$ python3
```

데이터셋이 포함된 패키지를 불러온다.

```
>>> from sklearn import datasets
```

그런 다음 주택 가격에 대한 데이터셋을 불러온다.

```
>>> house_prices = datasets.load_boston()
```

데이터를 출력해보자.

```
>>> print(house_prices.data)
```

그러면 터미널 화면에 다음과 같이 결과가 출력된다.

```
>>> print(house_prices.data)
[[ 6.32000000e-03   1.80000000e+01   2.31000000e+00 ...,   1.53000000e+01
   3.96900000e+02   4.98000000e+00]
 [ 2.73100000e-02   0.00000000e+00   7.07000000e+00 ...,   1.78000000e+01
   3.96900000e+02   9.14000000e+00]
 [ 2.72900000e-02   0.00000000e+00   7.07000000e+00 ...,   1.78000000e+01
   3.92830000e+02   4.03000000e+00]
 ...,
 [ 6.07600000e-02   0.00000000e+00   1.19300000e+01 ...,   2.10000000e+01
   3.96900000e+02   5.64000000e+00]
 [ 1.09590000e-01   0.00000000e+00   1.19300000e+01 ...,   2.10000000e+01
   3.93450000e+02   6.48000000e+00]
 [ 4.74100000e-02   0.00000000e+00   1.19300000e+01 ...,   2.10000000e+01
   3.96900000e+02   7.88000000e+00]]
```

이번에는 데이터에 대한 레이블을 살펴보자.

터미널에서 다음과 같이 명령을 실행하면 레이블을 볼 수 있다.

```
>>> print(house_prices.target)
[ 24.    21.6   34.7   33.4   36.2   28.7   22.9   27.1   16.5   18.9   15.    18.9
  21.7   20.4   18.2   19.9   23.1   17.5   20.2   18.2   13.6   19.6   15.2   14.5
  15.6   13.9   16.6   14.8   18.4   21.    12.7   14.5   13.2   13.1   13.5   18.9
  20.    21.    24.7   30.8   34.9   26.6   25.3   24.7   21.2   19.3   20.    16.6
  14.4   19.4   19.7   20.5   25.    23.4   18.9   35.4   24.7   31.6   23.3   19.6
  18.7   16.    22.2   25.    33.    23.5   19.4   22.    17.4   20.9   24.2   21.7
  22.8   23.4   24.1   21.4   20.    20.8   21.2   20.3   28.    23.9   24.8   22.9
  23.9   26.6   22.5   22.2   23.6   28.7   22.6   22.    22.9   25.    20.6   28.4
  21.4   38.7   43.8   33.2   27.5   26.5   18.6   19.3   20.1   19.5   19.5   20.4
  19.8   19.4   21.7   22.8   18.8   18.7   18.5   18.3   21.2   19.2   20.4   19.3
  22.    20.3   20.5   17.3   18.8   21.4   15.7   16.2   18.    14.3   19.2   19.6
  23.    18.4   15.6   18.1   17.4   17.1   13.3   17.8   14.    14.4   13.4   15.6
  11.8   13.8   15.6   14.6   17.8   15.4   21.5   19.6   15.3   19.4   17.    15.6
  13.1   41.3   24.3   23.3   27.    50.    50.    50.    22.7   25.    50.    23.8
  23.8   22.3   17.4   19.1   23.1   23.6   22.6   29.4   23.2   24.6   29.9   37.2
  39.8   36.2   37.9   32.5   26.4   29.6   50.    32.    29.8   34.9   37.    30.5
  36.4   31.1   29.1   50.    33.3   30.3   34.6   34.9   32.9   24.1   42.3   48.5
  50.    22.6   24.4   22.5   24.4   20.    21.7   19.3   22.4   28.1   23.7   25.
  23.3   28.7   21.5   23.    26.7   21.7   27.5   30.1   44.8   50.    37.6   31.6
  46.7   31.5   24.3   31.7   41.7   48.3   29.    24.    25.1   31.5   23.7   23.3
```

실제 배열은 이보다 길다. 그림은 배열의 앞부분만 표시한 것이다.

사이킷런 패키지는 이미지에 대한 데이터셋도 제공한다. 각각의 이미지는 8×8 크기로 돼 있다. 이 이미지도 불러오자.

```
>>> digits = datasets.load_digits()
```

그중에서 다섯 번째 이미지를 출력해보자.

```
>>> print(digits.images[4])
```

그러면 터미널 화면에 다음과 같이 출력된다.

```
>>> print(digits.images[4])
[[  0.   0.   0.   1.  11.   0.   0.   0.]
 [  0.   0.   0.   7.   8.   0.   0.   0.]
 [  0.   0.   1.  13.   6.   2.   2.   0.]
 [  0.   0.   7.  15.   0.   9.   8.   0.]
 [  0.   5.  16.  10.   0.  16.   6.   0.]
 [  0.   4.  15.  16.  13.  16.   1.   0.]
 [  0.   0.   0.   3.  15.  10.   0.   0.]
 [  0.   0.   0.   2.  16.   4.   0.   0.]]
```

그림에서 보는 바와 같이 이미지는 8행 8열로 구성돼 있다.

요약

이 장에서는 AI의 개념과 AI를 배워야 하는 이유를 살펴봤다. 또한 AI의 다양한 세부 분야와 응용 사례도 소개했다. 튜링 테스트의 정의와 이를 수행하는 방법도 알아 봤으며, 기계가 사람처럼 생각하게 만드는 방법에 대해서도 살펴봤다. 그리고 이성 적인 에이전트의 개념과 이를 설계하기 위한 방법도 배웠으며, GPS(범용 문제 해결 기)의 개념과 이를 이용해 문제를 해결하는 방법도 살펴봤다. 또한 머신 러닝을 이 용해 지능형 에이전트를 개발하는 방법도 소개했다. 이 과정에서 모델 종류도 살펴 봤다.

마지막으로 여러 운영체제에 파이썬 3를 설치하는 방법도 소개했다. AI 애플리케이션을 구축하는 데 필요한 패키지를 설치했고, 사이킷런에서 제공하는 데이터를 불러오는 방법도 살펴봤다. 다음 장에서는 지도 학습의 개념과 분류 및 회귀 분석 모델의 구축 방법을 알아보자.

2

지도 학습을 이용한
분류와 회귀

이 장에서는 지도 학습 기법을 이용한 데이터 분류와 회귀 분석 기법을 소개한다.
다루는 주제는 다음과 같다.

* 지도 학습과 비지도 학습의 차이점
* 분류의 개념
* 데이터를 전처리하기 위한 다양한 기법
* 레이블 인코딩
* 로지스틱 회귀 분류기 구축 방법
* 나이브 베이즈 분류기
* 오차 행렬
* SVM의 개념과 이를 이용한 분류기 구축 방법
* 선형 회귀 분석과 다항 회귀 분석
* 단일 변수와 다중 변수 데이터에 대한 선형 회귀 분석 방법
* 서포트 벡터 회귀 분류기를 이용한 주택 가격 예측 방법

지도 학습 및 비지도 학습

기계에 지능을 부여하기 위한 대표적인 방법은 머신 러닝을 활용하는 것이다. 머신 러닝은 크게 지도 학습과 비지도 학습으로 구분한다. 그 외에도 다른 기법이 있는데, 여기에 대해서는 나중에 다룬다.

지도 학습^{supervised learning}(슈퍼바이즈드 러닝)은 레이블^{label}이 달린 데이터로 학습 모델을 만든다. 예를 들어 나이와 학력, 거주지와 같은 다양한 매개변수^{parameter}(모수)를 기반으로 개인의 소득을 예측하는 시스템을 구축하려면, 먼저 여러 사람에 대한 구체적인 정보를 모은 후 항목마다 레이블(각 사람의 소득 정보)을 달아서 데이터베이스를 구축한다. 이렇게 여러 가지 매개변수와 소득의 관계가 정의된 데이터베이스를 학습 알고리즘에게 전달하면, 특정한 사람에 대한 매개변수가 주어졌을 때 그 사람의 소득을 계산하는 방법을 학습한다.

비지도 학습^{unsupervised learning}(언슈퍼바이즈드 러닝)은 레이블이 달리지 않은 데이터로 학습 모델을 만든다. 앞에서 설명한 지도 학습과는 대조적이다. 데이터에 레이블이 달려 있지 않기 때문에, 데이터의 내용만 보고 의미 있는 정보를 추출해야 한다. 예를 들어 특정 데이터 집합에 속한 개별 데이터들을 여러 개의 그룹으로 나눌 때 비지도 학습 방식을 적용할 수 있다. 이때 가장 어려운 부분은 그룹을 나누는 기준이 명확하지 않다는 점이다. 비지도 학습 방식의 알고리즘은 가능한 최선의 방법을 동원해 데이터를 나눠야 한다.

분류

이 장에서는 지도 학습 방식으로 분류하는 방법을 살펴본다. 분류^{classification}란 데이터를 지정한 수만큼의 클래스(범주)로 나누는 기법이다. 분류 기법은 데이터를 가장 효과적이면서 효율적으로 활용하도록 일정한 수의 그룹으로 데이터를 분류한다.

머신 러닝에서는 주어진 데이터 항목이 속하는 클래스를 결정하는 문제를 다룰 때 분류 기법을 활용한다. 이 장에서는 항목마다 레이블이 달린 학습 데이터를 이용해 분류 모델을 만들어본다. 예를 들어 주어진 이미지에 사람 얼굴이 있는지 검사하고 싶다면, 먼저 얼굴 이미지^{face}와 얼굴이 아닌 이미지$^{no-face}$라는 두 가지 클래스로 구분된 학습 데이터를 구축한 후, 이 데이터로 모델을 학습시킨다. 그리고 나서 학습이 완료된 모델로 추론(이미지를 검사)한다.

분류 시스템을 잘 만들면 필요한 데이터만 골라서 가져오는 작업을 쉽게 처리할 수 있다. 분류 시스템은 얼굴 인식, 스팸 필터, 추천 엔진을 비롯한 다양한 분야에 널리 활용된다. 이때 사용되는 알고리즘은 주어진 데이터를 분류하기 위한 구체적인 기준을 제시한다.

샘플(학습용 데이터)의 수는 다양한 상황을 반영할 수 있을 정도로 충분해야 한다. 샘플이 부족하면 알고리즘이 학습 데이터에 필요 이상으로 최적화되는 오버피팅 ^{overfitting}(과다적응, 과최적화) 현상이 발생할 수 있다. 다시 말해 분류 기준이 학습 데이터에 너무 치우쳐서 학습 데이터에 없는 다른 값에 대해서는 제대로 분류할 수 없다(가령 얼굴 인식 모델을 만들 때 샘플 데이터가 모두 동양인 얼굴로만 구성되면, 서양인 얼굴을 얼굴로 분류하지 않게 된다). 이는 머신 러닝 과정에서 굉장히 자주 겪는 문제 중 하나다. 따라서 머신 러닝 모델을 만들 때는 오버피팅의 발생 가능성을 항상 염두에 두는 것이 좋다.

데이터 전처리

머신 러닝을 구현할 때는 현실 세계에서 추출한 방대한 양의 미가공^{raw} 데이터를 다룬다. 이러한 데이터로 머신 러닝 알고리즘을 학습시키기 전에, 먼저 데이터의 포맷을 머신 러닝 알고리즘이 처리할 수 있는 형태로 변환하는 전처리^{preprocessing} 작업부터 해야 한다. 다음 예제를 통해 구체적인 방법을 살펴보자.

파이썬 파일을 새로 만들고, 다음과 같이 작업에 필요한 패키지를 불러오는 문장을 작성한다.

```
import numpy as np
from sklearn import preprocessing
```

그리고 몇 가지 샘플 데이터를 정의한다.

```
input_data = np.array([[5.1, -2.9, 3.3],
[-1.2, 7.8, -6.1],
[3.9, 0.4, 2.1],
[7.3, -9.9, -4.5]])
```

이 절에서는 다음과 같은 전처리 기법을 소개한다.

- 이진화
- 평균 제거
- 크기 조정
- 정규화

먼저 이진화 기법부터 살펴보자.

이진화

이진화binarization란 숫자를 불리언boolean 수(이진수)로 변환하는 기법이다. 이 절에서는 사이킷런에서 제공하는 메소드로 입력 데이터를 이진화하는 방법을 소개한다. 예제에서 기준점(임계 값)은 2.1로 지정한다.

앞에서 작성하던 파이썬 코드에 다음과 같은 문장을 추가한다.

```
# 데이터 이진화
data_binarized = preprocessing.Binarizer(threshold=2.1).transform(input_
data)
print("\nBinarized data:\n", data_binarized)
```

코드를 실행하면 다음과 같은 결과를 확인할 수 있다.

```
Binarized data:
[[ 1.  0.  1.]
 [ 0.  1.  0.]
 [ 1.  0.  0.]
 [ 1.  0.  0.]]
```

결과를 보면 2.1보다 큰 값은 1로, 나머지는 0으로 변환된 것을 확인할 수 있다.

평균 제거

평균 제거$^{mean\ removal}$ 기법도 머신 러닝에서 흔히 사용하는 전처리 기법이다. 특히 특징 벡터$^{feature\ vector}$의 값들이 0을 중심으로 분포하게 만들 때 평균 제거 기법을 많이 활용한다. 특징 벡터에 담긴 값들이 한쪽으로 치우치지 않게 만들 때 이 기법을 사용한다.

앞에서 작성한 파이썬 코드에 다음과 같은 문장을 추가한다.

```python
# 평균과 표준편차를 출력한다
print("\nBEFORE: ")
print("Mean =", input_data.mean(axis=0))
print("Std deviation =", input_data.std(axis=0))
```

앞에 나온 코드는 입력 데이터에 대한 평균과 표준편차를 출력한다. 이어서 다음과 같이 평균을 제거하는 문장을 추가한다.

```python
# 평균 제거
data_scaled = preprocessing.scale(input_data)
print("\nAFTER:")
print("Mean =", data_scaled.mean(axis=0))
print("Std deviation =", data_scaled.std(axis=0))
```

코드를 실행하면 터미널 창에 다음과 같이 결과가 출력된다.

```
BEFORE:
Mean = [ 3.775 -1.15  -1.3  ]
Std deviation = [ 3.12039661  6.36651396  4.0620192 ]
AFTER:
Mean = [  1.11022302e-16   0.00000000e+00   2.77555756e-17]
Std deviation = [ 1.  1.  1.]
```

값을 자세히 보면 평균값은 0에, 표준편차는 1에 가깝게 조정된 것을 알 수 있다.

크기 조정

특징 벡터의 각 요소에 대한 값의 범위는 일정하지 않을 수 있다. 머신 러닝 알고리즘을 학습시키려면, 모든 특징을 동일 선상에서 비교할 수 있도록 각각의 특징에 대한 값의 범위를 일정한 기준으로 조정하는 크기 조정^{scaling} 과정을 거쳐야 한다. 단순히 측정 단위의 차이로 인해 어떤 특징이 비정상적으로 크거나 작게 나타나면 안되기 때문이다.

파이썬 코드에 다음과 같은 문장을 추가한다.

```
# 최솟값/최댓값 조정
data_scaler_minmax = preprocessing.MinMaxScaler(feature_range=(0,1))
data_scaled_minmax = data_scaler_minmax.fit_transform(input_data)
print("\nMin max scaled data:\n", data_scaled_minmax)
```

코드를 실행하면 터미널 창에 다음과 같이 결과가 표시된다.

```
Min max scaled data:
[[ 0.74117647  0.39548023  1.         ]
 [ 0.         1.         0.         ]
 [ 0.6        0.5819209   0.87234043]
 [ 1.         0.         0.17021277]]
```

각 행마다 최댓값은 1로, 나머지는 1을 기준으로 상대적인 값으로 표현한 것을 확인할 수 있다.

정규화

특징 벡터의 값을 일정한 기준으로 측정하려면 정규화^{normalization} 과정을 거친다. 머신 러닝에서는 다양한 형태의 정규화 기법을 사용한다. 대표적인 정규화 기법으로 총 합이 1이 되도록 값을 조정하는 방법이 있다. L1 정규화(최소 절대 편차^{Least Absolute Deviations})는 각 행의 절댓값의 합이 1이 되도록 조정한다. L2 정규화(최소 제곱^{Least Square})는 제곱의 합이 1이 되도록 조정한다.

일반적으로 L2 정규화보다 L1 정규화 기법이 좀 더 안정적이다. L1이 데이터의 이상치^{outlier}(아웃라이어)에 영향을 덜 받기 때문이다. 데이터에는 이상치가 어느 정도 포함될 수밖에 없다. 따라서 연산을 수행할 때 이러한 값을 안전하고 효과적으로 걸러낼 수 있어야 한다. 반면 이상치가 문제 해결에 중요한 역할을 한다면 L2 정규화를 사용하는 것이 낫다.

파이썬 코드에 다음과 같은 문장을 추가한다.

```
# 데이터 정규화
data_normalized_l1 = preprocessing.normalize(input_data, norm='l1')
data_normalized_l2 = preprocessing.normalize(input_data, norm='l2')
print("\nL1 normalized data:\n", data_normalized_l1)
print("\nL2 normalized data:\n", data_normalized_l2)
```

코드를 실행하면 터미널 화면에 다음과 같이 결과가 표시된다.

```
L1 normalized data:
 [[ 0.45132743 -0.25663717  0.2920354 ]
 [-0.0794702   0.51655629 -0.40397351]
 [ 0.609375    0.0625      0.328125  ]
 [ 0.33640553 -0.4562212  -0.20737327]]
L2 normalized data:
 [[ 0.75765788 -0.43082507  0.49024922]
 [-0.12030718  0.78199664 -0.61156148]
 [ 0.87690281  0.08993875  0.47217844]
 [ 0.55734935 -0.75585734 -0.34357152]]
```

지금까지 작성한 예제의 전체 코드는 preprocessing.py 파일에서 볼 수 있다.

레이블 인코딩

분류 작업을 하다 보면 수많은 레이블을 처리한다. 레이블은 문자나 숫자뿐만 아니라 다양한 형태로 표현한다. 사이킷런에서 제공하는 머신 러닝 함수는 숫자로 된 레이블만 처리한다. 레이블이 이미 숫자로 돼 있다면 곧바로 학습 단계로 넘어가도 되지만, 이런 경우는 드물다.

레이블은 대체로 사람이 읽기 좋도록 문자로 표현하는 경우가 많다. 학습 데이터의 레이블을 문자로 표기하면 데이터의 매핑 관계를 파악하기 쉽다. 문자로 된 레이블을 숫자로 변환하려면 레이블 인코더를 거쳐야 한다. 레이블 인코딩^{label encoding}이란 문자(단어)로 표현된 레이블을 숫자 형태로 바꾸는 과정이다. 사이킷런에서 제공하는 알고리즘으로 데이터를 처리하려면 레이블을 숫자로 바꿔야 한다.

파이썬 파일을 새로 만들고, 다음과 같이 작업에 필요한 패키지를 불러오는 문장을 작성한다.

```
import numpy as np
from sklearn import preprocessing
```

그리고 샘플 레이블을 다음과 같이 정의한다.

```
# 샘플 입력 레이블
input_labels = ['red', 'black', 'red', 'green', 'black', 'yellow', 'white']
```

레이블 인코더 오브젝트를 생성한 후 레이블로 학습시킨다.

```
# 레이블 인코더 생성 후 앞에서 정의한 레이블로 학습시키기
encoder = preprocessing.LabelEncoder()
encoder.fit(input_labels)
```

단어와 숫자 사이의 매핑 관계를 화면에 출력한다.

```
# 매핑 관계 출력
print("\nLabel mapping:")
for i, item in enumerate(encoder.classes_):
    print(item, '-->', i)
```

이제 샘플에 있는 레이블 중에서 몇 개를 골라 인코딩해보자.

```python
# 레이블 인코딩
test_labels = ['green', 'red', 'black']
encoded_values = encoder.transform(test_labels)
print("\nLabels =", test_labels)
print("Encoded values =", list(encoded_values))
```

이번에는 반대로 숫자를 레이블 문자로 디코딩해보자.

```python
# 숫자 값 디코딩
encoded_values = [3, 0, 4, 1]
decoded_list = encoder.inverse_transform(encoded_values)
print("\nEncoded values =", encoded_values)
print("Decoded labels =", list(decoded_list))
```

코드를 실행하면 다음과 같은 결과를 볼 수 있다.

```
Label mapping:
black --> 0
green --> 1
red --> 2
white --> 3
yellow --> 4

Labels = ['green', 'red', 'black']
Encoded values = [1, 2, 0]

Encoded values = [3, 0, 4, 1]
Decoded labels = ['white', 'black', 'yellow', 'green']
Friesty-Nam:aipython nam$ []
```

앞에 나온 매핑 정보를 보면 인코딩과 디코딩 결과가 정확한 것을 확인할 수 있다.
지금까지 작성한 예제에 대한 전체 코드는 label_encoder.py 파일에서 볼 수 있다.

로지스틱 회귀 분류기

로지스틱 회귀 분석^{logistic regression}이란 입력 변수와 출력 변수의 관계를 표현하는 기법 중 하나다. 여기서 입력은 독립 변수고 출력은 종속 변수다. 종속 변수의 수는 고정된다. 분류 문제를 다룰 때는 종속 변수로 분류할 클래스(그룹)를 표현한다.

로지스틱 회귀 분석은 독립 변수와 종속 변수의 관계를 로지스틱 함수를 통해 계산된 확률로 표현한다. 이때 로지스틱 함수는 시그모이드 곡선^{sigmoid curve}으로 표현한다. 이 곡선은 생명 주기를 표현할 때 자주 보던 S자를 눕힌 모양의 곡선으로, 여러 가지 매개변수로 구성된 함수를 만들 때 주로 사용한다. 로지스틱 함수는 데이터의 분포를 표현하는 직선 중에 오차가 가장 적은 직선을 구하는 일반 선형 모델^{generalized linear model}(선형 회귀 분석)과 밀접한 관계가 있다. 이 절에서는 선형 회귀 분석 대신 로지스틱 회귀 분석으로 분류한다. 엄밀히 말하면 로지스틱 회귀 분석이 분류 기법은 아니지만, 분류 문제를 다루는 데 효과적이고 간결하기 때문에 머신 러닝에서 굉장히 많이 사용한다.

이제 본격적으로 로지스틱 회귀 분석을 이용한 분류기를 만들어보자. 코드를 작성하기에 앞서 Tkinter 패키지가 설치돼 있는지 확인한다(import tkinter와 tkinter._test() 문장을 실행해본다. 참고로 Tkinter는 파이썬 배포판에 기본으로 제공된다). 설치돼 있지 않다면 https://docs.python.org/2/library/tkinter.html(또는 http://www.tkdocs.com/tutorial/install.html)을 참조해 설치한다.

파이썬 파일을 새로 만들고, 필요한 패키지를 불러온다. 예제는 utilities.py 파일에 있는 함수도 사용하는데, 자세한 내용은 뒤에서 살펴보기로 하고 일단 패키지를 불러오는 문장부터 작성한다.

```
import numpy as np
from sklearn import linear_model
import matplotlib.pyplot as plt

from utilities import visualize_classifier
```

다음과 같이 샘플 입력 데이터를 2차원 벡터로 정의하고, 이에 대한 레이블도 정의한다.

```
# 샘플 입력 데이터 정의
X = np.array([[3.1, 7.2], [4, 6.7], [2.9, 8], [5.1, 4.5], [6, 5], [5.6, 5],
[3.3, 0.4], [3.9, 0.9], [2.8, 1], [0.5, 3.4], [1, 4], [0.6, 4.9]])
y = np.array([0, 0, 0, 1, 1, 1, 2, 2, 2, 3, 3, 3])
```

이렇게 정의한 레이블이 달린 데이터로 분류기를 학습시킨다. 먼저 로지스틱 회귀 분류기 오브젝트를 생성한다.

```
# 로지스틱 회귀 분류기 생성
classifier = linear_model.LogisticRegression(solver='liblinear', C=1)
```

앞에서 정의한 데이터로 분류기를 학습시킨다.

```
# 분류기 학습
classifier.fit(X, y)
```

그러고 나서 분류된 클래스들의 경계 값을 이용해 분류기의 성능을 시각적으로 표현한다.

```
# 분류기 성능 시각화
visualize_classifier(classifier, X, y)
```

이 함수를 호출하려면 먼저 정의부터 한다. 이 장의 여러 예제에서 활용하므로 다른 코드에서 불러 쓰기 좋도록 별도의 파일에 정의하는 것이 좋다. 그래서 utilities.py 파일에 이 함수를 정의하고, 이 파일에서 불러오는 방식으로 구성했다.

visualize_classifier를 정의하는 utilities.py를 작성하기 위해 파이썬 파일을 새로 하나 만들고, 다음과 같이 패키지를 불러오는 문장을 작성한다.

```
import numpy as np
import matplotlib.pyplot as plt
```

`visualize_classifier` 함수는 다음과 같이 분류기 오브젝트와 입력 데이터, 입력 데이터에 대한 레이블을 인수로 받도록 정의한다.

```
def visualize_classifier(classifier, X, y):
    # 메시 그리드에서 사용할 X와 Y에 대한 최댓값과 최솟값을 정의한다
    min_x, max_x = X[:, 0].min() - 1.0, X[:, 0].max() + 1.0
    min_y, max_y = X[:, 1].min() - 1.0, X[:, 1].max() + 1.0
```

예제에서 사용할 메시 그리드의 X축과 Y축에 대한 최댓값과 최솟값도 함께 정의했다. 메시 그리드^{mesh grid}는 함수를 평가하는 데 사용할 값들의 집합으로서, 각각의 클래스의 경계 값을 시각적으로 표현하는 데 활용한다. 앞에서 정의한 최댓값과 최솟값을 이용해 그리드의 간격을 정의한다.

```
# 메시 그리드를 그릴 때 적용할 간격 정의
mesh_step_size = 0.01

# 메시 그리드의 X 값과 Y 값 정의
x_vals, y_vals = np.meshgrid(np.arange(min_x, max_x, mesh_step_size),
np.arange(min_y, max_y, mesh_step_size))
```

메시 그리드에 있는 모든 점에 대해 분류기를 실행한다.

```
# 메시 그리드에 대해 분류기 실행
output = classifier.predict(np.c_[x_vals.ravel(), y_vals.ravel()])

# 결과로 나온 배열 정리
output = output.reshape(x_vals.shape)
```

그래프를 생성하고, 색상을 지정한 후 그 위에 점을 그린다.

```
# 그래프 생성
plt.figure()

# 그래프의 색상 지정
plt.pcolormesh(x_vals, y_vals, output, cmap=plt.cm.gray)

# 그래프에 학습용 점 그리기
```

```
plt.scatter(X[:, 0], X[:, 1], c=y, s=75, edgecolors='black', linewidth=1,
cmap=plt.cm.Paired)
```

최댓값과 최솟값을 이용해 그래프의 경계를 지정하고 좌표축에 눈금을 표시한 후
그래프를 화면에 표시한다.

```
# 그래프의 경계 지정
plt.xlim(x_vals.min(), x_vals.max())
plt.ylim(y_vals.min(), y_vals.max())

# X축과 Y축에 대한 눈금을 표시한다
plt.xticks((np.arange(int(X[:, 0].min() - 1), int(X[:, 0].max() + 1),
1.0)))
plt.yticks((np.arange(int(X[:, 1].min() - 1), int(X[:, 1].max() + 1),
1.0)))

plt.show()
```

코드를 실행하면 다음과 같은 결과를 볼 수 있다.

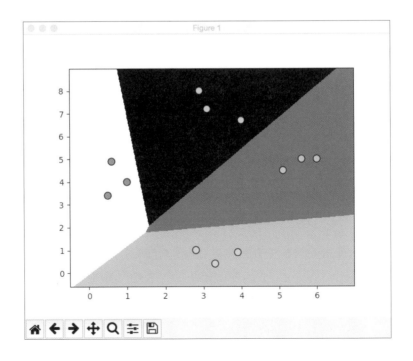

다음 문장에서 C 값을 100으로 변경하면, 다른 클래스 사이의 경계를 좀 더 정확하게 표현할 수 있다.

```
classifier = linear_model.LogisticRegression(solver='liblinear', C=100)
```

이렇게 되는 이유는 C 값이 분류 오류에 대한 패널티로 적용되기 때문이다. 따라서 이 값을 높이면 알고리즘이 학습 데이터에 좀 더 최적화된다. 단, 이 값을 지정할 때 주의해야 한다. 너무 크게 지정하면 학습 데이터에 치우치는 오버피팅이 발생해 제대로 분류할 수 없다.

C 값을 100으로 지정해서 실행한 결과는 다음과 같다.

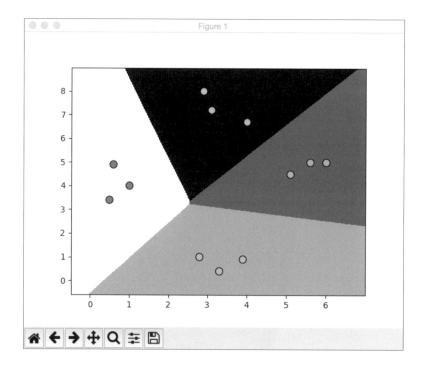

앞에서 본 그림에 비해 경계선이 좀 더 정확하게 표시됐다. 지금까지 작성한 예제의 전체 코드는 logistic_regression.py와 utilities.py 파일에서 볼 수 있다.

나이브 베이즈 분류기

나이브 베이즈^{Naïve Bayes}(단순 베이즈, 독립 베이즈) 분류 기법은 베이즈 정리를 기반으로 분류기를 만든다. 베이즈 정리^{Bayes Theorem}는 사건이 발생할 확률을 그 사건에 관련된 여러 가지 조건을 기반으로 표현한다. 이 절에서는 문제의 인스턴스에 대해 클래스 레이블을 할당하는 방식으로 나이브 베이즈 분류기를 만든다. 문제의 인스턴스는 특징 값으로 구성된 벡터로 표현한다. 이때 주어진 특징 값들은 서로 독립적이라고 가정한다. 이를 독립성 가정^{independence assumption}이라 부르며, 이름에 '순진한', '단순한'을 의미하는 '나이브^{naïve}'를 붙인 이유가 바로 여기에 있다.

서로 다른 특징들 사이의 관계는 고려하지 않고, 주어진 클래스 변수에 대해 개별 특징이 미치는 효과만 본다. 예를 들어 관찰한 동물이 네 개의 다리를 가졌고, 꼬리가 달렸으며, 시속 70마일로 달린다면 치타라고 분류한다. 나이브 베이즈 분류기는 결과에 영향을 미치는 특징이 서로 영향을 받지 않고 각각 결과에 독립적으로 영향을 미친다고 간주한다. 여기서 결과란 관찰한 동물이 치타일 확률을 의미한다. 피부 무늬나 다리의 수, 꼬리의 존재 여부, 이동 속도와 같은 각각의 특징 사이의 상관관계는 무시한다. 그럼 예제를 통해 나이브 베이즈 분류기를 만드는 방법을 살펴보자.

파이썬 파일을 새로 만들고, 다음과 같이 패키지를 불러오는 문장을 작성한다.

```python
import numpy as np
import matplotlib.pyplot as plt
from sklearn.naive_bayes import GaussianNB
from sklearn import cross_validation

from utilities import visualize_classifier
```

데이터는 data_multivar_nb.txt를 사용한다. 이 파일은 각 줄마다 콤마(,)로 구분된 값들이 나열돼 있다.

```python
# 데이터를 담은 입력 파일
input_file = 'data_multivar_nb.txt'
```

이 파일에 있는 데이터를 가져온다.

```
# 입력 파일에서 데이터 가져오기
data = np.loadtxt(input_file, delimiter=',')
X, y = data[:, :-1], data[:, -1]
```

나이브 베이즈 분류기에 대한 인스턴스를 하나 생성한다. 여기서는 가우시안^{Gaussian} 나이브 베이즈 분류기를 사용하며, 각 클래스에 대한 값들이 가우시안 분포를 따른 다고 가정한다.

```
# 나이브 베이즈 분류기 생성
classifier = GaussianNB()
```

이제 학습 데이터로 분류기를 학습시킨다.

```
# 분류기 학습시키기
classifier.fit(X, y)
```

이렇게 학습한 분류기로 예측한 결과를 구한다.

```
# 학습한 분류기로 예측한 결과 구하기
y_pred = classifier.predict(X)
```

이제 분류기의 정확도^{accuracy}를 계산한 후 그 결과를 시각적으로 표현한다. 정확도 는 예측 결과 중에서 실제 데이터의 레이블과 일치하는 비율로 측정한다.

```
# 정확도 계산
accuracy = 100.0 * (y == y_pred).sum() / X.shape[0]
print("Accuracy of Naïve Bayes classifier =", round(accuracy, 2), "%")

# 분류기 성능 시각화
visualize_classifier(classifier, X, y)
```

이렇게 정확도를 측정하는 방식은 완벽하지 않다. 따라서 학습할 때 사용한 데이터로 검증하지 않도록 교차 검증cross validation1 기법을 적용해야 한다.

데이터를 학습용과 테스트용으로 나눈다. 예제에서는 데이터의 80%를 학습용으로 사용하고, 나머지 20%는 테스트에 사용하도록 test_size 매개변수의 값을 0.2로 지정했다. 데이터를 이렇게 설정한 후 나이브 베이즈 분류기를 학습시킨다.

```
# 데이터를 학습용과 테스트용으로 나누기
X_train, X_test, y_train, y_test = cross_validation.train_test_split(X, y,
test_size=0.2, random_state=3)
classifier_new = GaussianNB()
classifier_new.fit(X_train, y_train)
y_test_pred = classifier_new.predict(X_test)
```

분류기의 정확도를 계산해서 결과를 시각적으로 표현한다.

```
# 분류기 정확도 계산
accuracy = 100.0 * (y_test == y_test_pred).sum() / X_test.shape[0]
print("Accuracy of the new classifier =", round(accuracy, 2), "%")
```

```
# 분류기 성능 시각화
visualize_classifier(classifier_new, X_test, y_test)
```

이제 분류기의 정확도accuracy, 정확률precision(정밀도), 재현율recall을 측정한다. 이 값은 패키지에서 제공하는 교차 검증 함수로 계산하며 3중 교차 검증을 적용한다.

```
num_folds = 3
accuracy_values = cross_validation.cross_val_score(classifier, X, y,
scoring='accuracy', cv=num_folds)
print("Accuracy: " + str(round(100*accuracy_values.mean(), 2)) + "%")
precision_values = cross_validation.cross_val_score(classifier,
        X, y, scoring='precision_weighted', cv=num_folds)
print("Precision: " + str(round(100*precision_values.mean(), 2)) + "%")
```

---

1 학습 데이터를 여러 부분 집합으로 나눈 후에 부분 집합 중 하나를 선택해 테스트 데이터로 사용하고 나머지 데이터를 학습 데이터로 사용하는 방식으로 성능을 검증하는 방법이며 각 부분 집합을 모두 한 번씩 테스트 집합으로 사용해 여러 번 평가한 후 평균값을 성능으로 사용한다. – 옮긴이

```
recall_values = cross_validation.cross_val_score(classifier,
        X, y, scoring='recall_weighted', cv=num_folds)
print("Recall: " + str(round(100*recall_values.mean(), 2)) + "%")

f1_values = cross_validation.cross_val_score(classifier,
        X, y, scoring='f1_weighted', cv=num_folds)
print("F1: " + str(round(100*f1_values.mean(), 2)) + "%")
```

코드를 실행하면 첫 번째 학습 결과가 다음과 같이 나오는 것을 볼 수 있다.

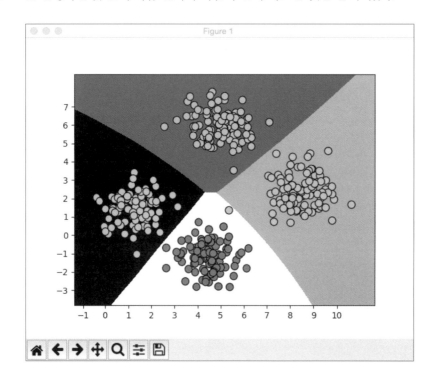

앞에 나온 그림은 분류기로 구한 클래스 사이의 경계를 보여준다. 이를 통해 데이터가 네 개의 클래스로 뚜렷하게 구분되며, 입력 데이터의 분포를 기준으로 설정된 경계를 따라 독립적인 영역을 형성한다는 것을 알 수 있다. 이 창을 닫으면 이어서 교차 검증을 적용한 두 번째 학습 결과가 나타난다.

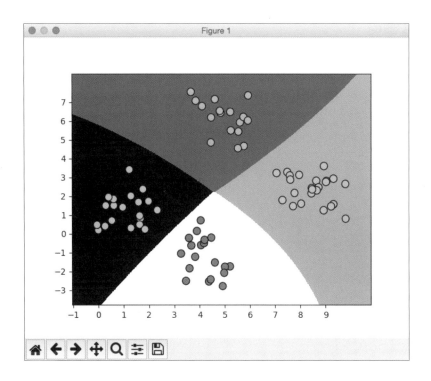

터미널 화면에는 다음과 같은 결과가 출력된다.

```
Accuracy of Naïve Bayes classifier = 99.75 %
Accuracy of the new classifier = 100.0 %
Accuracy: 99.75%
Precision: 99.76%
Recall: 99.75%
F1: 99.75%
Friesty-Nam:aipython nam$ []
```

지금까지 살펴본 예제의 전체 코드는 naive_bayes.py 파일에서 볼 수 있다.

오차 행렬

오차 행렬Confusion matrix(혼동 행렬, 분류 행렬)이란 분류기의 성능을 표현한 그림 또는 표다. 이 행렬은 주로 실제 참인 값(GT ground truth 값)이 주어진 테스트 데이터에서 구한다. 이 행렬을 통해 분류된 결과를 서로 비교해서 잘못 분류된 샘플의 개수를 파악한다. 이 테이블을 생성할 때 다음과 같이 머신 러닝에서 굉장히 중요하게 다루는 측정 지표가 등장한다. 결과가 0이나 1인 이진 분류binary classification에서 각각의 지표에 대한 의미는 다음과 같다.

- **참 양성**true positive: 예측 결과가 1이고, GT 값도 1인 샘플
- **참 음성**true negative: 예측 결과가 0이고, GT 값도 0인 샘플
- **거짓 양성**false positive: 예측 결과는 1이지만, GT 값은 0인 샘플. 이를 1종 오류Type I error라고 부른다.
- **거짓 음성**false negative: 예측 결과는 0이지만, GT 값은 1인 샘플. 이를 2종 오류Type II error라고 부른다.

주어진 문제에 대해 거짓 양성이나 거짓 음성 비율을 최소화하도록 알고리즘을 최적화해야 한다. 예를 들어 생체 인식 시스템에서는 거짓 양성이 절대로 발생하지 않아야 한다. 허가되지 않은 사람이 민감한 정보에 접근하면 안 되기 때문이다. 그럼 구체적인 예제를 통해 오차 행렬을 생성하는 방법을 살펴보자.

파이썬 파일을 새로 만들고 다음과 같이 패키지를 불러오는 문장을 작성한다.

```
import numpy as np
import matplotlib.pyplot as plt
from sklearn.metrics import confusion_matrix
from sklearn.metrics import classification_report
```

GT 값과 예측 결과에 대한 샘플 레이블을 다음과 같이 정의한다.

```
# 샘플 레이블 정의
true_labels = [2, 0, 0, 2, 4, 4, 1, 0, 3, 3, 3]
pred_labels = [2, 1, 0, 2, 4, 3, 1, 0, 1, 3, 3]
```

이렇게 정의한 레이블로 오차 행렬을 생성한다.

```
# 오차 행렬 생성
confusion_mat = confusion_matrix(true_labels, pred_labels)
```

오차 행렬을 시각적으로 표시한다.

```
# 오차 행렬 시각화
plt.imshow(confusion_mat, interpolation='nearest', cmap=plt.cm.gray)
plt.title('Confusion matrix')
plt.colorbar()
ticks = np.arange(5)
plt.xticks(ticks, ticks)
plt.yticks(ticks, ticks)
plt.ylabel('True labels')
plt.xlabel('Predicted labels')
plt.show()
```

앞에 나온 코드에서 ticks 변수는 클래스의 수를 표현한다. 예제에서는 레이블을
다섯 가지로 구분한다.

마지막으로 분류 결과를 화면에 출력한다.

```
# 분류 결과 출력
targets = ['Class-0', 'Class-1', 'Class-2', 'Class-3', 'Class-4']
print('\n', classification_report(true_labels, pred_labels, target_
names=targets))
```

각 클래스에 대한 성능을 표시한다. 코드를 실행하면 다음과 같은 결과를 볼 수 있다.

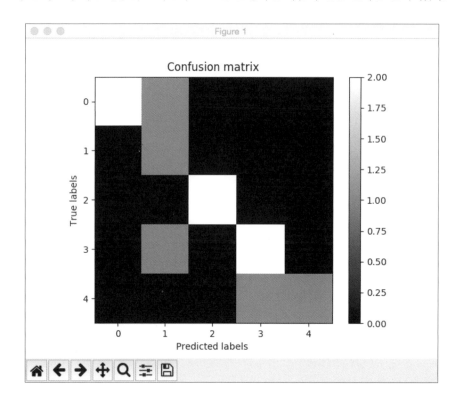

오른쪽 끝에 나온 컬러 맵 슬라이더에 나온 것처럼 흰색은 높은 값을, 검은색은 낮은 값을 나타낸다. 이상적인 경우(정확도가 100%)라면, 대각선에 나온 사각형들은 모두 흰색이고, 나머지는 검정색이어야 한다.

터미널 화면에는 다음과 같은 결과가 출력된다.

	precision	recall	f1-score	support
Class-0	1.00	0.67	0.80	3
Class-1	0.33	1.00	0.50	1
Class-2	1.00	1.00	1.00	2
Class-3	0.67	0.67	0.67	3
Class-4	1.00	0.50	0.67	2
avg / total	0.85	0.73	0.75	11

Friesty-Nam:aipython nam$

지금까지 살펴본 예제의 전체 코드는 confusion_matrix.py 파일에서 볼 수 있다.

서포트 벡터 머신

서포트 벡터 머신SVM, Suppoert Vector Machine은 클래스를 구분하는 경계선을 직선이 아닌 초평면으로 표현한다. 여기서 초평면hyperplane이란 쉽게 말해 직선을 N차원으로 표현한 것이다. 레이블이 달린 학습 데이터가 주어진 이진 분류 문제에 SVM을 적용하면, 학습 데이터를 두 클래스로 가장 잘 나눌 수 있는 초평면을 찾는다. 이러한 이진 분류 기법은 N개의 클래스로 분류하는 문제로 쉽게 확장할 수 있다.

이 절에서는 SVM을 이용해 2차원 공간에 있는 여러 개의 점을 두 개의 클래스로 분류하는 예제를 살펴본다. 2차원이기 때문에 2차원 평면에 존재하는 점과 선만 다루면 된다. 고차원 공간에 존재하는 초평면이나 벡터를 다룰 때보다 시각적으로 표현하기도 좋다. 문제가 굉장히 단순하지만, 이를 통해 SVM의 기본 개념과 시각화 방법을 확실히 이해해야 나중에 고차원 데이터를 제대로 다룰 수 있다.

다음 그림을 살펴보자.

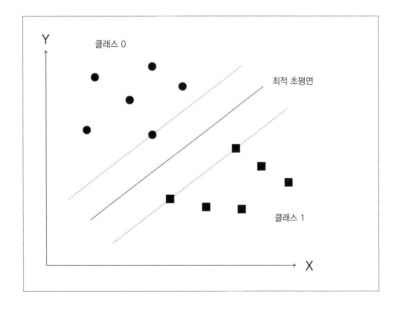

점들을 두 개의 클래스로 정확히 구분하는 최적의 초평면을 찾는 경우를 생각해보자. 먼저 최적의 의미부터 정의할 필요가 있다. 그림에서 굵은 선으로 표시한 것이 최적의 초평면이다. 점들로 표현된 학습 데이터를 완벽하게 구분하는 경계선은 다양하지만, 굵게 표시된 선이 두 점선에 있는 점으로부터 떨어진 거리가 가장 멀기 때문에 가장 정확하게 분류할 수 있다. 이렇게 점선에 속한 점을 서포트 벡터Support Vector라 부르고, 두 점선과 수직으로 떨어진 거리를 최대 마진maximum margin이라 부른다.

SVM으로 소득 계층 분류하기

이번에는 사람에 대한 14가지 속성을 보고 소득 계층을 추정하는 SVM 분류기를 만들어보자. 이렇게 만든 분류기로 사람의 연 소득이 5만 달러 이상인지 아니면 그 이하인지 예측하는 이진 분류 문제를 풀어본다. 예제는 https://archive.ics.uci.edu/ml/datasets/Census+Income에 나온 소득 통계 정보를 사용한다. 이 데이터는 단어와 숫자가 섞여 있다. 사이킷런에서 제공하는 함수는 문자(단어)를 직접 처리할 수 없기 때문에 링크에 나온 데이터를 그대로 입력할 수 없다. 그렇다고 모든 항목을 레이블 인코더로 변환할 수도 없다. 숫자 데이터는 중요한 의미를 담고 있기 때문이다. 따라서 분류기를 제대로 만들기 위해서는 레이블 인코더와 원본 숫자 데이터를 적절히 조합해서 다뤄야 한다.

파이썬 파일을 새로 만들고 다음과 같이 패키지를 불러오는 문장을 작성한다.

```
import numpy as np
import matplotlib.pyplot as plt
from sklearn import preprocessing
from sklearn.svm import LinearSVC
from sklearn.multiclass import OneVsOneClassifier
from sklearn import cross_validation
```

데이터는 income_data.txt 파일에서 불러온다. 이 파일은 소득 정보도 담고 있다.

```
# 데이터를 담은 입력 파일
input_file = 'income_data.txt'
```

파일에서 데이터를 가져오려면 전처리 작업을 통해 분류에 적합한 형태로 변환해야 한다. 데이터는 각 클래스마다 2만 5,000개만 사용한다고 가정한다.

```
# 데이터 읽기
X = []
y = []
count_class1 = 0
count_class2 = 0
max_datapoints = 25000
```

데이터 파일을 열고 한 줄씩 읽는다.

```
with open(input_file, 'r') as f:
    for line in f.readlines():
        if count_class1 >= max_datapoints and count_class2 >= max_
datapoints:
            break

        if '?' in line:
            continue
```

각 줄에 담긴 항목은 콤마로 구분하고 있으므로, 구분자를 콤마로 지정한다. 각 줄의 마지막 항목(연 소득)은 레이블로 사용한다. 이 값에 따라 소속 클래스를 결정한다.

```
data = line[:-1].split(', ')

if data[-1] == '<=50K' and count_class1 < max_datapoints:
    X.append(data)
    count_class1 += 1

if data[-1] == '>50K' and count_class2 < max_datapoints:
    X.append(data)
    count_class2 += 1
```

이렇게 수집한 리스트를 sklearn 함수의 입력으로 전달할 수 있도록 numpy 배열로 변환한다.

```
# numpy 배열로 변환
X = np.array(X)
```

문자열로 된 속성은 인코딩하고, 숫자로 표현된 속성은 그대로 사용한다. 이렇게 하면 다중 레이블 인코더를 만들 수 있다. 이때 모든 값을 직접 관리해야 한다.

```
# 문자열 데이터를 숫자 데이터로 변환하기
label_encoder = []
X_encoded = np.empty(X.shape)
for i,item in enumerate(X[0]):
    if item.isdigit():
        X_encoded[:, i] = X[:, i]
    else:
        label_encoder.append(preprocessing.LabelEncoder())
        X_encoded[:, i] = label_encoder[-1].fit_transform(X[:, i])

X = X_encoded[:, :-1].astype(int)
y = X_encoded[:, -1].astype(int)
```

선형 커널을 사용하는 SVM 분류기를 생성한다.

```
# SVM 분류기 생성
classifier = OneVsOneClassifier(LinearSVC(random_state=0))
```

그리고 분류기를 학습시킨다.

```
# 분류기 학습시키기
classifier.fit(X, y)
```

학습과 테스트에 사용할 데이터를 80:20으로 나눠서 교차 검증을 수행한 후 결과를 예측한다.

```
# 교차 검증
X_train, X_test, y_train, y_test = cross_validation.train_test_split(X, y,
test_size=0.2, random_state=5)
classifier = OneVsOneClassifier(LinearSVC(random_state=0))
classifier.fit(X_train, y_train)
y_test_pred = classifier.predict(X_test)
```

분류기에 대한 F1 점수를 계산한다.

```
# SVM 분류기에 대한 F1 점수 계산
f1 = cross_validation.cross_val_score(classifier, X, y, scoring='f1_
weighted', cv=3)
print("F1 score: " + str(round(100*f1.mean(), 2)) + "%")
```

이렇게 만든 분류기로 임의의 입력 데이터에 대한 분류 결과를 예측해보자. 입력 데이터는 다음과 같이 정의한다.

```
# 테스트 데이터에 대한 출력 예측하기
input_data = ['37', 'Private', '215646', 'HS-grad', '9', 'Never-married',
'Handlers-cleaners', 'Not-in-family', 'White', 'Male', '0', '0', '40',
'United-States']
```

예측하기 전에 앞에서 만든 레이블 인코더로 방금 정의한 데이터를 인코딩한다.

```
# 테스트 데이터 인코딩하기
input_data_encoded = [-1] * len(input_data)
count = 0
for i, item in enumerate(input_data):
    if item.isdigit():
        input_data_encoded[i] = int(input_data[i])
    else:
        input_data_encoded[i] = int(label_encoder[count].transform([input_
data[i]]))
        count += 1

input_data_encoded = np.array(input_data_encoded)
```

이제 분류기로 결과를 예측해보자.

```
# 인코딩한 데이터에 대해 분류기를 실행하고 결과 출력하기
predicted_class = classifier.predict(input_data_encoded)
print(label_encoder[-1].inverse_transform(predicted_class)[0])
```

코드를 실행하면 분류기를 학습시키는 데 몇 초 정도 걸린다. 다 끝나면 터미널 화면에 다음과 같이 출력된다.

F1 score: 66.82%

테스트 데이터에 대한 결과는 다음과 같이 출력된다.

<=50K

테스트 데이터로 입력한 사람의 연 소득은 5만 달러 이하일 가능성이 높다는 결과가 나온다. 이 예제를 바탕으로 다른 커널을 사용하거나 다양한 매개변수를 조합해 분류기의 성능(F1 점수, 정확률, 재현율)을 개선해보자.

지금까지 살펴본 예제의 전체 코드는 income_classifier.py 파일에서 볼 수 있다.

회귀 분석

회귀 분석regression analysis이란 입력 변수와 출력 변수의 관계를 추정하는 기법이다. 한 가지 주목할 부분은 출력 변수는 연속적인 실수 값이라는 점이다. 따라서 경우의 수가 무한하다. 이는 출력 클래스의 수가 일정하게 고정된 분류 기법과 대조적이다.

회귀 분석에서 두 변수 사이의 관계를 파악할 때, 출력 변수는 입력 변수에 종속된다고 가정한다. 그래서 입력 변수를 독립 변수independent variable 또는 예측 변수/예측자predictor라 부르고, 출력 변수를 종속 변수dependent variable 또는 기준 변수/준거 변수criterion variable라 부른다. 입력 변수끼리는 서로 독립적이지 않아도 된다. 입력 변수 사이에 상관관계가 있는 경우가 비일비재하기 때문이다.

회귀 분석 기법을 활용하면 입력 변수 중에서 일부만 변경할 때 출력 변수의 값이 어떻게 변하는지 파악할 수 있다. 선형 회귀 분석linear regression은 입력과 출력의 관계가 선형이라고 가정한다. 모델링 관점에서 보면 제약이 심하지만, 대신 속도가 빠르고 효과적이다.

입력과 출력의 관계를 선형 회귀 분석만으로 밝혀내기 힘든 경우가 있다. 이럴 때는 입력과 출력의 관계를 다항식으로 표현하는 다항(식) 회귀 분석polynomial regression을 사용한다. 선형 회귀보다 계산이 복잡하지만 정확도는 높다. 입력과 출력의 관계를 정확히 추출하려면 주어진 문제의 성격에 적합한 회귀 분석 기법을 적용해야 한다. 회귀 분석은 주로 가격이나 경기, 변동성을 예측하는 데 많이 사용된다.

단순 회귀 분석 모델 만들기

독립 변수를 하나만 사용하는 단순 회귀 분석 모델single variable regressor을 만드는 방법을 살펴보자. 파이썬 파일을 새로 만들고 다음과 같이 패키지를 불러오는 문장을 작성한다.

```
import pickle

import numpy as np
from sklearn import linear_model
import sklearn.metrics as sm
import matplotlib.pyplot as plt
```

입력 데이터는 예제 파일에 있는 data_singlevar_regr.txt를 사용한다.

```
# 입력 데이터 파일
input_file = 'data_singlevar_regr.txt'
```

파일에는 각 데이터가 콤마로 구분돼 있다. 따라서 다음과 같이 한 줄짜리 함수 호출만으로 데이터를 쉽게 불러올 수 있다.

```
# 데이터 읽기
data = np.loadtxt(input_file, delimiter=',')
X, y = data[:, :-1], data[:, -1]
```

그리고 데이터를 학습용과 테스트용으로 나눈다.

```
# 데이터 분리하기
num_training = int(0.8 * len(X))
num_test = len(X) - num_training
```

```
# 학습 데이터
X_train, y_train = X[:num_training], y[:num_training]
```

```
# 테스트 데이터
X_test, y_test = X[num_training:], y[num_training:]
```

선형 회귀 분석 모델 오브젝트를 생성하고, 학습 데이터로 학습시킨다.

```
# 선형 회귀 분석 모델 오브젝트 생성하기
regressor = linear_model.LinearRegression()
```

```
# 학습 데이터로 회귀 분석 모델 학습시키기
regressor.fit(X_train, y_train)
```

이렇게 학습한 모델로 테스트 데이터에 대한 결과를 예측한다.

```
# 결과 예측하기
y_test_pred = regressor.predict(X_test)
```

구한 결과를 그래프로 그린다.

```
# 출력 값을 그래프로 그리기
plt.scatter(X_test, y_test, color='green')
plt.plot(X_test, y_test_pred, color='black', linewidth=4)
plt.xticks(())
plt.yticks(())
plt.show()
```

예측 결과를 GT와 비교하는 방식으로 회귀 분석 모델의 성능을 측정한다.

```
# 성능 지표 계산하기
print("Linear regressor performance:")
print("Mean absolute error =", round(sm.mean_absolute_error(y_test, y_
test_pred), 2))
print("Mean squared error =", round(sm.mean_squared_error(y_test, y_test_
pred), 2))
print("Median absolute error =", round(sm.median_absolute_error(y_test,
y_test_pred), 2))
print("Explain variance score =", round(sm.explained_variance_score(y_
test, y_test_pred), 2))
print("R2 score =", round(sm.r2_score(y_test, y_test_pred), 2))
```

생성한 모델을 나중에 다시 사용할 수 있도록 파일에 저장한다. 이 작업은 파이썬에서 제공하는 pickle 모듈을 통해 처리한다.

```
# 모델을 저장할 파일 이름
output_model_file = 'model.pkl'

# 모델 저장하기
with open(output_model_file, 'wb') as f:
    pickle.dump(regressor, f)
```

그리고 나서 디스크에 저장된 파일에서 모델을 불러와 예측 작업을 수행한다.

```
# 모델 불러오기
with open(output_model_file, 'rb') as f:
    regressor_model = pickle.load(f)

# 테스트 데이터에 대해 예측하기
y_test_pred_new = regressor_model.predict(X_test)
print("\nNew mean absolute error =", round(sm.mean_absolute_error(y_test,
y_test_pred_new), 2))
```

코드를 실행하면 다음과 같은 결과를 볼 수 있다.

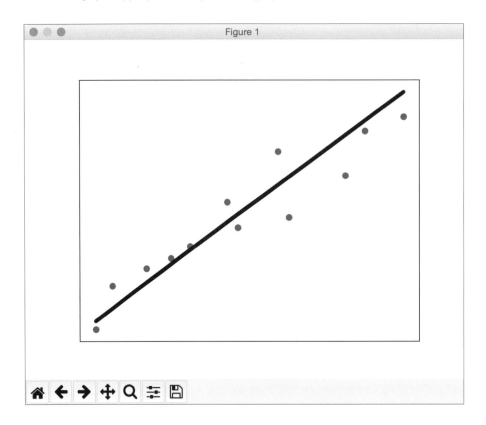

터미널 화면에는 다음과 같은 결과가 출력된다.

```
Linear regressor performance:
Mean absolute error = 0.59
Mean squared error = 0.49
Median absolute error = 0.51
Explain variance score = 0.86
R2 score = 0.86

New mean absolute error = 0.59
Friesty-Nam:aipython nam$ 
```

지금까지 작성한 예제의 전체 코드는 regressor_singlevar.py 파일에 나와 있다.

다중 회귀 분석 모델 만들기

앞 절에서는 하나의 변수만 사용하는 회귀 분석 모델을 살펴봤다. 이 절에서는 다차원 데이터(여러 개의 입력 변수)를 다루는 다중 회귀 분석 모델^{multivariable regressor}을 만들어보자. 파이썬 파일을 새로 만들고, 다음과 같이 패키지를 불러오는 문장을 작성한다.

```
import numpy as np
from sklearn import linear_model
import sklearn.metrics as sm
from sklearn.preprocessing import PolynomialFeatures
```

이번 예제는 이 책에서 제공하는 data_multivar_regr.txt 파일을 입력 데이터로 사용한다.

```
# 입력 데이터 파일
input_file = 'data_multivar_regr.txt'
```

데이터는 콤마로 구분돼 있기 때문에, 다음과 같이 한 줄짜리 함수 호출로 간단히 불러온다.

```
# 입력 파일에 담긴 데이터 불러오기
data = np.loadtxt(input_file, delimiter=',')
X, y = data[:, :-1], data[:, -1]
```

데이터를 학습용과 테스트용으로 나눈다.

```
# 학습 데이터와 테스트 데이터로 나누기
num_training = int(0.8 * len(X))
num_test = len(X) - num_training

# 학습 데이터
X_train, y_train = X[:num_training], y[:num_training]

# 테스트 데이터
X_test, y_test = X[num_training:], y[num_training:]
```

선형 회귀 모델을 만들고 학습시킨다.

```
# 선형 회귀 분석 모델 생성하기
linear_regressor = linear_model.LinearRegression()

# 학습 데이터로 학습시키기
linear_regressor.fit(X_train, y_train)
```

그러고 나서 테스트 데이터로 결과를 예측한다.

```
# 결과 예측하기
y_test_pred = linear_regressor.predict(X_test)
```

성능 지표를 출력한다.

```
# 성능 측정
print("Linear Regressor performance:")
print("Mean absolute error =", round(sm.mean_absolute_error(y_test, y_
test_pred), 2))
print("Mean squared error =", round(sm.mean_squared_error(y_test, y_test_
pred), 2))
print("Median absolute error =", round(sm.median_absolute_error(y_test,
y_test_pred), 2))
print("Explained variance score =",
round(sm.explained_variance_score(y_test, y_test_pred), 2))
print("R2 score =", round(sm.r2_score(y_test, y_test_pred), 2))
```

이번에는 차수가 10인 다항 회귀 모델을 생성하고 학습 데이터로 학습시킨다. 그리고 샘플 데이터를 이용해 예측하는 부분을 작성한다. 이를 위한 첫 번째 작업으로 데이터를 다항식으로 변환한다.

```
# 다항 회귀
polynomial = PolynomialFeatures(degree=10)
X_train_transformed = polynomial.fit_transform(X_train)
datapoint = [[7.75, 6.35, 5.56]]
poly_datapoint = polynomial.fit_transform(datapoint)
```

자세히 보면 여기서 지정한 데이터 포인트는 데이터 파일의 11번째 줄에 나온 것 ([7.66, 6.29, 5.66])과 굉장히 유사하다. 따라서 회귀 모델을 제대로 만들었다면 예측 결과가 41.35에 가까워야 한다. 이제 선형 회귀 분석 모델 오브젝트를 생성한 후 앞에서 변환한 데이터로 다항식을 학습시킨다. 그리고 이렇게 만든 다항 회귀 분석 모델로 예측한 결과를 앞에서 만든 선형 회귀 분석 모델로 예측한 결과와 비교한다.

```
poly_linear_model = linear_model.LinearRegression()
poly_linear_model.fit(X_train_transformed, y_train)
print("\nLinear regression:\n", linear_regressor.predict(datapoint))
print("\nPolynomial regression:\n",
poly_linear_model.predict(poly_datapoint))
```

코드를 실행하면 터미널 화면에 다음과 같은 결과가 출력된다.

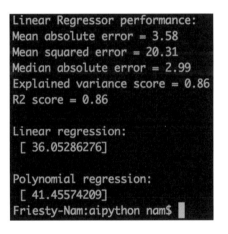

마지막에 나오는 두 값을 비교해보면 다항 회귀 분석 모델이 41.35에 훨씬 가깝다는 것을 확인할 수 있다. 지금까지 살펴본 예제의 전체 코드는 regressor_multivar. py 파일에 나와 있다.

서포트 벡터 회귀 모델로 주택 가격 예측하기

이 절에서는 SVM 기법을 기반으로 주택 가격을 예측하는 서포트 벡터 회귀 분석 모델Support Vector Regressor을 만드는 방법을 소개한다. 예제에서는 사이킷런에서 제공하는 데이터를 사용하며, 데이터 포인트는 13개의 속성으로 정의돼 있다. 이러한 속성을 토대로 주택 가격을 예측하는 분석 모델을 만들어보자.

파이썬 파일을 새로 생성한 후 다음과 같이 패키지를 불러오는 문장을 작성한다.

```
import numpy as np
from sklearn import datasets
from sklearn.svm import SVR
from sklearn.metrics import mean_squared_error, explained_variance_score
from sklearn.utils import shuffle
```

주택 데이터를 불러온다.

```
# 주택 데이터 가져오기
data = datasets.load_boston()
```

분석 결과가 치우치지 않도록 데이터를 섞는다.

```
# 데이터 섞기
X, y = shuffle(data.data, data.target, random_state=7)
```

데이터를 학습용과 테스트용으로 80:20의 비율로 나눈다.

```
# 데이터를 학습용과 테스트용으로 나누기
num_training = int(0.8 * len(X))
X_train, y_train = X[:num_training], y[:num_training]
X_test, y_test = X[num_training:], y[num_training:]
```

선형 커널로 서포트 벡터 회귀 분석 모델을 생성한 후 학습시킨다. 여기서 C 매개변수는 학습 오류에 대한 패널티를 표현한다. C 값이 클수록 모델이 학습 데이터에 좀더 최적화된다. C 값을 너무 크게 설정하면 오버피팅 현상이 발생해 제대로 일반화할 수 없다. epsilon 매개변수는 임계점을 표현한다. 예측한 값이 GT 값의 범위 안에 있으면 학습 오류에 대한 패널티를 부과하지 않는다.

```
# 서포트 벡터 회귀 모델 생성
sv_regressor = SVR(kernel='linear', C=1.0, epsilon=0.1)
```

```
# 서포트 벡터 회귀 모델 학습시키기
sv_regressor.fit(X_train, y_train)
```

회귀 분석 모델의 성능을 측정한 후 결과를 화면에 출력한다.

```
# 서포트 벡터 회귀 분석 모델 성능 측정
y_test_pred = sv_regressor.predict(X_test)
mse = mean_squared_error(y_test, y_test_pred)
evs = explained_variance_score(y_test, y_test_pred)
print("\n#### Performance ####")
print("Mean squared error =", round(mse, 2))
print("Explained variance score =", round(evs, 2))
```

이제 테스트 데이터를 입력해서 예측 값을 구한다.

```
# 테스트용 데이터포인트로 분석 모델 검증하기
test_data = [3.7, 0, 18.4, 1, 0.87, 5.95, 91, 2.5052, 26, 666, 20.2,
351.34, 15.27]
print("\nPredicted price:", sv_regressor.predict([test_data])[0])
```

코드를 실행하면 터미널 화면에 다음과 같이 결과가 출력된다.

```
#### Performance ####
Mean squared error = 15.41
Explained variance score = 0.82

Predicted price: 18.5217801073
Friesty-Nam:aipython nam$ ▯
```

지금까지 작성한 예제의 전체 코드는 house_prices.py 파일에서 볼 수 있다.

요약

이 장에서는 지도 학습과 비지도 학습의 차이점을 알아봤다. 그리고 데이터 분류 문제의 개념과 이를 해결하는 방법을 살펴봤다. 이 과정에서 데이터를 전처리하는 다양한 기법도 소개했다. 또한 레이블 인코더로 레이블을 변환하는 방법도 살펴봤으며, 로지스틱 회귀 분석의 개념과 이를 활용한 분류기를 만드는 방법도 살펴봤다. 나이브 베이즈 분류기의 정의와 이를 구현하는 방법도 배웠고, 오차 행렬을 구성하는 방법도 알아봤다.

서포트 벡터 머신[SVM]의 개념을 소개하고, 이를 이용해 분류기를 만드는 방법도 살펴봤다. 회귀 분석의 개념을 소개하고, 단순 데이터와 다중 데이터에 대해 선형 및 다항 회귀 분석 모델을 만드는 방법도 배웠다. 그리고 서포트 벡터 회귀 분석 모델을 이용해 입력된 속성을 토대로 주택 가격을 추정하는 예제도 만들어봤다.

다음 장에서는 예측 분석의 개념을 살펴보고, 앙상블 학습을 이용해 예측 엔진을 만드는 방법을 알아본다.

3

앙상블 학습을 이용한 예측 분석

이 장에서는 앙상블 학습과 이를 이용한 예측 분석 방법을 소개한다. 이 장에서 다루는 주제는 다음과 같다.

- 앙상블 학습을 이용한 학습 모델 구축하기
- 의사 결정 트리와 이를 이용한 분류기
- 랜덤 포레스트와 극단 랜덤 포레스트, 그리고 이를 이용한 분류기
- 예측 신뢰도 측정하기
- 클래스별 데이터 불균형 처리
- 그리드 검색을 사용해 최적의 학습 매개변수 찾기
- 특징별 상대적 중요도 계산
- 극단 랜덤 포레스트 회귀 분석을 이용한 교통량 예측

앙상블 학습

앙상블 학습Ensemble Learning은 하나의 모델만 사용할 때보다 더 좋은 결과를 낼 수 있도록 여러 가지 모델을 조합하는 방법이다. 여기서 말하는 하나의 모델이란 분류기, 회귀 분석기를 비롯한 데이터를 다루는 모든 종류의 모델을 의미한다. 앙상블 학습은 데이터 분류, 예측 모델링, 오류 탐지를 비롯한 다양한 분야에 광범위하게 활용되고 있다.

그렇다면 앙상블 학습이 왜 필요할까? 이해를 돕기 위해 일상에서 겪을 법한 예를 살펴보자. TV를 새로 장만하고 싶은데 어떤 제품이 최신 모델인지 알 수 없다고 하자. 가격 대비 성능비가 가장 뛰어난 제품을 사고 싶지만, 합리적인 결정을 내리기에는 이에 대한 지식이 충분하지 않다. 이런 상황에서 결정을 내릴 때는 해당 분야의 전문가로부터 최대한 많은 의견을 구한다. 그러면 좀 더 좋은 결정을 내릴 수 있다. 그리고 대부분의 경우 한 사람의 말만 듣기보다는 여러 전문가의 의견을 듣고 최종 결정을 내릴 것이다. 이렇게 하는 이유는 잘못된 결정을 내리거나 최선 대신 차선을 선택하는 경우를 최대한 피하기 위해서다.

앙상블 학습을 이용한 학습 모델 구축하기

문제를 해결하기 위한 여러 개의 모델이 있고, 그중 하나를 선택해야 한다면 일반적으로 주어진 데이터셋에 대해 가장 좋은 성능을 낸 모델을 선택할 것이다. 그러나 이런 식의 선택이 항상 최선의 선택이 되지는 못한다. 이렇게 선택한 모델은 학습 데이터에 편향되거나biased 오버피팅이 발생해서 교차 검증cross validation을 통해 모델을 평가하면 학습 데이터에 없던 새로운 데이터unknown data에 대해서는 성능이 떨어질 수도 있다.

앙상블 학습이 효과적인 이유는 여러 모델 중 형편없는 모델 하나만을 선택하는 리스크를 줄여주기 때문이다. 또한 다양한 모델을 사용해 학습하기 때문에 새로운 데이터에도 효과적이다. 앙상블 학습이 효과를 보려면, 차별성 있는 다양한 모델을 사용해야 한다. 이를 통해 데이터의 다양한 측면을 고려할 수 있고, 이에 따라 전체적인 모델은 더 정확해진다.

각각의 모델에 서로 다른 학습 매개변수를 사용하는 것도 다양성을 보장하기 위한 한 방법이다. 모델이 서로 다른 매개변수를 통해 학습되면, 모델마다 각기 다른 결정 기준decision boundary을 가지게 된다. 이는 각 모델이 각자의 기준에 따라 차별성 있게 결과를 예측하게 하고, 결과적으로 더 정확한 최종 결과를 도출하게 된다. 만약 모델 간의 결정이 합의를 이룬다면 결과에 대한 신뢰도가 더 높아질 것이다.

의사 결정 트리

의사 결정 트리Decision Tree는 규칙에 따라 데이터를 분할하는 분기를 만들고 분기에 따라 데이터를 세분화해 최종적으로 의사 결정을 내릴 수 있도록 구조화하는 방법이다. 따라서 데이터 분기를 적절하게 구축하는 것이 중요하며, 이는 학습 알고리즘에 의해 만들어진다. 의사 결정 트리를 구축하면 이에 따라 데이터를 분기별로 적절히 분류해 결과 값(레이블)을 예측할 수 있다.

학습을 위해서는 학습 데이터가 필요하다. 학습 알고리즘은 학습 데이터의 입력 데이터와 타깃 레이블target label 사이의 관계에 따라 규칙을 생성하고 이러한 규칙은 트리의 노드로 표현된다. 의사 결정 규칙으로 구성된 트리가 구축되면 트리의 최고층 노드root node를 따라 입력 데이터를 적절히 분류해 결과 값을 예측할 수 있게 된다.

이제 의사 결정 트리의 기본 개념을 대략 알게 됐을 것이다. 다음으로 의사 결정 트리를 자동으로 구축하는 방법을 알아보자. 우선 가지고 있는 데이터를 이용해 최적의 트리를 구축할 수 있는 알고리즘이 필요하다. 이를 위해 엔트로피entropy의 개념을 먼저 알아보자. 여기서 엔트로피는 정보 엔트로피information entropy를 지칭하는 것이지 열역학 엔트로피thermodynamic entropy를 지칭하는 것은 아니다. 엔트로피는 기본적으로 불확실성의 척도로 볼 수 있다. 의사 결정 트리의 주요 목표 중 하나는 최고층 노드에서 최하층 노드leaf node로 내려올수록 레이블 예측에 대한 불확실성이 줄어들도록 하는 것이다. 학습 데이터에 포함되지 않은 새로운 데이터 포인트가 주어졌고, 의사 결정 트리를 이용해 이 데이터 포인트의 레이블을 예측한다고 해보자. 데이터가 최고층 노드부터 분기별로 규칙에 따라 이동해 최하층 노드에 도착하면, 데이터의 레이블이 무엇인지 점점 더 정확하게 예측할 수 있게 된다. 이는 의사 결정 트리가 각 층에서 불확실성을 줄일 수 있도록 구축돼야 하며, 즉 트리 아래로 이동할수록 엔트로피가 줄어들어야 하는 것을 의미한다.

 의사 결정 트리에 대해 더 알고 싶다면 다음 링크를 참고하자. https://prateekvjoshi. com/2016/03/22/how-are-decision-trees-constructed-in-machine-learning/

의사 결정 트리 기반 분류기 구축하기

파이썬을 이용해 의사 결정 트리 기반 분류기를 만들어보자. 새로운 파이썬 파일을 생성하고 다음과 같이 패키지를 불러온다. 2장에서 만든 utilities.py도 예제 코드와 같은 디렉터리에 둔다.

```
import numpy as np
import matplotlib.pyplot as plt
from sklearn.metrics import classification_report
from sklearn import cross_validation
from sklearn.tree import DecisionTreeClassifier

from utilities import visualize_classifier
```

예제에서는 책과 함께 제공된 data_decision_trees.txt 파일에 포함된 데이터를 이용한다. 이 파일의 각 라인에는 쉼표로 구분된 값이 포함돼 있다. 처음 두 개 값은 입력 데이터며 마지막 값은 타깃 레이블이다. 다음과 같이 파일에서 데이터를 가져오는 코드를 작성한다.

```
# 입력 데이터 가져오기
input_file = 'data_decision_trees.txt'
data = np.loadtxt(input_file, delimiter=',')
X, y = data[:, :-1], data[:, -1]
```

레이블을 기준으로 입력 데이터를 두 개의 클래스로 나눈다.

```
# 레이블을 기준으로 입력 데이터를 두 개의 클래스로 나눈다
class_0 = np.array(X[y==0])
class_1 = np.array(X[y==1])
```

스캐터 플롯scatter plot을 이용해 입력 데이터를 시각화한다.

```
# 입력 데이터 시각화
plt.figure()
plt.scatter(class_0[:, 0], class_0[:, 1], s=75, facecolors='black',
edgecolors='black', linewidth=1, marker='x')
plt.scatter(class_1[:, 0], class_1[:, 1], s=75, facecolors='white',
edgecolors='black', linewidth=1, marker='o')
plt.title('Input data')
```

데이터를 학습 데이터셋과 테스트 데이터셋으로 나눈다.

```
# 데이터를 학습 데이터셋과 테스트 데이터셋으로 나눈다
X_train, X_test, y_train, y_test = cross_validation.train_test_split( X, y,
test_size=0.25, random_state=5)
```

학습 데이터를 이용해 의사 결정 트리를 생성하고, 구축하고, 시각화한다. random_state 매개변수는 의사 결정 트리 기반 분류기 알고리즘 초기화를 위한 난수 생성기random number generator의 시드seed 값이다. max_depth 매개변수는 구축하려는 트리의 최대 깊이 값이다.

```
# 의사 결정 기반 분류기
params = {'random_state': 0, 'max_depth': 4}
classifier = DecisionTreeClassifier(**params)
classifier.fit(X_train, y_train)
visualize_classifier(classifier, X_train, y_train, 'Training dataset')
```

테스트 데이터에 대해 레이블을 예측하고 시각화한다.

```
y_test_pred = classifier.predict(X_test)
visualize_classifier(classifier, X_test, y_test, 'Test dataset')
```

분류 리포트를 출력해 성능을 평가한다.

```
# 분류기 성능 평가
class_names = ['Class-0', 'Class-1']
print("\n" + "#"*40)
print("\nClassifier performance on training dataset\n")
print(classification_report(y_train, classifier.predict(X_train),
target_names=class_names))
print("#"*40 + "\n")
print("#"*40)
print("\nClassifier performance on test dataset\n")
print(classification_report(y_test, y_test_pred, target_names=class_
names))
print("#"*40 + "\n")

plt.show()
```

전체 코드는 decision_trees.py 파일에 수록돼 있다. 이 코드를 실행하면 스크린샷이 하나 뜰 것이다. 첫 스크린샷은 입력 데이터를 시각화한 그래프다.

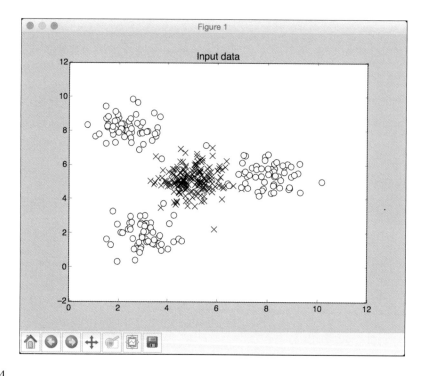

두 번째 스크린샷은 테스트 데이터셋에 대한 분류 기준선boundary을 보여준다.

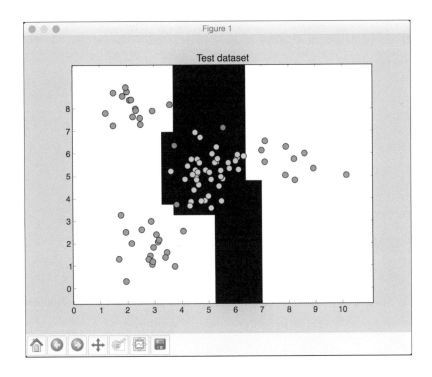

터미널에는 다음과 같이 출력될 것이다.

```
######################################
Classifier performance on training dataset

            precision   recall   f1-score   support

   Class-0      0.99      1.00      1.00        137
   Class-1      1.00      0.99      1.00        133

avg / total     1.00      1.00      1.00        270

######################################


######################################
Classifier performance on test dataset

            precision   recall   f1-score   support

   Class-0      0.93      1.00      0.97         43
   Class-1      1.00      0.94      0.97         47

avg / total     0.97      0.97      0.97         90

######################################
```

예제에서는 분류기의 성능을 precision(정확률), recall(재현율), f1-score(F1 점수)로 측정했다. 분류기의 성능을 측정할 때 가장 많이 사용되는 기준이다. 정확률은 분류의 정확도를 나타내며 재현율은 관련 데이터 중에서 올바로 분류된 데이터의 비율을 나타낸다.

좋은 분류기는 높은 정확률과 재현율을 보이지만 일반적으로 둘은 트레이드오프trade-off 관계다. 따라서 정확률과 재현율을 모두 고려한 F1 점수를 사용한다. F1 점수는 정확률과 재현율의 조화 평균으로 정확률과 재현율이 어느 정도 균형을 이루는지를 나타낸다.

랜덤 포레스트와 극단 랜덤 포레스트

랜덤 포레스트Random Forest는 앙상블 학습에서 사용되는 방법 중 하나로, 다양한 의사 결정 트리 모델을 구축하고 조합해 사용하는 방법이다. 이 방법은 전체 학습 데이터를 임의로 여러 개의 부분 데이터로 나눈 후에, 각 부분 데이터별로 의사 결정 트리 모델을 학습시켜 다양한 모델을 생성한다. 그리고 이를 이용해 입력 데이터에 대한 레이블을 예측한다. 앞 절에서는 앙상블 학습에서 가장 중요한 요소 중 하나가 차별성 있는 다양한 모델을 사용하는 것이라고 언급했다. 랜덤 포레스트는 학습 데이터를 임의로 분할해 다양성을 보장한다.

랜덤 포레스트의 최대 장점 중 하나는 오버피팅을 피할 수 있다는 것이다. 알다시피, 오버피팅은 머신 러닝에서 가장 자주 접하게 되는 문제점 중 하나다. 임의의 데이터 부분 집합을 이용해 다양한 의사 결정 트리를 구축하면 오버피팅을 피할 수 있게 된다. 트리를 구축하는 과정에서 노드들은 클래스에 따라 성공적으로 데이터를 나누고, 각각의 계층별로 엔트로피를 줄이도록 최적의 임계 값이 선택된다. 다만 이와 같은 방식으로 데이터를 나눌 때, 입력 데이터셋의 모든 특징을 고려하지는 않는다. 대신에 임의로 몇 개의 특징만을 선별하고 사용해 데이터를 나눈다. 이렇게 임의성을 추가함으로써 데이터 편향성bias은 증가할 수 있지만 평균화를 통해 분산은 감소한다. 따라서 최종적으로 견고한 모델을 얻을 수 있다.

극단 랜덤 포레스트^{Extremely Random Forest}는 임의성을 다음 계층으로 계속 전달한다. 입력 데이터셋의 특징 중에서 임의로 선택된 몇 개의 특징을 이용하고 이에 더해 임계 값도 임의로 선택한다. 이렇게 생성된 임계 값은 분할 규칙으로 이용돼 모델의 분산을 더욱 줄일 수 있게 된다. 따라서 극단 랜덤 포레스트를 통해 구축한 의사 결정 기준선은 랜덤 포레스트를 통해 구축한 것보다 더 매끈한 형태를 지닌다.

랜덤 포레스트와 극단 랜덤 포레스트 분류기 만들기

랜덤 포레스트와 극단 랜덤 포레스트에 기반한 분류기를 만드는 법을 살펴보자. 두 분류기를 구축하는 방법은 매우 유사하므로 입력 플래그를 사용해 어떤 분류기를 구축할지 지정할 것이다.

새로운 파이썬 파일을 생성하고 다음과 같이 패키지를 불러온다.

```
import argparse

import numpy as np
import matplotlib.pyplot as plt
from sklearn.metrics import classification_report
from sklearn import cross_validation
from sklearn.ensemble import RandomForestClassifier, ExtraTreesClassifier
from sklearn import cross_validation
from sklearn.metrics import classification_report

from utilities import visualize_classifier
```

파이썬 입력 인수로 분류기 유형을 받도록 코드를 작성한다. 이 매개변수에 따라 랜덤 포레스트 또는 극단 랜덤 포레스트 분류기를 구축한다.

```
# 입력 인수 처리기
def build_arg_parser():
    parser = argparse.ArgumentParser(description='Classify data using
Ensemble Learning techniques')
    parser.add_argument('--classifier-type', dest='classifier_type',
```

```
required=True, choices=['rf', 'erf'], help="Type of
Classifier to use; can be either 'rf' or 'erf'")
    return parser
```

메인 함수를 정의하고 입력 인수를 처리한다.

```
if __name__=='__main__':
    # 입력 인수 처리하기
    args = build_arg_parser().parse_args()
    classifier_type = args.classifier_type
```

데이터는 책과 함께 제공된 data_random_forests.txt 파일에서 가져온다. 이 파일의 각 행에는 쉼표로 구분된 값이 들어있다. 처음 두 값은 입력 데이터, 마지막 값은 입력 데이터의 타깃 레이블이다. 타깃 레이블은 세 종류의 값을 가진다. 파일에서 데이터를 가져오는 코드를 다음과 같이 작성한다.

```
# 입력 데이터 가져오기
input_file = 'data_random_forests.txt'
data = np.loadtxt(input_file, delimiter=',')
X, y = data[:, :-1], data[:, -1]
```

세 가지 클래스에 따라 입력 데이터를 분리한다.

```
# 세 가지 레이블 값에 따라 데이터를 분리한다
class_0 = np.array(X[y==0])
class_1 = np.array(X[y==1])
class_2 = np.array(X[y==2])
```

입력 데이터를 시각화하자.

```
# 입력 데이터 시각화
plt.figure()
plt.scatter(class_0[:, 0], class_0[:, 1], s=75, facecolors='white',
edgecolors='black', linewidth=1, marker='s')
plt.scatter(class_1[:, 0], class_1[:, 1], s=75, facecolors='white',
edgecolors='black', linewidth=1, marker='o')
```

```
plt.scatter(class_2[:, 0], class_2[:, 1], s=75, facecolors='white',
edgecolors='black', linewidth=1, marker='^')
plt.title('Input data')
```

데이터를 학습 데이터와 테스트 데이터로 나눈다.

```
# 학습 데이터와 테스트 데이터로 나누기
X_train, X_test, y_train, y_test = cross_validation.train_test_split(
X, y, test_size=0.25, random_state=5)
```

구축할 분류기에 사용될 매개변수를 정의한다. N_estimators 매개변수는 구축될 트리의 개수를 나타낸다. max_depth 매개변수는 각 트리의 최대 깊이를 나타낸다. random_state 매개변수는 랜덤 포레스트 분류기를 초기화하는 데 필요한 난수 생성기의 시드 값을 나타낸다.

```
# 앙상블 학습 분류기
params = {'n_estimators': 100, 'max_depth': 4, 'random_state': 0}
```

입력 매개변수에 따라 랜덤 포레스트 분류기 또는 극단 랜덤 포레스트 분류기를 구축한다.

```
if classifier_type == 'rf':
    classifier = RandomForestClassifier(**params)
else:
    classifier = ExtraTreesClassifier(**params)
```

분류기를 학습하고 시각화한다.

```
classifier.fit(X_train, y_train)
visualize_classifier(classifier, X_train, y_train, 'Training dataset')
```

테스트 데이터의 레이블을 예측하고 시각화한다.

```
y_test_pred = classifier.predict(X_test)
visualize_classifier(classifier, X_test, y_test, 'Test dataset')
```

분류 리포트를 출력해 분류기의 성능을 평가한다.

```
# 분류기 성능 평가
class_names = ['Class-0', 'Class-1', 'Class-2']
print("\n" + "#"*40)
print("\nClassifier performance on training dataset\n")
print(classification_report(y_train, classifier.predict(X_train),
target_names=class_names))
print("#"*40 + "\n")

print("#"*40)
print("\nClassifier performance on test dataset\n")
print(classification_report(y_test, y_test_pred,
target_names=class_names))
print("#"*40 + "\n")
```

전체 코드는 random_forests.py 파일에 수록돼 있다. 입력 인수로 rf 플래그를 줘서 랜덤 포레스트 분류기를 실행해보자. 터미널에 다음 명령어를 입력한다.

```
$ python3 random_forests.py --classifier-type rf
```

다음과 같이 팝업 창이 뜬다. 첫 번째 화면은 입력 데이터를 보여준다.

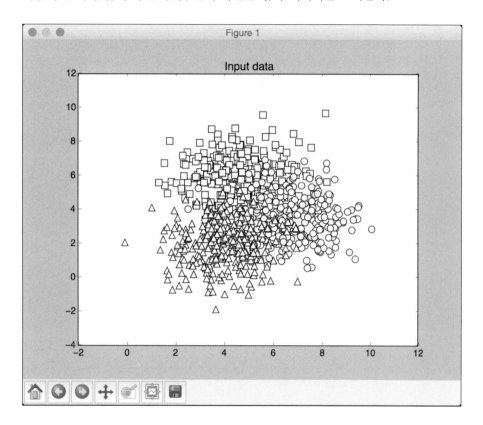

앞의 화면에서는 세 가지 데이터 클래스를 사각형, 원, 그리고 세모로 표시했다. 서로 다른 클래스가 겹친 부분이 있지만 일단 넘어가자. 두 번째 화면은 분류 기준선을 보여준다.

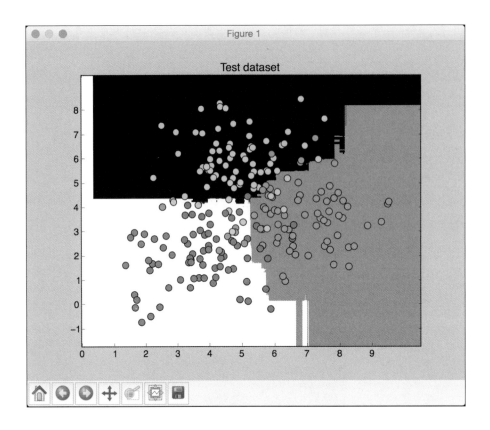

이제 입력 인수로 erf 플래그를 입력해 극단 랜덤 포레스트 분류기를 실행해보자.
터미널에서 다음과 같이 명령어를 입력한다.

```
$ python3 random_forests.py --classifier-type erf
```

몇 개의 그림이 나타날 것이다. 입력 데이터가 어떻게 생겼는지는 이미 알고 있다. 두 번째 화면은 분류 기준선을 보여준다.

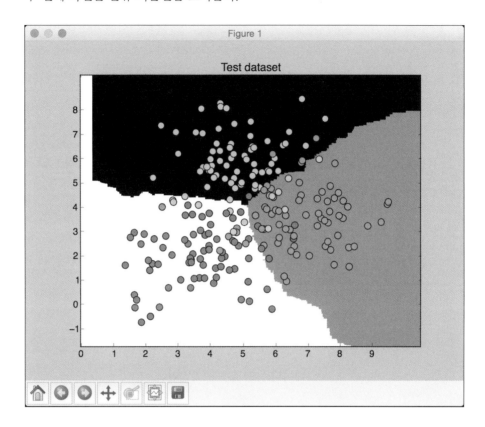

위의 화면에 나온 경계는 랜덤 포레스트 분류기에서 얻은 경계보다 더 부드럽게 보인다. 이는 극단 랜덤 포레스트가 학습 과정에서 더 많은 임의성을 추가해 더 좋은 의사 결정 트리를 발견하고, 결과적으로 더 나은 경계를 형성하기 때문이다.

예측 신뢰도 측정하기

터미널의 출력 결과를 관찰하면 각 데이터 포인트별로 확률이 표시된 것을 확인할 수 있다. 이 확률은 각 클래스별 신뢰도를 측정하는 데 사용된다. 신뢰도를 추정하는 것은 머신 러닝에서 중요한 작업이다. 앞에서 작성한 파이썬 파일에 이어서 다음과 같이 테스트 데이터 포인트 배열을 선언하는 문장을 추가해보자.

```
# 신뢰도 계산
test_datapoints = np.array([[5, 5], [3, 6], [6, 4], [7, 2], [4, 4], [5, 2]])
```

분류기 객체는 신뢰도 계산 함수를 가지고 있다. 테스트 데이터 포인트를 분류하고 신뢰도 값을 계산해보자.

```
print("\nConfidence measure:")
for datapoint in test_datapoints:
    probabilities = classifier.predict_proba([datapoint])[0]
    predicted_class = 'Class-' + str(np.argmax(probabilities))
    print('\nDatapoint:', datapoint)
    print('Probabilities:',probabilities)
    print('Predicted class:', predicted_class)
```

분류 기준선을 이용해 테스트 데이터 포인트를 시각화한다.

```
visualize_classifier(classifier, test_datapoints,[0]*len(test_
datapoints),'Test datapoints')
plt.show()
```

rf 플래그를 사용해 코드를 실행하면 다음과 같은 결과가 출력된다.

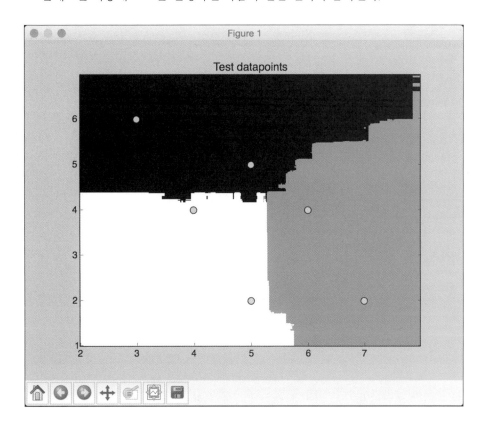

터미널에는 다음과 같은 결과가 출력된다.

```
Datapoint: [5 5]
Probabilities: [ 0.81427532  0.08639273  0.09933195]
Predicted class: Class-0

Datapoint: [3 6]
Probabilities: [ 0.93574458  0.02465345  0.03960197]
Predicted class: Class-0

Datapoint: [6 4]
Probabilities: [ 0.12232404  0.7451078   0.13256816]
Predicted class: Class-1

Datapoint: [7 2]
Probabilities: [ 0.05415465  0.70660226  0.23924309]
Predicted class: Class-1

Datapoint: [4 4]
Probabilities: [ 0.20594744  0.15523491  0.63881765]
Predicted class: Class-2

Datapoint: [5 2]
Probabilities: [ 0.05403583  0.0931115   0.85285267]
Predicted class: Class-2
```

각 데이터 포인트별로 세 가지 클래스에 대한 확률을 계산한다. 가장 높은 신뢰도 값을 가진 클래스를 데이터 포인트의 클래스로 선택한다.

erf 플래그를 사용해 코드를 실행하면 다음과 같은 결과가 출력된다.

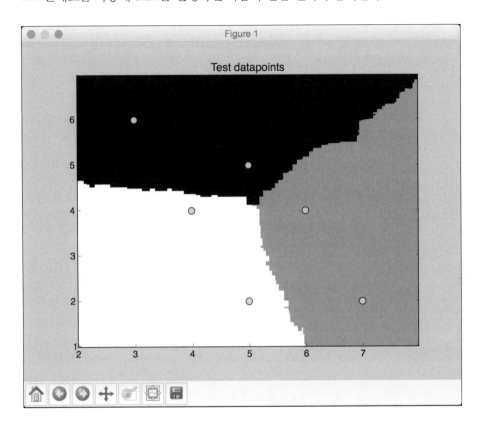

터미널에 다음과 같은 결과가 출력된다.

```
Datapoint: [5 5]
Probabilities: [ 0.48904419  0.28020114  0.23075467]
Predicted class: Class-0

Datapoint: [3 6]
Probabilities: [ 0.66707383  0.12424406  0.20868211]
Predicted class: Class-0

Datapoint: [6 4]
Probabilities: [ 0.25788769  0.49535144  0.24676087]
Predicted class: Class-1

Datapoint: [7 2]
Probabilities: [ 0.10794013  0.6246677   0.26739217]
Predicted class: Class-1

Datapoint: [4 4]
Probabilities: [ 0.33383778  0.21495182  0.45121039]
Predicted class: Class-2

Datapoint: [5 2]
Probabilities: [ 0.18671115  0.28760896  0.52567989]
Predicted class: Class-2
```

예측 결과가 관찰 결과와 일치하는 것을 확인할 수 있다.

클래스별 데이터 불균형 처리

분류기의 성능은 학습에 사용된 데이터에 의해 크게 좌우된다. 실제 환경에서 직면하는 가장 일반적인 문제 중 하나는 데이터의 품질이다. 분류기의 학습 성능을 높이고 싶다면, 각 클래스별로 동일한 수의 데이터가 있는 것이 좋다. 하나의 클래스가 다른 클래스에 비해 10배의 데이터를 가지고 있다면, 분류기는 해당 클래스로 편향되는 경향이 있기 때문이다.[1] 그러나 실제 환경에서 데이터를 수집할 때 각 클래스별로 정확히 같은 개수의 데이터를 갖도록 하기는 어렵다. 다행히 이러한 불균형을

---

1 분류기나 데이터의 목적, 성격에 따라 꼭 그렇지는 않다. – 옮긴이

알고리즘을 통해 해결할 수 있다. 이에 대해 알아보자.

새로운 파이썬 파일을 생성하고 다음과 같이 패키지를 불러온다.

```
import sys

import numpy as np
import matplotlib.pyplot as plt
from sklearn.ensemble import ExtraTreesClassifier
from sklearn import cross_validation
from sklearn.metrics import classification_report

from utilities import visualize_classifier
```

예제에서는 data_imbalance.txt 파일의 데이터를 사용한다. 이 파일의 각 행에는 쉼표로 구분된 값이 들어있다. 처음 두 값은 입력 데이터에 해당하고 마지막 값은 타깃 레이블에 해당한다. 이 데이터셋에는 두 개의 클래스가 있다. 데이터를 가져오는 코드를 작성하자.

```
# 입력 데이터 가져오기
input_file = 'data_imbalance.txt'
data = np.loadtxt(input_file, delimiter=',')
X, y = data[:, :-1], data[:, -1]
```

입력 데이터를 두 개의 클래스로 분리한다.

```
# 입력 데이터를 레이블에 따라 두 개의 클래스로 분리한다
class_0 = np.array(X[y==0])
class_1 = np.array(X[y==1])
```

스캐터 플롯을 사용해 입력 데이터를 시각화한다.

```
# 입력 데이터를 시각화한다
plt.figure()
plt.scatter(class_0[:, 0], class_0[:, 1], s=75, facecolors='black',
edgecolors='black', linewidth=1, marker='x')
plt.scatter(class_1[:, 0], class_1[:, 1], s=75, facecolors='white',
```

```
                edgecolors='black', linewidth=1, marker='o')
plt.title('Input data')
```

데이터를 학습 및 테스트 데이터셋으로 분할한다.

```
# 데이터를 학습 및 테스트 데이터셋으로 분할한다
X_train, X_test, y_train, y_test = cross_validation.train_test_split(
X, y, test_size=0.25, random_state=5)
```

다음으로 극단 랜덤 포레스트 분류기의 매개변수를 정의한다. 클래스 데이터 불균형을 알고리즘에서 처리할지 여부를 결정하는 balance 입력 인수를 받는다.

```
# 극단 랜덤 포레스트 분류기
params = {'n_estimators': 100, 'max_depth': 4, 'random_state': 0}
if len(sys.argv) > 1:
    if sys.argv[1] == 'balance':
        params = {'n_estimators': 100, 'max_depth': 4,'random_state': 0,
'class_weight': 'balanced'}
    else:
        raise TypeError("Invalid input argument; should be 'balance'")
```

학습 데이터를 이용해 분류기를 구축하고, 학습하고, 시각화한다.

```
classifier = ExtraTreesClassifier(**params)
classifier.fit(X_train, y_train)
visualize_classifier(classifier, X_train, y_train, 'Training dataset')
```

테스트 데이터의 레이블을 예측하고 시각화한다.

```
y_test_pred = classifier.predict(X_test)
visualize_classifier(classifier, X_test, y_test, 'Test dataset')
```

분류기의 성능을 계산하고 분류 리포트를 출력한다.

```
# 분류기 성능 평가
class_names = ['Class-0', 'Class-1']
print("\n" + "#"*40)
print("\nClassifier performance on training dataset\n")
```

```
print(classification_report(y_train, classifier.predict(X_train),
target_names=class_names))
print("#"*40 + "\n")

print("#"*40)
print("\nClassifier performance on test dataset\n")
print(classification_report(y_test, y_test_pred, target_names=class_
names))
print("#"*40 + "\n")

plt.show()
```

전체 코드는 class_imbalance.py 파일에 있다. 코드를 실행하면 다음 화면이 표시될 것이다. 첫 번째 화면은 입력 데이터를 보여준다.

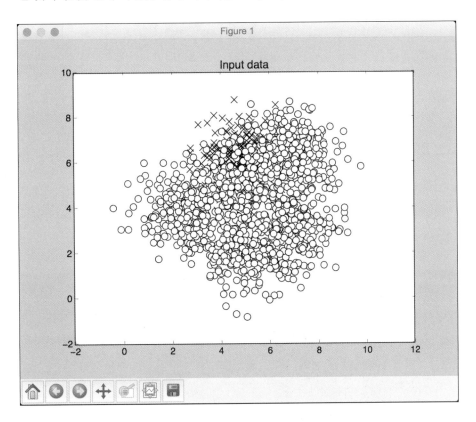

두 번째 화면은 테스트 데이터의 분류 기준선을 보여준다.

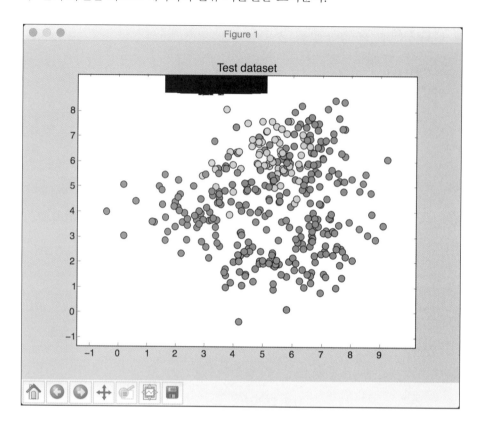

앞의 화면에서 보듯이, 학습한 분류 기준선이 두 클래스 사이의 실제 경계를 제대로 그려내지 못했다. 상단 근처에 있는 검정색 사각형은 경계를 나타낸다. 터미널에는 다음과 같이 출력된다.

```
#########################################

Classifier performance on test dataset

            precision    recall   f1-score    support

    Class-0      0.00      0.00       0.00         69
    Class-1      0.82      1.00       0.90        306

avg / total      0.67      0.82       0.73        375

#########################################
```

첫 번째 행의 값이 0이다. 이 값은 F1 점수를 계산할 때 0으로 나누기 오류 (ZeroDivisionError 예외)를 발생시킨다. ignore 플래그를 사용해 코드를 실행하면 0으로 나누기 경고가 표시되지 않는다.

```
$ python3 -W ignore class_imbalance.py
```

이제 클래스 불균형을 해소하기 위해 balance 플래그를 입력 인수로 주고 실행하자.

```
$ python3 class_imbalance.py balance
```

분류기의 출력 결과는 다음과 같다.

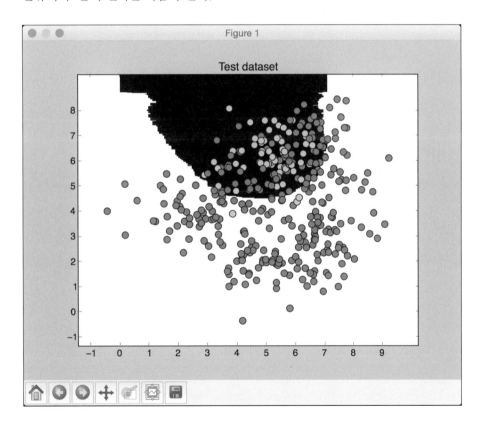

터미널에는 다음과 같이 출력될 것이다.

```
##########################################
Classifier performance on test dataset

             precision    recall   f1-score    support

   Class-0       0.45       0.94      0.61         69
   Class-1       0.98       0.74      0.84        306

avg / total      0.88       0.78      0.80        375

##########################################
```

클래스 불균형을 고려함으로써 클래스 0의 데이터를 0이 아닌 정확도로 분류할 수
있다.

그리드 검색을 사용해 최적의 학습 매개변수 찾기

분류기를 사용할 때 최적의 매개변수가 무엇인지는 쉽게 알 수 없다. 그렇다고 가능
한 모든 조합을 수작업으로 무차별 대입할 수도 없다. 이때 그리드 검색이 유용하게
사용될 수 있다. 그리드 검색grid search은 매개변수 값의 범위를 지정하면 자동으로
다양한 매개변수를 조합해 최적의 값을 찾아준다. 그리드 검색에 대해 자세히 알아
보자.

새로운 파이썬 파일을 생성하고 다음과 같이 패키지를 불러온다.

```
import numpy as np
import matplotlib.pyplot as plt
from sklearn.metrics import classification_report
from sklearn import cross_validation, grid_search
from sklearn.ensemble import ExtraTreesClassifier
from sklearn import cross_validation
```

```
from sklearn.metrics import classification_report

from utilities import visualize_classifier
```

분석을 위해 data_random_forests.txt에 수록된 데이터를 사용한다.

```
# 입력 데이터 가져오기
input_file = 'data_random_forests.txt'
data = np.loadtxt(input_file, delimiter=',')
X, y = data[:, :-1], data[:, -1]
```

데이터를 세 가지 클래스에 따라 나눈다.

```
# 레이블을 기준으로 데이터를 세 가지 클래스로 나눈다
class_0 = np.array(X[y==0])
class_1 = np.array(X[y==1])
class_2 = np.array(X[y==2])
```

데이터를 학습 데이터와 테스트 데이터로 나눈다.

```
# 데이터를 학습 데이터와 테스트 데이터로 나눈다
X_train, X_test, y_train, y_test = cross_validation.train_test_split(
X, y, test_size=0.25, random_state=5)
```

분류기에서 테스트할 매개변수의 범위를 지정한다. 여러 매개변수의 최적 값은 하나의 값을 고정하고 다른 값을 변경해 찾는 방식을 사용한다. 하나의 매개변수를 일정하게 유지하고 다른 매개변수를 변경해 해당 변수의 최적 값을 찾은 후에, 최적 값을 찾은 매개변수를 고정하고 또 다른 매개변수 값을 변경해 최적 값을 찾는 작업을 반복한다. 다음 예제에서는 n_estimators 및 max_depth 매개변수에 대한 최적의 값을 찾는다. 매개변수 범위grid를 지정하자.

```
# 매개변수 범위 지정
parameter_grid = [ {'n_estimators': [100], 'max_depth': [2, 4, 7, 12,
16]}, {'max_depth': [4], 'n_estimators': [25, 50, 100, 250]} ]
```

분류기에서 매개변수의 최적 조합을 찾기 위해 사용할 성능 지표 항목을 정의한다.

```
metrics = ['precision_weighted', 'recall_weighted']
```

각 성능 지표 항목별로 그리드 검색을 통해 최적의 매개변수를 찾고 이를 이용해 분류기를 학습한다.

```
for metric in metrics:
    print("\n##### Searching optimal parameters for", metric)

    classifier = grid_search.GridSearchCV( ExtraTreesClassifier(random_
state=0), parameter_grid, cv=5, scoring=metric)
    classifier.fit(X_train, y_train)
```

각 매개변수 조합별로 점수를 출력한다.

```
print("\nGrid scores for the parameter grid:")
for params, avg_score, _ in classifier.grid_scores_:
    print(params, '-->', round(avg_score, 3))

print("\nBest parameters:", classifier.best_params_)
```

성능 리포트를 출력한다.

```
y_pred = classifier.predict(X_test)
print("\nPerformance report:\n")
print(classification_report(y_test, y_pred))
```

전체 코드는 run_grid_search.py 파일에 수록돼 있다. 코드를 실행하면 터미널에 다음과 같이 정확률이 출력된다.

```
##### Searching optimal parameters for precision_weighted

Grid scores for the parameter grid:
{'n_estimators': 100, 'max_depth': 2} --> 0.847
{'n_estimators': 100, 'max_depth': 4} --> 0.841
{'n_estimators': 100, 'max_depth': 7} --> 0.844
{'n_estimators': 100, 'max_depth': 12} --> 0.836
{'n_estimators': 100, 'max_depth': 16} --> 0.818
{'n_estimators': 25, 'max_depth': 4} --> 0.846
{'n_estimators': 50, 'max_depth': 4} --> 0.84
{'n_estimators': 100, 'max_depth': 4} --> 0.841
{'n_estimators': 250, 'max_depth': 4} --> 0.845

Best parameters: {'n_estimators': 100, 'max_depth': 2}

Performance report:

              precision    recall   f1-score    support

        0.0       0.94      0.81       0.87         79
        1.0       0.81      0.86       0.83         70
        2.0       0.83      0.91       0.87         76

avg / total       0.86      0.86       0.86        225
```

그리드 검색의 조합에 따라 정확률을 기준으로 최적의 매개변수 조합이 출력된다. 재현율을 기준으로 최적의 조합을 알고 싶다면 다음 그림을 보자.

```
##### Searching optimal parameters for recall_weighted

Grid scores for the parameter grid:
{'n_estimators': 100, 'max_depth': 2} --> 0.84
{'n_estimators': 100, 'max_depth': 4} --> 0.837
{'n_estimators': 100, 'max_depth': 7} --> 0.841
{'n_estimators': 100, 'max_depth': 12} --> 0.834
{'n_estimators': 100, 'max_depth': 16} --> 0.816
{'n_estimators': 25, 'max_depth': 4} --> 0.843
{'n_estimators': 50, 'max_depth': 4} --> 0.836
{'n_estimators': 100, 'max_depth': 4} --> 0.837
{'n_estimators': 250, 'max_depth': 4} --> 0.841

Best parameters: {'n_estimators': 25, 'max_depth': 4}

Performance report:

              precision    recall   f1-score   support

      0.0        0.93       0.84      0.88        79
      1.0        0.85       0.86      0.85        70
      2.0        0.84       0.92      0.88        76

avg / total      0.87       0.87      0.87       225
```

재현율을 기준으로 찾은 최적의 매개변수 값이 정확률을 기준으로 찾은 매개변수 값과 다른 것을 확인할 수 있다. 이는 성능 지표에 따라 만족하는 매개변수 조합이 다르기 때문이다.

특징별 상대적 중요도 계산

N차원 데이터[2]가 포함된 데이터셋으로 작업할 때는 모든 특징feature이 똑같이 중요하지는 않다는 점에 유의해야 한다. 어떤 특징은 다른 특징보다 더 유용하며, 이 특징을 중점적으로 사용하면 데이터 차원(사용할 특징의 수)을 줄일 수 있다. 이는 알고리즘의 복잡성을 줄이고 속도를 높이는 데 매우 유용하다. 때로는 몇 가지 특징이 완전히 중복되기도 한다. 이러한 특징들은 제거하는 것이 좋다.

이 절에서는 아다부스트AdaBoost 회귀 분석기를 사용해 특징의 중요성을 계산한다. Adaptive Boosting적응형 부양의 약자인 아다부스트는 성능을 향상시키기 위해 다른 머신 러닝 알고리즘과 함께 자주 사용되는 알고리즘이다. 아다부스트는 여러 단계에 걸쳐 여러 개의 분류기를 생성하는데, 각 단계별로 데이터 분포(또는 가중치)에 따라 전체 학습 데이터 중 일부분을 임의로 선택해 분류기를 학습한다. 그리고 이전 단계의 분류기가 잘못 분류한 어려운 데이터를 다음 단계에서 다시 학습할 수 있도록 매 단계마다 데이터 분포(또는 가중치)를 업데이트한다. 이렇게 하면 단계를 진행할수록 점점 더 어려운 데이터에 집중해 최종적으로 성능을 향상시킬 수 있다. 분류기는 이후에 계단식으로 배치돼 최종적으로 가중 투표를 통해 최종 레이블이 결정된다.

새로운 파이썬 파일을 생성하고 다음과 같이 패키지를 불러온다.

```
import numpy as np
import matplotlib.pyplot as plt
from sklearn.tree import DecisionTreeRegressor
from sklearn.ensemble import AdaBoostRegressor
from sklearn import datasets
from sklearn.metrics import mean_squared_error, explained_variance_score
from sklearn import cross_validation
from sklearn.utils import shuffle
```

---

2 여기서 N차원 데이터는 N개의 특징으로 구성된 데이터를 지칭한다. - 옮긴이

예제에서는 사이킷런에서 제공되는 주택 데이터셋을 사용할 것이다.

```
# 주택 데이터 가져오기
housing_data = datasets.load_boston()
```

분석이 편향되지 않도록 데이터를 섞는다.

```
# 데이터 섞기
X, y = shuffle(housing_data.data, housing_data.target, random_state=7)
```

데이터셋을 학습셋 및 테스트셋으로 분할한다.

```
# 데이터셋을 학습셋 및 테스트셋으로 분할
X_train, X_test, y_train, y_test = cross_validation.train_test_split(
X, y, test_size=0.2, random_state=7)
```

의사 결정 트리 회귀 분석기를 개별 모델로 사용하는 아다부스트 회기 분석기를 정
의하고 학습한다.

```
# 아다부스트 회귀 분석 모델
regressor = AdaBoostRegressor(DecisionTreeRegressor(max_depth=4),
n_estimators=400, random_state=7)
regressor.fit(X_train, y_train)
```

회귀 분석기의 성능을 측정한다.

```
# 아다부스트 회귀 분석기의 성능 측정
y_pred = regressor.predict(X_test)
mse = mean_squared_error(y_test, y_pred)
evs = explained_variance_score(y_test, y_pred)
print("\nADABOOST REGRESSOR")
print("Mean squared error =", round(mse, 2))
print("Explained variance score =", round(evs, 2))
```

이 회귀 분석기는 특정의 상대적 중요성을 계산하는 함수를 가지고 있다.

```
# 특징 중요도 측정
feature_importances = regressor.feature_importances_
feature_names = housing_data.feature_names
```

상대적 특징 중요도 값을 정규화한다.

```
# 중요도 값 정규화
feature_importances = 100.0 * (feature_importances /
max(feature_importances))
```

화면에 표시하기 위해 중요도 값을 정렬한다.

```
# 값을 정렬하고 순서를 뒤집는다
index_sorted = np.flipud(np.argsort(feature_importances))
```

막대 그래프의 X축 눈금을 정한다.

```
# X축 눈금 위치를 정한다
pos = np.arange(index_sorted.shape[0]) + 0.5
```

막대 그래프를 화면에 표시한다.

```
# 막대 그래프를 화면에 표시한다
plt.figure()
plt.bar(pos, feature_importances[index_sorted], align='center')
plt.xticks(pos, feature_names[index_sorted])
plt.ylabel('Relative Importance')
plt.title('Feature importance using AdaBoost regressor')
plt.show()
```

전체 코드는 feature_importance.py 파일에 수록돼 있다. 코드를 실행하면 다음과 같은 결과가 나타난다.

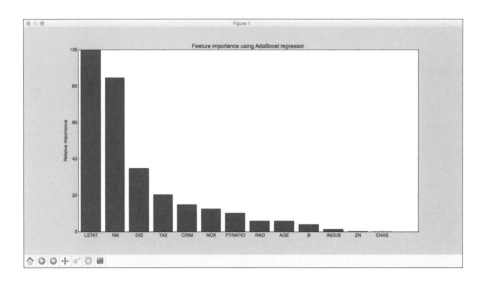

이 분석에 따르면 LSTAT 특징은 해당 데이터셋에서 가장 중요한 특징이다.

극단 랜덤 포레스트 회귀 분석을 이용한 교통량 예측

이전 절에서 배운 개념을 실제 환경에 적용해보자. 다음 사이트에서 데이터셋을 다운로드한다.

https://archive.ics.uci.edu/ml/datasets/Dodgers+Loop+Sensor

이 데이터셋에는 로스앤젤레스 다저스 스타디움에서 진행되는 야구 경기 중에 도로를 지나가는 차량 수 정보가 포함돼 있다. 분석에 사용할 수 있도록 데이터에 몇가지 전처리 작업을 했다. 전처리된 데이터는 traffic_data.txt 파일에 포함돼 있으니 참고하길 바란다. 이 파일에는 각 행에 쉼표로 구분된 문자열이 들어있다. 첫 번째 줄을 예로 들어보자.

```
Tuesday,00:00,San Francisco,no,3
```

위 줄은 다음과 같은 형식을 가지고 있다.

요일, 시간대, 상대 팀, 현재 게임이 진행 중인지를 나타내는 이진 값(예/아니오), 지나가는 차량 수

우리의 목표는 주어진 정보를 사용해 지나가는 차량 수를 예측하는 것이다. 출력 값은 연속 값(실수)이므로 출력 값을 예측할 수 있는 회귀 분석기를 만들어야 한다. 회귀 분석기는 극단 랜덤 포레스트를 사용해 만든다. 이제 본격적으로 회귀 분석기를 만들어보자.

새로운 파이썬 파일을 생성하고 다음과 같이 패키지를 불러온다.

```
import numpy as np
import matplotlib.pyplot as plt
from sklearn.metrics import classification_report, mean_absolute_error
from sklearn import cross_validation, preprocessing
from sklearn.ensemble import ExtraTreesRegressor
from sklearn.metrics import classification_report
```

traffic_data.txt 파일에 수록된 데이터를 가져온다.

```
# 입력 데이터 가져오기
input_file = 'traffic_data.txt'
data = []
with open(input_file, 'r') as f:
    for line in f.readlines():
        items = line[:-1].split(',')
        data.append(items)

data = np.array(data)
```

머신 러닝 학습기를 이용하려면 데이터에 포함된 문자열 특징을 숫자로 변환encoding해야 하며, 변환해야 하는 각 특징별로 별도의 레이블 변환기encoder가 있어야 한다. 숫자 특징은 변환하지 않고 그대로 둔다. 학습 데이터에 포함되지 않은 새로운 데이터 포인트에 대한 예측 값을 계산할 때도 변환기가 필요하다. 레이블 변환기를 만들어보자.

```
# 문자 데이터를 숫자 데이터로 변환
label_encoder = []
X_encoded = np.empty(data.shape)
for i, item in enumerate(data[0]):
    if item.isdigit():
        X_encoded[:, i] = data[:, i]
    else:
        label_encoder.append(preprocessing.LabelEncoder())
        X_encoded[:, i] = label_encoder[-1].fit_transform(data[:, i])

X = X_encoded[:, :-1].astype(int)
y = X_encoded[:, -1].astype(int)
```

데이터를 학습 데이터와 테스트 데이터로 나눈다.

```
# 데이터를 학습 데이터와 테스트 데이터로 나눈다
X_train, X_test, y_train, y_test = cross_validation.train_test_split( X, y,
test_size=0.25, random_state=5)
```

극단 랜덤 포레스트를 학습한다.

```
# 극단 랜덤 포레스트 회귀 분석기
params = {'n_estimators': 100, 'max_depth': 4, 'random_state': 0}
regressor = ExtraTreesRegressor(**params)
regressor.fit(X_train, y_train)
```

테스트 데이터에 대해 회귀 분석기의 성능을 계산한다.

```
# 테스트 데이터에 대한 회귀 분석기 성능 분석
y_pred = regressor.predict(X_test)
print("Mean absolute error:", round(mean_absolute_error(y_test, y_pred), 2))
```

새로운 데이터에 대한 예측 값을 계산하는 방법을 살펴보자. 문자열 특징을 숫자 값으로 변환하기 위해 레이블 변환기를 사용한다.

```
# 테스트 데이터 포인트 변환
test_datapoint = ['Saturday', '10:20', 'Atlanta', 'no']
```

```
test_datapoint_encoded = [-1] * len(test_datapoint)
count = 0
for i, item in enumerate(test_datapoint):
    if item.isdigit():
        test_datapoint_encoded[i] = int(test_datapoint[i])
    else:
        test_datapoint_encoded[i] = int(label_encoder[count].
transform([test_datapoint[i]]))
        count = count + 1

test_datapoint_encoded = np.array(test_datapoint_encoded)
```

테스트 데이터에 대한 교통량을 예측한다.

```
# 테스트 데이터에 대한 결과 예측
print("Predicted traffic:",
int(regressor.predict([test_datapoint_encoded])[0]))
```

전체 코드는 traffic_prediction.py 파일에 수록돼 있다. 코드를 실행하면 결과 값이 26으로 실제 값과 거의 비슷하다. 데이터 파일에서 확인해보자.

요약

이 장에서는 앙상블 학습의 개념과 이를 실제 환경에 적용하는 방법을 배웠다. 의사 결정 트리와 이를 토대로 분류기를 만드는 방법도 살펴봤다. 랜덤 포레스트와 극단 랜덤 포레스트에 대해서도 배웠다. 또한 이를 기반으로 분류기를 만드는 방법을 알 아봤다. 이 장에서는 예측의 신뢰도 측정 방법도 배웠다. 또한 클래스별 데이터 불균형 문제를 다루는 법도 배웠다. 그리드 검색을 사용해 모델을 구축하는 데 가장 적합한 학습 매개변수를 찾는 방법도 논의했다. 특징의 중요성을 상대적으로 계산하는 방법도 배웠다. 그다음으로 극단 랜덤 포레스트 회귀 분석기를 이용해 교통량을 예측해봤다. 다음 장에서는 비지도 학습과 주식 시장 데이터의 패턴을 탐지하는 방법을 알아본다.

4

비지도 학습을 이용한 패턴 추출

이 장에서는 비지도 학습의 개념과 이를 실제로 응용하는 방법을 소개한다. 이 장에서 다루는 주제는 다음과 같다.

- 비지도 학습의 개념
- K-평균 알고리즘으로 데이터를 군집화하는 방법
- 평균 이동 알고리즘으로 군집 수를 예측하는 방법
- 실루엣 지수로 군집의 품질을 예측하는 방법
- 가우시안 혼합 모델의 개념
- 가우시안 혼합 모델로 분류기를 만드는 방법
- AP(유사도 전파) 모델로 주식 시장에서 소집단을 찾는 방법
- 쇼핑 패턴을 기반으로 시장을 세분화하는 방법

비지도 학습

비지도(비교사) 학습^{unsupervised learning}이란 레이블이 없는 학습 데이터로 머신 러닝 모델을 만드는 기법이다. 비지도 학습은 시장 세분화, 주식 시장 분석, 자연어 처리, 컴퓨터 비전을 비롯한 다양한 분야에서 활용된다.

앞 장에서는 레이블이 달린 데이터를 이용한 학습 방법을 살펴봤다. 레이블 데이터 기반의 학습 알고리즘은 데이터를 분류하는 방법을 학습할 때 레이블 정보를 활용한다. 하지만 현실에서는 레이블이 달린 데이터를 확보할 수 없는 경우도 많다. 방대한 데이터만 놓고 일정한 방식으로 분류해야 할 수도 있다. 이럴 때 비지도 학습을 이용한다. 비지도 학습 알고리즘은 주어진 데이터 집합에 담긴 데이터의 유사도에 따라 소그룹(소집단)으로 나누는 방식으로 학습 모델을 만든다.

이 장에서는 비지도 학습 기법으로 문제를 해결하는 방법을 살펴본다. 주어진 데이터 집합은 레이블이 달려 있지 않고, 데이터의 분포에 영향을 미치는 잠재^{latent} 변수를 통해 생성했다고 가정한다. 학습은 개별 데이터를 시작으로 소그룹을 점점 확장시켜 나가는 계층적 방식으로 진행한다. 이를 통해 데이터를 고차원의 심층 레벨로 표현한다.

K-평균 알고리즘을 이용한 데이터 군집화

군집화^{clustering}(클러스터링)는 비지도 학습 기법 중에서도 가장 많이 사용되는 기법이다. 이 기법은 데이터를 분석해서 그 안에 형성된 군집^{cluster}(클러스터)을 찾을 때 사용한다. 이때 군집은 유사도^{similarity} 또는 비유사도^{disimilarity} 측정 기준에 따라 분류한다. 간단한 (비유사도 측정 기준의) 예로 유클리드 거리가 있다. 이러한 측정 기준을 통해 군집의 응집도^{tightness}를 측정할 수 있다. 따라서 군집화란 데이터를 서로 비슷한 원소끼리 소그룹(소집단)으로 묶는 일종의 데이터 조직화 과정이라 볼 수 있다.

군집화를 하기 위해서는 개별 데이터들을 하나의 그룹으로 묶는 고유한 속성을 찾아야 한다. 모든 경우에 적용할 수 있는 유사도 측정 기준은 없다. 주어진 문제에 따라 기준이 달라지기 때문이다. 각 그룹을 대표하는 데이터를 찾아야 할 수도 있고,

이상치^{outlier}를 찾을 수도 있다. 상황에 따라 가장 적합한 기준을 적용해야 한다.

K-평균^{K-Means}(케이-민즈) 알고리즘은 데이터 군집화에서 대표적으로 손꼽히는 알고리즘이다. 이 알고리즘에서는 군집의 수(K개)를 미리 정한다. 그런 다음 데이터의 여러 가지 속성에 따라 K개의 소그룹(소집단)으로 데이터를 나눈다. 지정한 군집의 개수를 기준으로 데이터를 분류하는 방식으로 진행한다. 이 알고리즘의 핵심은 작업을 반복할 때마다 K개의 중심점^{centroid}(센트로이드)의 위치를 업데이트하는 것이다. 모든 중심점이 최적의 위치에 자리잡을 때까지 이 과정을 반복한다.

K-평균 알고리즘에서 중심점의 첫 위치는 굉장히 중요하다. 결과에 직접적으로 영향을 미치기 때문이다. 따라서 시작 위치를 신중하게 정해야 한다. 한 가지 좋은 방법은 중심점들이 서로 최대한 멀리 떨어지도록 지정하는 것이다. 기본 K-평균 알고리즘은 중심점의 위치를 무작위로 결정한다. 반면 이를 변형한 K-평균++^{K-Means++} 알고리즘은 개별 데이터로 구성된 입력 리스트에서 중심점을 뽑을 때 결과가 빠르게 수렴하도록 각 점의 초기 위치가 최대한 떨어지도록 지정한다. 그런 다음 학습 데이터 집합에 대해 반복문을 수행하면서 각각의 데이터를 가장 가까운 중심점에 할당한다.

전체 데이터 집합에 대해 한 번 작업을 수행한 상태를 첫 번째 반복^{first iteration}이 끝났다고 표현한다. 이 상태에서는 초기 중심점을 기준으로 점들을 묶은 그룹이 형성된다. 이제 첫 반복을 통해 형성된 군집들을 기준으로 다시 중심점의 위치를 계산한다. 이렇게 계산한 결과로 K개의 중심점을 구했다면, 앞에서 수행한 것처럼 데이터 집합에 대해 루프를 돌며 각각의 데이터를 가장 가까운 중심점에 할당하는 작업을 다시 반복한다.

이 작업을 반복하는 횟수가 늘어날수록 중심점의 위치가 평형 상태^{equilibrium}의 위치를 향해 점차 이동한다. 반복 횟수가 일정한 수를 넘으면 중심점의 위치가 더 이상 변하지 않는 상태에 도달한다. 중심점이 최종 위치에 도달했기 때문이다. 이러한 상태에 도달한 K개의 중심점이 바로 예측(추론)에 사용할 최종 K 평균^{K Means}이다.

그럼 2차원 데이터를 군집화하는 예제를 통해 K-평균 기법을 구체적으로 살펴보자. 데이터는 이 책의 예제 묶음에 있는 data_clustering.txt 파일을 사용한다. 이 파일은 각 줄마다 콤마로 구분된 숫자가 두 개씩 들어있다.

파이썬 파일을 새로 만들고, 다음과 같이 패키지를 불러오는 문장을 작성한다.

```
import numpy as np
import matplotlib.pyplot as plt
from sklearn.cluster import KMeans
from sklearn import metrics
```

파일에서 입력 데이터를 가져온다.

```
# 입력 데이터 가져오기
X = np.loadtxt('data_clustering.txt', delimiter=',')
```

K-평균 알고리즘을 적용하기 전에 먼저 군집의 개수부터 지정한다.

```
num_clusters = 5
```

입력 데이터의 분포를 쉽게 볼 수 있도록 그래프로 표현한다.

```
# 입력 데이터 그래프 그리기
plt.figure()
plt.scatter(X[:,0], X[:,1], marker='o', facecolors='none',
edgecolors='black', s=80)
x_min, x_max = X[:, 0].min() - 1, X[:, 0].max() + 1
y_min, y_max = X[:, 1].min() - 1, X[:, 1].max() + 1
plt.title('Input data')
plt.xlim(x_min, x_max)
plt.ylim(y_min, y_max)
plt.xticks(())
plt.yticks(())
```

이렇게 하면 데이터가 다섯 개의 그룹으로 묶인 형태로 표시할 수 있다. 이제 초기화 매개변수를 이용해 KMeans 오브젝트를 생성한다. init 매개변수는 군집의 초기 중심점을 선택하기 위한 초기화 방법을 지정한다. 무작위로 고르지 않고 좀 더 효과적으로 지정하기 위해 k-means++를 사용한다. 이렇게 하면 알고리즘이 좀 더 빨리 수렴하게 만들 수 있다. n_clusters 매개변수는 군집의 수를 지정한다. n_init 매개변수는 최적의 결과를 도출할 때까지 알고리즘을 반복할 횟수를 지정한다.

```
# KMeans 오브젝트 생성하기
kmeans = KMeans(init='k-means++', n_clusters=num_clusters, n_init=10)
```

K-평균 모델을 입력 데이터로 학습시킨다.

```
# KMeans 군집화 모델 학습시키기
kmeans.fit(X)
```

경계선을 시각적으로 표현하기 위해 데이터 공간을 격자 형태로 나누고, 격자점(벡터로 표현되는 격자가 교차하는 지점)을 테스트 데이터로 해서 모델을 평가한다. 먼저 격자의 간격부터 지정한다.

```
# 격자의 간격
step_size = 0.01
```

이제 격자를 정의한다. 입력 데이터에 나온 값들을 모두 담을 수 있도록 구성한다.

```
# 경계선을 그릴 격자 정의하기
x_min, x_max = X[:, 0].min() - 1, X[:, 0].max() + 1
y_min, y_max = X[:, 1].min() - 1, X[:, 1].max() + 1
x_vals, y_vals = np.meshgrid(np.arange(x_min, x_max, step_size),
np.arange(y_min, y_max, step_size))
```

학습한 K-평균 모델을 이용해 격자에 있는 모든 점에 대해 결과를 예측한다.

```
# 격자에 있는 모든 점에 대해 출력 레이블 예측하기
output = kmeans.predict(np.c_[x_vals.ravel(), y_vals.ravel()])
```

모든 출력 값을 그래프로 그리고, 각 영역을 컬러로 표시한다.

```
# 각각의 영역을 서로 다른 컬러로 그리기
output = output.reshape(x_vals.shape)
plt.figure()
```

```
plt.clf()
plt.imshow(output, interpolation='nearest',
        extent=(x_vals.min(), x_vals.max(),
        y_vals.min(), y_vals.max()),
        cmap=plt.cm.Paired,
        aspect='auto',
        origin='lower')
```

컬러로 표시한 영역 위에 입력 데이터 포인트를 덧그린다.

```
# 입력 포인트 덧그리기
plt.scatter(X[:,0], X[:,1], marker='o', facecolors='none',
edgecolors='black', s=80)
```

K-평균 알고리즘으로 구한 군집의 중심을 그래프로 그린다.

```
# 군집 중심 그리기
cluster_centers = kmeans.cluster_centers_
plt.scatter(cluster_centers[:,0], cluster_centers[:,1],
        marker='o', s=210, linewidths=4, color='black',
        zorder=12, facecolors='black')

x_min, x_max = X[:, 0].min() - 1, X[:, 0].max() + 1
y_min, y_max = X[:, 1].min() - 1, X[:, 1].max() + 1
plt.title('Boundaries of clusters')
plt.xlim(x_min, x_max)
plt.ylim(y_min, y_max)
plt.xticks(())
plt.yticks(())
plt.show()
```

전체 코드는 kmeans.py 파일에서 볼 수 있다. 코드를 실행하면 두 개의 화면이 나타난다. 첫 번째 화면은 입력 데이터를 보여준다.

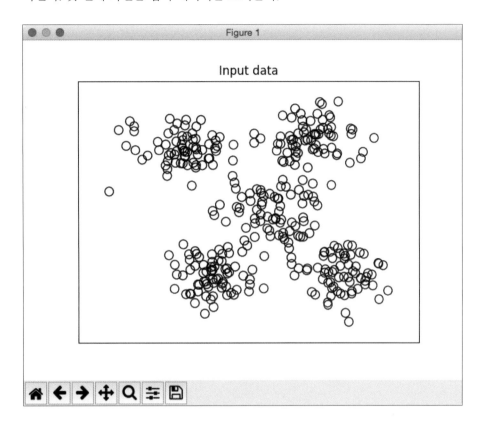

두 번째 화면은 K-평균으로 구한 경계선을 보여준다.

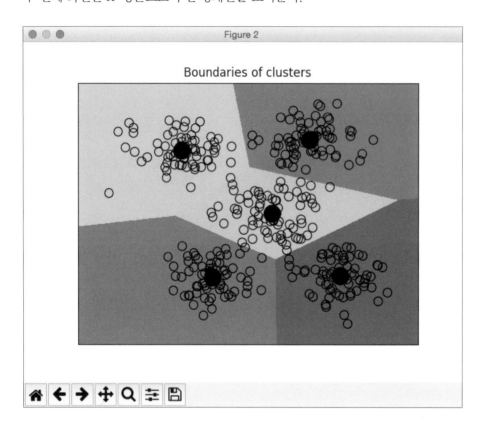

군집마다 표시된 속이 검게 채워진 원이 바로 군집의 중심이다.

평균 이동 알고리즘으로 군집 개수 예측하기

평균 이동^{Mean Shift}(민 시프트) 알고리즘은 비지도 학습용 알고리즘 중에서도 성능이
뛰어나기로 유명하다. 모집단의 분포에 대한 가정을 하지 않는 비모수적(비매개변수
방식, 논-파라메트릭^{non-parametric}) 기법으로서 군집화에서 주로 활용한다. 참고로 이와
대조되는 모수적(매개변수 방식, 파라메트릭^{parametric}) 기법은 내부 데이터가 표준 확률

분포$^{standard\ probability\ distribution}$를 따른다고 가정한다.[1] 평균 이동 기법은 물체 추적, 실시간 데이터 분석과 같은 분야에서 주로 사용한다.

평균 이동 알고리즘은 전체 특징 공간$^{feature\ space}$을 확률 밀도 함수$^{probability\ density\ function}$로 표현한다. 이 절의 예제에서 사용하는 학습용 데이터 집합도 확률 밀도 함수에 따라 샘플링됐다고 가정한다. 이렇게 찾은 군집들은 데이터 분포에 대한 로컬 맥시마$^{local\ maxima}$(극댓값, 국소적 최댓값)에 해당한다. 따라서 군집 수가 K개라면 내부 데이터 분포에서 정점^{peak}이 K라는 것을 의미한다. 평균 이동 알고리즘은 이러한 정점을 찾는다.

평균 이동 알고리즘의 목적은 중심점(센트로이드)의 위치를 찾는 것이다. 먼저 학습 데이터에 있는 모든 개별 데이터마다 윈도우를 정의하고, 각 윈도우의 중심점을 계산한 후 중심점의 위치를 그 결과로 나온 새로운 중심점으로 갱신한다. 군집의 정점에 가까워질 때까지 이 작업을 반복한다. 이 과정에서 개별 데이터들은 자신이 속한 군집을 향해 점점 이동한다. 다시 말해 각 점들은 밀도가 높은 영역을 향해 이동한다.

이렇게 중심점(평균)을 군집의 정점을 향해 계속 이동시키기 때문에 평균 이동$^{Mean\ Shift}$ 알고리즘이라고 부른다. 평균 이동 작업은 알고리즘이 수렴할 때까지, 다시 말해 중심점들이 더 이상 이동하지 않을 때까지 반복한다.

그럼 지금부터 평균 이동 알고리즘을 이용해 주어진 데이터 집합에 대한 최적의 군집 수를 예측하는 예제를 만들어보자. 평균 이동 알고리즘은 사이킷런의 MeanShift 패키지에서 제공하는 것을 사용한다. 분석 과정에서 사용할 데이터는 앞 절(K-평균 알고리즘 예제)과 마찬가지로 data_clustering.txt 파일에서 가져온다.

---

1 비모수적 기법이 가장 유연한 함수 형태를 가지지만 학습에 요구되는 계산량이 많다. 이와 달리 모수적 기법은 상대적으로 학습에 요구되는 계산량이 적으나, 다양한 데이터 분포를 표현하기 어렵다.– 옮긴이

파이썬 파일을 새로 만들고, 다음과 같이 패키지를 불러오는 문장을 작성한다.

```
import numpy as np
import matplotlib.pyplot as plt
from sklearn.cluster import MeanShift, estimate_bandwidth
from itertools import cycle
```

데이터를 가져온다.

```
# 입력 파일에서 데이터 가져오기
X = np.loadtxt('data_clustering.txt', delimiter=',')
```

이제 입력 데이터의 대역폭을 예측한다. 여기서 대역폭^{bandwidth}이란 평균 이동 알고리즘에서 사용하는 내부 커널의 밀도 추정 프로세스$^{density\ estimation\ process}$에 대한 매개변수로, 앞에서 언급한 윈도우의 크기다. 이 값은 굉장히 중요하다. 대역폭에 따라 알고리즘의 수렴 속도와 최종 결과로 나올 군집의 수가 달라지기 때문이다. 대역폭이 작으면 군집 수가 너무 많아지고, 반대로 대역폭이 크면 서로 구분해야 할 군집이 합쳐진다.

quantile 매개변수는 대역폭의 추정 방식에 영향을 미친다. 이 값이 클수록 추정한 대역폭의 값이 커져서 군집의 수가 줄어든다.

```
# X에 대한 대역폭 계산하기
bandwidth_X = estimate_bandwidth(X, quantile=0.1, n_samples=len(X))
```

이제 앞에서 구한 대역폭을 적용해 평균 이동 군집화 모델을 학습시킨다.

```
# 평균 이동 알고리즘을 이용한 데이터 군집화하기
meanshift_model = MeanShift(bandwidth=bandwidth_X, bin_seeding=True)
meanshift_model.fit(X)
```

각 군집의 중심을 구한다.

```
# 군집 중심 구하기
cluster_centers = meanshift_model.cluster_centers_
print('\nCenters of clusters:\n', cluster_centers)
```

군집의 개수를 구한다.

```
# 군집 개수 추정
labels = meanshift_model.labels_
num_clusters = len(np.unique(labels))
print('\nNumber of clusters in input data =', num_clusters)
```

데이터 포인트를 그래프로 그린다.

```
# 데이터 포인트와 군집 중심을 그래프로 그리기
plt.figure()
markers = 'o*xvs'
for i, marker in zip(range(num_clusters), markers):
    # 현재 군집에 속한 포인트 그리기
    plt.scatter(X[labels==i, 0], X[labels==i, 1], marker=marker,
color='black')
```

현재 군집의 중심을 그래프로 그린다.

```
    # 군집 중심 그리기
    cluster_center = cluster_centers[i]
    plt.plot(cluster_center[0], cluster_center[1], marker='o',
    markerfacecolor='black', markeredgecolor='black',
    markersize=15)

plt.title('Clusters')
plt.show()
```

전체 코드는 mean_shift.py 파일에서 볼 수 있다. 코드를 실행하면 다음과 같이 군집과 군집의 중심을 표시한 화면이 나타난다.

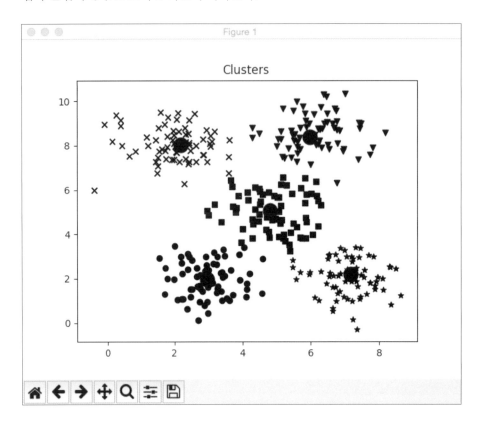

터미널 화면에는 다음과 같이 결과가 출력된다.

```
Centers of clusters:
[[ 2.95568966  1.95775862]
 [ 7.17563636  2.18145455]
 [ 2.17603774  8.03283019]
 [ 5.97960784  8.39078431]
 [ 4.81044444  5.07111111]]

Number of clusters in input data = 5
Friesty-Nam:ch04 nam$ []
```

실루엣 지수로 군집화 품질 측정하기

데이터를 몇 개의 군집으로 자연스럽게 구분할 수 있다면, 그래프를 분석하고 예측하기 쉽다. 하지만 실제로 이런 경우는 보기 드물다. 현실의 데이터는 굉장히 방대하고 지저분하므로 군집화의 품질을 양적으로 측정하는 수단이 필요하다.

실루엣silhouette 기법이란 데이터에 존재하는 군집의 일관성을 검사하는 방법이다. 이를 통해 각각의 데이터가 군집에 얼마나 잘 들어맞는지를 측정할 수 있다. 실루엣 지수silhouette score란 특정한 데이터가 다른 군집에 비해 자신이 속한 군집에 얼마나 가까운지를 측정하는 지표다. 실루엣 지수는 다른 유사도 측정 기법에도 적용할 수 있다.

주어진 데이터에 대해 실루엣 지수를 계산하는 공식은 다음과 같다.

실루엣 지수 = (p - q) / max(p, q)

여기서 p는 현재 데이터가 속하지 않은 군집 중에서 가장 가까운 군집에 있는 점들 사이의 거리에 대한 평균이고, q는 자신이 속한 군집에 있는 모든 점과 다른 군집 사이의 거리에 대한 평균이다.

실루엣 지수의 범위는 -1과 1 사이다. 지수가 1에 가까울수록 현재 데이터가 자신이 속한 군집의 다른 데이터와 유사하다는 것을 의미한다. 반면 -1에 가까울수록 현재 데이터가 자신이 속한 군집의 다른 데이터와 다르다는 것을 의미한다. 따라서 실루엣 지수가 음수인 데이터가 너무 많다면, 데이터에 대한 군집의 수가 너무 적거나 너무 많다고 판단할 수 있다. 이럴 때는 군집화 알고리즘을 다시 돌려서 군집의 수를 좀 더 최적화하는 것이 좋다.

그럼 지금부터 예제를 통해 실루엣 지수로 군집화 성능을 측정하는 방법을 알아보자. 파이썬 파일을 새로 만들고, 다음과 같이 패키지를 불러오는 문장을 작성한다.

```
import numpy as np
import matplotlib.pyplot as plt
from sklearn import metrics
from sklearn.cluster import KMeans
```

데이터는 이 책의 예제 묶음에 있는 data_quality.txt 파일에 있는 것을 사용한다. 이 파일은 각 줄마다 콤마로 구분한 숫자가 두 개씩 들어있다.

```
# 입력 파일에서 데이터 가져오기
X = np.loadtxt('data_quality.txt', delimiter=',')
```

입력 데이터를 그래프로 그린다.

```
# 입력 데이터 그래프 그리기
plt.figure()
plt.scatter(X[:,0], X[:,1], color='black', s=80, marker='o',
facecolors='none')
x_min, x_max = X[:, 0].min() - 1, X[:, 0].max() + 1
y_min, y_max = X[:, 1].min() - 1, X[:, 1].max() + 1
plt.title('Input data')
plt.xlim(x_min, x_max)
plt.ylim(y_min, y_max)
plt.xticks(())
plt.yticks(())
```

변수를 초기화한다. values 배열은 최적의 군집 수를 찾을 때까지 반복할 횟수를 담는 데 사용한다.

```
# 변수 초기화하기
scores = []
values = np.arange(2, 10)
```

values에 있는 모든 값에 대해 루프를 돌면서 K-평균 모델을 만든다.

```
# 앞에서 정의한 영역에 대해 루프 돌기
for num_clusters in values:
    # KMeans 군집화 모델 학습시키기
    kmeans = KMeans(init='k-means++', n_clusters=num_clusters, n_init=10)
    kmeans.fit(X)
```

현재 군집화 모델에 대한 실루엣 지수를 구한다. 기준은 유클리드 거리로 지정한다.

```
score = metrics.silhouette_score(X, kmeans.labels_,
metric='euclidean', sample_size=len(X))
```

현재 값에 대한 실루엣 지수를 화면에 출력한다.

```
print('\nNumber of clusters =', num_clusters)
print('Silhouette score =', score)
scores.append(score)
```

전체 값에 대한 실루엣 지수를 그래프로 표현한다. 가장 높은 실루엣 지수를 찾아서 최적의 군집 수를 구한다.

```
# 실루엣 지수 그래프 그리기
plt.figure()
plt.bar(values, scores, width=0.7, color='black', align='center')
plt.title('Silhouette score vs number of clusters')

# 가장 높은 실루엣 지수를 찾아서 최적의 군집 수 구하기
num_clusters = np.argmax(scores) + values[0]
print('\nOptimal number of clusters =', num_clusters)

plt.show()
```

전체 코드는 clustering_quality.py 파일에서 볼 수 있다. 코드를 실행하면 다음과 같이 두 개의 화면이 나타난다. 첫 번째 화면은 입력 데이터를 보여준다.

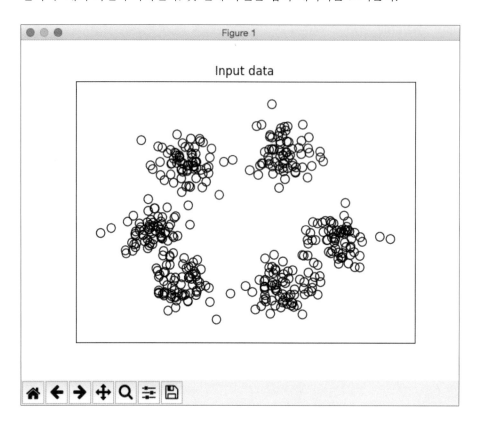

그래프를 보면 데이터가 여섯 개의 군집으로 구성됐다. 두 번째 화면은 군집 수마다 측정한 실루엣 지수를 보여준다.

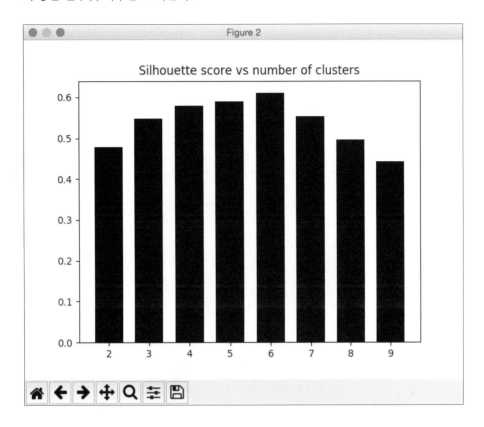

군집의 수가 6일 때 실루엣 지수가 가장 크다는 것을 확인할 수 있다. 이 값은 입력 데이터의 군집 수와 일치한다. 터미널 화면을 보면 다음과 같은 결과를 확인할 수 있다.

```
Number of clusters = 2
Silhouette score = 0.477626248705

Number of clusters = 3
Silhouette score = 0.547174241173

Number of clusters = 4
Silhouette score = 0.579480188969

Number of clusters = 5
Silhouette score = 0.589003263565

Number of clusters = 6
Silhouette score = 0.609690411895

Number of clusters = 7
Silhouette score = 0.553150613471

Number of clusters = 8
Silhouette score = 0.496555494732

Number of clusters = 9
Silhouette score = 0.442546001074

Optimal number of clusters = 6
Friesty-Nam:ch04 nam$
```

가우시안 혼합 모델

가우시안 혼합 모델을 살펴보기 전에, 먼저 혼합 모델의 개념부터 이해해야 한다. 혼합 모델Mixture Model이란 데이터가 여러 개의 성분 분포component distribution를 따른다고 가정하는 확률 밀도 모델이다. 그리고 각 성분 분포가 가우시안Gaussian 분포(가우스 분포, 정규 분포)인 모델이 가우시안 혼합 모델GMM, Gaussian Mixture Model(가우스 혼합 모델)이다. 이때 (봉우리가 여러 개인) 멀티 모달multi-modal 밀도 함수를 만들기 위해 여러 개의 성분 분포를 '혼합'하기 때문에 '혼합' 모델이라 부른다.

혼합 모델을 자세히 살펴보기 위해, 남미 사람들의 쇼핑 성향에 대한 모델을 만드는 예를 살펴보자. 이를 위해 남미 대륙 전체를 하나의 모델로 만들어 학습시킬 수도 있다. 그런데 쇼핑 성향은 나라마다 다르다. 따라서 각 나라별로 사람들의 쇼핑 성향과 행동 방식을 분석해야 한다.

이를 잘 표현하는 모델을 만들기 위해서는 남미 대륙의 나라별로 나타나는 차이점을 모두 고려해야 한다. 이럴 때 혼합 모델을 적용하면 좋다. 먼저 나라별 쇼핑 성향 모델을 만들고, 이들을 하나로 합쳐 혼합 모델을 만들면 된다. 모든 나라를 하나의 모델로 표현하지 않았기 때문에 좀 더 정확한 모델을 도출할 수 있다.

여기서 흥미로운 점은 혼합 모델은 준모수적(준매개변수 방식, 세미-파라메트릭semi-parametric) 기법이라는 점이다.[2] 다시 말해, 사전에 정의한 함수의 형태에 어느 정도 영향을 받는다. 따라서 데이터의 내부 분포를 훨씬 정확하고 유연하게 모델링할 수 있다. 희소sparse 데이터로 인해 발생하는 간격gap을 부드럽게 처리하기 때문이다.

함수를 정의하면 혼합 모델의 준모수적 특성이 모수적으로 변한다. 따라서 GMM은 가우시안 함수 성분에 대한 가중치 합으로 표현한 모수적parametric 모델이다. 이때 데이터는 특정한 방식으로 혼합된 가우시안 모델 집합을 통해 생성된다고 가정한다. GMM은 굉장히 뛰어난 모델이며 다양한 분야에서 적용되고 있다. GMM의 매개변수는 학습 데이터에 대해 EMExpectation-Maximization(기댓값 최대화)이나 MAPMaximum A-Posteriori(최대 사후 확률 추정) 같은 알고리즘을 적용해 추정한다. GMM은 이미지 데이터베이스 검색, 주식 시장 변동 모델링, 생체 인증biometric verification 등에서 주로 활용한다.

---

2 비모수적(non-parametric) 기법과 모수적 기법의 장점을 취한 기법 – 옮긴이

가우시안 혼합 모델 기반 분류기 만들기

가우시안 혼합 모델을 이용해 분류기를 만들어보자. 파이썬 파일을 새로 만들고, 다음과 같이 패키지를 불러오는 문장을 작성한다.

```
import numpy as np
import matplotlib.pyplot as plt
from matplotlib import patches

from sklearn import datasets
from sklearn.mixture import GMM
from sklearn.cross_validation import StratifiedKFold
```

분석용 데이터는 사이킷런에서 제공하는 붓꽃^{iris} 데이터 집합을 사용한다.

```
# 붓꽃 데이터 집합 가져오기
iris = datasets.load_iris()
```

데이터 집합을 80:20 비율로 학습용과 테스트용으로 나눈다. n_folds 매개변수는 결과로 구분할 부분집합의 수를 지정한다. 예제에서는 이 값을 5로 지정한다. 따라서 데이터 집합을 다섯 개의 영역으로 나눈다. 80:20 비율로 나누도록 다섯 개 중에서 네 개는 학습에 사용하고, 나머지 한 개는 테스트에 사용한다.

```
# 데이터 집합을 80:20 비율로 학습용과 테스트용으로 분할하기
indices = StratifiedKFold(iris.target, n_folds=5)
```

학습용 데이터를 추출한다.

```
# 첫 번째 영역 추출하기
train_index, test_index = next(iter(indices))

# 학습용 데이터와 레이블 추출하기
X_train = iris.data[train_index]
y_train = iris.target[train_index]
```

```
# 테스트용 데이터와 레이블 추출하기
X_test = iris.data[test_index]
y_test = iris.target[test_index]
```

학습용 데이터에서 클래스 수를 추출한다.

```
# 클래스 수 추출하기
num_classes = len(np.unique(y_train))
```

이제 GMM 기반으로 분류기를 만든다. 이를 위해 몇 가지 매개변수를 설정한다. n_components 매개변수는 내부 분포에 있는 성분의 수를 지정한다. 예제에서 데이터를 구분할 클래스의 수는 이 값으로 결정한다. 공분산^{covariance}의 종류도 지정한다. 예제에서는 완전 공분산$^{full\ covariance}$으로 지정한다(covariance_type='full'). init_params 매개변수는 학습 과정에서 업데이트할 매개변수를 지정한다. 예제에서는 wc로 지정한다. 따라서 학습하는 동안 가중치와 공분산 매개변수가 업데이트된다. n_iter 매개변수는 학습 과정에서 EM 알고리즘을 반복할 횟수를 지정한다.

```
# GMM 만들기
classifier = GMM(n_components=num_classes, covariance_type='full',
init_params='wc', n_iter=20)
```

분류기의 평균값을 초기화한다.

```
# GMM 평균 초기화
classifier.means_ = np.array([X_train[y_train == i].mean(axis=0)
for i in range(num_classes)])
```

학습 데이터를 이용해 가우시안 혼합 모델 기반의 분류기를 학습시킨다.

```
# GMM 분류기 학습시키기
classifier.fit(X_train)
```

분류기의 경계선을 그래프로 그린다. 군집 주위에 타원형 경계선을 그릴 때 적용할 고윳값^{eigenvalue}과 고유 벡터^{eigenvector}를 구한다. 고윳값과 고유 벡터의 개념에 대해 잠시 복습하고 싶다면, https://www.math.hmc.edu/calculus/tutorials/eigenstuff

를 참조한다. 이제 그래프를 그린다.

```python
# 경계선 그리기
plt.figure()
colors = 'bgr'
for i, color in enumerate(colors):
    # 고윳값과 고유 벡터 구하기
    eigenvalues, eigenvectors = np.linalg.eigh(
            classifier._get_covars()[i][:2, :2])
```

첫 번째 고유 벡터를 정규화한다.

```python
# 첫 번째 고유 벡터 정규화하기
norm_vec = eigenvectors[0] / np.linalg.norm(eigenvectors[0])
```

분포를 정확히 표현하려면 타원을 회전시켜야 한다. 이때 적용할 각도를 계산한다.

```python
# 회전 각도 구하기
angle = np.arctan2(norm_vec[1], norm_vec[0])
angle = 180 * angle / np.pi
```

타원을 확대한다. 타원의 크기는 고윳값으로 조절한다.

```python
# 타원의 크기 조정 인자
# (예제의 목적에 맞게 난수로 지정함)
scaling_factor = 8
eigenvalues *= scaling_factor
```

이제 타원을 그린다.

```python
# 타원 그리기
ellipse = patches.Ellipse(classifier.means_[i, :2],
        eigenvalues[0], eigenvalues[1], 180 + angle,
        color=color)
axis_handle = plt.subplot(1, 1, 1)
ellipse.set_clip_box(axis_handle.bbox)
ellipse.set_alpha(0.6)
axis_handle.add_artist(ellipse)
```

그래프 위에 입력 데이터를 덧그린다.

```
# 입력 데이터 그래프 그리기
colors = 'bgr'
for i, color in enumerate(colors):
    cur_data = iris.data[iris.target == i]
    plt.scatter(cur_data[:,0], cur_data[:,1], marker='o',
            facecolors='none', edgecolors='black', s=40,
            label=iris.target_names[i])
```

테스트 데이터도 그래프 위에 덧그린다.

```
test_data = X_test[y_test == i]
plt.scatter(test_data[:,0], test_data[:,1], marker='s',
        facecolors='black', edgecolors='black', s=40,
        label=iris.target_names[i])
```

학습 데이터와 테스트 데이터로 예측 결과를 계산한다.

```
# 학습 및 테스트 데이터에 대한 예측 결과 계산하기
y_train_pred = classifier.predict(X_train)
accuracy_training = np.mean(y_train_pred.ravel() == y_train.ravel()) * 100
print('Accuracy on training data =', accuracy_training)

y_test_pred = classifier.predict(X_test)
accuracy_testing = np.mean(y_test_pred.ravel() == y_test.ravel()) * 100
print('Accuracy on testing data =', accuracy_testing)

plt.title('GMM classifier')
plt.xticks(())
plt.yticks(())

plt.show()
```

전체 코드는 gmm_classifier.py 파일에서 볼 수 있다. 코드를 실행하면 다음과 같은 결과를 볼 수 있다.

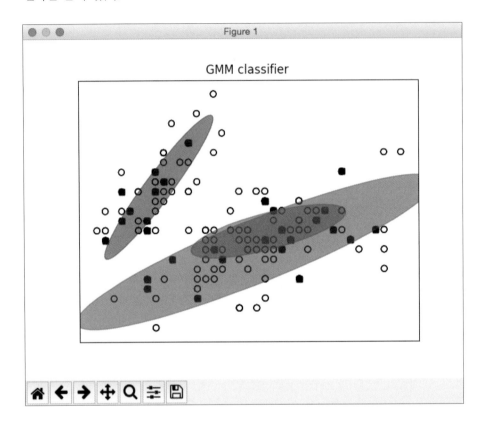

입력 데이터는 세 가지 분포로 구성된다. 서로 다른 크기와 각도로 표현한 세 개의 타원을 통해 입력 데이터에 존재하는 세 가지 분포를 표현했다. 터미널 화면에는 다음과 같이 결과가 표시된다.

```
Accuracy on training data = 87.5
Accuracy on testing data = 86.6666666667
```

AP 모델로 주식 시장에서 소그룹(소집단) 찾기

AP^Affinity Propagation(유사도 전파) 군집화 알고리즘은 군집의 개수를 미리 지정하지 않아도 되며, 단순하고 범용적으로 사용할 수 있도록 설계했기 때문에 다양한 분야에서 널리 활용되고 있다. 이 알고리즘은 메시지 전달^message passing 기법을 이용해 군집의 대표점^exemplar을 찾는다. 이 알고리즘을 적용하려면 먼저 분석할 대상에 대한 유사도의 측정 기준을 지정한다. 이와 동시에 모든 학습용 데이터를 잠재 대표점으로 간주한다. 그런 다음 대표점 집합을 찾을 때까지 데이터끼리 메시지를 주고받는다.

메시지는 책임도^responsibility와 유효도^availability라는 메시지를 번갈아 주고받는 두 단계 방식으로 전달된다. 책임도란 군집의 구성원이 후보 대표점에게 전달하는 메시지로서, 각 데이터가 이 대표점이 속한 군집에 얼마나 적합한지를 표현한다. 유효도란 후보 대표점이 잠재적인 군집 구성원에게 보내는 메시지며, 자신이 대표점으로서 얼마나 적합한지 표현한다. AP 알고리즘은 최적의 대표점 집합으로 수렴할 때까지 이 과정을 반복한다.

찾아낼 대표점의 수는 선호도^preference라는 매개변수로 제어한다. 이 값을 높게 설정하면 너무 많은 수의 군집을 찾는다. 반대로 낮게 설정하면 적은 수의 군집이 도출된다. 따라서 데이터 간 유사도의 중간값으로 지정하는 것이 좋다.

그럼 지금부터 AP 모델을 이용해 주식 시장에서 소집단을 찾는 예제를 만들어보자. 핵심 특징은 개장부터 폐장할 때까지 일어나는 주가 변동을 사용하는 것이다. 파이썬 파일을 새로 만들고 다음과 같이 패키지를 불러오는 문장을 작성한다.

```
import datetime
import json

import numpy as np
import matplotlib.pyplot as plt
from sklearn import covariance, cluster
from matplotlib.finance import quotes_historical_yahoo_ochl as quotes_
yahoo
```

주식 시세 데이터는 matplotlib에서 제공하는 것을 사용한다. 기업 코드와 전체 이름에 대한 매핑 정보는 company_symbol_mapping.json 파일에 있는 것을 사용한다.

```
# 종목 코드가 담긴 입력 파일
input_file = 'company_symbol_mapping.json'
```

파일에 정의된 기업 코드 매핑 정보를 가져온다.

```
# 기업 코드 맵 가져오기
with open(input_file, 'r') as f:
    company_symbols_map = json.loads(f.read())

symbols, names = np.array(list(company_symbols_map.items())).T
```

matplotlib에서 제공하는 주식 시세 정보를 가져온다.

```
# 주식 시세 기록 가져오기
start_date = datetime.datetime(2003, 7, 3)
end_date = datetime.datetime(2007, 5, 4)
quotes = [quotes_yahoo(symbol, start_date, end_date, asobject=True)
for symbol in symbols]
```

개장 시점과 폐장 시점의 주가 변동 폭을 계산한다.

```
# 개장 시점 가격과 폐장 시점 가격 가져오기
opening_quotes = np.array([quote.open for quote in quotes]).astype(np.
float)
closing_quotes = np.array([quote.close for quote in quotes]).astype(np.
float)

# 개장 시점의 가격과 폐장 시점의 가격 차이 계산하기
quotes_diff = closing_quotes - opening_quotes
```

데이터를 정규화한다.

```
# 데이터 정규화
X = quotes_diff.copy().T
X /= X.std(axis=0)
```

그래프 모델을 생성한다.

```
# 그래프 모델 생성하기
edge_model = covariance.GraphLassoCV()
```

모델을 학습시킨다.

```
# 모델 학습시키기
with np.errstate(invalid='ignore'):
    edge_model.fit(X)
```

앞에서 학습시킨 모델(edge_model)로 AP 군집화 모델을 구축한다.

```
# AP 모델로 군집화 모델 구축하기
_, labels = cluster.affinity_propagation(edge_model.covariance_)
num_labels = labels.max()
```

결과를 출력한다.

```
# 군집화 결과 출력하기
print('\nClustering of stocks based on difference in opening and closing
quotes:\n')
for i in range(num_labels + 1):
    print("Cluster", i+1, "==>", ', '.join(names[labels == i]))
```

전체 코드는 stocks.py 파일에서 볼 수 있다. 코드를 실행하면 터미널 화면에 다음과 같이 결과가 출력된다.

```
Clustering of stocks based on difference in opening and closing quotes:

Cluster 1 ==> Total, Exxon, Chevron, ConocoPhillips, Valero Energy
Cluster 2 ==> Cablevision
Cluster 3 ==> Yahoo, Amazon
Cluster 4 ==> Toyota, Canon, Mitsubishi, Sony, Ford, Honda, Boeing, Mc Donalds, Unilever, Apple, SAP, Caterpillar
Cluster 5 ==> Northrop Grumman, Lookheed Martin, General Dynamics, Raytheon
Cluster 6 ==> Kraft Foods
Cluster 7 ==> Coca Cola, Pepsi, Kellogg, Procter Gamble, Colgate-Palmolive, Kimberly-Clark
Cluster 8 ==> Time Warner, Comcast, Navistar, Marriott, Wells Fargo, JPMorgan Chase, AIG, American express, Bank of America, Goldman
Sachs, Xerox, Wal-Mart, Home Depot, Ryder, DuPont de Nemours
Cluster 9 ==> Microsoft, IBM, Dell, HP, 3M, General Electrics, Cisco, Texas instruments
Cluster 10 ==> Walgreen, CVS
Cluster 11 ==> GlaxoSmithKline, Pfizer, Sanofi-Aventis, Novartis
Friesty-Nam:ch04 nam$ []
```

결과를 보면 개장부터 폐장할 때까지 주식 시장에서 여러 가지 소집단으로 구분되는 것을 볼 수 있다. 이때 군집이 나타나는 순서는 코드를 실행할 때마다 달라질 수 있다.

쇼핑 패턴에 따른 시장 세분화

이번에는 비지도 학습 기법을 이용해 고객의 쇼핑 성향에 따라 시장을 세분화market segmentation하는 예제를 만들어보자. 데이터는 sales.csv 파일에서 가져온다. 이 파일은 여러 소매 의류 상점으로부터 수집한 다양한 인기 상품에 대한 상세한 판매 정보를 담고 있다. 예제의 목적은 이러한 상점들의 판매량 정보에서 패턴을 찾아 시장을 세분화하는 것이다.

파이썬 파일을 새로 만들고, 다음과 같이 패키지를 불러오는 문장을 추가한다.

```
import csv

import numpy as np
import matplotlib.pyplot as plt
from sklearn.cluster import MeanShift, estimate_bandwidth
```

입력 파일에서 데이터를 가져온다. csv 포맷으로 돼 있다. 따라서 파이썬에서 제공하는 csv 리더를 이용해 파일에서 데이터를 읽어 그 값을 numpy 배열로 변환한다.

```
# 입력 파일에서 데이터 가져오기
input_file = 'sales.csv'
file_reader = csv.reader(open(input_file, 'r'), delimiter=',')

X = []
for count, row in enumerate(file_reader):
    if not count:
        names = row[1:]
        continue

    X.append([float(x) for x in row[1:]])

# numpy 배열로 변환하기
X = np.array(X)
```

입력 데이터의 대역폭을 추정한다.

```
# 입력 데이터 대역폭 추정하기
bandwidth = estimate_bandwidth(X, quantile=0.8, n_samples=len(X))
```

측정한 대역폭에 따라 평균 이동 모델을 학습시킨다.

```
# MeanShift로 군집화 계산하기
meanshift_model = MeanShift(bandwidth=bandwidth, bin_seeding=True)
meanshift_model.fit(X)
```

각 군집의 레이블과 중심을 추출한다.

```
labels = meanshift_model.labels_
cluster_centers = meanshift_model.cluster_centers_
num_clusters = len(np.unique(labels))
```

군집의 수와 중심을 화면에 출력한다.

```
print('\nNumber of clusters in input data =', num_clusters)

print('\nCenters of clusters:')
print('\t'.join([name[:3] for name in names]))
```

```
for cluster_center in cluster_centers:
    print('\t'.join([str(int(x)) for x in cluster_center]))
```

여기서 다루는 데이터는 6차원이다. 이 데이터를 시각적으로 표현하도록 두 번째와 세 번째 차원을 이용해 2차원 데이터를 뽑아낸다.

```
# 시각화할 두 가지 특징 추출하기
cluster_centers_2d = cluster_centers[:, 1:3]
```

군집의 중심을 그래프에 그린다.

```
# 군집 중심 그래프 그리기
plt.figure()
plt.scatter(cluster_centers_2d[:,0], cluster_centers_2d[:,1],
s=120, edgecolors='black', facecolors='none')

offset = 0.25
plt.xlim(
cluster_centers_2d[:,0].min() - offset * cluster_centers_2d[:,0].ptp(),
cluster_centers_2d[:,0].max() + offset * cluster_centers_2d[:,0].ptp(),)
plt.ylim(
cluster_centers_2d[:,1].min() - offset * cluster_centers_2d[:,1].ptp(),
cluster_centers_2d[:,1].max() + offset * cluster_centers_2d[:,1].ptp(),)

plt.title('Centers of 2D clusters')
plt.show()
```

전체 코드는 market_segmentation.py 파일에서 볼 수 있다. 코드를 실행하면 다음과 같은 결과를 볼 수 있다.

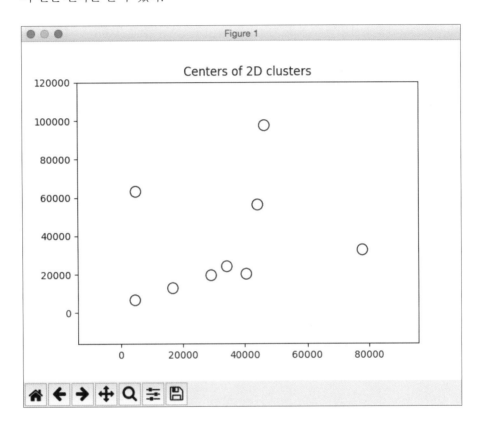

터미널 화면을 보면 다음과 같이 결과가 출력된다.

요약

이 장에서는 비지도 학습의 개념과 응용 방법을 살펴봤다. 군집화의 개념과 K-평균 알고리즘을 이용해 데이터를 군집화하는 방법도 소개했다. 평균 이동 알고리즘으로 군집의 개수를 예측하는 방법도 살펴봤다. 실루엣 지수의 개념을 소개하고 이를 통해 군집화의 품질을 측정하는 방법도 알아봤다. 가우시안 혼합 모델의 개념과 이를 이용해 분류기도 만들었다. 유사도 전파(AP) 모델을 소개하고 이를 통해 주식 시장에서 소집단을 찾는 방법도 알아봤다. 마지막으로 평균 이동 알고리즘을 적용해 쇼핑 패턴에 따라 시장을 세분화하는 방법도 살펴봤다. 다음 장에서는 추천 엔진을 만드는 방법을 알아보자.

5

추천 시스템 만들기

이 장에서는 영화 추천 시스템을 만드는 방법을 배운다. 우선 주어진 매개변수에 따라 학습 가능한 학습 파이프라인^{training pipeline}을 만드는 방법을 살펴본다. 다음으로 최근접 이웃^{Nearest Neighbors} 분류기에 대해 배우고 이를 구현하는 방법을 알아본다. 마지막으로 학습 파이프라인과 근접 이웃 분류기를 이용한 협업 필터링^{collaborative filtering}에 대해 배우고 본격적으로 추천 시스템을 만들어본다.

이 장에서 다룰 주제는 다음과 같다.

- 학습 파이프라인 만들기
- 최근접 이웃 추출하기
- K개 최근접 이웃^{K Nearest Neighbors} 분류기 구축하기
- 유사성 점수 계산하기
- 협업 필터링을 이용해 유사한 사용자 찾기
- 영화 추천 시스템 구축하기

학습 파이프라인 만들기

머신 러닝 시스템은 일반적으로 전처리기, 분류기, 특징 선택기 등의 여러 세부 모듈로 구성돼 있으며, 각 모듈별로 고유한 미션이 주어져 있다. 이렇게 여러 모듈을 연결해 학습하는 프로세스를 학습 파이프라인이라고 한다.

학습 파이프라인은 오픈소스 라이브러리인 사이킷런을 사용하면 쉽게 구축할 수 있다. 이 라이브러리를 이용해 사용할 모듈을 매개변수와 함께 지정하기만 하면, 일련의 모듈에 따라 데이터를 처리하고 학습하는 학습 파이프라인 시스템을 만들 수 있다.

파이프라인에는 특징 선택, 전처리, 랜덤 포레스트, 클러스터링 등 다양한 기능의 모듈이 포함될 수 있다. 이 절에서는 입력 데이터에서 상위 K개의 특징을 선택하고, 극단 랜덤 포레스트 분류기를 사용해 데이터를 분류하는 파이프라인을 만들어볼 것이다.

새로운 파이썬 파일을 생성하고 다음과 같이 패키지를 불러온다.

```
from sklearn.datasets import samples_generator
from sklearn.feature_selection import SelectKBest, f_regression
from sklearn.pipeline import Pipeline
from sklearn.ensemble import ExtraTreesClassifier
```

사이킷런 패키지에서 제공하는 함수를 이용해 학습 및 테스트를 위한 샘플 데이터를 생성해보자. 예제를 통해 25차원의 특징 벡터로 구성된 150개의 데이터 포인트를 랜덤 샘플 생성기를 사용해 생성해볼 것이다. 25개의 특징 중에 중복되는 특징은 없으며, 여섯 개의 특징은 다른 특징에 비해 더 유용한 정보를 포함하고 있다. 다음과 같이 예제 코드를 작성하자.

```
# 데이터 생성
X, y = samples_generator.make_classification(n_samples=150, n_features=25,
n_classes=3, n_informative=6, n_redundant=0, random_state=7)
```

파이프라인에서 사용될 첫 번째 블록으로 특징 선택기$^{\text{feature selector}}$를 생성하고 K개의 최적의 특징을 선택한다. K 값은 9로 설정하자.

```
# K개의 최적의 특징 선택
k_best_selector = SelectKBest(f_regression, k=9)
```

60개의 트리와 최대 깊이 4를 가지는 극단 랜덤 포레스트 분류기를 다음 블록으로 생성한다.

```
# 극단 랜덤 포레스트 분류기 초기화
classifier = ExtraTreesClassifier(n_estimators=60, max_depth=4)
```

생성한 블록을 연결하는 파이프라인을 구축해보자. 각 블록별로 구분하기 쉽게 이름도 붙여준다.

```
# 파이프라인 구축하기
processor_pipeline = Pipeline([('selector', k_best_selector), ('erf',
classifier)])
```

블록별 매개변수를 파이프라인에서 직접 수정할 수도 있다. 첫 번째 블록의 K 값을 7로 변경하고, 두 번째 블록의 트리 개수를 30으로 변경해보자. 이전에 지은 이름을 이용해 변경할 블록을 지정한다.

```
# 매개변수 설정
processor_pipeline.set_params(selector__k=7, erf__n_estimators=30)
```

앞에서 만든 샘플 데이터를 사용해 파이프라인을 학습한다.

```
# 파이프라인 학습
processor_pipeline.fit(X, y)
```

모든 입력 값에 대한 출력 값을 예측하고 화면에 결과를 표시한다.

```
# 입력 데이터에 대한 출력 값 예측
output = processor_pipeline.predict(X)
print("\nPredicted output:\n", output)
```

분류된 학습 데이터를 사용해 파이프라인의 점수를 계산한다.

```
# 점수 출력
print("\nScore:", processor_pipeline.score(X, y))
```

특징 선택기 블록에서 분류를 위한 최적의 특징 K개를 추출한다. 앞에서 선택기 블록의 매개변수 K 값으로 7을 할당했다. 다음과 같이 코드를 작성한다.

```
# 파이프라인의 특징 선택기를 이용해 일곱 가지 특징 추출
status = processor_pipeline.named_steps['selector'].get_support()
```

```
# 선택된 특징의 인덱스 출력
selected = [i for i, x in enumerate(status) if x]
print("\nIndices of selected features:", ', '.join([str(x) for x in
selected]))
```

전체 코드는 pipeline_trainer.py 파일에 수록돼 있다. 코드를 실행하면 다음과 같은 결과가 나타난다(랜덤 샘플 생성기로 데이터를 생성했으므로 실제 결과 값은 조금 다를 수 있다).

```
Predicted output:
[1 2 2 0 2 2 0 2 0 1 2 0 2 1 0 0 2 2 2 1 0 2 0 1 2 1 1 1 0 0 1 2 1 0 0 0 2
1 1 0 2 0 0 0 1 2 0 2 1 0 1 0 0 0 2 1 1 1 1 1 0 1 2 2 2 0 2 0 2 2 0 1 2 0
2 0 2 0 1 0 2 2 1 1 1 2 0 0 0 0 2 2 0 2 1 1 2 0 1 1 2 1 1 0 1 0 2 2 2 0 0
1 2 1 1 0 2 0 0 0 0 0 2 2 1 1 1 2 0 2 2 1 0 2 0 0 0 1 1 2 2 2 2 2 2 1 1 0
2 0]

Score: 0.893333333333

Indices of selected features: 13, 15, 18, 19, 21, 23, 24
```

예측 값 리스트(Predicted output)가 출력됐다. 이 값은 입력 값에 대해 파이프라인을 이용해 예측한 값이다. 파이프라인의 효율성을 나타내는 점수(Score)도 표시될 것이다. 마지막 라인은 선택된 특징들의 인덱스를 나타낸다.

최근접 이웃 뽑기

추천 시스템의 성능을 높이기 위해 사용되는 알고리즘 중 하나로 최근접 이웃 알고리즘이 있다. 최근접 이웃 알고리즘은 주어진 데이터셋에서 입력 데이터 포인트에 가장 가까운 포인트를 찾는 알고리즘으로, 데이터 분류 시스템에서 자주 사용된다. 특정 포인트의 최근접 이웃을 찾을 수 있다면, 이웃의 클래스가 포인트의 클래스와 같다는 가정하에 포인트의 클래스를 분류할 수 있기 때문이다. 주어진 데이터 포인트의 최근접 이웃을 찾는 방법을 살펴보자.

새로운 파이썬 파일을 생성하고 다음과 같이 패키지를 불러온다.

```
import numpy as np
import matplotlib.pyplot as plt
from sklearn.neighbors import NearestNeighbors
```

샘플 2D 데이터를 정의한다.

```
X = np.array([[2.1, 1.3], [1.3, 3.2], [2.9, 2.5], [2.7, 5.4], [3.8, 0.9],
[7.3, 2.1], [4.2, 6.5], [3.8, 3.7], [2.5, 4.1], [3.4, 1.9], [5.7, 3.5],
[6.1, 4.3], [5.1, 2.2], [6.2, 1.1]])
```

추출할 최근접 이웃의 수를 정한다.

```
# 추출할 최근접 이웃 숫자
k = 5
```

K개 최근접 이웃을 추출하는 데 사용될 테스트 데이터 포인트를 정한다.

```
# 테스트 데이터 포인트
test_datapoint = [4.3, 2.7]
```

검은 원형 모양 마커를 사용해 입력 데이터를 화면에 그린다.

```
# 입력 데이터 그리기
plt.figure()
plt.title('Input data')
plt.scatter(X[:,0], X[:,1], marker='o', s=75, color='black')
```

입력 데이터를 사용해 K개 최근접 이웃 모델을 만들고 학습한다. 이 모델을 사용해 테스트 데이터의 최근접 이웃 포인트를 찾아낸다.

```python
# K개 최근접 이웃 모델 만들기
knn_model = NearestNeighbors(n_neighbors=k, algorithm='ball_tree').fit(X)
distances, indices = knn_model.kneighbors(test_datapoint)
```

모델을 이용해 찾은 최근접 이웃을 출력한다.

```python
# K개 최근접 이웃 출력
print("\nK Nearest Neighbors:")
for rank, index in enumerate(indices[0][:k], start=1):
    print(str(rank) + " ==>", X[index])
```

다음과 같이 최근접 이웃을 시각화한다.

```python
# 테스트 데이터 포인트에 가장 가까운 이웃 포인트를 화면에 표시한다.
plt.figure()
plt.title('Nearest neighbors')
plt.scatter(X[:, 0], X[:, 1], marker='o', s=75, color='k')
plt.scatter(X[indices][0][:][:, 0], X[indices][0][:][:, 1], marker='o',
s=250, color='k', facecolors='none')
plt.scatter(test_datapoint[0], test_datapoint[1], marker='x', s=75,
color='k')

plt.show()
```

전체 코드는 k_nearest_neighbors.py 파일에 수록돼 있다. 코드를 실행하면 두 개의 화면이 표시된다. 첫 번째 화면은 입력 데이터를 보여준다.

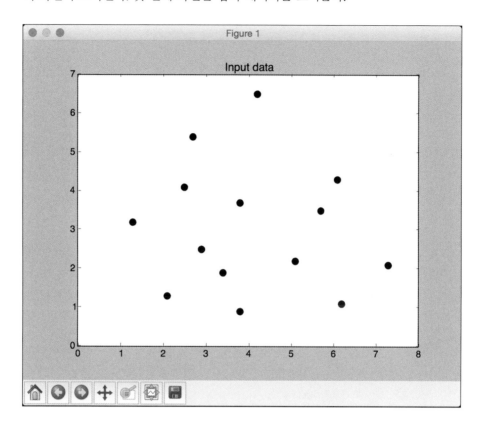

두 번째 화면은 다섯 개의 최근접 이웃을 보여준다. 테스트 데이터는 십자 기호로
표시되고 최근접 이웃 데이터는 원으로 표시된다.

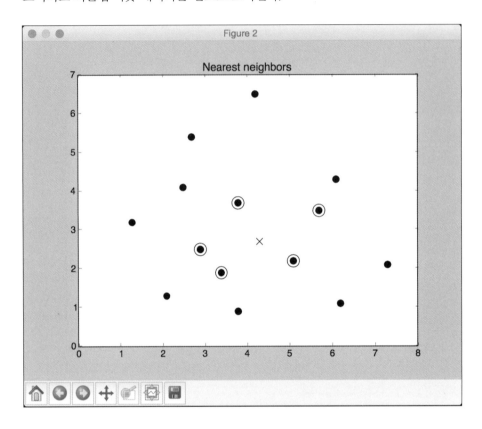

터미널에 다음과 같이 출력된다.

```
K Nearest Neighbors:
1 ==> [ 5.1  2.2]
2 ==> [ 3.8  3.7]
3 ==> [ 3.4  1.9]
4 ==> [ 2.9  2.5]
5 ==> [ 5.7  3.5]
```

위 화면에서 테스트 데이터 포인트에 가장 가까운 다섯 개의 점을 확인할 수 있다.

K-최근접 이웃 분류기 만들기

K-최근접 이웃 분류기는 최근접 이웃 알고리즘을 사용해 다수결에 따라 데이터를 분류하는 분류 모델이다. 이 알고리즘은 입력 데이터 포인트에 가장 가까운 K개의 데이터 포인트를 학습 데이터셋에서 찾고, 찾은 포인트들에서 가장 많이 나타난 클래스를 입력 데이터 포인트의 클래스로 분류한다.

이 절에서는 최근접 이웃 알고리즘을 사용해 분류기를 만드는 방법을 살펴본다. 참고로 K 값은 주어진 데이터에 따라 적절하게 정하면 된다.

새로운 파이썬 파일을 생성하고 다음과 같이 패키지를 불러온다.

```
import numpy as np
import matplotlib.pyplot as plt
import matplotlib.cm as cm
from sklearn import neighbors, datasets
```

데이터를 data.txt 파일에서 가져온다. 각 행에는 쉼표로 구분된 값이 있으며 총 클래스의 개수는 네 개다.

```
# 입력 데이터 가져오기
input_file = 'data.txt'
data = np.loadtxt(input_file, delimiter=',')
X, y = data[:, :-1], data[:, -1].astype(np.int)
```

네 가지 모양의 마커를 사용해 입력 데이터를 시각화한다. 마커별로 레이블을 매핑해서 표시하기 위해 매퍼 변수를 추가한다.

```
# 입력 데이터 그리기
plt.figure()
plt.title('Input data')

marker_shapes = 'v^os'
mapper = [marker_shapes[i] for i in y]
for i in range(X.shape[0]):
    plt.scatter(X[i, 0], X[i, 1], marker=mapper[i],s=75,
edgecolors='black', facecolors='none')
```

분류 모델의 기준선을 시각화하는 데 사용할 그리드의 크기를 정한다.

```
# 시각화용 그리드 크기
step_size = 0.01
```

K-최근접 이웃 분류기 모델을 만든다.

```
# K-최근접 이웃 분류기 만들기
classifier = neighbors.KNeighborsClassifier(num_neighbors,weights='distance')
```

학습 데이터를 이용해 모델을 학습한다.

```
# K-최근접 이웃 분류기 학습
classifier.fit(X, y)
```

그리드를 시각화하기 위한 메시 그리드(정방 행렬)를 만든다.

```
# 메시 그리드로 경계를 그린다.
x_min, x_max = X[:, 0].min() - 1, X[:, 0].max() + 1
y_min, y_max = X[:, 1].min() - 1, X[:, 1].max() + 1
x_values, y_values = np.meshgrid(np.arange(x_min, x_max, step_size),np.
arange(y_min, y_max, step_size))
```

분류 기준선을 시각화하기 위해 그리드에 표시될 모든 점의 클래스를 예측한다.

```
# 그리드에 표시된 모든 점의 클래스 예측
output = classifier.predict(np.c_[x_values.ravel(), y_values.ravel()])
```

시각화를 위해 컬러 메시를 생성한다.

```
# 예측 결과 시각화
output = output.reshape(x_values.shape)
plt.figure()
plt.pcolormesh(x_values, y_values, output, cmap=cm.Paired)
```

분류 기준선 부근의 데이터를 시각화하기 위해 컬러 메시 위에 데이터를 표시한다.

```
# 데이터 포인트의 마커 표시
for i in range(X.shape[0]):
    plt.scatter(X[i, 0], X[i, 1], marker=mapper[i],s=50,
edgecolors='black', facecolors='none')
```

X와 Y 값의 최댓값, 최솟값을 정하고 그림의 이름을 정한다.

```
plt.xlim(x_values.min(), x_values.max())
plt.ylim(y_values.min(), y_values.max())
plt.title('K Nearest Neighbors classifier model boundaries')
```

분류기가 어떻게 데이터를 분류하는지 확인하기 위해 테스트할 데이터를 정의한다.
그리고 학습 데이터와 테스트 데이터가 표시된 그림을 만든 후에 데이터별로 위치
를 확인한다.

```
# 테스트 데이터 정의
test_datapoint = [5.1, 3.6]
plt.figure()
plt.title('Test datapoint')
for i in range(X.shape[0]):
    plt.scatter(X[i, 0], X[i, 1], marker=mapper[i], s=75,
edgecolors='black', facecolors='none')

plt.scatter(test_datapoint[0], test_datapoint[1], marker='x', linewidth=6,
s=200, facecolors='black')
```

분류기 모델을 이용해 테스트 데이터의 K개 최근접 이웃을 찾는다.

```
# K개 최근접 이웃 추출
_, indices = classifier.kneighbors([test_datapoint])
indices = indices.astype(np.int)[0]
```

앞에서 찾은 K개 최근접 이웃을 화면에 표시한다.

```
# K개 최근접 이웃을 화면에 표시
plt.figure()
plt.title('K Nearest Neighbors')
```

```
for i in indices:
    plt.scatter(X[i, 0], X[i, 1], marker=mapper[y[i]],linewidth=3, s=100,
facecolors='black')
```

테스트 데이터를 화면에 뿌려준다.

```
plt.scatter(test_datapoint[0], test_datapoint[1], marker='x', linewidth=6,
s=200, facecolors='black')
```

입력 데이터를 화면에 뿌려준다.

```
for i in range(X.shape[0]):
    plt.scatter(X[i, 0], X[i, 1], marker=mapper[i], s=75,
edgecolors='black', facecolors='none')
```

예측 결과를 출력한다.

```
print("Predicted output:", classifier.predict([test_datapoint])[0])
```

```
plt.show()
```

전체 코드는 nearest_neighbors_classifier.py 파일에 수록돼 있다. 코드를 실행하면 네 개의 화면이 표시된다. 첫 번째 화면은 입력 데이터를 보여준다.

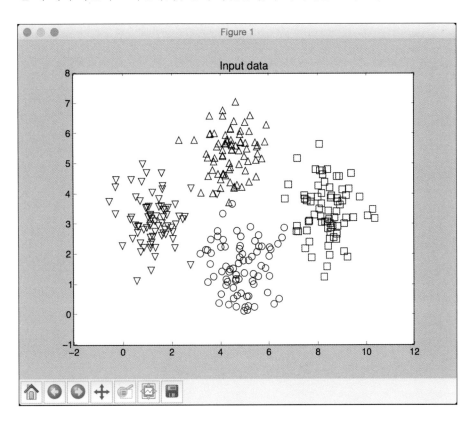

두 번째 화면은 분류 기준 경계를 보여준다.

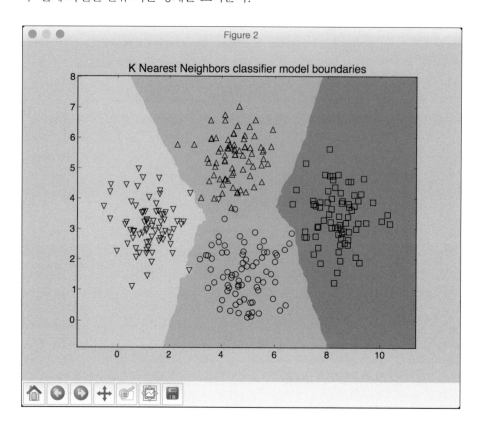

세 번째 화면은 입력 데이터와 인접한 테스트 데이터 포인트를 보여준다. 테스트 데이터 포인트는 × 기호로 표시된다.

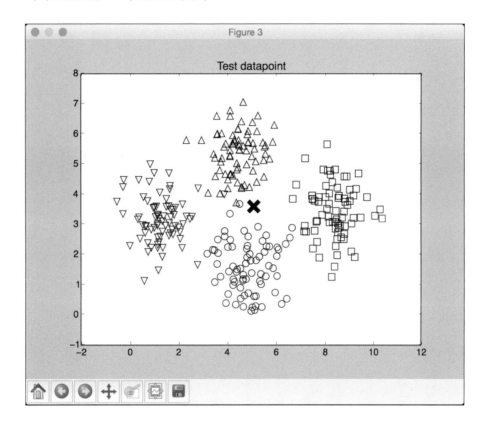

네 번째 화면은 테스트 데이터 포인트에 가장 가까운 12개의 최근접 포인트를 보여
준다.

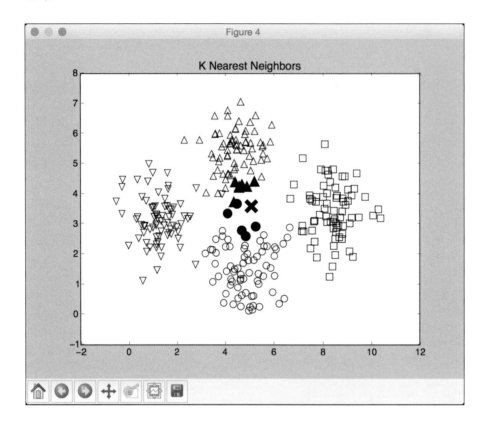

터미널에서 테스트 데이터 포인트의 예측 값을 확인할 수 있다(테스트 데이터 포인트
가 클래스 1에 속한다고 예측한다).

Predicted output: 1

유사도 계산하기

추천 시스템은 영화, 상품, 음악 등의 다양한 아이템을 추천하기 위한 시스템으로, 사용자와 취향이 유사한 사용자가 좋아하는 아이템, 혹은 사용자가 좋아하는 아이템과 유사한 아이템을 찾는 방식으로 사용자에게 아이템을 추천한다. 이를 위해 일반적으로 아이템의 구매 정보나 사용자 정보가 담긴 데이터셋을 이용한다. 영화에 대한 사용자 선호도 정보가 포함된 데이터셋이 있다고 가정해보자. 취향이 비슷한 사용자를 찾아 추천하기 위해서는 사용자 간의 유사도를 계산해 점수로 표현할 수 있어야 한다.

유사도 계산을 위해 자주 사용되는 두 가지 점수 계산 방법으로는 유클리드 점수와 피어슨 점수가 있다. 유클리드 점수는 두 데이터 포인트 사이의 유클리드 거리를 계산해 점수로 사용한다. 유클리드 거리 계산 방법을 알고 싶다면 위키 페이지의 관련 항목(https://en.wikipedia.org/wiki/Euclidean_distance)을 방문할 것을 추천한다. 유클리드 거리 값은 최댓값이 없다. 따라서 점수로 표현하려면 유클리드 거리 값을 0에서 1까지의 범위로 변환해야 한다. 두 객체 간의 유클리드 거리가 크다면 이는 두 객체가 유사하지 않은 것을 의미한다. 유클리드 점수는 유클리드 거리에 반비례하기 때문에 이 경우 유클리드 점수는 낮을 것이다.

피어슨 점수는 두 객체 간의 상관관계를 측정한 값으로, 두 객체 간의 공분산과 개별 표준편차를 사용해 점수를 계산한다. 점수 값은 −1에서 +1까지 사이의 범위를 갖는다. +1은 객체가 매우 유사하다는 뜻이고, −1은 객체가 매우 다르다는 것을 나타낸다. 점수가 0이면 두 객체 간에 아무런 상관관계도 없다는 의미다. 이제 유클리드 점수와 피어슨 점수를 계산하는 방법을 살펴보자. 새로운 파이썬 파일을 생성하고 다음과 같이 패키지를 불러온다.

```
import argparse
import json
import numpy as np
```

입력 인수를 처리하기 위한 인수 처리기를 작성한다. 유사도를 계산할 두 명의 사용자와 유사도 점수 계산 방법을 입력 인수로 받는다.

```python
def build_arg_parser():
    parser = argparse.ArgumentParser(description='Compute similarity
score')
    parser.add_argument('--user1', dest='user1', required=True,
help='First user')
    parser.add_argument('--user2', dest='user2', required=True,
help='Second user')
    parser.add_argument("--score-type", dest="score_type", required=True,
choices=['Euclidean', 'Pearson'], help='Similarity metric to be used')
    return parser
```

입력 사용자 간의 유클리드 점수를 계산하는 함수를 정의한다. 사용자가 데이터셋에 없으면 오류를 발생시킨다.

```python
# user1과 user2의 유클리드 거리 계산
def euclidean_score(dataset, user1, user2):
    if user1 not in dataset:
        raise TypeError('Cannot find ' + user1 + ' in the dataset')

    if user2 not in dataset:
        raise TypeError('Cannot find ' + user2 + ' in the dataset')
```

두 사용자가 모두 평점을 부여한 영화를 저장하는 변수를 선언한다.

```python
# user1과 user2 모두 평점을 준 영화
common_movies = {}
```

두 사용자 모두에게 평점을 받은 영화를 찾는다.

```python
for item in dataset[user1]:
    if item in dataset[user2]:
        common_movies[item] = 1
```

공통되는 영화가 없으면 유사도 점수를 계산할 수 없다.

```
# 유저 간 공통의 영화가 없다면
# 점수 값은 0
if len(common_movies) == 0:
    return 0
```

사용자 간의 평점 차이 값을 제곱해 유클리드 점수를 계산한다.

```
squared_diff = []

for item in dataset[user1]:
    if item in dataset[user2]:
        squared_diff.append(np.square(dataset[user1][item] - dataset[user2]
[item]))
return 1 / (1 + np.sqrt(np.sum(squared_diff)))
```

주어진 데이터셋에 대해 입력 인수로 주어진 사용자들 간의 피어슨 점수를 계산하는 함수를 정의한다. 만약 유저가 데이터셋에 없다면 오류를 발생시킨다.

```
# user1과 user2의 피어슨 점수 계산
def pearson_score(dataset, user1, user2):
    if user1 not in dataset:
        raise TypeError('Cannot find ' + user1 + ' in the dataset')

    if user2 not in dataset:
        raise TypeError('Cannot find ' + user2 + ' in the dataset')
```

두 사용자 모두에게 평점을 받은 영화를 저장하는 변수를 선언한다.

```
# user1, user2 모두에서 평점을 받은 영화 목록
common_movies = {}
```

두 사용자 모두에게 평점을 받은 영화를 찾는다.

```
for item in dataset[user1]:
    if item in dataset[user2]:
        common_movies[item] = 1
```

공통되는 영화가 없다면 유사도 점수를 계산할 수 없다.

```
num_ratings = len(common_movies)

# user1과 user2 사이에 공통되는 영화가 없다면 점수 값을 0으로 준다
if num_ratings == 0:
    return 0
```

두 사용자가 평가한 모든 영화의 평점 합계를 계산한다.

```
# 모든 공통 영화의 유저별 평점 합 계산
user1_sum = np.sum([dataset[user1][item] for item in common_movies])
user2_sum = np.sum([dataset[user2][item] for item in common_movies])
```

두 사용자가 평가한 모든 영화 평점의 제곱의 합을 계산한다.

```
# 유저별로 공통되는 영화 평점의 제곱의 합 계산
user1_squared_sum = np.sum([np.square(dataset[user1][item]) for item in
common_movies])
user2_squared_sum = np.sum([np.square(dataset[user2][item]) for item in
common_movies])
```

두 사용자가 평가한 모든 영화의 평점 내적product 값의 합을 계산한다.

```
# 공통되는 영화의 평점 내적 값의 합 계산
sum_of_products = np.sum([dataset[user1][item] * dataset[user2][item]
for item in common_movies])
```

앞의 계산 값을 활용해 피어슨 점수를 계산하는 데 필요한 매개변수를 계산한다.

```
# 피어슨 상관도 점수를 위한 매개변수 계산
Sxy = sum_of_products - (user1_sum * user2_sum / num_ratings)
Sxx = user1_squared_sum - np.square(user1_sum) / num_ratings
Syy = user2_squared_sum - np.square(user2_sum) / num_ratings
```

편차가 없으면 점수는 0이다.

```
if Sxx * Syy == 0:
    return 0
```

피어슨 점수를 반환한다.

```
return Sxy / np.sqrt(Sxx * Syy)
```

메인 함수를 정의하고 입력 인수를 처리한다.

```
if __name__=='__main__':
    args = build_arg_parser().parse_args()
    user1 = args.user1
    user2 = args.user2
    score_type = args.score_type
```

ratings.json 파일에 포함된 평점 정보를 가져온다.

```
ratings_file = 'ratings.json'
with open(ratings_file, 'r') as f:
    data = json.loads(f.read())
```

입력 인수를 기반으로 유사도 점수를 계산한다.

```
if score_type == 'Euclidean':
    print("\nEuclidean score:")
    print(euclidean_score(data, user1, user2))
else:
    print("\nPearson score:")
    print(pearson_score(data, user1, user2))
```

전체 코드는 compute_scores.py 파일에 수록돼 있다. 이제 다양한 옵션과 함께 코드를 실행해보자. David Smith와 Bill Duffy 사이의 유클리드 점수를 다음과 같이 계산한다.

```
$ python3 compute_scores.py --user1 "David Smith" --user2 "Bill Duffy"
--score-type Euclidean
```

위 명령을 실행하면 터미널에 다음과 같이 결과가 출력된다.

```
Euclidean score:
0.585786437627
```

동일한 유저 쌍에 대해 피어슨 점수를 계산하고 싶다면 터미널에서 다음 명령을 실행한다.

```
$ python3 compute_scores.py --user1 "David Smith" --user2 "Bill Duffy"
--score-type Pearson
```

터미널에 다음과 같이 표시된다.

```
Pearson score:
0.99099243041
```

다른 입력 인수 조합도 사용해 다양한 테스트를 시도해보자.

협업 필터링을 이용해 유사한 사용자 찾기

협업 필터링은 새로운 객체를 분류하기 위해 데이터셋에 포함된 객체 간의 패턴을 식별하는 프로세스를 말한다. 이 절에서 소개할 추천 엔진에서는 데이터셋에 포함된 유사한 사용자를 찾기 위해 협업 필터링을 사용한다.

 데이터셋에 포함된 여러 사용자들의 선호도 정보를 활용함으로써 여러 사용자가 '협업'해 동시에 무엇인가를 추천하는 듯한 효과를 주고, 결과적으로 추천하지 않을 아이템을 '필터링'하기 때문에 협업 필터링이라 부른다.

협업 필터링은 만약 어떤 두 사람이 이전에 본 영화들에 비슷한 평점을 줬다면, 향후 보게 될 새로운 영화에 대해서도 비슷한 평점을 줄 것이라고 가정한다. 이렇게 공통으로 본 영화의 패턴을 확인해 아직 보지 않은 영화의 평점을 예측한다. 이전 절에서는 데이터셋에 포함된 여러 사용자의 유사도를 비교하는 방법을 배웠다. 이 절에서는 이 방법을 이용해 본격적으로 데이터셋에서 유사한 사용자를 찾는다. 협업 필터링은 대용량 데이터셋이 구비된 경우 자주 사용되며 금융, 온라인 쇼핑, 마케팅, 고객 연구 등의 다양한 분야에 사용되고 있다.

새로운 파이썬 파일을 생성하고 다음과 같이 패키지를 불러온다.

```
import argparse
import json
import numpy as np

from compute_scores import pearson_score
```

입력 인수를 처리하는 함수를 정의한다. 입력 인수로 사용자의 이름을 받는다.

```
def build_arg_parser():
    parser = argparse.ArgumentParser(description='Find users who are
similar to the input user ')
    parser.add_argument('--user', dest='user', required=True, help='Input
user')
    return parser
```

입력 사용자와 유사한 사용자를 데이터셋에서 찾는 함수를 정의한다. 사용자가 데이터셋에 없으면 오류를 발생시킨다.

```
# 입력 사용자와 유사한 사용자를 데이터셋에서 찾는다
def find_similar_users(dataset, user, num_users):
    if user not in dataset:
        raise TypeError('Cannot find ' + user + ' in the dataset')
```

피어슨 점수를 계산하는 함수는 이미 위 예제에서 살펴봤다. 이 함수를 사용해 입력 사용자와 데이터셋에 포함된 모든 사용자 간의 피어슨 점수를 계산한다.

```
# 입력 사용자와 데이터셋에 포함된 사용자 간의 피어슨 점수 계산
scores = np.array([[x, pearson_score(dataset, user, x)] for x in dataset
if x != user])
```

점수를 내림차순으로 정렬한다.

```
# 내림차순으로 점수 정렬
scores_sorted = np.argsort(scores[:, 1])[::-1]
```

유사한 사용자를 점수순으로 num_users명만큼 찾아 배열로 반환한다.

```
# 점수순으로 num_users명의 사용자 배열 반환
top_users = scores_sorted[:num_users]

return scores[top_users]
```

메인 함수를 정의하고 입력 인수를 처리해 사용자의 이름을 받는다.

```
if __name__=='__main__':
    args = build_arg_parser().parse_args()
    user = args.user
```

영화의 평점 정보 데이터를 rating.json 파일에서 가져온다. 이 파일에는 다양한 영화에 대한 사용자 평점 정보가 담겨 있다.

```
ratings_file = 'ratings.json'

with open(ratings_file, 'r') as f:
    data = json.loads(f.read())
```

입력 인수로 받은 사용자와 비슷한 상위 세 명의 사용자를 찾는다. 원하는 수만큼의 유사 사용자를 찾도록 코드를 변경할 수도 있다. 결과를 유사도 점수와 함께 출력한다.

```
print('\nUsers similar to ' + user + ':\n')
similar_users = find_similar_users(data, user, 3)
print('User\t\t\tSimilarity score')
print('-'*41)
for item in similar_users:
    print(item[0], '\t\t', round(float(item[1]), 2))
```

전체 코드는 collaborative_filtering.py 파일에 수록돼 있다. 코드를 실행하고 Bill Duffy와 유사한 사용자를 찾아보자.

```
$ python3 collaborative_filtering.py --user "Bill Duffy"
```

터미널에 다음과 같이 결과가 출력될 것이다.

```
Users similar to Bill Duffy:

User                  Similarity score
-----------------------------------------
David Smith           0.99
Samuel Miller         0.88
Adam Cohen            0.86
```

코드를 실행하고 Clarissa Jackson과 유사한 사용자를 찾아보자.

```
$ python3 collaborative_filtering.py --user "Clarissa Jackson"
```

터미널에 다음과 같이 결과가 출력될 것이다.

```
Users similar to Clarissa Jackson:

User                  Similarity score
-----------------------------------------
Chris Duncan          1.0
Bill Duffy            0.83
Samuel Miller         0.73
```

영화 추천 시스템 만들기

이제 본격적으로 영화 추천 시스템을 구축해보자. 앞 절에서 추천 시스템을 구축하는 데 필요한 모든 기본 개념을 배웠다. 이 절에서는 ratings.json 파일에 포함된 데이터를 기반으로 영화 추천 시스템을 만들어본다. 이 파일에는 다양한 영화에 대한 사용자 평점 정보가 포함돼 있다. 특정 사용자에게 영화를 추천할 때 데이터셋에서 비슷한 사용자를 찾고 이 사용자의 영화 관람 정보를 이용한다.

새로운 파이썬 파일을 생성하고 다음과 같이 패키지를 불러온다.

```python
import argparse
import json
import numpy as np

from compute_scores import pearson_score
from collaborative_filtering import find_similar_users
```

입력 인수를 처리하는 함수를 정의한다. 입력 인수로 관람객의 이름을 받는다.

```python
def build_arg_parser():
    parser = argparse.ArgumentParser(description='Find the movie
recommendations for the given user')
    parser.add_argument('--user', dest='user', required=True, help='Input
user')
    return parser
```

사용자에게 영화를 추천하는 함수를 정의한다. 사용자가 데이터셋에 없으면 오류를 발생시킨다.

```python
# 입력 사용자에게 영화 추천
def get_recommendations(dataset, input_user):
    if input_user not in dataset:
        raise TypeError('Cannot find ' + input_user + ' in the dataset')
```

점수 변수를 선언한다.

```python
overall_scores = {}
similarity_scores = {}
```

입력 사용자와 데이터셋의 다른 모든 사용자 간의 유사도 점수를 계산한다.

```python
for user in [x for x in dataset if x != input_user]:
    similarity_score = pearson_score(dataset, input_user, user)
```

유사도 점수가 0보다 작으면 다음 사용자로 넘어간다.

```
if similarity_score <= 0:
    continue
```

입력 사용자가 보지 않은 영화를 추천하기 위해 다른 사용자가 본 영화(평점을 준 영화) 중에 입력 사용자가 보지 않은 영화를 필터링 리스트에 저장한다.

```
filtered_list = [x for x in dataset[user] if x not in dataset[input_user]
or dataset[input_user][x] == 0]
```

필터링 리스트의 아이템별로 유사도와 평점 값을 곱한 가중 평점을 계산해 저장한다. 유사도도 같이 저장될 수 있도록 한다.[1]

```
for item in filtered_list:
    if item in overall_scores:
        overall_scores[item] += dataset[user][item] * similarity_score
    else:
        overall_scores.update({item: dataset[user][item] * similarity_
score})

    if item in similarity_scores:
        similarity_scores[item] += similarity_score
    else:
        similarity_scores.update({item: similarity_score})
```

만약 필터링 리스트에 포함된 영화가 전혀 없다면 어떠한 영화도 추천할 수 없다.

```
if len(overall_scores) == 0:
    return ['No recommendations possible']
```

---

1 원저의 코드를 의미에 맞게 수정했다. 번들로 제공된 코드에는 원저에 나타난 코드를 그대로 실었으니 비교해보길 바란다.
  – 옮긴이

가중 점수에 따라 점수를 정규화한다.

```python
# 영화별로 점수를 정규화한다
movie_scores = np.array([[score/similarity_scores[item], item] for item,
score in overall_scores.items()])
```

점수에 따라 영화를 정렬해 순위화하고 추천할 영화를 정한다.

```python
# 내림차순으로 정렬
movie_scores = movie_scores[np.argsort(movie_scores[:, 0])[::-1]]
```

```python
# 추천할 영화를 정한다
movie_recommendations = [movie for _, movie in movie_scores]
return movie_recommendations
```

메인 함수를 정의하고 입력 인수를 처리해 입력 사용자를 받는다.

```python
if __name__=='__main__':
    args = build_arg_parser().parse_args()
    user = args.user
```

영화 데이터를 ratings.json 파일에서 가져온다.

```python
ratings_file = 'ratings.json'

with open(ratings_file, 'r') as f:
data = json.loads(f.read())
```

사용자에게 영화를 추천하고 결과를 출력한다.

```python
print("\nMovie recommendations for " + user + ":")
movies = get_recommendations(data, user)
for i, movie in enumerate(movies):
    print(str(i+1) + '. ' + movie)
```

전체 코드는 movie_recommender.py 파일에 수록돼 있다. Chris Duncan에게 맞는 영화를 추천해보자.

```
$ python3 movie_recommender.py --user "Chris Duncan"
```

다음과 같이 출력될 것이다.

```
Movie recommendations for Chris Duncan:
1. Vertigo
2. Scarface
3. Goodfellas
4. Roman Holiday
```

Julie Hammel에게 맞는 영화를 추천해보자.

```
$ python3 movie_recommender.py --user "Julie Hammel"
```

다음과 같은 결과를 확인할 수 있다.

```
Movie recommendations for Julie Hammel:
1. The Apartment
2. Vertigo
3. Raging Bull
```

요약

이 장에서는 머신 러닝 시스템을 학습하는 데 사용되는 데이터 프로세서 파이프라인을 만드는 방법을 배웠다. 또 데이터셋에 포함된 데이터 포인트에 대해 K개의 최근접 이웃을 찾는 법도 배웠다. 그리고 이 알고리즘을 사용해 K-최근접 이웃 분류기를 구축해봤다. 유클리드 점수와 피어슨 점수 같은 유사도 점수를 계산하는 방법도 살펴봤다. 마지막으로, 협업 필터링을 사용한 추천 시스템을 구축하는 방법을 배웠다. 설명한 추천 시스템은 주어진 데이터셋에서 유사한 사용자를 찾아 추천에 활용하는 방식을 사용했다. 다음 장에서는 논리 프로그래밍에 대해 배우고 실제 문제를 해결할 수 있는 추론 엔진의 구축 방법을 살펴볼 것이다.

6

논리형 프로그래밍

이 장에서는 논리형 프로그래밍 기법을 살펴본다. 먼저 여러 가지 프로그래밍 패러다임을 간략히 소개하고, 논리형 프로그래밍 기법으로 프로그램을 작성하는 방법을 살펴본다. 논리형 프로그래밍의 기본 구성 요소와 논리형 프로그래밍 영역에 해당하는 문제를 해결하는 방법도 소개한다. 마지막으로 여러 가지 문제 해결기를 만드는 예제를 파이썬으로 작성해본다.

이 장에서 다루는 내용은 다음과 같다.

* 논리형 프로그래밍의 개념
* 논리형 프로그래밍의 기본 구성 요소
* 논리형 프로그래밍 방식으로 문제를 해결하는 방법
* 논리형 프로그래밍 관련 파이썬 패키지 설치 방법
* 수학 표현식 매칭 방법
* 소수 검사기 만들기
* 가계도 분석기 만들기
* 지도 분석기 만들기
* 퍼즐 해결기 만들기

논리형 프로그래밍

논리형(로직) 프로그래밍Logic Programming이란 일종의 프로그래밍 패러다임(프로그래밍에 대한 특별한 접근 방식)이다. 논리형 프로그래밍의 구성 요소와 AI와의 관계를 설명하기 전에, 먼저 프로그래밍 패러다임의 개념부터 간략히 살펴봐야 한다.

프로그래밍 패러다임programming paradigm은 여러 가지 프로그래밍 언어를 분류하면서 등장한 개념이다. 컴퓨터 프로그램의 관점에서 보면, 문제를 해결하기 위한 접근 방식이라고 할 수 있다. 어떤 프로그래밍 패러다임은 원하는 결과를 도출하는 데 필요한 여러 가지 조건implication(함의)과 연산operation을 나열하는 방식으로 표현하고, 또 어떤 프로그래밍 패러다임은 코드의 구성에 주안점을 둔다.

대표적인 몇 가지 프로그래밍 패러다임을 소개하면 다음과 같다.

- **명령형**imperative(임패러티브): 문장statement을 통해 프로그램의 상태state를 변경한다. 외부 효과side effect가 발생한다.

- **함수형**functional(펑셔널): 컴퓨테이션computation(계산)을 수학 함수에 대한 평가evaluation로 처리한다. 상태를 변경하지 않고 가변형mutable 데이터도 사용하지 않는다.

- **선언형**declarative(디클래러티브): 작업을 처리하는 방법이 아닌, 작업 자체를 직접 표현한다. 즉, 제어 흐름을 구체적으로 표현하지 않고 컴퓨테이션에 대한 논리만 표현한다.

- **객체지향형**object oriented(오브젝트 오리엔티드): 프로그램을 구성하는 코드를 오브젝트(객체, 개체) 단위로 표현한다. 각 오브젝트는 나름대로의 역할을 맡으며, 데이터와 메소드로 구성된다. 메소드는 오브젝트의 동작을 정의한다.

- **절차형**procedural(프로시저럴): 코드를 함수 단위로 구성한다. 각 함수마다 특정한 연산들을 수행한다.

- **기호형**symbolic(심볼릭): 자체 컴포넌트를 일반 데이터를 다루듯이 수정하는 방식으로 프로그램을 작성한다. 이를 위해 특수한 형태의 문법을 사용한다.

- **논리형**logic(로직): 사실과 규칙으로 구성된 지식 데이터베이스에 대해 자동 추론을 적용하는 방식으로 컴퓨테이션을 처리한다.

논리형 프로그래밍을 제대로 이해하려면 먼저 컴퓨테이션(계산)과 추론deduction이란 개념을 알아야 한다. 컴퓨테이션은 계산할 대상을 표현식expression과 일련의 규칙rule으로 표현하는 방식으로 결과를 도출한다. 이때 작성한 표현식과 규칙이 바로 프로그램이다. 예를 들어 23, 12, 49라는 숫자를 더하는 경우를 살펴보자.

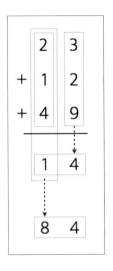

컴퓨테이션 과정은 다음과 같이 표현할 수 있다.

23 + 12 + 49 => (2 + 1 + 4 + 1)4 => 84

이와 달리 추론은 먼저 가설conjecture(추측)부터 세운 후 일련의 규칙에 따라 그 가설을 증명하는 방식으로 처리한다. 앞에서 본 컴퓨테이션 과정은 기계적인 데 반해, 추론 과정은 좀 더 창의적이다.

논리형 프로그래밍 방식은 추론 방식에 따른다. 먼저 문제 영역에 대한 규칙과 사실에 대한 문장을 나열하는 방식으로 프로그램을 작성한 후 이렇게 주어진 정보를 이용해 풀려는 문제를 해결기solver로 푼다.

논리형 프로그래밍의 기본 구성 요소

객체지향형이나 명령형 언어로 프로그래밍을 할 때는 항상 변수부터 정의했다. 논리형 프로그래밍은 좀 다르다. 인수^{argument}(실행 인자)를 인스턴스로 만들지 않은 상태로 함수에 전달하면, 인터프리터^{interpreter}는 사용자가 정의한 사실 정보를 검색해 그 변수에 대한 인스턴스를 생성한다. 변수 매칭의 관점에서 볼 때 이는 굉장히 강력한 기능이다. 이렇게 변수를 다양한 대상 중 하나에 매칭하는 과정을 동일화^{unification}(유니피케이션)라고 부른다. 이는 논리형 프로그래밍과 다른 프로그래밍 패러다임을 구분하는 대표적인 특징 중 하나다. 논리형 프로그래밍에서는 프로그램이 처리할 대상을 관계^{relation}로 표현한다. 이러한 관계는 사실과 규칙에 대한 절^{clause}(클로즈)로 정의한다.

사실^{fact}이란 프로그램에서 참^{true}으로 여기는 문장으로서, 연산을 수행할 대상이 되는 데이터다. 문법은 굉장히 단순하다. 예를 들어 '도날드는 앨런의 아들이다.'라는 문장은 사실이고, '누가 앨런의 아들인가?'라는 문장은 사실이 아니다. 논리형 프로그램을 실행하기 위해서는 먼저 결론을 도출하는 토대가 되는 사실부터 명시해야 한다.

규칙^{rule}은 여러 가지 사실을 표현하고 이에 대해 질의하는 방법에 대한 것이다. 이러한 규칙은 문제를 풀 때 지켜야 할 제약 조건이자, 문제 영역에서 어떠한 결론을 도출하는 수단이다. 예를 들어 체스 엔진을 만들 때, 각각의 말이 체스 보드에서 움직일 수 있는 범위를 명시한 것이 규칙이다. 최종적으로 도출한 결과가 유효하려면(참이 되려면), 그 결과를 도출하는 데 적용된 모든 관계가 참이어야 한다.

논리형 프로그래밍을 이용한 문제 해결 방법

논리형 프로그래밍은 사실과 규칙을 통해 결론을 도출하는 방식으로 문제를 처리한다. 따라서 프로그램이 수행할 목표^{goal}를 지정해야 한다. 프로그램과 목표에 변수가 하나도 없다면, 해결기는 목표를 달성하기 위해 문제를 탐색할 공간을 트리 형태로 만든다.

논리형 프로그래밍을 할 때는 규칙을 잘 다뤄야 한다. 규칙은 논리 문장으로 표현한다. 예를 들어 다음 문장을 살펴보자.

케이시는 초콜릿을 좋아한다. => 알렉산더는 케이시를 좋아한다.

이 문장은 두 개의 문장이 함의^{implication} 연산(=>)으로 이어졌는데, 이를 if … then … 형태의 조건문으로 보면 '케이시가 초콜릿을 좋아한다면, 알렉산더는 케이시를 좋아한다.'라고 표현할 수 있다. 또는 이를 직역해 '케이시가 초콜릿을 좋아한다는 사실은 알렉산더가 케이시를 사랑한다는 것을 함축해 의미한다.'라고 표현할 수도 있다. 또 다른 예로 다음 문장을 살펴보자.

범죄 영화, 영어 => 마틴 스콜세지

이 문장을 조건문으로 표현하면 '영어를 사용하는 범죄 영화를 좋아한다면, 마틴 스콜세지 감독이 만든 영화를 좋아할 것이다.'라고 표현할 수 있다.

이처럼 논리형 프로그래밍에서 함의 문장은 풀려는 문제에 따라 다양한 형태로 표현할 수 있다. 이제 본격적으로 논리형 프로그램을 파이썬으로 작성하는 방법을 살펴보자.

논리형 프로그래밍 관련 파이썬 패키지 설치 방법

파이썬으로 논리형 프로그램을 작성하려면, 먼저 몇 가지 패키지를 설치해야 한다. 논리형 프로그래밍을 작성하는 기능을 제공하는 파이썬 패키지 중에 logpy라는 것이 있다. 또한 문제에 따라 SymPy도 활용한다. 다음과 같이 pip로 logpy와 sympy를 설치한다.

```
$ pip3 install logpy
$ pip3 install sympy
```

logpy 패키지를 설치하는 과정에서 에러가 발생한다면, https://github.com/logpy/logpy에서 소스 코드를 받아 설치한다.[1]

패키지를 다 설치했다면, 다음 절로 넘어간다.

수학 표현식 매칭하기

프로그래밍 과정에서 수학 연산은 빠질 수 없는 요소다. 논리형 프로그래밍에서는 수식을 비교하고 미지수를 구하는 작업을 굉장히 효율적으로 처리한다. 예제를 통해 구체적인 방법을 살펴보자.

파이썬 파일을 새로 만들고, 다음과 같이 패키지를 불러오는 문장을 작성한다.

```
from logpy import run, var, fact
import logpy.assoccomm as la
```

다음과 같이 프로그램에 필요한 몇 가지 수학 연산을 정의한다.

```
# 수학 연산 정의하기
add = 'addition'
mul = 'multiplication'
```

덧셈과 곱셈은 교환 법칙과 결합 법칙을 따른다. 이러한 사실도 다음과 같이 명시한다.

```
# 두 연산에 대한 교환/결합 법칙 선언하기
fact(la.commutative, mul)
fact(la.commutative, add)
```

---

1 출간 시점 기준으로 설치 방법은 다음과 같다. 이렇게 소스 코드로 설치했다면 뒤에 나온 모든 예제 코드의 import 문장에서 logpy 대신 kanren으로 표기한다. – 옮긴이

```
$ git clone https://github.com/logpy/logpy
$ cd logpy
$ python3 setup.py install
```

```
fact(la.associative, mul)
fact(la.associative, add)
```

다음과 같이 변수도 정의한다.

```
# 변수 정의하기
a, b, c = var('a'), var('b'), var('c')
```

다음과 같이 표현식을 생각해보자.

```
expression_orig = 3 x (-2) + (1 + 2 x 3) x (-1)
```

이 표현식에 변수를 넣어 변형해보자. 첫 번째 표현식은 다음과 같다.

- *expression1 = (1 + 2 x a) x b + 3 x c*

두 번째 표현식은 다음과 같다.

- *expression2 = c x 3 + b x (2 x a + 1)*

세 번째 표현식은 다음과 같다.

- *expression3 = (((2 x a) x b) + b) + 3 x c*

자세히 살펴보면 세 표현식 모두 구조가 같다는 것을 알 수 있다. 예제 프로그램의 목표는 세 개의 표현식에 변수로 표현된 미지수를 구하는 것이다. 미지수에 해당하는 값은 세 개의 표현식을 원본 표현식(expression_orig)과 비교해서 일치하는 부분을 찾는 방식으로 구한다.

```
# 표현식 생성하기
expression_orig = (add, (mul, 3, -2), (mul, (add, 1, (mul, 2, 3)), -1))
expression1 = (add, (mul, (add, 1, (mul, 2, a)), b), (mul, 3, c))
expression2 = (add, (mul, c, 3), (mul, b, (add, (mul, 2, a), 1)))
expression3 = (add, (add, (mul, (mul, 2, a), b), b), (mul, 3, c))
```

각각의 표현식을 원본 표현식과 비교한다. 이 작업은 logpy에서 제공하는 run 메소드로 처리한다. run 메소드는 입력 인수^{argument}를 받아서 표현식을 계산한다. 첫 번째 인수는 값의 개수를, 두 번째 인수는 변수를, 세 번째 인수는 함수를 지정한다.

```
# 표현식 비교하기
print(run(0, (a, b, c), la.eq_assoccomm(expression1, expression_orig)))
print(run(0, (a, b, c), la.eq_assoccomm(expression2, expression_orig)))
print(run(0, (a, b, c), la.eq_assoccomm(expression3, expression_orig)))
```

전체 코드는 expression_matcher.py에서 볼 수 있다. 코드를 실행하면 터미널 화면에서 다음과 같은 결과를 볼 수 있다.

```
((3, -1, -2),)
((3, -1, -2),)
()
```

첫 번째와 두 번째 줄은 변수 a, b, c에 대한 값을 보여준다. 첫 번째와 두 번째 표현식은 원래 표현식과 일치했기 때문에 결과가 나왔지만, 세 번째 표현식은 아무런 값도 나오지 않았다. 수학적으로 보면 세 번째 표현식도 의미는 같지만, 구조가 다르기 때문에 일치하지 않는다는 결과가 나온 것이다. logpy의 패턴 비교 연산은 표현식의 구조에 대한 일치 여부만 판단한다.

소수 검사기

이번에는 주어진 숫자가 소수^{prime number}인지 검사하는 프로그램을 논리형 프로그래밍으로 작성해보자. 주어진 숫자 리스트에서 소수를 찾는 작업과 주어진 숫자가 소수인지 검사하는 기능은 logpy에서 제공하는 메소드로 구현한다.

파이썬 파일을 새로 만들고, 다음과 같이 패키지를 불러오는 문장을 작성한다.

```
import itertools as it
import logpy.core as lc²
from sympy.ntheory.generate import prime, isprime
```

데이터의 타입을 보고 주어진 숫자가 소수인지 검사하는 함수를 정의한다. 데이터가 숫자면 간단히 isprime()의 결과만 보면 된다. 데이터가 변수라면 시퀀스로 처리해야 한다. 참고로 conde 메소드는 논리 연산인 AND와 OR을 제공하는 목표 생성자goal constructor다. condeseq 메소드는 conde 메소드와 기능이 비슷하지만, 목표에 대한 범용 반복자generic iterator를 지원한다.

```
#  x의 원소 중에 소수가 있는지 검사하기
def check_prime(x):
    if lc.isvar(x):
        return lc.condeseq([(lc.eq, x, p)] for p in map(prime,
it.count(1)))
    else:
        return lc.success if isprime(x) else lc.fail
```

프로그램에서 사용할 변수 x를 선언한다.

```
#  변수 선언하기
x = lc.var()
```

여러 개의 숫자를 정의한 후 그중에 소수가 있는지 검사한다. 입력 인자로 지정한 숫자 리스트 중에 특정한 숫자가 있는지 확인하는 기능은 membero 메소드로 구현한다.

```
#  리스트에 소수가 있는지 검사하기
list_nums = (23, 4, 27, 17, 13, 10, 21, 29, 3, 32, 11, 19)
print('\nList of primes in the list:')
print(set(lc.run(0, x, (lc.membero, x, list_nums), (check_prime, x))))
```

이번에는 약간 변형해 소수 중에서 처음부터 일곱 개만 출력한다.

---

2 앞에서 logpy를 소스 코드로 설치했다면, 두 번째 문장 대신 다음과 같이 작성하고 뒤에 나오는 코드에서 lc. 부분을 삭제한다. 이 부분을 잘못 작성하면 EarlyGoalErrors가 발생할 수 있다. – 옮긴이

```
from kanren import *
from kanren.core import fail, eq, condeseq, success
```

```
# 처음부터 일곱 번째까지 소수 출력하기
print('\nList of first 7 prime numbers:')
print(lc.run(7, x, check_prime(x)))
```

전체 코드는 prime.py 파일에서 볼 수 있다. 코드를 실행하면 다음과 같은 결과를
볼 수 있다.

```
List of primes in the list:
{3, 11, 13, 17, 19, 23, 29}

List of first 7 prime numbers:
(2, 3, 5, 7, 11, 13, 17)
Friesty-Nam:ch06 nam$
```

결과가 정확하다는 것을 확인할 수 있다.

가계도 분석기

이제 논리형 프로그래밍에 대한 개념을 어느 정도 이해했으니, 좀 더 흥미로운 문제
를 해결하는 예를 살펴보자. 다음과 같은 가계도를 살펴보자.

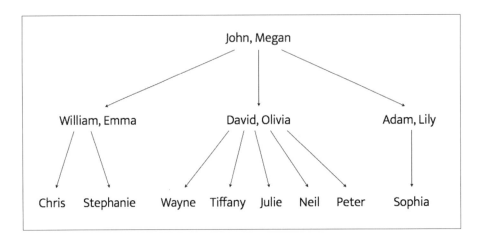

존과 메간 사이에는 윌리엄과 데이빗, 아담이라는 세 명의 아들이 있다. 그리고 윌
리엄의 아내는 엠마, 데이빗의 아내는 올리비아, 아담의 아내는 릴리다. 윌리엄과

엠마는 크리스와 스테파니라는 두 명의 자식이 있다. 데이빗과 올리비아 사이에는 웨인, 티파니, 줄리, 닐, 피터라는 다섯 명의 자식이 있다. 아담과 릴리 사이에는 소피아라는 한 명의 자식만 있다. 이러한 정보를 토대로 웨인의 할아버지의 이름이나 소피아의 삼촌의 이름을 알려주는 프로그램을 작성할 수 있다. 또한 조부모나 삼촌의 관계에 대해 명시적으로 입력하지 않고도 논리형 프로그래밍만으로 그 관계를 유추할 수 있다.

앞의 그림에 나온 가계도는 예제 묶음에 있는 relationships.json 파일에 정의돼 있다. 파일의 내용은 다음과 같이 구성돼 있다.

```json
{
    "father":
    [
        {"John": "William"},
        {"John": "David"},
        {"John": "Adam"},
        {"William": "Chris"},
        {"William": "Stephanie"},
        {"David": "Wayne"},
        {"David": "Tiffany"},
        {"David": "Julie"},
        {"David": "Neil"},
        {"David": "Peter"},
        {"Adam": "Sophie"}
    ],
    "mother":
    [
        {"Megan": "William"},
        {"Megan": "David"},
        {"Megan": "Adam"},
        {"Emma": "Chris"},
        {"Emma": "Stephanie"},
        {"Olivia": "Wayne"},
        {"Olivia": "Tiffany"},
        {"Olivia": "Julie"},
        {"Olivia": "Neil"},
```

```
                {"Olivia": "Peter"},
                {"Lily": "Sophie"}
        ]
}
```

json 파일의 내용은 간단하다. 아버지와 어머니 관계만 표현하고 있다. 파일에는 남편과 아내, 조부모, 삼촌 관계는 명시하지 않았다.

파이썬 파일을 새로 만들고 다음과 같이 패키지를 불러오는 문장을 작성한다.

```
import json
from logpy import Relation, facts, run, conde, var, eq
```

x가 y의 부모인지 검사하는 함수를 정의한다. 이때 x가 y의 부모면, x는 아버지거나 어머니라는 논리를 적용한다. '아버지(father)'와 '어머니(mother)'에 대해서는 앞에서 나열한 사실 정보를 통해 이미 정의했다.

```
#  x가 y의 부모인지 검사하기
def parent(x, y):
    return conde([father(x, y)], [mother(x, y)])
```

x가 y의 조부모인지 검사하는 함수를 정의한다. 이때 x가 y의 조부모면, x의 자식은 y의 부모라는 논리를 적용한다.

```
#  x가 y의 조부모인지 검사하기
def grandparent(x, y):
    temp = var()
    return conde((parent(x, temp), parent(temp, y)))
```

x가 y의 형제 자매인지 확인하는 함수를 정의한다. 이번에는 x가 y의 형제 또는 자매면, x와 y의 부모는 같다는 논리를 적용한다. 여기서 약간 수정할 필요가 있다. x의 형제 자매를 나열할 때 x도 결과에 포함된다. x 역시 이 조건을 만족하기 때문이다. 따라서 결과를 출력할 때, 리스트에서 중복돼 나온 x를 삭제해야 한다. 이 부분은 메인 함수에서 처리한다.

```
# a와 b가 형제 자매 관계인지 확인하기
def sibling(x, y):
    temp = var()
    return conde((parent(temp, x), parent(temp, y)))
```

x와 y의 삼촌인지 확인하는 함수를 정의한다. 이때 x와 y의 삼촌이면 x의 조부모는 y의 부모라는 논리를 적용한다. 이번에도 결과를 출력할 때 약간 수정해야 한다. x의 삼촌들을 모두 나열하면, x의 아버지도 이 조건을 만족하기 때문에 결과에 포함된다. 따라서 결과를 화면에 출력할 때 결과 리스트에서 x의 아버지를 삭제한다. 이부분은 메인 함수에서 처리한다.

```
# x가 y의 삼촌인지 확인하기
def uncle(x, y):
    temp = var()
    return conde((father(temp, x), grandparent(temp, y)))
```

메인 함수를 정의한다. 먼저 아버지(father)와 어머니(mother)에 대한 관계를 초기화한다.

```
if __name__=='__main__':
    father = Relation()
    mother = Relation()
```

relationships.json 파일에서 데이터를 가져온다.

```
with open('relationships.json') as f:
    d = json.loads(f.read())
```

데이터를 읽어서 사실 베이스fact base에 추가한다.

```
for item in d['father']:
    facts(father, (list(item.keys())[0], list(item.values())[0]))
```

```
for item in d['mother']:
    facts(mother, (list(item.keys())[0], list(item.values())[0]))
```

변수 x를 정의한다.

```
x = var()
```

이제 몇 가지 던진 질문에 해결기가 제대로 답하는지 확인해보자. 먼저 존의 자식의 이름을 물어보자.

```
# 존의 자식
name = 'John'
output = run(0, x, father(name, x))
print("\nList of " + name + "'s children:")
for item in output:
    print(item)
```

이번에는 윌리엄의 어머니를 물어본다.

```
# 윌리엄의 어머니
name = 'William'
output = run(0, x, mother(x, name))[0]
print("\n" + name + "'s mother:\n" + output)
```

아담의 부모도 물어본다.

```
# 아담의 부모
name = 'Adam'
output = run(0, x, parent(x, name))
print("\nList of " + name + "'s parents:")
for item in output:
    print(item)
```

웨인의 조부모도 물어본다.

```
# 웨인의 조부모
name = 'Wayne'
```

```
output = run(0, x, grandparent(x, name))
print("\nList of " + name + "'s grandparents:")
for item in output:
    print(item)
```

메간의 손주도 물어본다.

```
# 메간의 손주
name = 'Megan'
output = run(0, x, grandparent(name, x))
print("\nList of " + name + "'s grandchildren:")
for item in output:
    print(item)
```

데이빗의 형제 자매도 물어본다.

```
# 데이빗의 형제 자매
name = 'David'
output = run(0, x, sibling(x, name))
siblings = [x for x in output if x != name]
print("\nList of " + name + "'s siblings:")
for item in siblings:
    print(item)
```

티파니의 삼촌도 물어본다.

```
# 티파니의 삼촌
name = 'Tiffany'
name_father = run(0, x, father(x, name))[0]
output = run(0, x, uncle(x, name))
output = [x for x in output if x != name_father]
print("\nList of " + name + "'s uncles:")
for item in output:
    print(item)
```

가계도에 있는 배우자를 모두 출력한다.

```
# 모든 배우자
```

```
a, b, c = var(), var(), var()
output = run(0, (a, b), (father, a, c), (mother, b, c))
print("\nList of all spouses:")
for item in output:
    print('Husband:', item[0], '<==> Wife:', item[1])
```

전체 코드는 family.py 파일에서 볼 수 있다. 코드를 실행하면 터미널 화면에 다음과 같이 결과가 나타난다. 결과의 앞부분 절반은 다음과 같다.

나머지 절반은 다음과 같다.

```
List of Megan's grandchildren:
Wayne
Stephanie
Sophia
Peter
Chris
Tiffany
Julie
Neil

List of David's siblings:
Adam
William

List of Tiffany's uncles:
William
Adam

List of all spouses:
Husband: David <==> Wife: Olivia
Husband: John <==> Wife: Megan
Husband: Adam <==> Wife: Lily
Husband: William <==> Wife: Emma
Friesty-Nam:ch06 nam$
```

앞에서 본 가계도 그림과 비교해보면 결과가 정확하다는 것을 확인할 수 있다.

지도 분석기

이번에는 논리형 프로그래밍으로 지도를 분석하는 프로그램을 만들어보자. 미국의 여러 주의 위치에 대한 정보를 명시한 후 주어진 사실과 규칙을 토대로 여러 가지 질문에 답하는 예제를 만들어본다. 지도는 다음과 같다.

기반 정보는 adjacent_states.txt와 coastal_states.txt 파일에서 가져온다. 이 파일에는 서로 붙어있는 주와 해안에 인접한 주에 대한 정보가 자세히 담겨 있다. 이러한 사실을 토대로 의미 있는 정보를 도출한다. 예를 들어 오클라호마 주와 텍사스 주가 서로 붙어있는지, 해안에 인접한 주 중에서 뉴 멕시코와 루이지애나에 동시에 인접한 주는 어디인지 등을 물어본다.

파이썬 파일을 새로 만들고, 다음과 같이 패키지를 불러오는 문장을 작성한다.

```
from logpy import run, fact, eq, Relation, var
```

관계를 초기화한다.

```
adjacent = Relation()
coastal = Relation()
```

데이터를 가져올 입력 파일을 정의한다.

```
file_coastal = 'coastal_states.txt'
file_adjacent = 'adjacent_states.txt'
```

그리고 나서 데이터를 가져온다.

```
# 해안에 인접한 주에 대한 정보가 담긴 파일 읽기
with open(file_coastal, 'r') as f:
    line = f.read()
    coastal_states = line.split(',')
```

가져온 정보를 사실 베이스에 추가한다.

```
# 가져온 정보를 사실 베이스에 추가하기
for state in coastal_states:
    fact(coastal, state)
```

서로 붙어있는 주에 대한 정보를 가져온다.

```
# 서로 붙어있는 주에 대한 정보가 담긴 파일 읽기
with open(file_adjacent, 'r') as f:
    adjlist = [line.strip().split(',') for line in f if line and line[0].
isalpha()]
```

파일에서 가져온 정보를 사실 베이스에 추가한다.

```
# 가져온 정보를 사실 베이스에 추가하기
for L in adjlist:
    head, tail = L[0], L[1:]
    for state in tail:
        fact(adjacent, head, state)
```

변수 x와 y를 초기화한다.

```
# 변수 초기화하기
x = var()
y = var()
```

이제 몇 가지 질문을 던져보자. 먼저 네바다가 루이지애나와 붙어있는지 물어본다.

```
# 네바다가 루이지애나와 붙어있는가?
output = run(0, x, adjacent('Nevada', 'Louisiana'))
print('\nIs Nevada adjacent to Louisiana?:')
print('Yes' if len(output) else 'No')
```

오리건 주와 인접한 주를 모두 출력한다.

```
# 오리건 주와 인접한 주 출력하기
output = run(0, x, adjacent('Oregon', x))
print('\nList of states adjacent to Oregon:')
for item in output:
    print(item)
```

해안에 인접한 주 중에서 미시시피와 붙어있는 주를 모두 출력한다.

```
# 해안에 인접한 주 중에서 미시시피와 붙어있는 모든 주 출력
output = run(0, x, adjacent('Mississippi', x), coastal(x))
print('\nList of coastal states adjacent to Mississippi:')
for item in output:
    print(item)
```

해안에 인접한 주와 경계를 마주하고 있는 주 중에서 일곱 개만 출력한다.

```
# 해안에 인접한 주와 경계를 마주한 일곱 개 주 출력하기
n = 7
output = run(n, x, coastal(y), adjacent(x, y))
print('\nList of ' + str(n) + ' states that border a coastal state:')
for item in output:
    print(item)
```

아칸소와 켄터키에 동시에 인접한 주를 모두 출력한다.

```
# 입력한 두 주와 동시에 인접한 주 모두 출력하기
output = run(0, x, adjacent('Arkansas', x), adjacent('Kentucky', x))
print('\nList of states that are adjacent to Arkansas and Kentucky:')
for item in output:
    print(item)
```

전체 코드는 states.py 파일에서 볼 수 있다. 코드를 실행하면 다음과 같은 결과를 확인할 수 있다.

```
Is Nevada adjacent to Louisiana?:
No

List of states adjacent to Oregon:
Idaho
Nevada
California
Washington

List of coastal states adjacent to Mississippi:
Alabama
Louisiana

List of 7 states that border a coastal state:
Rhode Island
Pennsylvania
Vermont
Ohio
Mississippi
Idaho
Massachusetts

List of states that are adjacent to Arkansas and Kentucky:
Missouri
Tennessee
Friesty-Nam:ch06 nam$
```

앞에서 본 미국 지도와 비교해보면 결과가 정확하다는 것을 확인할 수 있다. 이 프로그램에 다른 질문도 던져보고 제대로 답변하는지 확인해본다.

퍼즐 해결기

논리형 프로그래밍에 대한 흥미로운 예로 퍼즐을 푸는 프로그램이 있다. 퍼즐의 규칙과 조건을 정의하면 프로그램이 해답을 찾는다. 이 절에서는 네 사람에 대한 정보 중 일부분만 입력한 후 질문에 대한 답을 구하는 프로그램을 만들어보자.

예제 프로그램에서 퍼즐은 다음과 같이 정의한다.

- 스티브는 파란색 차를 갖고 있다.
- 고양이를 키우는 사람은 캐나다에 산다.
- 매튜는 미국에 산다.
- 검은색 차를 가진 사람은 오스트레일리아에 산다.
- 잭은 고양이를 키운다.
- 알프레드는 오스트레일리아에 산다.
- 개를 키우는 사람은 프랑스에 산다.
- 토끼를 키우는 사람은 누구인가?

이 프로그램의 목표는 토끼를 키우는 사람을 찾는 것이다. 네 사람에 대한 전체 정보는 다음과 같다.

이름	애완동물	차 색상	거주 국가
스티브	개	파란색	프랑스
잭	고양이	초록색	캐나다
매튜	토끼	노란색	미국
알프레드	앵무새	검은색	오스트레일리아

파이썬 파일을 새로 만들고, 다음과 같이 패키지를 불러오는 문장을 작성한다.

```
from logpy import *
from logpy.core import lall
```

people 변수를 선언한다.

```
# 변수 선언
people = var()
```

`lall`을 이용해 필요한 규칙을 모두 정의한다. 첫 번째 규칙으로 사람은 정확히 네 명이라고 정의한다.

```
# 규칙 정의하기
rules = lall(
    # 사람 수는 4
    (eq, (var(), var(), var(), var()), people),
```

스티브란 사람은 파란색 차를 가지고 있다.

```
# 스티브의 차는 파란색
(membero, ('Steve', var(), 'blue', var()), people),
```

고양이를 키우는 사람은 캐나다에 산다.

```
# 고양이를 키우는 사람은 캐나다에 산다.
(membero, (var(), 'cat', var(), 'Canada'), people),
```

매튜라는 사람은 미국에 산다.

```
# 매튜는 미국에 산다.
(membero, ('Matthew', var(), var(), 'USA'), people),
```

검은색 차를 가지고 있는 사람은 오스트레일리아에 산다.

```
# 검은색 차를 가진 사람은 오스트레일리아에 산다.
(membero, (var(), var(), 'black', 'Austrailia'), people),
```

잭이라는 사람은 고양이를 키운다.

```
# 잭은 고양이를 키운다.
(membero, ('Jack', 'cat', var(), var()), people),
```

알프레드라는 사람은 오스트레일리아에 산다.

```
# 알프레드는 오스트레일리아에 산다.
(membero, ('Alfred', var(), var(), 'Austrailia'), people),
```

개를 키우는 사람은 프랑스에 산다.

```
# 개를 키우는 사람은 프랑스에 산다.
(membero, (var(), 'dog', var(), 'France'), people),
```

이 그룹에 속한 사람 중 한 명은 토끼를 키운다. 그 사람은 누구일까?

```
    # 토끼를 키우는 사람은?
    (membero, (var(), 'rabbit', var(), var()), people)
)
```

지금까지 정의한 규칙을 이용해 문제를 푼다.

```
# 해결기 실행
solutions = run(0, people, rules)
```

나온 결과에서 원하는 답을 뽑아낸다.

```
# 답 구하기
output = [house for house in solutions[0] if 'rabbit' in house][0][0]
```

해결기가 도출한 결과를 담은 행렬 전체를 화면에 출력한다.

```
# 결과 출력하기
print('\n' + output + ' is the owner of the rabbit')
print('\nHere are all the details:')
attribs = ['Name', 'Pet', 'Color', 'Country']
print('\n' + '\t\t'.join(attribs))
print('=' * 57)
for item in solutions[0]:
    print('')
    print('\t\t'.join([str(x) for x in item]))
```

전체 코드는 puzzle.py 파일에서 볼 수 있다. 코드를 실행하면 다음과 같은 결과를 볼 수 있다.

```
Matthew is the owner of the rabbit

Here are all the details:

Name            Pet             Color           Country
=========================================================
Steve           dog             blue            France

Jack            cat             ~_9             Canada

Matthew         rabbit          ~_11            USA

Alfred          ~_13            black           Austrailia
Friesty-Nam:ch06 nam$ []
```

그림을 보면 해결기가 구한 값이 모두 나와 있다. 그중 숫자로 표시된 부분은 여전히 미지수 상태다. 이렇게 정보가 완전하지 않더라도 주어진 질문에 대한 답을 구할수 있다. 물론 질문에 따라서는 규칙을 더 추가해야 답을 구할 수 있다. 이 프로그램을 통해 모든 정보가 주어지지 않은 상태에서도 답을 구할 수 있다는 것을 알 수 있다. 다양한 시나리오에 대해 예제를 변형해보길 바란다.

요약

이 장에서는 파이썬으로 논리형 프로그래밍을 하는 방법을 살펴봤다. 프로그램을 작성하기 위한 여러 가지 프로그래밍 패러다임도 간략히 소개했다. 그리고 논리형 프로그래밍을 통해 프로그램을 작성하는 방법에 대해 구체적으로 살펴봤다. 논리형 프로그래밍의 다양한 구성 요소를 살펴보고, 논리 영역에 관련된 문제 해결 방법도 알아봤다.

마지막으로 몇 가지 흥미로운 문제를 푸는 파이썬 예제도 작성해봤다. 다음 장에서는 휴리스틱 탐색 기법을 살펴보고, 이러한 알고리즘으로 현실 문제를 푸는 방법을 알아보자.

7

휴리스틱 탐색 기법

이 장에서는 휴리스틱 탐색 기법을 알아본다. 휴리스틱 탐색은 해답을 구하기 위해 솔루션 공간을 탐색할 때 사용하는 기법이며, 탐색 알고리즘의 실행 과정을 휴리스틱에 따라 결정한다. 기존 탐색 알고리즘만으로 처리하면 해답을 구하기까지 굉장히 오래 걸릴 작업에 휴리스틱을 적용함으로써 처리 속도를 향상시킬 수 있다.

이 장에서 다루는 주제는 다음과 같다.

* 휴리스틱 탐색의 개념
* 무정보 탐색 vs. 정보 탐색
* 제약 조건 만족 문제CSP
* 지역 탐색 기법
* 시뮬레이티드 어닐링SA 기법
* 그리디 탐색으로 문자열을 찾는 방법
* 제약 조건이 주어진 문제를 푸는 방법
* 영역 색칠 문제 풀기
* 8-퍼즐 풀기
* 미로 찾기

휴리스틱 탐색

데이터를 탐색하고 구성하는 작업은 인공지능에서 굉장히 중요하게 다루는 주제 중 하나다. 상당수의 문제들은 해답 영역에서 정답을 탐색하는 방식으로 해결한다. 이때 주어진 문제에 대해 여러 가지 해결 방법이 존재할 수 있으며, 그중 어느 것이 정확한지 모를 수도 있다. 이러한 해결 방법들을 효율적으로 구성할 수 있다면 해답을 탐색하는 작업을 빠르고 효과적으로 수행할 수 있다.

때로는 주어진 문제를 풀기 위해 선택할 수 있는 사항이 너무 많아서 하나의 정답을 구하는 알고리즘을 만들 수 없는 경우가 있다. 또한 모든 해결 방안을 나열할 수 있더라도 각각을 하나씩 검토하는 것이 현실적으로 불가능할 수도 있다. 이럴 때는 경험칙에 따라 명백히 잘못된 방안을 제거해 탐색 공간을 좁히는 것이 좋다. 이때 사용하는 경험칙이 바로 휴리스틱heuristic이다. 그리고 휴리스틱을 이용한 탐색을 휴리스틱 탐색heuristic search이라고 부른다.

휴리스틱 기법은 원칙대로 처리하면 굉장히 오래 걸리는 작업을 빠르게 처리할 때 매우 유용하다. 휴리스틱은 완벽한 해결책을 도출하지 않지만, 다양한 해결 방안에 대해 우선순위를 정할 수 있기 때문에 현실적으로 뛰어난 해결책을 좀 더 빠르게 찾을 수 있다.

무정보 탐색 vs. 정보 탐색

전산학을 공부한 적이 있다면, DFSDepth First Search(깊이 우선 탐색), BFSBreadth First Search(너비 우선 탐색), UCSUniform Cost Search(균일 비용 탐색)와 같은 다양한 탐색 기법을 들어본 적이 있을 것이다. 이러한 탐색 기법은 그래프 문제를 다룰 때 흔히 사용되는 대표적인 무정보 탐색uninformed search 기법이다. 무정보 탐색은 경로를 선택할 때 사전에 주어진 정보나 규칙을 이용하지 않으며, 모든 경로를 따져보고 적합한 것을 추려낸 후 최적의 경로를 도출한다.

이와 달리 휴리스틱 탐색은 정보 탐색^{informed search}에 해당한다. 사전에 주어진 정보나 규칙을 이용해 불필요한 경로를 걸러내기 때문이다. 무정보 탐색은 목표를 정하지 않고 탐색한다. 탐색 과정에서 우연히 목표를 만나기 전까지 자신이 무슨 일을 하는지 모른다.

그래프 문제를 다룰 때 휴리스틱을 이용하면 탐색 작업의 수행 방식을 제어할 수 있다. 예를 들어, 모든 노드마다 현재 노드에서 목표까지 도달하는 경로에 대한 비용을 알려주는 휴리스틱 함수를 정의한 후 이 함수를 통해 탐색 알고리즘이 목표 달성을 위해 올바른 선택을 하는 데 필요한 정보를 제공한다. 따라서 알고리즘은 다음 단계로 진행할 노드 중에서 어느 것이 목표 달성에 유리한지 판단할 수 있다.

휴리스틱 탐색 기법은 최적의 솔루션을 구하는 것이 아니다. 모든 경우를 완벽하게 탐색하지 않고, 휴리스틱에 따라 결정된 범위만 탐색하기 때문이다. 그 대신 괜찮은 솔루션을 빠른 시간 안에 찾을 수 있다. 현실적으로 합리적인 방법인 셈이다. 현실에서 존재하는 문제를 다룰 때는 해답을 빠르고 효과적으로 찾아야 한다. 휴리스틱 탐색은 완벽하진 않지만 적절한 솔루션을 빠르게 찾음으로써 효율적인 해결 방안을 제공한다. 휴리스틱 탐색 기법은 기존 탐색 기법으로는 답을 구하는 데 너무 오래 걸리거나 그런 방법이 아예 존재하지 않는 문제를 해결하는 데 적합하다.

제약 조건 만족 문제

제약 조건이 주어진 상황에서 문제를 해결해야 하는 경우가 많다. 여기서 제약 조건이란 문제를 해결하는 과정에서 어기지 않아야 할 조건이나 규칙을 말한다. 이러한 조건이 주어진 문제를 제약 조건 만족 문제^{CSP, Constraint Satisfaction Problem}라 부른다.

CSP는 본질적으로 수학 문제로서, 만족해야 할 제약 조건이 주어진 변수들의 집합으로 정의한다. 최종 솔루션을 구했을 때 변수의 상태는 모든 제약 조건을 만족해야 한다. 이 기법은 문제에서 다루는 대상을 변수가 만족해야 할 고정된 수의 제약 조건 집합으로 표현한다. 그리고 제약 조건 만족 기법을 통해 이러한 변수에 해당하는 값을 구한다.

CSP 문제를 적절한 시간 안에 풀기 위해서는 휴리스틱과 여러 탐색 기법을 조합해야 한다. 이 절에서는 유한 영역에 대한 문제를 제약 조건 만족 기법constraint satisfaction technique으로 푸는 방법을 소개한다. 여기서 유한 영역finite domain이란 원소의 수가 유한한 영역을 의미한다. 이처럼 영역의 개수가 제한돼 있기 때문에 탐색 기법을 통해 해답을 구할 수 있다.

지역 탐색 기법

CSP를 푸는 방법 중 하나로 지역(국소) 탐색local search 기법이 있다. 이 기법은 모든 제약 조건을 만족할 때까지 변수의 값을 계속 업데이트한다. 이 작업은 최종 목표를 달성할 때까지 계속 반복한다. 지역 탐색 알고리즘은 목표를 향해 한 단계씩 수행할 때마다 값을 수정한다. 솔루션 공간의 관점에서 보면 업데이트한 값은 이전 값보다 목표에 더 가깝다. 그래서 지역 탐색이라 부른다.

지역 탐색 알고리즘은 일종의 휴리스틱 탐색 알고리즘이다. 이 알고리즘은 매번 값을 업데이트할 때마다 특정한 함수를 통해 품질을 측정한다. 예를 들어 업데이트한 결과로 위반한 제약 조건의 수를 세거나, 목표에 가까워진 정도를 측정한다. 이렇게 측정한 값을 할당 비용cost of assignment이라 부른다. 지역 탐색의 목표는 각 단계마다 최소 비용으로 업데이트하는 것이다.

지역 탐색 기법 중에서 유명한 것으로 언덕 오르기Hill climbing(힐 클라이밍) 기법이 있다. 이 기법은 현재 상태와 목표 상태 사이의 거리를 측정하는 휴리스틱 함수를 사용하며, 처음 시작할 때 현재 상태가 최종 목표인지 확인한다. 그렇다면 멈추고, 그렇지 않으면 업데이트 값을 선택해 새로운 상태를 만든다. 생성한 상태가 현재 상태보다 목표에 가까우면 새로 만든 상태를 현재 상태로 설정한다. 그렇지 않다면 무시하고 다른 업데이트 값을 찾는다. 마치 정상에 도달할 때까지 계속 언덕을 오르는 것과 비슷해서 언덕 오르기라 부른다.

시뮬레이티드 어닐링

시뮬레이티드 어닐링^{SA, simulated annealing}(풀림 모사) 기법은 일종의 지역 탐색 기법이
자 확률 탐색^{stochastic search} 기법이다. 확률 탐색 기법은 로보틱스, 화학, 제조, 의학,
경제학을 비롯한 다양한 분야에서 널리 사용되는 기법이다. 확률 탐색 기법을 이용
하면 로봇 설계를 최적화하거나, 공장 자동 제어를 위한 실시간 제어 전략을 결정하
거나, 교통량을 예측하는 작업을 수행할 수 있다. 확률 탐색 알고리즘은 현실에 존
재하는 다양한 문제를 해결하는 데 활용된다.

SA 기법은 언덕 오르기 기법을 변형한 것이다. 언덕 오르기 기법의 단점 중 하나는
원래 목표가 아닌 작은 언덕에 도달해버릴 수 있다는 점이다. 다시 말해 로컬 맥시
마^{local maxima}(국소적 최대점)에 빠져버릴 수 있다. 이러한 문제를 피하려면 언덕 오르
기 과정에서 결정을 내릴 때마다 항상 전체 공간을 확인해야 한다. 따라서 시작 단
계부터 전체 탐색 공간이 어떻게 생겼는지 살펴봐야 한다. 그러면 로컬 맥시마에 빠
지는 현상을 방지하는 데 도움이 된다.

SA 기법에서는 최댓값을 구하는 문제를 최소화 문제로 변환한다. 다시 말해 언덕을
오르는 것이 아니라, 골짜기를 따라 내려가는 방식으로 처리한다. 방향만 다를 뿐,
기본 원리는 비슷하다. 이때 탐색 방향은 목적 함수^{objective function}로 결정한다. 이 함
수가 바로 휴리스틱 역할을 한다.

 시뮬레이티드 어닐링이란 명칭은 야금 과정(metallurgical)에서 금속 물질을 가공할
때 먼저 뜨겁게 달궈 금속이 최적의 에너지 상태에 도달할 때까지 냉각하는 어닐링(풀
림) 작업에 빗댄 표현이다.

이때 골짜기를 내려가는(시스템을 냉각하는) 속도를 어닐링 스케줄^{annealing schedule}이라
부른다. 이 속도는 최종 결과에 직접적인 영향을 미치기 때문에 굉장히 중요하다.
실제로 금속을 다룰 때 너무 빠르게 냉각시키면 국소적 최대점에 빠지게 된다. 마치
뜨겁게 가열한 금속을 갑자기 찬물에 담그면 순식간에 준최적의^{sub-optimal} 국소적 최
대점^{local maximum}에 도달하는 것과 같다.

반면 냉각 속도를 조절해 금속을 서서히 냉각시키면 최적 상태에 도달할 수 있다. 이렇게 하면 작은 언덕에 빠른 속도로 도달해버릴 가능성을 줄일 수 있다. 냉각 속도가 느리기 때문에 최적의 상태를 선택할 시간도 충분히 확보할 수 있다. SA 기법은 이러한 방식에 따라 데이터를 다룬다.

먼저 현재 상태가 목표점인지 확인한다. 그렇다면 멈추고, 아니라면 현재 상태에 최적의 상태 변수를 설정한다. 그러고 나서 골짜기를 내려갈 속도를 제어하는 어닐링 스케줄을 정의한다. 현재 상태와 새 상태의 차이를 계산한 후 새로운 상태가 현재 상태보다 낮으면 이를 현재 상태로 설정하고 미리 정의된 확률 값을 할당한다. 이 값은 난수 생성기로 생성하며 임계 값에 따라 판단한다. 값이 임계 값보다 높으면, 현재 상태를 최적의 상태로 설정한다. 이런 식으로 노드의 개수에 따라 어닐링 스케줄을 업데이트한다. 목표에 도달할 때까지 이 작업을 반복한다.

그리디 탐색 기법으로 문자열 생성하기

그리디 탐색greedy search이란 각 단계마다 지역적으로 최적의 선택을 하는 방식으로 전역적으로 최적의 답을 구하는 알고리즘 패러다임이다.[1] 하지만 그리디 알고리즘은 전역적으로 최적의 해를 구하지 못하는 경우가 많다. 대신 빠른 시간에 근사치를 구할 수 있다는 장점이 있다. 이때 전역적으로 최적인 해답에 최대한 가까운 근사치를 구하는 것을 목표로 한다.

그리디 알고리즘은 탐색 과정에서 발견한 새로운 정보에 따라 해답을 개선하지 않는다. 예를 들어, 최적의 여행 경로를 계획하는 경우를 생각해보자. 그리디 알고리즘에 따라 경로를 계획하면, 각각의 구간을 통과하는 시간은 빠르지만 전체 경로를 거치는 시간은 오히려 늘어날 수 있다. 또한 단기적으로는 빨라 보이지만 결국은 교통 정체에 빠질 수도 있다. 그리디 알고리즘은 다음 단계만 생각할 뿐, 전체 경로에 대한 최적의 해를 구하지는 않기 때문이다.

---

1 그리디를 원래 단어 뜻대로 '탐욕(탐욕스런/탐욕적인)'이라고 표현하는 경우가 많지만, 기법의 명칭임을 강조하기 위해 '그리디'로 표현했다. – 옮긴이

그럼 지금부터 그리디 탐색 기법으로 문제를 해결하는 방법을 구체적으로 살펴보자. 입력된 문자열을 그리디 탐색으로 찾아내는 예제를 만들어보자. 솔루션 공간을 탐색하고 솔루션에 이르는 경로를 생성하는 작업을 그리디 알고리즘으로 처리한다.

예제는 simpleai라는 패키지로 구현한다. 이 패키지는 휴리스틱 탐색 기법에 관련된 여러 가지 유용한 기능을 제공한다. 코드는 https://github.com/simpleai-team/simpleai에서 받을 수 있다. 이 코드를 파이썬 3에서 사용하려면 약간 수정해야 한다. 이 책의 예제 묶음을 보면 simpleai.zip 파일이 있다. 이 파일은 원본 simpleai 패키지를 파이썬 3에 맞게 수정한 것이다. 코드를 작성하기 전에 먼저 simpleai라는 폴더에 압축을 풀고, 코드에서 이 패키지를 사용할 수 있도록 예제 코드가 있는 폴더로 옮긴다.

파이썬 파일을 새로 만들고, 다음과 같이 패키지를 불러오는 문장을 작성한다.

```
import argparse
import simpleai.search as ss
```

입력 인수를 파싱하는 함수를 정의한다.

```
def build_arg_parser():
    parser = argparse.ArgumentParser(description='Creates the input\
            string using the greedy algorithm')
    parser.add_argument("--input-string", dest="input_string",
            required=True, help="Input string")
    parser.add_argument("--initial-state", dest="initial_state",
            required=False,
            default='', help="Starting point for the search")
    return parser
```

문제 해결에 필요한 여러 가지 메소드를 담은 클래스를 정의한다. 이 클래스는 simpleai에서 제공하는 SearchProblem 클래스를 상속하는 방식으로 정의한다. 몇 가지 메소드만 예제에 맞게 오버라이드하면 된다. 먼저 예제에서 생성할 목표 문자열을 정의하는 set_target 메소드를 정의한다.

```
class CustomProblem(ss.SearchProblem):
    def set_target(self, target_string):
        self.target_string = target_string
```

SearchProblem에서 제공하는 actions 메소드도 예제에 맞게 오버라이드한다. 이 메소드를 통해 목표에 도달하기 위해 수행할 바람직한 동작을 선택한다. 현재 문자열의 길이가 목표 문자열의 길이보다 짧으면, 선택 가능한 알파벳 후보 리스트를 반환한다. 반대로 현재 문자열이 더 길면 공백 문자열을 반환한다.

```
# 현재 상태를 확인하고 적절한 액션 취하기
def actions(self, cur_state):
    if len(cur_state) < len(self.target_string):
        alphabets = 'abcdefghijklmnopqrstuvwxyz'
        return list(alphabets + ' ' + alphabets.upper())
    else:
        return []
```

SearchProblem의 result 메소드도 오버라이드한다. 다음과 같이 현재 문자열과 수행할 액션(action) 값을 결합한 결과를 반환하도록 작성한다.

```
# cur_state와 action 문자열을 결합해 결과 만들기
def result(self, cur_state, action):
    return cur_state + action
```

목표를 달성했는지 확인하도록 SearchProblem의 is_goal 메소드도 오버라이드한다.

```
# 목표에 도달했는지 확인하기
def is_goal(self, cur_state):
    return cur_state == self.target_string
```

예제에 맞는 휴리스틱을 정의하도록 SearchProblem에서 제공하는 heuristic 메소드도 오버라이드한다. 여기서는 목표와의 거리를 계산한 값을 목표에 도달하기 위한 휴리스틱으로 사용한다.

```
# 예제에서 사용할 휴리스틱 정의하기
def heuristic(self, cur_state):
    # 현재 문자열과 목표 문자열 비교하기
    dist = sum([1 if cur_state[i] != self.target_string[i] else 0
                for i in range(len(cur_state))])

    # 두 문자열의 길이 차이 구하기
    diff = len(self.target_string) - len(cur_state)

    return dist + diff
```

메인 함수를 정의한다. 먼저 입력 전달 인자를 파싱하는 문장을 작성한다.

```
if __name__=='__main__':
    args = build_arg_parser().parse_args()
```

CustomProblem 오브젝트를 초기화한다.

```
# 오브젝트 초기화
problem = CustomProblem()
```

시작점과 목표 문자열을 설정한다.

```
# 목표 문자열과 초기 상태 설정하기
problem.set_target(args.input_string)
problem.initial_state = args.initial_state
```

문제를 푼다.

```
# 문제 풀기
output = ss.greedy(problem)
```

목표 문자열을 생성하기까지 거친 경로를 화면에 출력한다.

```
print('\nTarget string:', args.input_string)
print('\nPath to the solution:')
for item in output.path():
    print(item)
```

전체 코드는 greedy_search.py 파일에서 볼 수 있다. 초기 상태를 공백으로 지정해 코드를 실행한다.

```
$ python3 greedy_search.py --input-string 'Artificial Intelligence'
--initial-state ''
```

그러면 다음과 같은 결과를 볼 수 있다.

```
Target string: Artificial Intelligence

Path to the solution:
(None, '')
('A', 'A')
('r', 'Ar')
('t', 'Art')
('i', 'Arti')
('f', 'Artif')
('i', 'Artifi')
('c', 'Artific')
('i', 'Artifici')
('a', 'Artificia')
('l', 'Artificial')
(' ', 'Artificial ')
('I', 'Artificial I')
('n', 'Artificial In')
('t', 'Artificial Int')
('e', 'Artificial Inte')
('l', 'Artificial Intel')
('l', 'Artificial Intell')
('i', 'Artificial Intelli')
('g', 'Artificial Intellig')
('e', 'Artificial Intellige')
('n', 'Artificial Intelligen')
('c', 'Artificial Intelligenc')
('e', 'Artificial Intelligence')
Friesty-Nam:ch07 nam$
```

이번에는 초기 상태를 공백이 아닌 문자열로 지정하고 코드를 실행한다.

```
$ python3 greedy_search.py --input-string 'Artificial Intelligence with
Python' --initial-state 'Artificial Inte'
```

그러면 다음과 같은 결과를 볼 수 있다.

```
Target string: Artificial Intelligence with Python

Path to the solution:
(None, 'Artificial Inte')
('l', 'Artificial Intel')
('l', 'Artificial Intell')
('i', 'Artificial Intelli')
('g', 'Artificial Intellig')
('e', 'Artificial Intellige')
('n', 'Artificial Intelligen')
('c', 'Artificial Intelligenc')
('e', 'Artificial Intelligence')
(' ', 'Artificial Intelligence ')
('w', 'Artificial Intelligence w')
('i', 'Artificial Intelligence wi')
('t', 'Artificial Intelligence wit')
('h', 'Artificial Intelligence with')
(' ', 'Artificial Intelligence with ')
('P', 'Artificial Intelligence with P')
('y', 'Artificial Intelligence with Py')
('t', 'Artificial Intelligence with Pyt')
('h', 'Artificial Intelligence with Pyth')
('o', 'Artificial Intelligence with Pytho')
('n', 'Artificial Intelligence with Python')
Friesty-Nam:ch07 nam$ []
```

제약 조건 만족 문제 풀기

제약 조건 만족 문제의 개념은 앞에서 소개했다. 이번에는 현실에서 볼 수 있는 문제를 CSP 기법으로 해결하는 예제를 살펴보자. 사람 이름에 대한 리스트를 주고, 각자 가질 수 있는 숫자들을 지정한다. 사람 사이의 관계에 대한 제약 조건도 설정한다. 이렇게 정의한 문제를 푸는 프로그램을 작성해보자.

파이썬 파일을 새로 만들고, 다음과 같이 패키지를 불러오는 문장을 작성한다.

```
from simpleai.search import CspProblem, backtrack, \
    min_conflicts, MOST_CONSTRAINED_VARIABLE, \
    HIGHEST_DEGREE_VARIABLE, LEAST_CONSTRAINING_VALUE
```

입력 리스트에 있는 변수마다 고유한 값을 가져야 한다는 제약 조건을 정의한다.

```python
# 변수마다 고유한 값을 가져야 한다는 제약 조건
def constraint_unique(variables, values):
    # 서로 값이 다른지 검사하기
    return len(values) == len(set(values))
```

첫 번째 변수는 두 번째 변수보다 큰 값을 가져야 한다는 제약 조건을 정의한다.

```python
# 첫 번째 변수는 두 번째 변수보다 큰 값을 가져야 한다는 제약 조건
def constraint_bigger(variables, values):
    return values[0] > values[1]
```

첫 번째 변수가 홀수면 두 번째 변수는 짝수거나 그 반대로 돼야 한다는 제약 조건을 정의한다.

```python
# 첫 번째와 두 번째 변수 중 어느 하나가 홀수면 다른 하나는 짝수여야 한다는 제약 조건
def constraint_odd_even(variables, values):
    # 첫 번째 변수가 짝수면, 두 번째 변수는 홀수
    # 첫 번째 변수가 홀수면, 두 번째 변수는 짝수
    if values[0] % 2 == 0:
        return values[1] % 2 == 1
    else:
        return values[1] % 2 == 0
```

메인 함수를 정의한다. 먼저 사용할 변수를 선언한다.

```python
if __name__=='__main__':
    variables = ('John', 'Anna', 'Tom', 'Patricia')
```

각 변수가 가질 수 있는 값에 대한 리스트를 정의한다.

```python
domains = {
    'John': [1, 2, 3],
    'Anna': [1, 3],
    'Tom': [2, 4],
    'Patricia': [2, 3, 4],
}
```

몇 가지 시나리오에 대한 제약 조건을 정의한다. 예제에서는 다음과 같이 세 가지 제약 조건을 정의한다.

- 존, 안나, 톰은 서로 다른 값을 가져야 한다.
- 톰의 값은 안나의 값보다 커야 한다.
- 존과 패트리시아의 값 중 어느 하나가 홀수면 다른 하나는 홀수여야 한다.

이를 코드로 표현하면 다음과 같다.

```
constraints = [
    (('John', 'Anna', 'Tom'), constraint_unique),
    (('Tom', 'Anna'), constraint_bigger),
    (('John', 'Patricia'), constraint_odd_even),
]
```

이렇게 정의한 변수와 제약 조건을 이용해 CspProblem 오브젝트를 초기화한다.

```
problem = CspProblem(variables, domains, constraints)
```

해답을 구해서 화면에 출력한다.

```
print('\nSolutions:\n\nNormal:', backtrack(problem))
```

MOST_CONSTRIANED_VARIABLE 휴리스틱을 적용해 해답을 구한다.

```
print('\nMost constrained variable:', backtrack(problem,
variable_heuristic=MOST_CONSTRAINED_VARIABLE))
```

HIGHEST_DEGREE_VARIABLE 휴리스틱을 적용해 해답을 구한다.

```
print('\nHighest degree variable:', backtrack(problem,
        variable_heuristic=HIGHEST_DEGREE_VARIABLE))
```

LEAST_CONSTRAINING_VALUE 휴리스틱을 적용해 해답을 구한다.

```
print('\nLeast constraining value:', backtrack(problem,
value_heuristic=LEAST_CONSTRAINING_VALUE))
```

`MOST_CONSTRAINED_VARIABLE` 휴리스틱과 `LEAST_CONSTRAINING_VALUE` 휴리스틱을 동시에 적용해 해답을 구한다.

```
print('\nMost constrained variable and least constraining value:',
    backtrack(problem,
        variable_heuristic=MOST_CONSTRAINED_VARIABLE,
        value_heuristic=LEAST_CONSTRAINING_VALUE))
```

`HIGHEST_DEGREE_VARIABLE` 휴리스틱과 `LEAST_CONSTRAINING_VALUE` 휴리스틱을 동시에 적용해 해답을 구한다.

```
print('\nHighest degree and least constraining value:',
    backtrack(problem,
        variable_heuristic=HIGHEST_DEGREE_VARIABLE,
        value_heuristic=LEAST_CONSTRAINING_VALUE))
```

최소 충돌^{minimum conflicts} 휴리스틱으로 해답을 구한다.

```
print('\nMinimum conflicts:', min_conflicts(problem))
```

전체 코드는 constrained_problem.py에서 볼 수 있다. 코드를 실행한 결과는 다음과 같다.

```
Solutions:

Normal: {'John': 1, 'Anna': 3, 'Tom': 4, 'Patricia': 2}

Most constrained variable: {'Anna': 1, 'Tom': 2, 'John': 3, 'Patricia': 2}

Highest degree variable: {'John': 1, 'Anna': 3, 'Tom': 4, 'Patricia': 2}

Least constraining value: {'John': 1, 'Anna': 3, 'Tom': 4, 'Patricia': 2}

Most constrained variable and least constraining value: {'Anna': 1, 'Tom': 2, 'John': 3, 'Patricia': 2}

Highest degree and least constraining value: {'John': 1, 'Anna': 3, 'Tom': 4, 'Patricia': 2}

Minimum conflicts: {'John': 3, 'Anna': 1, 'Tom': 4, 'Patricia': 4}
Friesty-Nam:ch07 nam$ []
```

결과가 모든 제약 조건을 만족하는지 확인해본다.

영역 칠하기

이 절에서는 영역 색칠 문제^{region-coloring problem}를 CSP 방식으로 해결하는 예를 살펴보자. 문제는 다음과 같이 정의한다.

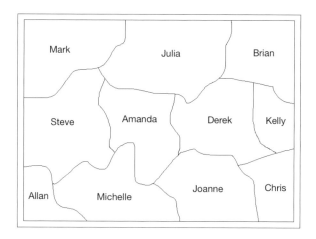

그림을 보면 각 영역마다 이름이 붙어있다. 예제의 목표는 네 개의 색깔을 이용해 인접한 영역이 서로 다른 색을 갖도록 색칠하는 것이다.

파이썬 파일을 새로 만들고, 다음과 같이 패키지를 불러오는 문장을 작성한다.

```
from simpleai.search import CspProblem, backtrack
```

인접한 영역의 색이 서로 달라야 한다는 제약 조건을 정의한다.

```
# 이웃과 서로 다른 색으로 칠해야 한다는 제약 조건 정의하기
def constraint_func(names, values):
    return values[0] != values[1]
```

메인 함수를 정의한다. 먼저 각 영역에 대한 이름 리스트를 지정한다.

```
if __name__=='__main__':
    # 변수 정의하기
    names = ('Mark', 'Julia', 'Steve', 'Amanda', 'Brian',
             'Joanne', 'Derek', 'Allen', 'Michelle', 'Kelly')
```

영역을 색칠할 색깔 리스트를 정의한다.

```
# 사용할 수 있는 색깔 정의하기
colors = dict((name, ['red', 'green', 'blue', 'gray']) for name in names)
```

그림에 나온 지도를 알고리즘이 이해할 수 있는 형태로 변환해야 한다. 먼저 누가 서로 인접해 있는지를 지정하는 제약 조건을 정의한다.

```
# 제약 조건 정의하기
constraints = [
    (('Mark', 'Julia'), constraint_func),
    (('Mark', 'Steve'), constraint_func),
    (('Julia', 'Steve'), constraint_func),
    (('Julia', 'Amanda'), constraint_func),
    (('Julia', 'Derek'), constraint_func),
    (('Julia', 'Brian'), constraint_func),
    (('Steve', 'Amanda'), constraint_func),
    (('Steve', 'Allan'), constraint_func),
    (('Steve', 'Michelle'), constraint_func),
    (('Amanda', 'Michelle'), constraint_func),
    (('Amanda', 'Joanne'), constraint_func),
    (('Amanda', 'Derek'), constraint_func),
    (('Brian', 'Derek'), constraint_func),
    (('Brian', 'Kelly'), constraint_func),
    (('Joanne', 'Michelle'), constraint_func),
    (('Joanne', 'Amanda'), constraint_func),
    (('Joanne', 'Derek'), constraint_func),
    (('Joanne', 'Kelly'), constraint_func),
    (('Derek', 'Kelly'), constraint_func),
]
```

이렇게 정의한 변수와 제약 조건을 이용해 문제에 대한 오브젝트를 초기화한다.

```
# 문제 풀기
problem = CspProblem(names, colors, constraints)
```

구한 답을 화면에 출력한다.

```
# 답 출력하기
output = backtrack(problem)
print('\nColor mapping:\n')
for k, v in output.items():
    print(k, '==>', v)
```

전체 코드는 coloring.py 파일에서 볼 수 있다. 코드를 실행하면 터미널 화면에 다음과 같은 결과가 출력된다.

이 결과에 따라 지도를 칠하면 다음과 같다.

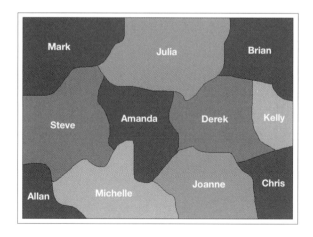

인접한 영역이 서로 다른 색으로 칠해진 것을 확인할 수 있다.

8-퍼즐 풀기

8-퍼즐은 15-퍼즐을 변형한 것이다. 15-퍼즐에 대해서는 https://en.wikipedia.org/wiki/15_puzzle(https://ko.wikipedia.org/wiki/슬라이딩_퍼즐)을 참고하길 바란다. 이 퍼즐의 목표는 16칸 또는 9칸의 격자에 무작위의 순서로 나열된 숫자 칸을 정렬하는 것이다. http://mypuzzle.org/sliding에서 직접 퍼즐을 풀어보면 어떤 퍼즐인지 금방 이해할 수 있다.

예제에서는 이 퍼즐을 A* 알고리즘으로 푼다. A* 알고리즘은 그래프에서 경로를 찾는 알고리즘으로서, 다익스트라 알고리즘^{Dijkstra's algorithm}과 그리디 베스트-퍼스트 탐색^{greedy best-first search} 알고리즘을 결합한 것이다. 이 알고리즘은 다음 단계를 막연히 추측하지 않고 가장 그럴 듯한 것을 하나 고른다. 각 노드마다 모든 경우의 수를 나열한 후 목표 달성에 드는 비용이 가장 적은 것을 선택한다.

먼저 비용 함수^{cost function}를 정의하는 방법을 살펴보자. 비용은 각 노드마다 계산하며 현재 노드에 도달하는 비용과 현재 노드에서 목표까지 도달하는 데 드는 비용을 합한 값으로 결정한다.

이렇게 두 가지 비용의 합한 값을 휴리스틱으로 사용한다. 이때 두 번째 비용(현재 노드에서 목표까지 도달하는 데 드는 비용)은 정확한 값이 아니다. 이 값을 정확히 구할 수 있다면, A* 알고리즘으로 해답을 빠르게 찾을 수 있다. 하지만 이런 경우는 드물다. 최적의 경로를 찾기까지 어느 정도 시간이 걸리기 마련이다. 그럼에도 불구하고 A* 알고리즘은 최적의 경로를 찾는 데 굉장히 효과적인 알고리즘으로 손꼽힌다.

이제 본격적으로 A* 알고리즘을 이용해 8-퍼즐을 푸는 예제를 만들어보자. 퍼즐을 푸는 부분은 simpleai 라이브러리에서 제공하는 메소드를 변형하는 방식으로 구현한다. 파이썬 파일을 새로 만들고, 다음과 같이 패키지를 불러오는 문장을 작성한다.

```
from simpleai.search import astar, SearchProblem
```

8-퍼즐을 푸는 메소드를 담은 클래스를 정의한다.

```
# 퍼즐을 푸는 메소드를 담은 클래스
class PuzzleSolver(SearchProblem):
```

actions 메소드를 예제에 맞게 오버라이드한다.

```
# 빈 공간으로 이동할 수 있는 경우의 수를 구하는 액션 메소드
def actions(self, cur_state):
    rows = string_to_list(cur_state)
    row_empty, col_empty = get_location(rows, 'e')
```

빈 공간의 위치를 확인한 후 새로운 액션을 생성한다.

```
actions = []
if row_empty > 0:
    actions.append(rows[row_empty - 1][col_empty])
if row_empty < 2:
    actions.append(rows[row_empty + 1][col_empty])
if col_empty > 0:
    actions.append(rows[row_empty][col_empty - 1])
if col_empty < 2:
    actions.append(rows[row_empty][col_empty + 1])

return actions
```

result 메소드를 오버라이드한다. 문자열을 리스트로 변환하고, 빈 공간의 위치를
알아낸다. 이렇게 알아낸 위치를 업데이트해 결과를 생성한다.

```
# 칸을 빈 공간으로 이동한 후의 결과 상태 반환하기
def result(self, state, action):
    rows = string_to_list(state)
    row_empty, col_empty = get_location(rows, 'e')
    row_new, col_new = get_location(rows, action)

    rows[row_empty][col_empty], rows[row_new][col_new] = \
        rows[row_new][col_new], rows[row_empty][col_empty]

    return list_to_string(rows)
```

목표를 달성했는지 확인한다.

```python
# 목표 상태에 도달했다면 true를 반환하기
def is_goal(self, state):
    return state == GOAL
```

heuristic 메소드를 정의한다. 맨해튼 거리^{Manhattan distance} 방식으로 현재 상태와 목표 상태의 거리를 계산하도록 휴리스틱을 정의한다.

```python
# 맨해튼 거리로 주어진 상태와 목표 상태의 거리를 측정해 반환하기
def heuristic(self, state):
    rows = string_to_list(state)

    distance = 0
```

거리를 계산한다.

```python
for number in '12345678e':
    row_new, col_new = get_location(rows, number)
    row_new_goal, col_new_goal = goal_positions[number]

    distance += abs(row_new - row_new_goal) + abs(col_new - col_new_goal)

return distance
```

리스트를 문자열로 변환하는 함수를 정의한다.

```python
# 리스트를 문자열로 변환하기
def list_to_string(input_list):
    return '\n'.join(['-'.join(x) for x in input_list])
```

반대로 문자열을 리스트로 변환하는 함수도 정의한다.

```python
# 문자열을 리스트로 변환하기
def string_to_list(input_string):
    return [x.split('-') for x in input_string.split('\n')]
```

격자에서 주어진 원소가 있는 위치를 구하는 함수를 정의한다.

```
# 입력된 원소에 대한 2D 위치 알아내기
def get_location(rows, input_element):
    for i, row in enumerate(rows):
        for j, item in enumerate(row):
            if item == input_element:
                return i, j
```

초기 상태와 최종적으로 달성할 목적을 정의한다.

```
# 달성할 최종 결과
GOAL = '''1-2-3
4-5-6
7-8-e'''


# 시작 지점
INITIAL = '''1-e-2
6-3-4
7-5-8'''
```

변수를 생성해 각 칸에 대한 목표 위치를 추적한다.

```
# 각 칸의 목표 위치에 대한 캐시 생성하기
goal_positions = {}
rows_goal = string_to_list(GOAL)
for number in '12345678e':
    goal_positions[number] = get_location(rows_goal, number)
```

앞에서 정의한 초기 상태를 이용해 A* 퍼즐 풀기 오브젝트를 생성한 후 결과를 구한다.

```
# 퍼즐 풀기 오브젝트 생성하기
result = astar(PuzzleSolver(INITIAL))
```

결과를 화면에 출력한다.

```python
# 결과 출력하기
for i, (action, state) in enumerate(result.path()):
    print()
    if action == None:
        print('Initial configuration')
    elif i == len(result.path()) - 1:
        print('After moving', action, 'into the empty space. Goal
achieved!')
    else:
        print('After moving', action, 'into the empty space')

    print(state)
```

전체 코드는 puzzle.py 파일에서 볼 수 있다. 코드를 실행하면 터미널 화면에서 다음과 같이 긴 결과를 확인할 수 있다. 결과의 앞부분은 다음과 같다.

```
Initial configuration
1-e-2
6-3-4
7-5-8

After moving 2 into the empty space
1-2-e
6-3-4
7-5-8

After moving 4 into the empty space
1-2-4
6-3-e
7-5-8

After moving 3 into the empty space
1-2-4
6-e-3
7-5-8

After moving 6 into the empty space
1-2-4
e-6-3
7-5-8
```

화면을 계속 아래로 스크롤하면, 목표에 도달하기까지의 과정을 볼 수 있다. 결과의
마지막 부분은 다음과 같다.

```
After moving 2 into the empty space
e-2-3
1-4-6
7-5-8

After moving 1 into the empty space
1-2-3
e-4-6
7-5-8

After moving 4 into the empty space
1-2-3
4-e-6
7-5-8

After moving 5 into the empty space
1-2-3
4-5-6
7-e-8

After moving 8 into the empty space. Goal achieved!
1-2-3
4-5-6
7-8-e
Friesty-Nam:ch07 nam$ []
```

미로 찾기

이번에는 A* 알고리즘으로 미로 찾기를 해보자. 미로는 다음과 같이 정의한다.

```
#############################
#           #         #   #
# ####   #######       #   #
# o #    #             #   #
#   ###      #####  ###### #
#   #     #   ###   #      #
#   #   #    #          #  #
#   #     # #     #  #   ###
#   # ##### #     #  # #x  #
#   #       #        #     #
#############################
```

그림에서 # 기호는 장애물을, ○는 시작 지점을, x는 도착 지점을 의미한다. 예제의 목표는 시작 지점부터 도착 지점까지 이르는 최단 경로를 구하는 것이다. 그럼 지금 부터 미로의 최단 경로를 구하는 파이썬 프로그램을 작성해보자. 예제의 최단 경로를 구하는 부분은 simpleai 라이브러리에서 제공하는 메소드를 변형하는 방식으로 구현한다. 파이썬 파일을 새로 만들고, 다음과 같이 패키지를 불러오는 문장을 작성한다.

```
import math
from simpleai.search import SearchProblem, astar
```

문제를 푸는 데 필요한 메소드를 담은 클래스를 정의한다.

```
# 미로 찾기 관련 메소드를 제공하는 클래스
class MazeSolver(SearchProblem):
```

초기화 메소드를 정의한다.

```
# 클래스 초기화하기
def __init__(self, board):
    self.board = board
    self.goal = (0, 0)
```

초기 위치와 최종 위치를 구한다.

```
for y in range(len(self.board)):
    for x in range(len(self.board[y])):
        if self.board[y][x].lower() == 'o':
            self.initial = (x, y)
        elif self.board[y][x].lower() == 'x':
            self.goal = (x, y)

    super(MazeSolver, self).__init__(initial_state=self.initial)
```

actions 메소드를 오버라이드한다. 각 위치마다 인접한 셀에 이르는 비용을 확인한 후 취할 수 있는 모든 경우의 액션을 추가한다. 인접한 셀이 막혀 있는 액션은 무시한다.

```python
# 목표를 달성하기 위한 액션을 취하는 메소드 정의하기
def actions(self, state):
    actions = []
    for action in COSTS.keys():
        newx, newy = self.result(state, action)
        if self.board[newy][newx] != '#':
            actions.append(action)

    return actions
```

result 메소드를 오버라이드한다. 현재 상태와 입력 액션에 맞게 x와 y 좌표를 업데이트한다.

```python
# 액션에 맞게 상태 업데이트하기
def result(self, state, action):
    x, y = state

    if action.count('up'):
        y -= 1
    if action.count('down'):
        y += 1
    if action.count('left'):
        x -= 1
    if action.count('right'):
        x += 1

    new_state = (x, y)

    return new_state
```

목표에 도달했는지 확인한다.

```python
# 목표에 도달했는지 확인하기
def is_goal(self, state):
    return state == self.goal
```

cost 함수도 정의해야 한다. 이 함수는 인접한 셀로 이동할 때 드는 비용을 계산한다. 수직/수평으로 이동할 때와 대각선으로 이동할 때의 비용은 다르며, 이 부분은 나중에 정의한다.

```python
# 취할 액션의 비용 계산하기
def cost(self, state, action, state2):
    return COSTS[action]
```

미로 찾기에 사용할 휴리스틱을 정의한다. 예제에서는 유클리드 거리^{Euclidean distance}로 계산한다.

```python
# 목표 달성에 사용할 휴리스틱
def heuristic(self, state):
    x, y = state
    gx, gy = self.goal

    return math.sqrt((x - gx) ** 2 + (y - gy) ** 2)
```

메인 함수를 정의한다. 앞에서 소개한 미로도 여기서 정의한다.

```python
if __name__ == "__main__":
    # 미로 지도 정의
    MAP = """
    ##############################
    #          #          #   #
    # ####   ########     #   #
    #  o #    #           #   #
    #   ###    #####  ######  #
    #     #  ###   #          #
    #     #   #  #  #  #  ###
    #    #####   #  #  # x  #
```

```
    #                    #         #      #
    ##############################
    """
```

이 지도를 리스트로 변환한다.

```
# 지도를 리스트로 변환하기
print(MAP)
MAP = [list(x) for x in MAP.split("\n") if x]
```

지도를 돌아다닐 때 발생하는 비용을 정의한다. 대각선으로 이동할 때 드는 비용은 수평 또는 수직으로 이동하는 데 드는 비용보다 크다.

```
# 지도 이동 비용 정의
cost_regular = 1.0
cost_diagonal = 1.7
```

각각의 이동에 대한 비용을 정의한다.

```
# 비용 사전(dictionary) 생성하기
COSTS = {
    "up": cost_regular,
    "down": cost_regular,
    "left": cost_regular,
    "right": cost_regular,
    "up left": cost_diagonal,
    "up right": cost_diagonal,
    "down left": cost_diagonal,
    "down right": cost_diagonal,
}
```

앞에서 정의한 클래스를 이용해 미로 찾기 오브젝트를 생성한다.

```
# 미로 찾기 오브젝트 생성하기
problem = MazeSolver(MAP)
```

주어진 미로에 대한 결과를 구한다.

```
# 미로 찾기 실행하기
result = astar(problem, graph_search=True)
```

결과로 나온 경로를 구한다.

```
# 경로 추출하기
path = [x[1] for x in result.path()]
```

결과를 화면에 출력한다.

```
# 결과 출력하기
print()
for y in range(len(MAP)):
    for x in range(len(MAP[y])):
        if (x, y) == problem.initial:
            print('o', end='')
        elif (x, y) == problem.goal:
            print('x', end='')
        elif (x, y) in path:
            print('.', end='')
        else:
            print(MAP[y][x], end='')

    print()
```

전체 코드는 maze.py 파일에서 볼 수 있다. 코드를 실행하면 다음과 같은 결과를
볼 수 있다.

요약

이 장에서는 휴리스틱 탐색 기법을 알아봤다. 무정보 탐색과 정보 탐색도 비교했으며, 제약 조건 만족 문제[CSP]의 개념과 해결 방법도 살펴봤다. 지역 탐색 기법과 시뮬레이티드 어닐링[SA] 기법의 개념도 소개했다. 또한 그리디 탐색 기법으로 문자열 생성 문제를 구현하는 예제도 만들어봤다. 그리고 CSP 기법으로 문자열을 생성하는 예제와 영역 색칠 문제를 푸는 예제도 살펴봤다. A* 알고리즘을 이용해 최적의 경로를 구하는 예제와 8-퍼즐 풀기, 미로 찾기 예제도 만들어봤다.

다음 장에서는 유전 알고리즘의 개념과 이를 활용해 현실 세계의 문제를 해결하는 방법을 알아보자.

8
유전 알고리즘

이 장에서는 유전 알고리즘에 대해 알아보자. 먼저 진화 알고리즘과 유전 프로그래밍의 개념을 소개하고, 이들과 유전 알고리즘의 관계를 살펴본다. 이어서 교배, 변이, 적합도 함수와 같은 유전 알고리즘의 기본 구성 요소를 소개한다. 그리고 이러한 개념을 바탕으로 다양한 시스템을 만들어본다.

이 장에서 다루는 주제는 다음과 같다.

- 진화 알고리즘과 유전 알고리즘의 개념
- 진화 알고리즘의 기본 개념
- 미리 정의된 매개변수로 비트 패턴을 생성하는 방법
- 진화 과정을 시각화하는 방법
- 기호 회귀 문제를 푸는 방법
- 지능형 로봇 제어기를 만드는 방법

진화 알고리즘과 유전 알고리즘

유전 알고리즘$^{genetic\ algorithm}$은 일종의 진화 알고리즘이다. 따라서 유전 알고리즘을 살펴보기 전에 진화 알고리즘을 이해할 필요가 있다. 진화 알고리즘$^{evolutionary\ algorithm}$이란 진화의 원리에 따라 문제를 푸는 메타 휴리스틱 최적화 알고리즘$^{meta\ heuristic}$ $^{optimization\ algorithm}$이다. 여기서 말하는 진화는 자연에서 볼 수 있는 진화와 같은 뜻이다. 우리가 흔히 문제를 풀 때는 함수와 변수를 사용해 곧바로 해답을 도출한다. 반면 유전 알고리즘은 문제를 비트 패턴으로 인코딩해서 이를 조작하는 방식으로 처리한다.

진화 알고리즘은 개체 집단에 자연 선택$^{natural\ selection}$의 법칙을 적용한다. 무작위로 선택한 개체 중에서 가장 강한 것을 찾는 것이다. 이때 어느 개체가 더 강한지는 미리 정의한 적합도 함수$^{fitness\ function}$로 판단한다. 이처럼 적자 생존$^{survival\ of\ the\ fittest}$의 원칙에 따라 문제를 해결한다.

이렇게 선택된 개체는 재결합^{recombination}과 변이^{mutation} 과정을 거쳐 다음 세대의 개체를 생성한다. 재결합과 변이에 대해서는 다음 절에서 자세히 설명한다. 여기서는 일단 부모가 될 개체를 선택해서 다음 세대를 생성하는 데 적용되는 메커니즘이라고만 알아두자.

재결합과 변이를 거치면 새로운 개체 집단이 생성된다. 이렇게 생성된 개체는 이전 세대의 개체와 경쟁해 다음 세대를 구성한다. 약한 개체는 버리고 그 자리를 자식 세대의 개체로 채우는 방식으로 전체 개체 집단의 적합도 수준을 높여 나간다. 원하는 수준의 적합도에 도달할 때까지 이 과정을 반복한다.

유전 알고리즘은 일종의 진화 알고리즘으로서 휴리스틱을 이용해 비트 문자열을 찾는 방식으로 문제를 푼다. 답을 구할 때까지 개체 집단에 대해 작업을 반복한다. 이때 좀 더 강한 개체를 생성하도록 진행한다. 다음 세대의 개체를 생성하는 작업은 선택^{selection}, 교배^{crossover}, 변이^{mutation}와 같은 확률 연산으로 처리한다. 각각의 개체는 문자열로 표현한다. 따라서 모든 문자열은 잠재적인 해답을 인코딩한 것이다.

적합도 함수는 각각의 문자열에 대한 적합도 수준을 평가한다. 이를 통해 주어진 문자열(개체)이 문제 해결에 얼마나 적합한지를 측정한다. 그래서 평가 함수^{evaluation} ^{function}라 부르기도 한다. 유전 알고리즘에서 사용하는 연산은 자연 법칙에서 따온 것이다. 연산의 명칭도 생물학 용어에서 가져왔다.

유전 알고리즘의 기본 개념

유전 알고리즘을 구현하기 위해서는 몇 가지 핵심 개념과 용어를 이해해야 한다. 여기서 소개하는 개념은 여러 가지 문제를 유전 알고리즘으로 해결하는 데 굉장히 중요한 것이다. 유전 알고리즘의 가장 중요한 특성 중 하나는 무작위성^{randomness}이다. 유전 알고리즘은 개체에 대해 무작위로 샘플링하는 방식으로 작업을 반복적으로 수행한다. 따라서 처리 과정이 본질적으로 비결정적$^{non-deterministic}$이다. 같은 알고리즘이라도 실행할 때마다 결과가 달라질 수 있다.

다음으로 살펴볼 용어는 집단이다. 집단^{population}이란 해답이 될 가능성이 있는 개체들의 집합이다. 유전 알고리즘은 각 단계마다 최적의 해답을 하나만 선택하지 않고, 여러 개의 잠재적인 해답을 집합 형태로 유지한다. 최종적으로는 그중에서 하나만 최적의 해답이 되지만, 다른 후보 해답도 탐색 과정에서 굉장히 중요한 역할을 한다. 여러 개의 후보 해답을 집단으로 유지하기 때문에 로컬 옵티멈$^{local\ optimum}$(국소적/부분 최적화)에 빠질 가능성을 낮출 수 있다. 로컬 옵티멈에 빠지는 문제는 최적화 기법에서 흔히 발생하는 문제 중 하나다.

유전 알고리즘은 확률을 기반으로 집단을 다룬다. 이제 유전 알고리즘에서 사용하는 주요 연산자를 알아보자. 다음 세대의 개체는 현재 세대의 개체 중에서 가장 강한 것으로부터 생성해야 한다. 이 과정에 적용하는 방법 중 하나로 변이가 있다. 유전 알고리즘은 현재 세대의 개체 중에서 하나 이상을 무작위로 변형해 새로운 후보를 도출한다. 이렇게 변형하는 작업을 변이^{mutation}라고 부른다. 개체가 변이를 거치면 이전보다 더 나아질 수도 있고 반대로 더 나빠질 수도 있다.

다음으로 소개할 개념은 재결합recombination(교배)이며, 진화 알고리즘의 번식 과정에 직접적으로 관련된 연산이다. 유전 알고리즘은 현재 세대의 개체들을 서로 결합해 새로운 해답을 도출한다. 그리고 부모 개체가 가진 특성을 결합해 자식을 만든다. 이렇게 결합하는 과정을 교배crossover라 부른다. 교배의 목표는 현재 세대에서 약한 개체를 버리고, 현재 집단에서 강한 개체를 통해 생성한 자식을 그 자리에 대체하는 것이다.

교배와 변이를 수행하려면 선택 기준이 필요하다. 여기서 선택selection이란 개념은 자연 선택설에서 따온 표현이다. 유전 알고리즘은 반복적으로 작업을 수행하면서 약한 개체는 제거하고 가장 강한 개체를 선택한다. 바로 적자 생존의 법칙을 적용하는 것이다. 이러한 선택 작업은 개체의 강함을 측정하는 적합도 함수의 결과에 따라 수행한다.

미리 정의된 매개변수를 이용해 비트 패턴 생성하기

이제 유전 알고리즘의 개념을 이해했으니, 이를 이용해 실제로 문제를 해결해보자. 예제는 DEAP 패키지로 구현한다. 이 패키지에 대한 자세한 사항은 http://deap.readthedocs.io/en/master를 참조한다. 터미널 화면에서 다음과 같이 명령을 실행해 패키지를 설치한다.

```
$ pip3 install deap
```

그러고 나서 패키지가 제대로 설치됐는지 간단히 테스트해본다. 터미널에서 파이썬 셸을 띄우고 다음과 같이 명령을 입력한다.

```
$ python3
```

파이썬 셸로 들어가서, 다음과 같이 입력한다.

```
>>> import deap
```

아무런 에러 메시지가 뜨지 않았다면, 제대로 설치된 것이다.

이 절에서 풀 문제는 원 맥스$^{\text{One Max}}$ 문제를 변형한 것이다. 원 맥스 문제란 1의 개수가 가장 많은 비트 문자열을 생성하는 것이다. 문제는 단순하지만 DEAP 라이브러리의 사용법과 유전 알고리즘의 구현 방법을 파악하기에는 충분하다. 예제는 미리 정의한 개수만큼의 1을 담은 비트 문자열을 생성한다. 이 예제는 DEAP 라이브러리에서 제공하는 예제를 변형한 것이다.

파이썬 파일을 새로 만들고 다음과 같이 패키지를 불러오는 문장을 작성한다.

```
import random

from deap import base, creator, tools
```

예제의 목표는 길이가 75면서 그중 45개 비트가 1인 비트 문자열을 생성하는 것이다. 먼저 이 목표를 달성하는 데 사용할 평가 함수부터 정의한다.

```
# 평가 함수
def eval_func(individual):
    target_sum = 45
    return len(individual) - abs(sum(individual) - target_sum),
```

평가 함수에서 정의한 공식에 따르면, 1의 개수가 45개면 최댓값에 도달한다. 이때 각 문자열의 길이는 75다. 따라서 1의 개수가 45면 75를 반환한다.

다음으로 툴박스(toolbox)를 생성하는 함수를 정의한다. 적합도 함수와 개체 추적에 사용할 creator 오브젝트를 정의한다. 여기서 사용한 Fitness 클래스는 가중치(weights) 속성^{attribute}을 가진 추상 클래스다. 적합도를 최대로 높이도록 가중치를 양수로 지정한다.

```
# 적절한 매개변수로 툴박스 생성하기
def create_toolbox(num_bits):
    creator.create("FitnessMax", base.Fitness, weights=(1.0,))
    creator.create("Individual", list, fitness=creator.FitnessMax)
```

첫 번째 줄은 적합도를 최대화한다는 목표를 FitnessMax라는 이름으로 생성한다. 두 번째 줄은 개체를 만드는 방법을 설정한다. 첫 번째 개체는 실수^{float} 리스트의 형태로 생성된다. 이 개체를 만들려면 creator 오브젝트로 Individual 클래스를 생성해야 한다. 이때 적합도(fitness) 속성은 앞에서 정의한 FitnessMax로 지정한다.

툴박스(toolbox)는 DEAP 라이브러리에서 흔히 사용하는 오브젝트다. 다양한 함수를 인수와 함께 저장하는 용도로 쓰인다. 이제 툴박스 오브젝트를 생성한다.

```
# 툴박스 초기화하기
toolbox = base.Toolbox()
```

이렇게 생성한 툴박스에 여러 가지 함수를 등록한다. 먼저 0과 1 중 하나를 임의로 생성하는 난수 발생기부터 등록한다. 예제에서 생성할 비트 문자열은 이 함수로 만든다.

```
# 속성 생성하기
toolbox.register("attr_bool", random.randint, 0, 1)
```

그리고 individual 함수를 등록한다. initRepeat 메소드는 세 개의 인수(개체에 대한 컨테이너 클래스, 이 컨테이너를 채울 때 사용하는 함수, 이 함수의 반복 횟수)를 받는다.

```
# 구조체 초기화하기
toolbox.register("individual", tools.initRepeat, creator.Individual,
    toolbox.attr_bool, num_bits)
```

population 함수도 등록한다. 집단은 개체 리스트 형태로 표현한다.

```
# 개체 리스트 형태로 집단 정의하기
toolbox.register("population", tools.initRepeat, list, toolbox.individual)
```

이제 유전 연산자를 등록한다. 먼저 앞에서 정의한 평가 함수부터 등록한다. 이 함수를 적합도 함수로 사용한다. 45개의 1을 가진 비트 패턴으로 표현한 개체가 가장 적합도가 높다.

```
# 평가 함수 등록하기
toolbox.register("evaluate", eval_func)
```

교배 연산자를 mate란 이름으로 등록한다. 연산은 cxTwoPoint 메소드로 구현한다.

```
# 교배 연산자 등록하기
toolbox.register("mate", tools.cxTwoPoint)
```

변이 연산자를 mutate란 이름으로 등록한다. 연산은 mutFlipBit 메소드로 구현한다. 이때 각 속성이 변이될 확률을 indpb에 지정한다.

```
# 변이 연산자 등록하기
toolbox.register("mutate", tools.mutFlipBit, indpb=0.05)
```

selTournament 메소드를 이용해 선택 연산자를 등록한다. 이 연산자를 통해 자식을 생성할 개체를 고른다.

```
# 자식을 생성할 개체를 선택하는 연산자
toolbox.register("select", tools.selTournament, tournsize=3)
return toolbox
```

앞에서 소개한 개념을 지금까지 작성한 코드에 모두 담았다. 툴박스 생성 함수는 DEAP 라이브러리에서 굉장히 자주 사용하는 것이다. 이 책의 다른 장에서도 여러 차례 사용한다. 이처럼 중요하기 때문에 툴박스의 생성 과정을 자세히 소개했다.

이제 메인 함수를 정의한다. 먼저 비트 패턴의 길이를 지정한다.

```
if __name__ == "__main__":
    # 비트 수 정의하기
    num_bits = 75
```

앞에서 정의한 함수로 툴박스를 생성한다.

```
# 앞서 지정한 매개변수로 툴박스 생성하기
toolbox = create_toolbox(num_bits)
```

결과를 도출하기 위한 반복 작업에 사용할 난수 발생기에 시드seed 값을 지정한다.

```
# 난수 발생기의 시드 지정하기
random.seed(7)
```

toolbox 오브젝트에서 제공하는 메소드를 이용해 개체 수가 500인 초기 집단을 생성한다. 나중에 이 값을 바꿔보면서 결과가 어떻게 달라지는지 실험해보길 바란다.

```
# 500개의 개체로 구성된 초기 집단 생성하기
population = toolbox.population(n=500)
```

교배와 변이 확률을 정의한다. 이 값도 마찬가지로 사용자가 정의하는 것이다. 따라서 다양한 값으로 지정해보면서 결과가 어떻게 달라지는지 관찰해보길 바란다.

```
# 교배와 변이 확률 정의하기
probab_crossing, probab_mutating = 0.5, 0.2
```

알고리즘이 끝날 때까지 반복할 세대 수를 정의한다. 세대 수를 높이면 좀 더 강한 집단을 만들 가능성이 높아진다.

```
# 세대 수 정의하기
num_generations = 60
```

적합도 함수를 이용해 집단을 구성하는 모든 개체를 평가한다.

```
print('\nStarting the evolution process')
# 집단 전체 평가하기
fitnesses = list(map(toolbox.evaluate, population))
for ind, fit in zip(population, fitnesses):
    ind.fitness.values = fit
```

지정한 세대 수만큼 작업을 반복한다.

```
print('\nEvaluated', len(population), 'individuals')
# 세대 수만큼 반복하기
for g in range(num_generations):
    print('\n===== Generation', g)
```

각 세대마다 다음 세대의 개체를 선택한다. 이 작업은 앞에서 툴박스에 등록한 선택 연산자(select)로 처리한다.

252

```
# 다음 세대의 개체 선택하기
offspring = toolbox.select(population, len(population))
```

선택한 개체를 복제(clone)한다.

```
# 선택한 개체 복제하기
offspring = list(map(toolbox.clone, offspring))
```

앞에서 정의한 확률로 다음 세대 개체에 대해 교배와 변이를 적용한다. 먼저 교배부터 한다. 다 끝나면 적합도 값을 초기화한다.

```
# 자식에 대해 교배와 변이 적용하기
for child1, child2 in zip(offspring[::2], offspring[1::2]):
    # 두 개체 교배하기
    if random.random() < probab_crossing:
        toolbox.mate(child1, child2)

        # 자식에 대한 적합도 '지우기'
        del child1.fitness.values
        del child2.fitness.values
```

다음으로 앞에서 정의한 확률에 따라 다음 세대 개체에 대해 변이를 적용한다. 다 끝나면 적합도를 초기화한다.

```
# 변이하기
for mutant in offspring:
    # 개체 변이하기
    if random.random() < probab_mutating:
        toolbox.mutate(mutant)
        del mutant.fitness.values
```

유효하지 않은 적합도 값으로 개체를 평가한다.

```
# 유효하지 않은 적합도로 개체 평가하기
invalid_ind = [ind for ind in offspring if not ind.fitness.valid]
fitnesses = map(toolbox.evaluate, invalid_ind)
for ind, fit in zip(invalid_ind, fitnesses):
```

```
    ind.fitness.values = fit
print('Evaluated', len(invalid_ind), 'individuals')
```

기존 집단을 새로 생성한 개체로 교체한다.

```
#  전체 집단을 자식 개체로 바꾸기
population[:] = offspring
```

진행 상태를 확인하도록 현재 세대에 대한 통계 값을 출력한다.

```
#  전체 적합도를 하나의 리스트에 모으고 통계 값 출력하기
fits = [ind.fitness.values[0] for ind in population]

length = len(population)
mean = sum(fits) / length
sum2 = sum(x*x for x in fits)
std = abs(sum2 / length - mean**2)**0.5

print('Min =', min(fits), ', Max =', max(fits))
print('Average =', round(mean, 2), ', Standard deviation =',
round(std, 2))
print("\n==== End of evolution")
```

최종 결과를 출력한다.

```
best_ind = tools.selBest(population, 1)[0]
print('\nBest individual:\n', best_ind)
print('\nNumber of ones:', sum(best_ind))
```

전체 코드는 bit_counter.py 파일에서 볼 수 있다. 코드를 실행하면 다음과 같이 터미널 화면에 반복해서 수행한 결과가 출력된다. 시작 직후 결과는 다음과 같다.

```
Starting the evolution process

Evaluated 500 individuals

===== Generation 0
Evaluated 297 individuals
Min = 58.0 , Max = 75.0
Average = 70.43 , Standard deviation = 2.91

===== Generation 1
Evaluated 303 individuals
Min = 63.0 , Max = 75.0
Average = 72.44 , Standard deviation = 2.16

===== Generation 2
Evaluated 310 individuals
Min = 65.0 , Max = 75.0
Average = 73.31 , Standard deviation = 1.6

===== Generation 3
Evaluated 273 individuals
Min = 67.0 , Max = 75.0
Average = 73.76 , Standard deviation = 1.41
```

다 끝나면 다음과 같은 결과를 볼 수 있다.

```
===== Generation 57
Evaluated 306 individuals
Min = 68.0 , Max = 75.0
Average = 74.02 , Standard deviation = 1.27

===== Generation 58
Evaluated 276 individuals
Min = 69.0 , Max = 75.0
Average = 74.15 , Standard deviation = 1.18

===== Generation 59
Evaluated 288 individuals
Min = 69.0 , Max = 75.0
Average = 74.12 , Standard deviation = 1.24

==== End of evolution
Best individual:
 [1, 1, 0, 1, 1, 0, 1, 0, 1, 0, 0, 1, 0, 1, 0, 1, 1, 1, 1
, 0, 1, 0, 0, 1, 1, 0, 1, 1, 1, 1, 1, 1, 1, 1, 1, 1, 1, 1
, 0, 0, 1, 0, 0, 1, 1, 0, 0, 1, 1, 0, 1, 1, 0, 0, 0, 1, 0
, 0, 1, 1, 1, 0, 1, 1, 1, 0, 1, 1, 0, 0, 1, 0, 0, 0, 1]
Number of ones: 45
Friesty-Nam:ch08 nam$ []
```

그림에서 보는 바와 같이 진화 과정은 60세대가 지나서 끝난다(0세대부터 시작했으므로, 59가 60번째다). 다 끝나면 최적의 개체를 선정해 화면에 출력한다. 최적의 개체는 45개의 1을 가지고 있다. 이는 평가 함수에서 target_sum으로 지정한 45와 같다.

진화 과정 시각화하기

이번에는 지금까지 살펴본 진화 과정을 시각적으로 표현해보자. DEAP 라이브러리는 CMA-ES^{Covariance Matrix Adaptation Evolution Strategy} 기법을 이용해 이러한 진화 과정을 시각적으로 표현한다. CMA-ES는 연속 영역에 대한 비선형 문제를 해결하는 데 사

256

용되는 진화 알고리즘이다. CMA-ES 기법은 많은 연구를 통해 견고하게 개발된 기법으로 진화 알고리즘 중에서도 최고로 손꼽힌다. 그럼 지금부터 예제를 통해 이 알고리즘의 작동 원리를 살펴보자. 여기서 소개하는 예제는 DEAP 라이브러리에 나온 예제를 살짝 변형한 것이다.

파이썬 파일을 새로 만들고, 다음과 같이 패키지를 불러오는 문장을 작성한다.

```python
import numpy as np
import matplotlib.pyplot as plt
from deap import algorithms, base, benchmarks, \
    cma, creator, tools
```

툴박스를 생성하는 함수를 정의한다. FitnessMin 함수를 정의할 때 가중치는 음수로 지정한다.

```python
# 툴박스 생성 함수
def create_toolbox(strategy):
    creator.create("FitnessMin", base.Fitness, weights=(-1.0,))
    creator.create("Individual", list, fitness=creator.FitnessMin)
```

툴박스를 생성하고 평가 함수를 등록한다.

```python
toolbox = base.Toolbox()
toolbox.register("evaluate", benchmarks.rastrigin)

# 난수 발생기의 시드 지정하기
np.random.seed(7)
```

generate와 update 메소드를 등록한다. 이 메소드는 지정한 전략에 따라 집단을 생성한 후 결과에 맞게 전략을 업데이트하는 생성-업데이트 패러다임generate-update paradigm을 구현하는 데 사용한다.

```python
toolbox.register("generate", strategy.generate, creator.Individual)
toolbox.register("update", strategy.update)

return toolbox
```

메인 함수를 정의한다. 먼저 개체와 세대 수를 정의한다.

```python
if __name__ == "__main__":
    # 문제 크기
    num_individuals = 10
    num_generations = 125
```

작업을 시작하기에 앞서 전략부터 지정한다.

```python
# CMA-ES 알고리즘을 사용하는 전략 생성하기
strategy = cma.Strategy(centroid=[5.0]*num_individuals, sigma=5.0,
lambda_=20*num_individuals)
```

이 전략에 따라 툴박스를 생성한다.

```python
# 앞에서 정의한 전략에 따라 툴박스 생성하기
toolbox = create_toolbox(strategy)
```

명예의 전당(HallOfFame) 오브젝트를 생성한다. 이 오브젝트는 집단에서 가장 뛰어난 개체를 항상 정렬된 상태로 유지한다. 따라서 첫 번째에 있는 원소는 진화 과정에서 나타난 것 중 적합도가 가장 높은 개체다.

```python
# 명예의 전당 오브젝트
hall_of_fame = tools.HallOfFame(1)
```

Statistics 메소드를 사용해 통계 정보를 등록한다.

```python
# 관련 통계 정보 등록하기
stats = tools.Statistics(lambda x: x.fitness.values)
stats.register("avg", np.mean)
stats.register("std", np.std)
stats.register("min", np.min)
stats.register("max", np.max)
```

진화 과정을 기록할 logbook을 정의한다. 사전을 세대순으로 나열한 리스트로 구현된다.

```
logbook = tools.Logbook()
logbook.header = "gen", "evals", "std", "min", "avg", "max"
```

전체 데이터를 컴파일할 오브젝트를 정의한다.

```
# 데이터를 컴파일할 오브젝트
sigma = np.ndarray((num_generations, 1))
axis_ratio = np.ndarray((num_generations, 1))
diagD = np.ndarray((num_generations, num_individuals))
fbest = np.ndarray((num_generations, 1))
best = np.ndarray((num_generations, num_individuals))
std = np.ndarray((num_generations, num_individuals))
```

지정한 세대 수만큼 반복한다.

```
for gen in range(num_generations):
    # 새 집단 생성하기
    population = toolbox.generate()
```

적합도 함수로 개체를 평가한다.

```
# 개체 평가하기
fitnesses = toolbox.map(toolbox.evaluate, population)
for ind, fit in zip(population, fitnesses):
    ind.fitness.values = fit
```

집단에 맞게 전략을 업데이트한다.

```
# 평가한 개체에 맞게 전략 업데이트하기
toolbox.update(population)
```

현재 세대의 개체에 맞게 명예의 전당과 통계 정보를 업데이트한다.

```python
# 현재 평가된 집단에 맞게 명예의 전당과 통계 정보 업데이트하기
hall_of_fame.update(population)
record = stats.compile(population)
logbook.record(evals=len(population), gen=gen, **record)
print(logbook.stream)
```

그래프로 그릴 데이터를 저장한다.

```python
# 진화 과정에 대해 그래프로 표현할 데이터 저장하기
sigma[gen] = strategy.sigma
axis_ratio[gen] = max(strategy.diagD)**2/min(strategy.diagD)**2
diagD[gen, :num_individuals] = strategy.diagD**2
fbest[gen] = hall_of_fame[0].fitness.values
best[gen, :num_individuals] = hall_of_fame[0]
std[gen, :num_individuals] = np.std(population, axis=0)
```

x축을 정의하고 통계 정보를 그래프로 그린다.

```python
# x축은 진화 단계를 표시함
x = list(range(0, strategy.lambda_ * num_generations, strategy.lambda_))
avg, max_, min_ = logbook.select("avg", "max", "min")
plt.figure()
plt.semilogy(x, avg, "--b")
plt.semilogy(x, max_, "--b")
plt.semilogy(x, min_, "-b")
plt.semilogy(x, fbest, "-c")
plt.semilogy(x, sigma, "-g")
plt.semilogy(x, axis_ratio, "-r")
plt.grid(True)
plt.title("blue: f-values, green: sigma, red: axis ratio")
```

진행 상태를 그래프에 표시한다.

```python
plt.figure()
plt.plot(x, best)
plt.grid(True)
```

```
plt.title("Object Variables")

plt.figure()
plt.semilogy(x, diagD)
plt.grid(True)
plt.title("Scaling (All Main Axes)")

plt.figure()
plt.semilogy(x, std)
plt.grid(True)
plt.title("Standard Deviations in All Coordinates")
plt.show()
```

전체 코드는 visualization.py 파일에서 볼 수 있다. 코드를 실행하면, 다음과 같이 네 개의 화면이 나타난다. 첫 번째 화면은 여러 가지 매개변수를 보여준다.

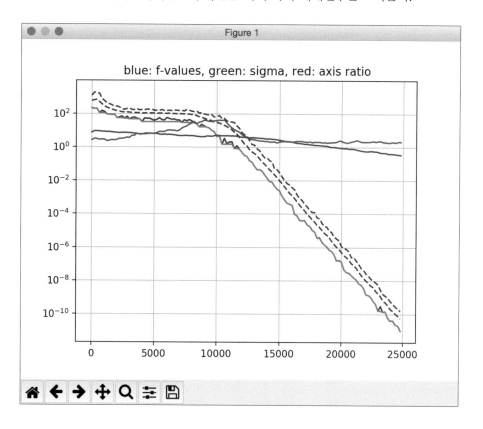

두 번째 화면은 오브젝트 변수를 보여준다.

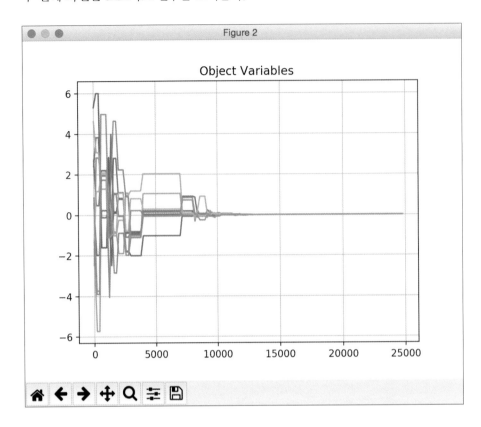

세 번째 화면은 크기 조정scaling을 보여준다.

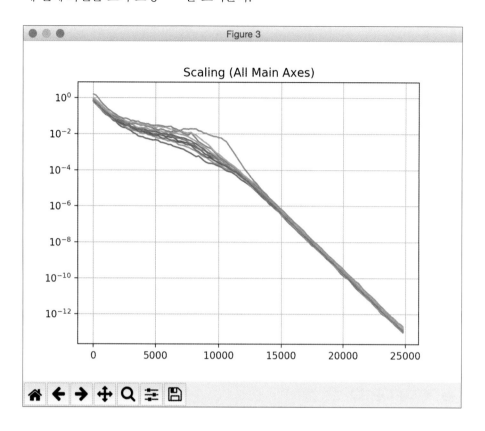

네 번째 화면은 표준편차를 보여준다.

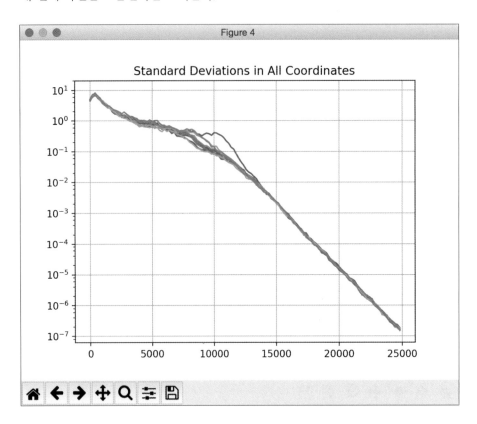

터미널 화면을 보면 다음과 같이 진행 상태가 표시된다. 처음에는 다음과 같이 값이 나타난다.

```
gen   evals   std      min      avg      max
0     200     188.36   217.082  576.281  1199.71
1     200     250.543  196.583  659.389  1869.02
2     200     273.081  199.455  683.641  1770.65
3     200     215.326  111.298  503.933  1579.3
4     200     133.046  149.47   373.124  790.899
5     200     75.4405  131.117  274.092  585.433
6     200     61.2622  91.7121  232.624  426.666
7     200     49.8303  88.8185  201.117  373.543
8     200     39.9533  85.0531  178.645  326.209
9     200     31.3781  87.4824  159.211  261.132
10    200     31.3488  54.0743  144.561  274.877
11    200     30.8796  63.6032  136.791  240.739
12    200     24.1975  70.4913  125.691  190.684
13    200     21.2274  50.6409  122.293  177.483
14    200     25.4931  67.9873  124.132  199.296
15    200     26.9804  46.3411  119.295  205.331
16    200     24.8993  56.0033  115.614  176.702
17    200     21.9789  61.4999  113.417  170.156
18    200     21.2823  50.2455  112.419  190.677
19    200     22.5016  48.153   111.543  166.2
20    200     21.1602  32.1864  106.044  171.899
21    200     23.3864  52.8601  107.301  163.617
22    200     23.1008  51.1226  109.628  185.777
23    200     22.0836  51.3058  106.402  179.673
24    200     21.6711  43.7379  108.874  176.912
25    200     22.1262  39.1044  107.418  157.952
```

마지막 결과는 다음과 같다.

97	200	7.13563e-07	3.86061e-07	1.57891e-06	4.35743e-06
98	200	5.17517e-07	1.60515e-07	1.08331e-06	3.43492e-06
99	200	3.63183e-07	1.715e-07	7.94257e-07	2.58839e-06
100	200	2.42371e-07	1.36725e-07	5.15987e-07	1.19228e-06
101	200	1.54049e-07	4.69571e-08	3.38713e-07	9.0053e-07
102	200	1.15277e-07	3.18943e-08	2.53913e-07	8.14231e-07
103	200	9.05727e-08	2.94641e-08	1.82214e-07	5.79947e-07
104	200	5.09824e-08	2.13545e-08	1.10195e-07	2.51502e-07
105	200	4.56307e-08	1.52451e-08	8.64983e-08	2.66064e-07
106	200	2.49424e-08	1.18998e-08	5.88332e-08	1.59796e-07
107	200	1.70462e-08	7.08934e-09	3.5188e-08	1.01745e-07
108	200	9.89045e-09	5.74676e-09	2.18801e-08	5.78322e-08
109	200	6.71803e-09	3.65401e-09	1.43638e-08	4.35225e-08
110	200	4.39307e-09	1.48775e-09	1.02335e-08	2.68797e-08
111	200	3.26246e-09	1.397e-09	6.92347e-09	1.97411e-08
112	200	2.21481e-09	1.04214e-09	5.14959e-09	1.31746e-08
113	200	1.96222e-09	6.24141e-10	4.12443e-09	1.01623e-08
114	200	1.15578e-09	4.03659e-10	2.45078e-09	7.9977e-09
115	200	8.63667e-10	1.62174e-10	1.80088e-09	5.95105e-09
116	200	5.00297e-10	3.11019e-10	1.19956e-09	2.91089e-09
117	200	3.43539e-10	1.41625e-10	6.81353e-10	1.63566e-09
118	200	2.22699e-10	1.47097e-10	5.08937e-10	1.26482e-09
119	200	1.62103e-10	6.08082e-11	3.51655e-10	9.74396e-10
120	200	9.20862e-11	4.12967e-11	2.05411e-10	6.0605e-10
121	200	6.52617e-11	4.28884e-11	1.57709e-10	4.09869e-10
122	200	4.71042e-11	2.37179e-11	1.09171e-10	2.92573e-10
123	200	3.70369e-11	2.05773e-11	8.07213e-11	2.10605e-10
124	200	2.71108e-11	1.01608e-11	5.75073e-11	1.58209e-10

그림에 나온 결과를 보면 진행됨에 따라 값이 점차 감소한다. 따라서 수렴한다는 것을 알 수 있다.

기호 회귀 문제를 푸는 방법

이번에는 유전 프로그래밍 기법으로 기호 회귀 문제symbolic regression problem를 푸는 방법을 살펴보자. 여기서 유전 프로그래밍과 유전 알고리즘은 서로 다르다는 점에 주의한다. 유전 프로그래밍genetic programming은 진화 알고리즘의 한 종류로서 해답이 컴퓨터 프로그램 형태로 존재한다. 각 세대의 개체는 컴퓨터 프로그램으로 구성되며,

개체의 적합도 수준에 따라 문제를 푸는 능력이 다르다. 개체를 표현한 프로그램은 반복 주기마다 유전 알고리즘을 이용해 수정할 수 있다. 한마디로 유전 프로그래밍은 유전 알고리즘을 응용한 것이다.

다시 기호 회귀 문제로 돌아와서, 다항식에 대한 근사치를 구해보자. 이 문제는 내부 함수를 예측하는 전통적인 회귀 문제다. 예제에서는 $f(x) = 2x^3 - 3x^2 + 4x - 1$이라는 표현식을 사용한다.

여기서 소개하는 코드는 DEAP 라이브러리에서 제공하는 기호 회귀 문제 예제를 변형한 것이다. 파이썬 파일을 새로 만들고, 다음과 같이 패키지를 불러오는 문장을 작성한다.

```python
import operator
import math
import random

import numpy as np
from deap import algorithms, base, creator, tools, gp
```

0으로 나누는 에러를 부드럽게 처리하는 나눗셈 연산자를 생성한다.

```python
# 함수 정의하기
def division_operator(numerator, denominator):
    if denominator == 0:
        return 1

    return numerator / denominator
```

적합도 연산에 사용할 평가 함수를 정의한다. 이를 위해 입력된 개체에 대해 계산을 수행하는 콜러블callable 함수를 정의한다.

```python
# 평가 함수 정의하기
def eval_func(individual, points):
    # 트리 표현식을 콜러블 함수로 변환하기
    func = toolbox.compile(expr=individual)
```

앞에서 정의한 함수와 원래 표현식 사이의 MSE[mean squared error](평균 제곱 오차)를 계산한다.

```
# 평균 제곱 오차 계산하기
mse = ((func(x) - (2 * x**3 - 3 * x**2 - 4 * x + 1))**2 for x in points)

return math.fsum(mse) / len(points),
```

툴박스를 생성하는 함수를 정의한다. 이 함수에서 툴박스를 생성하려면 몇 가지 기본 연산[primitive] 집합을 정의해야 한다. 이렇게 정의한 기본 연산들은 평가 연산 과정을 수행하는 데 사용한다. 개체에 대한 기본 구성 요소인 셈이다. 여기서는 기본 연산을 사칙 연산 함수로 정의한다.

```
# 툴박스 생성 함수
def create_toolbox():
    pset = gp.PrimitiveSet("MAIN", 1)
    pset.addPrimitive(operator.add, 2)
    pset.addPrimitive(operator.sub, 2)
    pset.addPrimitive(operator.mul, 2)
    pset.addPrimitive(division_operator, 2)
    pset.addPrimitive(operator.neg, 1)
    pset.addPrimitive(math.cos, 1)
    pset.addPrimitive(math.sin, 1)
```

이제 임의 상수[ephemeral constant]를 선언한다. 임의 상수는 특수한 형태의 단말[terminal]로서 고정된 값을 갖지 않고 실행 시간에 함수로부터 생성된다. 프로그램에서 이러한 임의 상수를 트리에 추가하면, 이에 해당하는 함수가 실행된다. 그리고 결과를 상수 단말 형태로 트리에 추가한다. 이때 상수 단말 값은 -1, 0, 1 중 하나를 가진다.

```
pset.addEphemeralConstant("rand101", lambda: random.randint(-1,1))
```

이 함수의 인수에 대한 디폴트 이름은 ARGx다. 예제에서는 이름을 x로 변경한다. 꼭 필요해서라기보다는 편의를 위해 바꿨다.

```
pset.renameArguments(ARG0='x')
```

적합도와 개체에 대한 오브젝트 타입을 정의한다. 이 작업은 creator로 처리한다.

```python
creator.create("FitnessMin", base.Fitness, weights=(-1.0,))
creator.create("Individual", gp.PrimitiveTree, fitness=creator.FitnessMin)
```

toolbox와 register 함수도 생성한다. 등록 과정은 앞 절에서 본 예제와 같다.

```python
toolbox = base.Toolbox()

toolbox.register("expr", gp.genHalfAndHalf, pset=pset, min_=1, max_=2)
toolbox.register("individual", tools.initIterate, creator.Individual,
toolbox.expr)
toolbox.register("population", tools.initRepeat, list, toolbox.individual)
toolbox.register("compile", gp.compile, pset=pset)
toolbox.register("evaluate", eval_func, points=[x/10. for x in
range(-10,10)])
toolbox.register("select", tools.selTournament, tournsize=3)
toolbox.register("mate", gp.cxOnePoint)
toolbox.register("expr_mut", gp.genFull, min_=0, max_=2)
toolbox.register("mutate", gp.mutUniform, expr=toolbox.expr_mut,
pset=pset)

toolbox.decorate("mate", gp.staticLimit(key=operator.attrgetter("height"),
max_value=17))
toolbox.decorate("mutate", gp.staticLimit(key=operator.
attrgetter("height"), max_value=17))

return toolbox
```

메인 함수를 정의한다. 먼저 난수 발생기에 시드를 지정한다.

```python
if __name__ == "__main__":
    random.seed(7)
```

toolbox 오브젝트를 생성한다.

```python
toolbox = create_toolbox()
```

toolbox 오브젝트에서 제공하는 메소드를 이용해 초기 집단을 정의한다. 예제에서는 초기 집단의 개체 수를 450으로 지정한다. 이 값은 사용자 마음대로 바꿀 수 있다. 나중에 다른 값으로 지정해서 결과를 비교해보길 바란다. 이어서 hall_of_fame 오브젝트도 정의한다.

```
population = toolbox.population(n=450)
hall_of_fame = tools.HallOfFame(1)
```

유전 알고리즘을 구현할 때 통계 정보는 유용하게 사용된다. 다음과 같이 stats 오브젝트를 정의한다.

```
stats_fit = tools.Statistics(lambda x: x.fitness.values)
stats_size = tools.Statistics(len)
```

앞에서 정의한 오브젝트를 이용해 stats를 등록한다.

```
mstats = tools.MultiStatistics(fitness=stats_fit, size=stats_size)
mstats.register("avg", np.mean)
mstats.register("std", np.std)
mstats.register("min", np.min)
mstats.register("max", np.max)
```

교배 확률과 변이 확률, 그리고 세대 수를 정의한다.

```
probab_crossover = 0.4
probab_mutate = 0.2
num_generations = 60
```

앞에서 정의한 매개변수를 이용해 진화 알고리즘을 실행한다.

```
population, log = algorithms.eaSimple(population, toolbox,
        probab_crossover, probab_mutate, num_generations,
        stats=mstats, halloffame=hall_of_fame, verbose=True)
```

전체 코드는 symbol_regression.py 파일에서 볼 수 있다. 코드를 실행한 직후에는 터미널 화면에 다음과 같은 결과가 나타난다.

		fitness				size			
gen	nevals	avg	max	min	std	avg	max	min	std
0	450	4.76249	29.1874	1.12469	3.67752	3.73556	7	2	1.62449
1	218	3.44707	65.0882	1.12469	3.32251	3.74222	13	1	1.9207
2	237	5.28001	1081.07	1.12469	50.8119	3.97111	13	1	2.12217
3	251	2.62149	24.5757	1.12469	1.66839	4.24	13	1	2.37303
4	235	2.64965	25.3357	1.12469	2.65292	5.03111	13	1	2.66231
5	238	2.62677	25.3357	1.08925	2.8576	5.93333	16	1	2.57682
6	222	2.7156	76.9788	1.08925	4.34684	6.52222	16	1	2.57003
7	231	2.55804	49.0524	0.727338	3.49854	6.90667	15	1	2.52282
8	223	4.47625	827.927	0.694043	39.0686	7.03778	17	1	2.46503
9	235	2.18918	34.6026	0.677779	2.79798	7.19111	16	1	2.47816
10	234	3.20324	87.034	0.643372	9.611	7.44	16	1	2.73369
11	222	2.54139	76.9616	0.43688	6.55684	8.2	20	1	3.31327
12	256	2.06505	75.9624	0.43688	5.17633	9.20444	20	1	3.75919
13	240	2.41737	163.089	0.305525	9.37401	10.7844	20	1	3.89646
14	237	1.75123	76.9788	0.263951	5.25166	12.0222	25	1	3.84817
15	242	1.7084	75.9624	0.263951	4.97002	13.2578	25	1	3.69146

실행이 끝나고 나면 그 결과는 다음과 같다.

36	214	40.9399	14030	0.0445045	673.931	25.8711	63	1	6.17531
37	226	307638	1.38435e+08	0.0445045	6.51866e+06	27.0067	65	3	6.87847
38	230	40.9642	16964.1	0.0445045	799.369	28.5644	71	1	9.27825
39	239	2.78001	484.264	0.0445045	32.1368	31.08	77	1	10.3665
40	242	45.7861	14030	0.0223818	675.352	32.9356	80	1	12.3933
41	228	14.3194	2760.39	0.0436073	143	35.5867	78	1	14.0128
42	258	45.8134	16020.7	0.0436073	766.112	36.3178	98	3	15.1884
43	237	103.238	30574.5	0.0436073	1584.58	34.4511	79	1	15.068
44	222	0.425816	8.59834	0.0436073	0.886543	33.4467	88	1	14.6946
45	245	11.0143	4738.18	0.0436073	223.095	31.8911	73	2	12.452
46	227	0.349263	5.35417	0.0171239	0.595373	31.36	82	5	11.6765
47	230	0.405121	13.024	0.0171239	1.02742	30.1778	83	1	10.4724
48	234	0.330895	5.11973	0.0171239	0.597628	29.4622	97	3	8.70477
49	237	31.6173	14026.6	0.0171239	660.463	30.0556	97	1	9.0113
50	231	0.413673	5.11973	0.0171239	0.708898	29.7289	77	3	7.42203
51	250	0.422774	5.58378	0.0171239	0.72979	30.1756	65	1	7.85863
52	257	0.415075	13.024	0.0171239	0.888729	30.2267	70	1	8.02979
53	227	0.477721	12.4557	0.0171239	1.06588	30.4844	67	1	8.24977
54	244	0.371314	5.21624	0.0171239	0.700161	31.04	67	1	8.29582
55	222	2.75559	1082.23	0.0145376	50.9549	31.3378	62	1	8.10222
56	239	0.349083	6.40973	0.0102334	0.69541	31.1733	63	1	8.15441
57	243	0.379105	5.81317	0.010213	0.769254	30.9067	66	3	8.6718
58	229	0.363292	20.9136	0.0102334	1.19069	31.2489	58	1	7.9602
59	241	0.375496	15.4929	0.0102334	1.0489	30.3333	55	1	8.32186
60	251	0.389825	20.9202	0.0102334	1.3045	30.1178	62	1	8.63903

```
Friesty-Nam:ch08 nam$
```

지능형 로봇 제어기 만들기

이번에는 유전 알고리즘으로 로봇 제어기를 만드는 예제를 살펴보자. 로봇은 지도
에 정의한 영역을 탐색하면서 여러 곳에 퍼져 있는 목표물을 찾는다. 지도는 다음과
같이 정의한다.

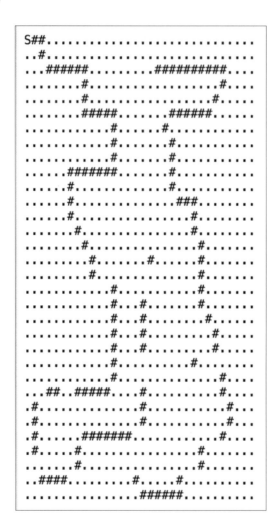

지도에 나온 목표물의 수는 124개다. 로봇 제어기의 목표는 이 지도를 보고 스스로
탐색하면서 목표물을 빠짐없이 찾는 것이다. 이 예제는 deap 라이브러리에 나온 인
공 개미 예제를 변형한 것이다.

파이썬 파일을 새로 만들고, 다음과 같이 패키지를 불러오는 문장을 작성한다.

```python
import copy
import random
from functools import partial

import numpy as np
from deap import algorithms, base, creator, tools, gp
```

로봇 제어기 클래스를 정의한다.

```python
class RobotController(object):
    def __init__(self, max_moves):
        self.max_moves = max_moves
        self.moves = 0
        self.consumed = 0
        self.routine = None
```

방향과 움직임을 정의한다.

```python
self.direction = ["north", "east", "south", "west"]
self.direction_row = [1, 0, -1, 0]
self.direction_col = [0, 1, 0, -1]
```

리셋 함수를 정의한다.

```python
def _reset(self):
    self.row = self.row_start
    self.col = self.col_start
    self.direction = 1
    self.moves = 0
    self.consumed = 0
    self.matrix_exc = copy.deepcopy(self.matrix)
```

조건 연산자를 정의한다.

```python
def _conditional(self, condition, out1, out2):
    out1() if condition() else out2()
```

왼쪽으로 회전하는 연산자를 정의한다.

```python
def turn_left(self):
    if self.moves < self.max_moves:
        self.moves += 1
        self.direction = (self.direction - 1) % 4
```

오른쪽으로 회전하는 연산자를 정의한다.

```python
def turn_right(self):
    if self.moves < self.max_moves:
        self.moves += 1
        self.direction = (self.direction + 1) % 4
```

로봇이 앞으로 움직이는 방식을 제어하는 메소드를 정의한다.

```python
def move_forward(self):
    if self.moves < self.max_moves:
        self.moves += 1
        self.row = (self.row + self.direction_row[self.direction]) % \
                self.matrix_row
        self.col = (self.col + self.direction_col[self.direction]) % \
                self.matrix_col

        if self.matrix_exc[self.row][self.col] == "target":
            self.consumed += 1

        self.matrix_exc[self.row][self.col] = "passed"
```

목표물을 감지하는 메소드를 정의한다. 앞에서 목표물을 발견하면, 이에 맞게 행렬도 업데이트한다.

```python
def sense_target(self):
    ahead_row = (self.row + self.direction_row[self.direction]) % self.matrix_row
    ahead_col = (self.col + self.direction_col[self.direction]) % self.matrix_col
    return self.matrix_exc[ahead_row][ahead_col] == "target"
```

앞에서 목표물을 발견하면 관련 함수를 생성해 반환한다.

```python
def if_target_ahead(self, out1, out2):
    return partial(self._conditional, self.sense_target, out1, out2)
```

로봇 제어기를 실행하는 메소드를 정의한다.

```python
def run(self, routine):
    self._reset()
    while self.moves < self.max_moves:
        routine()
```

입력된 지도를 탐색하는 함수를 정의한다. # 기호는 목표물을, S 기호는 시작 지점을, . 기호는 빈 칸을 나타낸다.

```python
def traverse_map(self, matrix):
    self.matrix = list()
    for i, line in enumerate(matrix):
        self.matrix.append(list())

        for j, col in enumerate(line):
            if col == "#":
                self.matrix[-1].append("target")

            elif col == ".":
                self.matrix[-1].append("empty")

            elif col == "S":
                self.matrix[-1].append("empty")
                self.row_start = self.row = i
                self.col_start = self.col = j
                self.direction = 1
    self.matrix_row = len(self.matrix)
    self.matrix_col = len(self.matrix[0])
    self.matrix_exc = copy.deepcopy(self.matrix)
```

입력 전달 인자의 수에 따라 함수를 생성하는 클래스를 정의한다.

```python
class Prog(object):
    def _progn(self, *args):
        for arg in args:
            arg()

    def prog2(self, out1, out2):
        return partial(self._progn, out1, out2)

    def prog3(self, out1, out2, out3):
        return partial(self._progn, out1, out2, out3)
```

평가 함수를 정의한다.

```python
def eval_func(individual):
    global robot, pset

    # 트리 표현식을 (콜러블) 함수로 변환하기
    routine = gp.compile(individual, pset)
```

이 함수(프로그램)를 실행한다.

```python
# 생성된 루틴 실행하기
robot.run(routine)
return robot.consumed,
```

툴박스와 덧셈 연산자를 생성하는 함수를 정의한다.

```python
def create_toolbox():
    global robot, pset

    pset = gp.PrimitiveSet("MAIN", 0)
    pset.addPrimitive(robot.if_target_ahead, 2)
    pset.addPrimitive(Prog().prog2, 2)
    pset.addPrimitive(Prog().prog3, 3)
    pset.addTerminal(robot.move_forward)
```

```
    pset.addTerminal(robot.turn_left)
    pset.addTerminal(robot.turn_right)
```

적합도 함수로 오브젝트 타입을 생성한다.

```
creator.create("FitnessMax", base.Fitness, weights=(1.0,))
creator.create("Individual", gp.PrimitiveTree, fitness=creator.FitnessMax)
```

toolbox를 생성하고 모든 연산자를 등록한다.

```
toolbox = base.Toolbox()

# 속성 생성자
toolbox.register("expr_init", gp.genFull, pset=pset, min_=1, max_=2)

# 구조 초기화
toolbox.register("individual", tools.initIterate, creator.Individual,
toolbox.expr_init)
toolbox.register("population", tools.initRepeat, list, toolbox.individual)

toolbox.register("evaluate", eval_func)
toolbox.register("select", tools.selTournament, tournsize=7)
toolbox.register("mate", gp.cxOnePoint)
toolbox.register("expr_mut", gp.genFull, min_=0, max_=2)
toolbox.register("mutate", gp.mutUniform, expr=toolbox.expr_mut,
pset=pset)

return toolbox
```

메인 함수를 정의한다. 먼저 난수 발생기에 시드를 지정한다.

```
if __name__ == "__main__":
    global robot

    # 난수 발생기에 시드 지정하기
    random.seed(7)
```

초기화 매개변수를 이용해 로봇 제어기 오브젝트를 생성한다.

```python
# 최대 이동 거리 (횟수) 정의
max_moves = 750

# 로봇 오브젝트 생성하기
robot = RobotController(max_moves)
```

앞에서 정의한 함수를 이용해 toolbox를 생성한다.

```python
# 툴박스 생성하기
toolbox = create_toolbox()
```

입력 파일로부터 지도 데이터를 읽는다.

```python
# 지도 데이터 읽기
with open('target_map.txt', 'r') as f:
    robot.traverse_map(f)
```

집단의 개체 수를 400으로 지정한다. hall_of_fame 오브젝트도 정의한다.

```python
# 집단과 명예의 전당 변수 정의하기
population = toolbox.population(n=400)
hall_of_fame = tools.HallOfFame(1)
```

통계 정보를 등록한다.

```python
# 통계 정보 등록하기
stats = tools.Statistics(lambda x: x.fitness.values)
stats.register("avg", np.mean)
stats.register("std", np.std)
stats.register("min", np.min)
stats.register("max", np.max)
```

교배 확률과 변이 확률, 그리고 세대 수를 정의한다.

```
# 매개변수 정의하기
probab_crossover = 0.4
probab_mutate = 0.3
num_generations = 50
```

앞에서 정의한 매개변수를 이용해 진화 알고리즘을 실행한다.

```
# 알고리즘을 실행해 문제 풀기
algorithms.eaSimple(population, toolbox, probab_crossover,
        probab_mutate, num_generations, stats,
        halloffame=hall_of_fame)
```

전체 코드는 robot.py 파일에서 볼 수 있다. 코드를 실행하면 터미널 화면에서 다음 과 같은 결과를 볼 수 있다.

gen	nevals	avg	std	min	max
0	400	1.4875	4.37491	0	62
1	231	4.285	7.56993	0	73
2	235	10.8925	14.8493	0	73
3	231	21.72	22.1239	0	73
4	238	29.9775	27.7861	0	76
5	224	37.6275	31.8698	0	76
6	231	42.845	33.0541	0	80
7	223	43.55	33.9369	0	83
8	234	44.0675	34.5201	0	83
9	231	49.2975	34.3065	0	83
10	249	47.075	36.4106	0	93
11	222	52.7925	36.2826	0	97
12	248	51.0725	37.2598	0	97
13	234	54.01	37.4614	0	97
14	229	59.615	37.7894	0	97
15	228	63.3	39.8205	0	97
16	220	64.605	40.3962	0	97
17	236	62.545	40.5607	0	97
18	233	67.99	38.9033	0	97
19	236	66.4025	39.6574	0	97
20	221	69.785	38.7117	0	97
21	244	65.705	39.0957	0	97
22	230	70.32	37.1206	0	97
23	241	67.3825	39.4028	0	97
24	227	69.265	38.8828	0	97

실행이 끝나면 다음과 같은 결과를 볼 수 있다.

```
26    214    71.505    36.964   0    97
27    246    72.72     37.1637  0    97
28    238    73.5975   36.5385  0    97
29    239    76.405    35.5696  0    97
30    246    78.6025   33.4281  0    97
31    240    74.83     36.5157  0    97
32    216    80.2625   32.6659  0    97
33    220    80.6425   33.0933  0    97
34    247    78.245    34.6022  0    97
35    241    81.22     32.1885  0    97
36    234    83.6375   29.0002  0    97
37    228    82.485    31.7354  0    97
38    219    83.4625   30.0592  0    97
39    212    88.64     24.2702  0    97
40    231    86.7275   27.0879  0    97
41    229    89.1825   23.8773  0    97
42    216    87.96     25.1649  0    97
43    218    86.85     27.1116  0    97
44    236    88.78     23.7278  0    97
45    225    89.115    23.4212  0    97
46    232    88.5425   24.187   0    97
47    245    87.7775   25.3909  0    97
48    231    87.78     26.3786  0    97
49    238    88.8525   24.5115  0    97
50    233    87.82     25.4164  1    97
Friesty-Nam:ch08 nam$ []
```

요약

이 장에서는 유전 알고리즘과 관련 개념을 알아봤다. 진화 알고리즘과 유전 프로그래밍도 소개했다. 그리고 이들과 유전 알고리즘의 관계도 살펴봤다. 그리고 집단, 교배, 변이, 선택, 적합도 함수와 같은 유전 알고리즘의 기본 구성 요소를 소개했다. 그리고 미리 정의한 매개변수를 이용해 비트 패턴을 생성하는 방법도 살펴봤다. CMA-ES로 진화 과정을 시각적으로 표현하는 방법도 알아봤다. 기호 회귀 문제를 유전 알고리즘으로 해결하는 방법도 소개했다. 마지막으로, 이 장에서 소개한 개념을 이용해 지도를 돌아다니며 목표물을 찾는 로봇 제어기 예제도 만들어봤다. 다음 장에서는 인공지능을 이용해 게임을 만드는 방법을 소개한다.

9 인공지능을 이용한 게임 만들기

이번 장에서는 인공지능을 이용해 게임을 만들어본다. 우선 검색 알고리즘을 사용해 효과적인 게임 전략을 세우는 방법을 배운다. 그리고 검색 알고리즘을 사용하는 지능형 로봇을 만들어 여러 게임에 적용해볼 것이다. 이번 장에서 배울 주제는 다음과 같다.

- 게임에서 검색 알고리즘 사용하기
- 조합 검색
- 미니맥스^{Minimax} 알고리즘
- 알파-베타 가지치기^{Alpha-Beta pruning}
- 네가맥스^{Negamax} 알고리즘
- 마지막 동전 피하기^{Last Coin Standing} 게임 봇 만들기
- 틱택토^{Tic Tac Toe} 게임 봇 만들기
- 두 개의 커넥트 포^{Connect Four} 게임 봇을 만들어 서로 대결시키기
- 두 개의 헥사폰^{Hexapawn} 게임 봇을 만들어 서로 대결시키기

게임에서 검색 알고리즘 사용하기

체스나 장기와 같은 보드게임에서 이기려면 몇 수 앞을 예측해 말을 움직여야 한다. 이는 현시점에서 미래를 예측해 최선의 선택지를 고르는 과정으로 볼 수 있다. 여기서 검색 알고리즘이 활용된다. 검색 알고리즘은 속도, 정확도, 복잡성 등의 여러 가지 요소를 고려해 가능한 이동 경로 중 최선의 경로를 찾는다. 게임이 진행되는 일련의 과정 동안 상황에 맞는 최적의 이동 경로를 찾는 것이 알고리즘의 최종 목표다. 모든 게임에는 각각의 승리 조건이 있다. 검색 알고리즘은 게임의 승리 조건을 고려해 최적의 이동 경로를 찾아 게임을 승리로 이끄는 전략을 제시한다.

만약 상대방 플레이어가 없다면 최적의 이동 경로를 찾기가 수월할 것이다. 그러나 상대방이 있을 때는 어떨까? 2인용 게임을 생각해보자. 플레이어가 움직일 때마다 상대 플레이어는 플레이어가 승리하지 못하도록 방해할 것이다. 검색 알고리즘이 현재 상황을 고려해 기껏 최적의 이동 경로를 찾아도, 상대 플레이어의 방해 때문에 애초에 계획한 대로 이동할 수 없게 된다. 이것은 기본적으로 검색 알고리즘이 자기 차례가 올 때마다 지속적으로 이동 경로를 다시 계산해야 하는 것을 의미한다.

컴퓨터라면 게임을 어떻게 풀어갈지 생각해보자. 게임의 진행에 따라 발생 가능한 모든 상황을 트리로 표현한다면, 게임은 트리를 검색하는 과정으로 볼 수 있다. 컴퓨터는 자기 차례가 올 때마다 매번 트리에서 승리를 위한 최적의 이동 경로를 찾아나간다. 트리의 각 노드는 게임의 진행 방향에 따라 도달 가능한 미래의 상태 중 하나를 나타낸다. 예를 들어 틱택토 게임을 한다고 하자. 게임의 시작은 트리의 루트 노드가 될 것이다. 이 노드는 첫 번째 돌을 놓을 수 있는 가능한 위치의 숫자만큼 자식 노드를 가지게 되며, 각 자식 노드는 특정 위치에 돌을 놓았을 때의 상황을 나타낸다. 각각의 노드는 두 번째 돌을 놓을 수 있는 위치만큼 또 다시 자식 노드를 가진다. 트리의 마지막 노드는 여러 차례 게임이 진행돼 게임이 끝났을 때의 최종 결과를 나타낸다. 게임은 무승부 혹은 누군가 이긴 것으로 종료될 것이다. 검색 알고리즘은 이렇게 구성된 트리를 검색해 게임의 각 단계마다 승리를 위한 최적의 이동 경로를 찾는다.

조합 검색

앞 절에서는 검색 알고리즘을 통해 게임을 좀 더 똑똑하게 만드는 방법을 살펴봤다. 하지만 이 방법에는 중대한 단점이 있다. 앞에서 설명한 검색 알고리즘은 철저한 검색exhaustive search 혹은 무차별 검색brute force search이라고 불리는 방법을 사용한다. 이름에서 유추할 수 있듯이 이 알고리즘은 기본적으로 모든 가능한 경우를 철저히 탐색하고 가능한 모든 선택의 결과를 예측한다. 이는 최악의 경우, 문제를 해결하기 위해 가능한 모든 경우의 수를 탐색해야 한다는 것을 의미한다.

게임이 복잡할수록 가능한 선택의 수가 엄청나게 많아지게 되므로 무차별 검색을 사용할 수 없게 된다. 계산량이 많아 결과를 빠르게 예측할 수 없기 때문이다. 이 문제를 해결하기 위해 조합 검색을 사용한다. 이 방법은 휴리스틱heuristics을 사용하거나 검색 공간의 크기를 줄임으로써 솔루션 공간을 효율적으로 탐색할 수 있게 한다. 따라서 체스나 바둑과 같은 복잡한 게임에서 매우 유용하게 사용된다.

조합 검색은 가지치기 전략pruning strategy을 사용해 효과적으로 검색 공간을 탐색한다. 명백하게 잘못된 선택을 미리 제거해 모든 솔루션을 검증할 필요가 없게 한다. 이를 통해 불필요한 노력과 시간을 절약할 수 있다.

미니 맥스 알고리즘

앞에서 조합 검색에 대해 간단하게 알아봤다. 이제 조합 검색에서 사용되는 휴리스틱을 알아보자. 휴리스틱은 보통 검색 전략의 속도를 높이기 위해 조합 검색에서 사용되는 방법으로, 대표적으로는 미니맥스 알고리즘이 있다. 두 명의 플레이어가 승부를 겨룰 때, 각 플레이어는 기본적으로 서로 반대되는 목표를 가지고 있다. 미니맥스는 이러한 상황을 염두에 두고 전략을 짜서 승리를 쟁취한다. 쉽게 말해 미니맥스의 목표는 상대방의 목표 달성을 방해하는 것이다.

앞에서 언급했듯이 무차별 검색은 모든 가능한 경우의 수를 계산하는 만큼 엄청나게 많은 시간이 소요된다. 따라서 게임이 조금만 복잡해도 이 방법을 사용할 수 없다. 복잡한 게임에서는 휴리스틱을 사용해 최적의 다음 수만을 예측해야 한다. 컴퓨터는 트리를 구축하고 말단 노드부터 탐색을 시작한다. 기본적으로 컴퓨터는 게임에서 상대가 어떤 선택을 할지 예측할 수 있다. 합리적인 플레이어라면 게임에서 이기기 위해 자기 자신에게는 유리하지만 상대방에게는 불리한 선택을 할 것이기 때문이다. 컴퓨터는 게임의 승패가 결정되는 말단 노드로부터 거슬러 올라가 현재 시점에서 최적의 선택을 고를 수 있도록 이동 경로를 계산한다. 컴퓨터는 가능한 선택지별로 점수를 매긴다. 점수는 상대방이 승리하는 상황을 얼마나 쉽게 회피할 수 있느냐에 따라 결정된다. 점수 계산이 끝나면 컴퓨터는 최고의 점수가 매겨져 있는 노드를 선택해 다음 돌의 위치를 결정한다.

알파-베타 가지치기

미니맥스 검색은 효율적인 전략이지만 여전히 승리와 무관한 이동 경로까지 탐색에 포함시킨다. 트리를 탐색해 최적의 루트를 찾는 상황을 생각해보자. 특정 노드를 경유하는 이동 경로가 최적의 경로가 아니라면, 군이 이 노드를 지나는 경로를 일일이 검사하지 않아도 된다. 그러나 미니맥스 검색은 보수적인 관점에서 이 경우에도 하위 노드를 일일이 검사한다.

따라서 이런 상황을 회피할 수 있는 지능적인 검색 방법을 사용해야 한다. 불필요한 노드 탐색을 회피하도록 알고리즘을 디자인하는 것을 가지치기pruning라고 하며, 알파-베타 가지치기는 최적의 경로에 포함되지 않은 서브트리 탐색을 회피하기 위한 가지치기 알고리즘의 하나다.

알파-베타 가지치기는 기본적으로 어느 한쪽에게 일방적으로 좋은 경로로는 게임이 진행되지 않을 것이라 가정하고, (합리적인 플레이어라면 상대방에게 가장 좋은 경로를 피할 것이다.) 이러한 경로를 가지치기한다. 알파-베타 가지치기의 알파 및 베타 매개변수는 계산 중에 사용되는 두 개의 기준값에 관련된 변수다. 이 매개변수는 가능한 솔루션 집합의 수를 제한하기 위해 사용되며 이미 탐색된 부분 트리에 따라 결정된다. 알파는 가능한 솔루션의 최대 하한 점수고 베타는 가능한 솔루션의 최소 상한 점수를 나타낸다. 쉽게 말하면 알파는 플레이어가 얻을 수 있는 최대 점수, 베타는 상대방에게 가장 유리한 점수를 나타낸다.

앞에서 설명한 것처럼 각 노드에는 현재 상태에 따라 점수를 할당할 수 있다. 알고리즘이 새로운 노드를 잠재적인 이동 경로로 간주하면, 노드 점수의 현재 추정치가 알파와 베타 사이에 있는지를 판단해 가지치기를 할지 말지 결정한다. 이렇게 가지치기 알고리즘을 적용해 탐색 공간을 줄일 수 있다.

알파-베타 가지치기에 대해 더 자세히 알고 싶다면 다음 위키 사이트를 방문하자.

https://en.wikipedia.org/wiki/Alpha-beta_pruning

네가맥스 알고리즘

네가맥스^{Negamax} 알고리즘은 미니맥스 알고리즘의 변형으로 실제 환경에서 자주 이용되는 알고리즘이다. 2인용 게임은 일반적으로 제로섬 게임이며, 이는 한 플레이어의 손실이 다른 플레이어의 이득이 되는 것을 의미한다. 네가맥스는 이 특징을 광범위하게 활용해 게임에서 승리할 확률을 높이는 전략을 제시한다.

게임 관점에서 보면, 첫 번째 플레이어가 특정 위치에 돌을 놓아 획득한 점수만큼 두 번째 플레이어의 점수는 차감된다. 따라서 승리를 위해 각 플레이어는 상대방에게 가장 불리한 위치를 찾아야 한다. 즉, 상대방이 가장 적은 점수를 얻을 수 있도록 이동해야 한다. 이런 관점에서 게임을 진행하면, 상대방의 점수는 최소화하고 내 점수는 자연스럽게 최대화하는 방향으로 움직일 수 있다. 네가맥스 알고리즘은 이러한 관점을 반영한 알고리즘이다. 반면에 미니맥스는 상대방에게 불리한 위치뿐만 아니라 동시에 나에게 가장 유리한 위치를 찾는다. 따라서 네가맥스 알고리즘이 미니맥스 알고리즘보다 더 간결하다. 이 알고리즘에도 알파-베타 가지치기가 사용될 수 있다.

easyAI 라이브러리 설치하기

이 절에서는 인공지능 프레임워크 중 하나로 2인용 게임 구축을 위한 기본적인 함수를 제공하는 easyAI 라이브러리를 사용해볼 것이다. 이 라이브러리에 대한 자세한 내용은 easyAI 홈페이지(http://zulko.github.io/easyAI)에서 확인하길 바란다.

터미널에서 다음 명령을 실행해 라이브러리를 설치한다.

```
$ pip3 install easyAI
```

제공되는 함수 중 일부는 사용하려면 몇 가지 파일이 추가로 필요하며, 편의상 관련 코드를 책과 함께 제공했다. easyAI 폴더에서 코드를 확인해보자. 이 폴더는 easyAI 깃허브 저장소(https://github.com/Zulko/easyAI)에서도 다운로드할 수 있다. 소스 코드를 검토해서 소스에 익숙해지자.

마지막 동전 피하기 게임 봇 만들기

이 게임은 각 플레이어가 주어진 동전 뭉치에서 자기 차례마다 몇 개의 동전을 가져가는 게임으로, 게임의 목표는 동전 뭉치에서 마지막 동전을 가져가는 것을 피하는 것이다.[1] 각 차례마다 동전 뭉치에서 가져갈 수 있는 동전의 최소 개수와 최대 개수가 정해져 있다. 이 게임을 플레이할 인공지능 게임 봇을 EasyAI 라이브러리에서 제공하는 본즈Bones 레시피를 사용해 만들자.

새로운 파이썬 파일을 생성하고 다음과 같이 패키지를 불러온다.

```
from easyAI import TwoPlayersGame, id_solve, Human_Player, AI_Player
from easyAI.AI import TT
```

---

[1] 흔히들 하는 '베스킨라빈스 31 게임'과 비슷하다. - 옮긴이

EasyAI 라이브러리의 TwoPlayersGame 클래스를 상속받아 게임에 필요한 함수가 포함된 클래스를 만들고, 다음과 같이 몇 가지 매개변수를 정의한다. 첫 번째 변수는 플레이어 수를 나타내는 players 변수다. 다음과 같이 클래스를 선언하는 코드를 작성하자.

```
class LastCoinStanding(TwoPlayersGame):
    def __init__(self, players):
        # 플레이어 수를 정한다. 필수 매개변수
        self.players = players
```

누가 먼저 게임을 시작할지 정한다. 플레이어는 1부터 시작하는 번호로 표시된다. 다음 예제에서는 플레이어 1이 먼저 게임을 시작한다.

```
# 누가 선플레이어인지 정한다. 필수 매개변수
self.nplayer = 1
```

전체 동전의 수를 정한다. 원하는 숫자만큼 자유롭게 정하면 된다. 다음 예제에서는 동전의 수를 25개로 정한다.

```
# 전체 동전 수
self.num_coins = 25
```

차례마다 가져갈 수 있는 최대 동전 수를 정한다. 이 숫자도 자유롭게 선택할 수 있다. 예제에서는 4를 선택한다.

```
# 차례마다 가져갈 수 있는 최대 동전 수를 정한다
self.max_coins = 4
```

차례마다 가져갈 수 있는 동전 개수의 범위를 정한다. 예제에서는 플레이어가 한 개부터 네 개까지의 동전을 가져갈 수 있다.

```
# 가져갈 수 있는 동전 수의 범위를 정한다
def possible_moves(self):
    return [str(x) for x in range(1, self.max_coins + 1)]
```

남은 동전의 숫자를 관리하는 함수를 작성한다.

```python
# 가져간 동전 수만큼 제거
def make_move(self, move):
    self.num_coins -= int(move)
```

남은 동전 수를 확인해 게임에서 이긴 사람이 있는지 확인한다.

```python
# 누군가 마지막 동전을 가져갔나?
def win(self):
    return self.num_coins <= 0
```

누군가가 이기면 게임을 중지한다.

```python
# 승자가 나타나면 게임 종료
def is_over(self):
    return self.win()
```

다음과 같이 승리 시 점수를 계산하는 함수를 작성한다. 꼭 필요한 함수다.

```python
# 점수 계산
def scoring(self):
    return 100 if self.win() else 0
```

남은 동전의 개수를 보여주는 함수를 정의한다.

```python
# 동전 뭉치에 남아있는 동전의 수를 보여준다
def show(self):
    print(self.num_coins, 'coins left in the pile')
```

메인 함수를 정의하고 전치 테이블을 선언한다. 전치 테이블은 게임에서 알고리즘의 속도를 높이기 위해 위치와 움직임을 저장하는 데 사용된다.

다음과 같이 코드를 작성한다.

```python
if __name__ == "__main__":
    # 전치 테이블 선언
    table tt = TT()
```

남은 동전 수를 반환하는 함수를 정의한다. 이 함수는 게임의 상황을 보여줄 문자열을 만드는 데 사용된다.

```
# 함수 정의
LastCoinStanding.ttentry = lambda self: self.num_coins
```

AI를 사용해 게임을 진행해보자. id_solve 함수는 반복적인 심화 분석을 통해 게임의 해법을 찾는다. 이 함수는 기본적으로 모든 경로를 탐색해 누가 이길 수 있는지 분석한다. 첫 번째 플레이어가 완벽하게 게임을 진행해 승리할 수 있을까? 컴퓨터는 완벽한 상대방을 상대로 항상 패하게 될까?

id_solve 함수는 네가맥스 알고리즘을 사용해 최적의 경로를 탐색한다. 이때 승리할 수 있는 이동 경로를 여러 번 탐색해 찾는다. 게임이 시작돼 끝날 때까지 인공지능 플레이어는 계속해서 게임을 분석하고 다음 행동을 결정한다. 함수의 두 번째 매개변수는 알고리즘의 탐색 깊이를 나타낸다. 이 예제에서는 2에서 20 사이의 모든 깊이에 대해 탐색을 시도한다.

```
# 게임의 솔루션을 찾는다
result, depth, move = id_solve(LastCoinStanding, range(2, 20), win_
score=100, tt=tt)
print(result, depth, move)
```

컴퓨터와 함께 게임을 시작해보자.

```
# 게임 시작
game = LastCoinStanding([AI_Player(tt), Human_Player()])
game.play()
```

전체 코드는 coins.py 파일에 있다. 코드는 대화식 프로그램으로 구성돼 사용자의 입력을 기다린다. 코드를 실행하면 컴퓨터와의 대전이 시작된다. 게임의 목표는 컴퓨터가 마지막 동전을 가져가게 해서 게임에 이기는 것이다. 코드를 실행하면 터미널에 다음과 같은 화면이 나타난다.

```
d:2, a:0, m:1
d:3, a:0, m:1
d:4, a:0, m:1
d:5, a:0, m:1
d:6, a:0, m:1
d:7, a:0, m:1
d:8, a:0, m:1
d:9, a:0, m:1
d:10, a:100, m:4
1 10 4
25 coins left in the pile

Move #1: player 1 plays 4 :
21 coins left in the pile

Player 2 what do you play ? 1

Move #2: player 2 plays 1 :
20 coins left in the pile

Move #3: player 1 plays 4 :
16 coins left in the pile
```

예제에서는 다음과 같이 게임이 진행된다.

```
Move #5: player 1 plays 2 :
11 coins left in the pile

Player 2 what do you play ? 4

Move #6: player 2 plays 4 :
7 coins left in the pile

Move #7: player 1 plays 1 :
6 coins left in the pile

Player 2 what do you play ? 2

Move #8: player 2 plays 2 :
4 coins left in the pile

Move #9: player 1 plays 3 :
1 coins left in the pile

Player 2 what do you play ? 1

Move #10: player 2 plays 1 :
0 coins left in the pile
```

위 그림에서는 사용자가 마지막 동전을 집었기 때문에 컴퓨터가 게임에서 승리했다.

틱택토 게임 봇 만들기

틱택토Tic Tac Toe는 아마도 가장 유명한 게임 중 하나일 것이다. 이 게임을 만들어 컴퓨터와 대전해보자. 다음 예제는 easyAI 라이브러리에서 제공하는 틱택토 예제를 약간 수정한 것이다.

새로운 파이썬 파일을 생성하고 다음과 같이 패키지를 불러온다.

```
from easyAI import TwoPlayersGame, AI_Player, Negamax
from easyAI.Player import Human_Player
```

게임 플레이에 필요한 모든 함수를 포함할 클래스를 정의한다. 그리고 선플레이어가 누가 될지 정한다.

```
class GameController(TwoPlayersGame):
    def __init__(self, players):
        # 플레이어 수를 정한다
        self.players = players

        # 누가 먼저 게임을 시작할지 정한다
        self.nplayer = 1
```

게임에는 1에서 9까지 행 번호가 매겨진 3×3 보드를 사용할 것이다.

```
# 보드 크기를 정한다
self.board = [0] * 9
```

가능한 모든 이동 경로를 찾아주는 함수를 정의한다.

```
# 가능한 이동 경로 반환
def possible_moves(self):
    return [a + 1 for a, b in enumerate(self.board) if b == 0]
```

돌을 놓은 후 보드 상황을 업데이트하는 함수를 정의한다.

```
# 이동한다
def make_move(self, move):
    self.board[int(move) - 1] = self.nplayer
```

세 개의 돌이 한 줄로 놓여 있는지를 확인해 게임의 승자가 있는지 확인하는 함수를 정의한다.

```
# 상대방이 한 줄에 세 개의 돌을 놓았는가?
def loss_condition(self):
    possible_combinations = [[1,2,3], [4,5,6], [7,8,9], [1,4,7], [2,5,8],
[3,6,9], [1,5,9], [3,5,7]]
```

```
    return any([all([(self.board[i-1] == self.nopponent) for i in
combination]) for combination in possible_combinations])
```

loss_condition 함수를 사용해 게임이 끝났는지 확인한다.

```
# 게임 종료 확인
def is_over(self):
    return (self.possible_moves() == []) or self.loss_condition()
```

현재 진행 상황을 표시하는 함수를 정의한다.

```
# 현재 상황 출력
def show(self):
    print('\n'+'\n'.join([' '.join([['. ', 'O', 'X'][self.board[3*j + for
i in range(3)]) for j in range(3)]))
```

loss_condition 함수를 사용해 점수를 계산한다.

```
# 점수 계산
def scoring(self):
    return -100 if self.loss_condition() else 0
```

메인 함수를 정의하고 알고리즘을 선언한다. AI 알고리즘으로 네가맥스를 사용한다. 알고리즘이 분석할 트리의 깊이는 7로 정한다.

```
if __name__ == "__main__":
    # 알고리즘 선언
    algorithm = Negamax(7)
```

자, 이제 게임을 시작하자.

```
# 게임 시작
GameController([Human_Player(), AI_Player(algorithm)]).play()
```

전체 코드는 tic_tac_toe.py 파일에 저장돼 있다. 이 게임은 컴퓨터와 대결하는 대화형 게임이다. 코드를 실행하면, 처음에는 터미널에 다음과 같이 표시된다.

```
. . .
. . .
. . .

Player 1 what do you play ? 5

Move #1: player 1 plays 5 :

. . .
. O .
. . .

Move #2: player 2 plays 1 :

X . .
. O .
. . .

Player 1 what do you play ? 9

Move #3: player 1 plays 9 :

X . .
. O .
. . O
```

이 예제에서는 다음 화면과 같이 게임이 진행된다.

```
X O X
. O .
. X O

Player 1 what do you play ? 4

Move #7: player 1 plays 4 :

X O X
O O .
. X O

Move #8: player 2 plays 6 :

X O X
O O X
. X O

Player 1 what do you play ? 7

Move #9: player 1 plays 7 :

X O X
O O X
O X O
```

무승부로 게임이 끝났다.

두 개의 커넥트 포 게임 봇을 만들어 서로 대결시키기

커넥트 포Connect Four는 밀톤 브레들리Milton Bradley에서 판매되는 인기 있는 2인용 게임이다. 이 게임은 포인로Four in a Row나 포업Four Up과 같은 이름으로도 알려져 있다.[2] 이 게임에서 플레이어는 차례대로 디스크(돌)를 6행 7열로 구성된 수직 그리드(바둑판)에 놓는다. 게임의 목표는 한 줄에 네 개의 디스크를 놓는 것이다. 예제에서는 easyAI 라이브러리에 제공되는 커넥트 포 레시피를 약간 변형한다. 이제 이 게임을 만드는 방법을 알아보자. 이 예제에서는 사용자가 직접 컴퓨터를 상대하지 않고 두

---

2 오목의 변형인 사목 정도로 생각하면 된다. – 옮긴이

개의 게임 봇이 서로 대결하게 만든다. 게임 봇마다 각각 다른 알고리즘을 사용해 어떤 알고리즘이 승리하는지 확인해보자.

새로운 파이썬 파일을 생성하고 다음과 같이 패키지를 불러온다.

```
import numpy as np
from easyAI import TwoPlayersGame, Human_Player, AI_Player, Negamax, SSS
```

게임을 하는 데 필요한 모든 함수를 포함할 클래스를 정의한다.

```
class GameController(TwoPlayersGame):
    def __init__(self, players, board = None):
        # 플레이어 수를 정한다
        self.players = players
```

6행 7열로 구성된 보드를 선언한다.

```
# 보드 환경을 설정한다
self.board = board if (board != None) else (np.array([[0 for i in
range(7)] for j in range(6)]))
```

누가 선플레이어인지 정한다. 이 예제에서는 1번 플레이어가 선플레이어가 되게 한다.

```
# 먼저 게임을 시작할 플레이어 정하기
self.nplayer = 1
```

포지션을 정한다.

```
# 포지션 정하기
self.pos_dir = np.array([[[i, 0], [0, 1]] for i in range(6)] +
[[[0, i], [1, 0]] for i in range(7)] +
[[[i, 0], [1, 1]] for i in range(1, 3)] +
[[[0, i], [1, 1]] for i in range(4)] +
[[[i, 6], [1, -1]] for i in range(1, 3)] +
[[[0, i], [1, -1]] for i in range(3, 7)])
```

가능한 모든 이동 경로의 수를 반환하는 함수를 정의한다.

```python
# 가능한 모든 이동 경로를 반환한다
def possible_moves(self):
    return [i for i in range(7) if (self.board[:, i].min() == 0)]
```

어떤 위치에 디스크를 놓을지 정하는 함수를 정의한다.

```python
# 어떻게 이동할지 정한다
def make_move(self, column):
    line = np.argmin(self.board[:, column] != 0)
    self.board[line, column] = self.nplayer
```

현재 상황을 보여주는 함수를 정의한다.

```python
# 현재 상황을 확인하는 함수를 정의한다
def show(self):
    print('\n' + '\n'.join(['0 1 2 3 4 5 6', 13 * '-'] + [' '.join([['.',
'O', 'X'][self.board[5 - j][i]] for i in range(7)]) for j in range(6)]))
```

누가 이겼는지 확인하는 함수를 정의한다. 누군가 한 라인에서 네 개의 디스크를 획득하면 해당 플레이어가 이긴다.

```python
# 패배 조건을 확인하는 함수를 정의한다
def loss_condition(self):
    for pos, direction in self.pos_dir:
        streak = 0
        while (0 <= pos[0] <= 5) and (0 <= pos[1] <= 6):
            if self.board[pos[0], pos[1]] == self.nopponent:
                streak += 1
                if streak == 4:
                    return True
            else:
                streak = 0

            pos = pos + direction

    return False
```

게임이 끝났는지 확인하려면 loss_condition 함수를 사용한다.

```
# 게임 종료 확인
def is_over(self):
    return (self.board.min() > 0) or self.loss_condition()
```

점수를 계산한다.

```
# 점수 계산
def scoring(self):
    return -100 if self.loss_condition() else 0
```

메인 함수를 정의하고 알고리즘을 선언한다. 두 개의 알고리즘이 서로 대결하도록 프로그램을 작성한다. 첫 번째 컴퓨터 플레이어에는 네가맥스 알고리즘을 사용하고 두 번째 컴퓨터 플레이어는 SSS* 알고리즘[3]을 사용한다. SSS*는 기본적으로 최적 우선best-first 방식으로 트리를 분석해 공간을 검색하는 검색 알고리즘이다. 두 가지 방법 모두 매개변수로 분석 깊이(미리 분석할 턴의 수)를 받는다. 이 예제에서는 두 알고리즘 모두 분석 깊이 5를 사용한다.

```
if __name__ == '__main__':
    # 사용할 알고리즘을 정한다
    algo_neg = Negamax(5)
    algo_sss = SSS(5)
```

게임을 시작한다.

```
# 게임 시작
game = GameController([AI_Player(algo_neg), AI_Player(algo_sss)])
game.play()
```

---

3 상태 공간 탐색(state space search) 알고리즘을 말한다(https://en.wikipedia.org/wiki/SSS* 참조). - 옮긴이

결과를 출력한다.

```
# 결과 출력
if game.loss_condition():
    print('\nPlayer', game.nopponent, 'wins. ') else:
    print("\nIt's a draw.")
```

전체 코드는 connect_four.py 파일에 수록돼 있다. 두 개의 알고리즘을 서로 대결시키는 예제이므로, 이 예제는 대화형으로 진행되지 않는다. 네가맥스 알고리즘이 플레이어 1이고 SSS* 알고리즘은 플레이어 2다.

코드를 실행하면 처음에는 다음과 같이 보인다.

게임이 다음과 같이 진행된다.

```
0 0 0 X 0 0 .

Move #35: player 1 plays 6 :

0 1 2 3 4 5 6
-------------
X X 0 0 X . .
0 0 X X 0 . .
X X 0 0 X X .
0 0 X X 0 0 .
X X 0 X X X .
0 0 0 X 0 0 0

Move #36: player 2 plays 6 :

0 1 2 3 4 5 6
-------------
X X 0 0 X . .
0 0 X X 0 . .
X X 0 0 X X .
0 0 X X 0 0 .
X X 0 X X X X
0 0 0 X 0 0 0

Player 2 wins.
```

SSS* 알고리즘을 사용한 플레이어 2가 게임에 이겼다.

두 개의 헥사폰 게임 봇을 만들어 서로 대결시키기

헥사폰Hexapawn은 N×M 크기의 체스판을 사용하는 2인용 게임이다. 보드의 각면에
는 졸pawn이 놓여져 있으며, 게임의 목표는 보드의 맞은편 끝까지 졸을 전진시키는
것이다. 체스 졸의 이동 규칙이 이 게임에도 똑같이 적용된다. 이 절에서는 easyAI
라이브러리에 제공된 헥사폰 레시피를 약간 변형해 예제로 사용한다. 같은 알고리
즘을 사용하는 두 개의 봇을 서로 대결시켜 스스로와의 싸움이 어떤 결과를 가져올
지 확인해보자.

새로운 파이썬 파일을 생성하고 다음과 같이 패키지를 불러온다.

```
from easyAI import TwoPlayersGame, AI_Player, Human_Player, Negamax
```

게임을 제어하는 데 필요한 모든 함수가 포함된 클래스를 정의한다. 먼저 각 면마다 놓인 졸의 수와 보드의 길이를 정한다. 그리고 졸의 위치 정보를 가지고 있는 튜플 리스트를 만든다.

```
class GameController(TwoPlayersGame):
    def __init__(self, players, size = (4, 4)):
        self.size = size
        num_pawns, len_board = size
        p = [[(i, j) for j in range(len_board)] for i in [0, num_pawns - 1]]
```

플레이어별로 방향과 목표, 졸의 위치를 설정한다.

```
for i, d, goal, pawns in [(0, 1, num_pawns - 1, p[0]), (1, -1, 0, p[1])]:
    players[i].direction = d
    players[i].goal_line = goal
    players[i].pawns = pawns
```

게임을 진행할 플레이어를 클래스 변수에 할당하고 누가 먼저 시작할지도 정한다.

```
# 플레이어 할당
self.players = players

# 선플레이어 정하기
self.nplayer = 1
```

체스 판에서 위치를 식별하는 데 사용할 알파벳(가령 B6 또는 C7)을 정의한다.

```
# 알파벳 정의
self.alphabets = 'ABCDEFGHIJ'
```

위치 알파벳을 튜플로 변환하기 위한 람다 함수를 정의한다.

```
# 위치 식별자 알파벳을 위치 튜플로 변환
self.to_tuple = lambda s: (self.alphabets.index(s[0]), int(s[1:]) - 1)
```

위치 튜플을 위치 알파벳으로 변환하기 위한 람다 함수를 정의한다.

```
# 위치 튜플을 위치 알파벳으로 변경
self.to_string = lambda move: ' '.join([self.alphabets[ move[i][0]] +
str(move[i][1] + 1)for i in (0, 1)])
```

가능한 이동 경로를 계산하는 함수를 정의한다.

```
# 이동 가능한 경로 계산
def possible_moves(self):
    moves = []
    opponent_pawns = self.opponent.pawns
    d = self.player.direction
```

만약 특정 위치에 졸이 놓여져 있지 않다면 해당 위치로 이동할 수 있다.

```
for i, j in self.player.pawns:
    if (i + d, j) not in opponent_pawns:
        moves.append(((i, j), (i + d, j)))

    if (i + d, j + 1) in opponent_pawns:
        moves.append(((i, j), (i + d, j + 1)))

    if (i + d, j - 1) in opponent_pawns:
        moves.append(((i, j), (i + d, j - 1)))

return list(map(self.to_string, [(i, j) for i, j in moves]))
```

졸을 이동하고 업데이트한다.

```
# 졸을 이동시키는 함수 정의
def make_move(self, move):
    move = list(map(self.to_tuple, move.split(' ')))
```

```
    ind = self.player.pawns.index(move[0])
    self.player.pawns[ind] = move[1]

    if move[1] in self.opponent.pawns:
        self.opponent.pawns.remove(move[1])
```

패배 조건을 정의한다. 플레이어가 골 라인에 네 개의 졸을 위치시키면 상대방은 패한다.

```
# 패배 조건 정의
def loss_condition(self):
    return (any([i == self.opponent.goal_line for i, j in self.opponent.
pawns]) or (self.possible_moves() == []) )
```

loss_condition 함수를 사용해 게임이 끝났는지 확인한다.

```
# 게임 종료 확인
def is_over(self):
    return self.loss_condition()
```

현재 상황을 출력한다.

```
# 현재 상황 출력
def show(self):
    f = lambda x: '1' if x in self.players[0].pawns else ( '2' if x in
self.players[1].pawns else '.')

    print("\n".join([" ".join([f((i, j)) for j in range(self.size[1])])
for i in range(self.size[0])]))
```

메인 함수를 정의하고 점수 계산 람다 함수를 정의한다.

```
if __name__=='__main__':
    # 점수 계산
    scoring = lambda game: -100 if game.loss_condition() else 0
```

사용할 알고리즘을 정한다. 이 예제에서는 12턴을 사전 분석하는 네가맥스 알고리즘을 사용하고 점수 계산을 위해 위에서 정의한 람다 함수를 사용한다.

```
# 알고리즘 선언
algorithm = Negamax(12, scoring)
```

게임을 시작한다.

```
# 게임 시작
game = GameController([AI_Player(algorithm), AI_Player(algorithm)])
game.play()
print('\nPlayer', game.nopponent, 'wins after', game.nmove, 'turns')
```

전체 코드는 hexapawn.py 파일에 수록돼 있다. 이 예제는 인공지능 알고리즘끼리의 대결이므로 대화형으로 진행되지 않는다. 코드를 실행하면 터미널에 다음과 같이 표시된다.

```
1 1 1 1
. . . .
. . . .
2 2 2 2

Move #1: player 1 plays A1 B1 :
. 1 1 1
1 . . .
. . . .
2 2 2 2

Move #2: player 2 plays D1 C1 :
. 1 1 1
1 . . .
2 . . .
. 2 2 2

Move #3: player 1 plays A2 B2 :
. . 1 1
1 1 . .
2 . . .
. 2 2 2

Move #4: player 2 plays D2 C2 :
. . 1 1
```

게임이 진행되면 다음과 같은 결과가 화면에 나타난다.

```
Move #4: player 2 plays D2 C2 :
. . 1 1
1 1 . .
2 2 . .
. . 2 2

Move #5: player 1 plays B1 C2 :
. . 1 1
. 1 . .
2 1 . .
. . 2 2

Move #6: player 2 plays C1 B1 :
. . 1 1
2 1 . .
. 1 . .
. . 2 2

Move #7: player 1 plays C2 D2 :
. . 1 1
2 1 . .
. . . .
. 1 2 2
Player 1 wins after 8 turns
```

플레이어 1이 게임에서 이겼다.

요약

이 장에서는 인공지능을 탑재한 게임을 만드는 방법과 검색 알고리즘을 사용해 게임에서 승리하기 위한 전략을 효과적으로 수립하는 방법을 설명했다. 우선 조합 검색을 배웠고 조합 검색이 검색 프로세스의 속도를 높이는 데 어떻게 사용될 수 있는지 살펴봤다. 미니맥스 및 알파-베타 가지치기도 배웠다. 네가맥스 알고리즘이 실제로 어떻게 사용되는지도 예제를 통해 알아봤다. 다음으로, 알고리즘을 사용해 마지막 동전 피하기 및 틱택토용 게임 봇을 만들었다. 또한 서로 대결하는 두 개의 게임 봇을 만들어 커넥트 포와 헥사폰 게임에 적용시켰다.

다음 장에서는 자연어 처리와 이를 모델링하고 분류해 텍스트 데이터를 분석하는
방법을 배울 것이다.

10

자연어 처리

이 장에서는 자연어 처리를 배운다. 우선 텍스트 처리를 위한 토큰화, 어간 추출 stemming 및 표제화 lemmatization 같은 다양한 개념을 알아본다. 다음으로 백오브워드 bag of words 모델을 만들어보고 텍스트를 분류하는 방법을 설명한다. 주어진 문장에 나타난 감성을 분석하기 위해 머신 러닝을 사용하는 방법도 배운다. 마지막으로, 주제 모델링 topic modeling 을 살펴보고 문서의 주제를 식별하는 시스템을 구현한다.

이 장에서 논의할 주제는 다음과 같다.

* 관련 패키지 설치 방법
* 텍스트 데이터 토큰화
* 어간 추출을 통해 단어를 기본형으로 변형하기
* 표제화를 통해 단어를 기본형으로 변형하기
* 텍스트 데이터를 단어 묶음 chunk 으로 나누기
* 백오브워드 모델을 사용해 문서 단어 행렬 추출하기
* 카테고리 예측기 만들기
* 성별 식별기 만들기
* 감성 분석기 만들기

관련 패키지 소개 및 설치

자연어 처리[NLP]는 검색 엔진, 대화식 인터페이스, 문서 처리처럼 인간의 언어를 이해하고 처리해줘야 하는 시스템에서 중요하고 광범위하게 사용되는 기술이다. 언어는 자유로운 형식으로 기술되며 다양한 변형을 가진다. 이는 정해진 형식에 맞춰 데이터를 처리하는 데 능숙한 기계에게는 적합하지 않으므로 이를 처리하기 위해 자연어 처리 기술이 필요하다. 자연어 처리 기술의 목표는 인간이 자유롭게 작성한 텍스트나 언어를 컴퓨터가 이해하도록 도와주는 것이다.

자연어 처리가 어려운 이유 중 하나는 언어의 형태가 매우 다양하고 변화가 심하기 때문이다. 또한 문맥을 통해 문장에 표현되지 않은 정보를 유추해야 한다. 인간은 자연스럽게 문맥을 통해 문장의 내용을 이해할 수 있다. 굳이 명시적으로 언급하지 않더라도, 과거 지식을 통해 문맥을 파악하고 상대방의 이야기를 이해한다. 그러나 컴퓨터에게 이는 매우 어려운 작업이다.

이 문제를 해결하기 위해 기존의 NLP 연구자들은 머신 러닝을 사용한 다양한 응용프로그램을 개발했다. 이러한 응용프로그램은 텍스트 분류, 감성 분석, 주제 모델링 등의 알고리즘을 대용량의 말뭉치[corpus]를 이용해 학습하고, 학습의 결과로 입력 텍스트 데이터의 패턴을 탐지해 문맥을 파악할 수 있는 통찰력을 얻는다.

이 장에서는 NLP 응용프로그램을 만들고 텍스트를 분석하기 위해 알아야 할 다양한 기본 개념을 설명한다. 이 장을 공부하면 주어진 텍스트 데이터에서 의미 있는 정보를 추출하는 방법을 알 수 있을 것이다. 우선 NLTK[Natural Language Toolkit]라는 파이썬 패키지의 사용법을 배워본다. 다음 명령어를 입력해 이 패키지를 설치하자.

```
$ pip3 install nltk
```

NLTK에 대한 더 자세한 정보는 http://www.nltk.org에서 확인해보길 바란다.

NLTK에서 제공하는 모든 데이터셋을 이용하려면 우선 이들을 다운로드해야 한다. 다음 명령어를 통해 파이썬 셸을 열자.

```
$ python3
```

파이썬 셸에 진입했다. 이제 데이터를 다운로드하기 위해 다음과 같이 입력한다.

```
>>> import nltk
>>> nltk.download('all')
```

이 장에서는 gensim 패키지도 사용할 것이다. 이 패키지는 많은 응용프로그램에서 유용하게 사용되는 강력한 의미semantic 모델링 라이브러리다. 터미널에서 다음 명령을 실행해 설치한다.

```
$ pip3 install gensim
```

gensim을 설치하기 위해 pattern이라는 또 다른 패키지가 필요하다. 터미널에서 다음 명령을 실행해 설치한다.

```
$ pip3 install pattern
```

gensim에 대한 자세한 내용은 https://radimrehurek.com/gensim을 참조하길 바란다. 이제 NLTK와 gensim을 설치했으니 다음으로 넘어가자.

텍스트 데이터 토큰화

효율적인 텍스트 분석을 위해 텍스트를 단어나 문장과 같은 작은 조각으로 나누는 작업을 토큰화tokenization라고 하며, 나뉜 조각들을 토큰이라고 한다. 토큰화 프로그램은 응용프로그램의 목적에 따라 텍스트를 여러 종류의 토큰으로 적절히 나눌 수 있도록 구현된다. NLTK를 사용해 입력 텍스트를 토큰화하는 방법을 살펴보자.

새로운 파이썬 파일을 생성하고 다음과 같이 패키지를 불러온다.

```
from nltk.tokenize import sent_tokenize, word_tokenize, WordPunctTokenizer
```

토큰화에 사용될 입력 텍스트를 정의한다.

```
# 입력 텍스트 정의
input_text = "Do you know how tokenization works? It's actually quite
interesting! Let's analyze a couple of sentences and figure it out."
```

입력 텍스트를 문장 토큰으로 나눈다.

```
# 문장 단위 토큰화
print("\nSentence tokenizer:")
print(sent_tokenize(input_text))
```

입력 텍스트를 단어 토큰으로 나눈다.

```
# 단어 토큰화
print("\nWord tokenizer:")
print(word_tokenize(input_text))
```

이번에는 WordPunctTokenizer를 사용해 입력 텍스트를 단어 토큰으로 나눈다.

```
# WordPunct 토큰화기
print("\nWord punct tokenizer:")
print(WordPunctTokenizer().tokenize(input_text))
```

전체 코드는 tokenizer.py 파일에 수록돼 있다. 코드를 실행하면 터미널에 다음과
같이 표시된다.

```
Sentence tokenizer:
['Do you know how tokenization works?', "It's actually quite interesting!", "Let's analyze a couple of se
ntences and figure it out."]

Word tokenizer:
['Do', 'you', 'know', 'how', 'tokenization', 'works', '?', 'It', "'s", 'actually', 'quite', 'interesting'
, '!', 'Let', "'s", 'analyze', 'a', 'couple', 'of', 'sentences', 'and', 'figure', 'it', 'out', '.']

Word punct tokenizer:
['Do', 'you', 'know', 'how', 'tokenization', 'works', '?', 'It', "'", 's', 'actually', 'quite', 'interest
ing', '!', 'Let', "'", 's', 'analyze', 'a', 'couple', 'of', 'sentences', 'and', 'figure', 'it', 'out', '.
']
```

문장 토큰화기는 입력 텍스트를 문장으로 나눈다. 앞에서 선언한 두 단어 토큰화기
는 구두점이 사용됐을 때 다르게 작동한다. 예를 들어 'It's'라는 단어는 Word 토큰

화기에서는 It, 's로 나뉘지만 Word Punct 토큰화기에서는 It, ', s로 나뉜다.

어간 추출을 통해 단어를 기본형으로 변형하기

단어는 상황에 따라 다양하게 변형돼 사용될 수 있으므로 텍스트를 처리할 때 이를 적절히 고려해야 한다. 예를 들어 'sing'이라는 단어는 sang, singer, singing, singer 등의 다양한 형태로 텍스트에 나타난다. 사람들은 이 단어들이 의미적으로 연결돼 있다는 것을 쉽게 알 수 있지만 컴퓨터는 그렇지 않다.

텍스트를 분석할 때, 단어의 기본형을 추출하면 더 효과적인 분석이 가능하다. 가령 입력 텍스트를 이용해 단어 기본형별로 유용한 통계적 정보를 분석할 수도 있다. 스테머stemmer는 어간을 추출하기 위해 사용되는 방법 중 하나다. 스테머의 목적은 서로 다른 형태로 표현된 단어에서 공통되는 어간을 추출해 기본형으로 사용하는 것이다. NLTK를 사용해 어간을 추출하는 예제를 작성하자.

새로운 파이썬 파일을 생성하고 다음과 같이 패키지를 불러온다.

```
from nltk.stem.porter import PorterStemmer
from nltk.stem.lancaster import LancasterStemmer
from nltk.stem.snowball import SnowballStemmer
```

예제에서 사용할 입력 단어를 정의한다.

```
input_words = ['writing', 'calves', 'be', 'branded', 'horse', 'randomize',
'possibly', 'provision', 'hospital', 'kept', 'scratchy', 'code']
```

서로 다른 알고리즘을 사용하는 세 개의 스테머 객체(포터Porter, 랭커스터Lancaster, 스노우볼Snowball)를 만든다.

```
# 다양한 스테머 객체 만들기
porter = PorterStemmer()
lancaster = LancasterStemmer()
snowball = SnowballStemmer('english')
```

출력을 위한 문자열 포맷을 정의한다.

```
# 스테머 이름별로 포맷에 맞춰 문자열로 저장하고 출력
stemmer_names = ['PORTER', 'LANCASTER', 'SNOWBALL']
formatted_text = '{:>16}' * (len(stemmer_names) + 1)
print('\n', formatted_text.format('INPUT WORD', *stemmer_names), '\n',
'='*68)
```

단어별로 세 가지 스테머를 사용해 어간을 추출한다.

```
# 입력 단어별로 어간을 추출해 출력
output = [word, porter.stem(word), lancaster.stem(word), snowball.
stem(word)]
print(formatted_text.format(*output))
```

전체 코드는 stemmer.py 파일에 수록돼 있다. 코드를 실행하면 터미널에 다음과 같이 표시된다.

```
      INPUT WORD          PORTER       LANCASTER        SNOWBALL
====================================================================
         writing           write            writ           write
          calves            calv            calv            calv
              be              be              be              be
         branded           brand           brand           brand
           horse            hors            hors            hors
       randomize          random          random          random
        possibly         possibl            poss         possibl
       provision          provis          provid          provis
        hospital          hospit          hospit          hospit
            kept            kept            kept            kept
        scratchy        scratchi        scratchy        scratchi
            code            code             cod            code
```

위 예제에서 사용된 세 개의 어간 추출 알고리즘을 알아보자. 세 알고리즘 모두 단어의 어간을 추출하기 위해 사용된다. 차이점은 어간 추출을 위해 어느 정도로 글자를 많이 삭제했는가다.

포터 스테머가 가장 적은 글자를 삭제하고 랭커스터가 가장 많은 글자를 삭제한다. 위 결과를 면밀히 관찰하면 차이점을 알 수 있다. possibly나 provision 같은 단어에서 각각의 스테머가 다른 결과를 준다. 랭커스터 스테머는 입력 단어의 글자를 가장 많이 줄이기 때문에 결과 단어만 보면 입력 단어를 짐작하기가 제일 어렵다. 대신, 알고리즘은 가장 빠르다. 포터 스테머는 그 반대다. 두 알고리즘의 적절한 타협점을 찾고 싶다면 스노우볼 스테머를 사용하면 된다.

표제화를 통해 단어를 기본형으로 변형하기

표제화는 단어를 기본형으로 줄이는 또 다른 방법이다. 이전 절에서 사용한 스테머의 결과는 그 자체로 단어라고 할 수 없다. 예를 들어, 위의 세 가지 스테머 모두 calves(송아지)의 기본형으로 calv를 추출하는데, 이는 실제 단어가 아니다. 표제화는 이 문제를 해결하기 위해 좀 더 구조화된 접근 방식을 취한다.

표제화는 어휘와 단어에 형태소 분석을 적용해 단어에서 ing 또는 ed와 같은 어미를 제거하는 방식으로 단어를 기본형으로 변환한다. 이렇게 추출한 기본형을 단어의 원형^{lemma}이라고 한다. 표제화를 통해 calves 단어를 처리하면 단어 원형인 calf를 결과로 얻을 수 있다. 주의할 점은 표제화의 결과는 단어가 동사인지, 명사인지에 따라 영향을 받는다는 것이다. NLTK를 사용해 표제화를 적용하자.

새로운 파이썬 파일을 생성하고 다음과 같이 패키지를 불러온다.

```
from nltk.stem import WordNetLemmatizer
```

입력 단어를 정의한다. 결과를 비교할 수 있도록 이전 절에서 사용한 것과 동일한 단어 집합을 사용한다.

```
input_words = ['writing', 'calves', 'be', 'branded', 'horse', 'randomize',
'possibly', 'provision', 'hospital', 'kept', 'scratchy', 'code']
```

표제화기(Lemmatizer) 객체를 생성한다.

```
# 표제화기 객체 생성
lemmatizer = WordNetLemmatizer()
```

출력 결과를 비교하기 위해 출력 문자열 포맷을 지정해준다.

```
# 표제화기 이름별로 포맷에 맞춰 문자열로 저장하고 출력
lemmatizer_names = ['NOUN LEMMATIZER', 'VERB LEMMATIZER'] formatted_text
= '{:>24}' * (len(lemmatizer_names) + 1)
print('\n', formatted_text.format('INPUT WORD', *lemmatizer_names), '\n',
'='*75)
```

단어별로 명사, 동사 표제화기에 적용한다.

```
# 입력 단어를 표제화하고 결과를 출력한다
output = [word, lemmatizer.lemmatize(word, pos='n'), lemmatizer.
lemmatize(word, pos='v')]
print(formatted_text.format(*output))
```

전체 코드는 lemmatizer.py 파일에 수록돼 있다. 코드를 실행하면 터미널에 다음과
같이 표시된다.

```
      INPUT WORD           NOUN LEMMATIZER          VERB LEMMATIZER
============================================================================
         writing                   writing                    write
          calves                      calf                    calve
              be                        be                       be
         branded                   branded                    brand
           horse                     horse                    horse
       randomize                 randomize                randomize
        possibly                  possibly                 possibly
       provision                 provision                provision
        hospital                  hospital                 hospital
            kept                      kept                     keep
         scratchy                  scratchy                 scratchy
            code                      code                     code
```

writing, calves 단어에 대해 명사 표제화기와 동사 표제화기의 결과가 다른 것을 확인할 수 있다. 위 결과를 스테머 결과와 비교하면 차이점을 알 수 있다. 표제화기의 출력 결과는 모두 실제 단어지만, 스테머의 출력 결과는 실제 단어일 수도 있고 아닐 수도 있다.

텍스트 데이터를 단어 묶음으로 나누기

심화 분석을 위해 때로는 텍스트 데이터를 단어 묶음^{chunk}으로 나누기도 한다. 이러한 작업을 청킹^{chunking}이라고 부르며, 텍스트 분석에서 자주 사용된다. 텍스트를 단어 묶음으로 나누는 방법은 응용프로그램에 따라 다를 수 있다. 청킹은 텍스트에 나타난 단어를 더 작은 조각(기본형)으로 변환하는 토큰화와는 다른 작업이다. 청킹의 결과로 얻는 단어 묶음은 의미의 단위로서 사용되며 단어별로 어떤 조작도 가하지 않는다.

대용량 텍스트 문서를 처리할 때 의미 있는 정보를 추출하려면 텍스트를 단어 묶음으로 나누는 것이 중요하다. 이 절에서는 입력 텍스트를 여러 단어 묶음으로 나누는 방법을 살펴본다.

새로운 파이썬 파일을 생성하고 다음과 같이 패키지를 불러온다.

```
import numpy as np
from nltk.corpus import brown
```

입력 텍스트를 단어 묶음으로 나누는 함수를 정의한다. 첫 번째 매개변수는 텍스트고, 두 번째 매개변수는 각 단어 묶음별 단어 수다.

```
# 입력 테스트를 단어 묶음으로 나눈다
# 단어 묶음별로 N개의 단어를 포함한다
def chunker(input_data, N):
    input_words = input_data.split(' ')
    output = []
```

매개변수에 따라 텍스트를 N 단어 묶음으로 변환하는 함수를 정의한다. 이 함수는
리스트를 반환한다.

```
cur_chunk = []
count = 0
for word in input_words:
    cur_chunk.append(word)
    count += 1
    if count == N:
        output.append(' '.join(cur_chunk))
        count, cur_chunk = 0, []

output.append(' '.join(cur_chunk))

return output
```

메인 함수를 정의하고 브라운 말뭉치^{Brown corpus}를 입력 데이터로 사용한다. 이 예제
에서는 말뭉치에서 처음 12,000개 단어를 읽어서 입력 데이터로 사용한다. 실습 시
에 읽어올 단어 수를 변경해도 무방하다.

```
if __name__ == '__main__':
    # 브라운 코퍼스에서 첫 12,000개 단어를 읽어온다
    input_data = ' '.join(brown.words()[:12000])
```

각 단어 묶음에 포함될 단어 수를 정의한다.

```
# 각 단어 묶음에 포함될 단어 수 정의
chunk_size = 700
```

입력 텍스트를 단어 묶음으로 나누고 결과를 표시한다.

```
chunks = chunker(input_data, chunk_size)
print('\nNumber of text chunks =', len(chunks), '\n')
for i, chunk in enumerate(chunks):
    print('Chunk', i+1, '==>', chunk[:50])
```

전체 코드는 text_chunker.py 파일에 수록돼 있다. 코드를 실행하면 터미널에 다음과 같이 표시된다.

```
Number of text chunks = 18

Chunk 1 ==> The Fulton County Grand Jury said Friday an invest
Chunk 2 ==> '' . ( 2 ) Fulton legislators `` work with city of
Chunk 3 ==> . Construction bonds Meanwhile , it was learned th
Chunk 4 ==> , anonymous midnight phone calls and veiled threat
Chunk 5 ==> Harris , Bexar , Tarrant and El Paso would be $451
Chunk 6 ==> set it for public hearing on Feb. 22 . The proposa
Chunk 7 ==> College . He has served as a border patrolman and
Chunk 8 ==> of his staff were doing on the address involved co
Chunk 9 ==> plan alone would boost the base to $5,000 a year a
Chunk 10 ==> nursing homes In the area of `` community health s
Chunk 11 ==> of its Angola policy prove harsh , there has been
Chunk 12 ==> system which will prevent Laos from being used as
Chunk 13 ==> reform in recipient nations . In Laos , the admini
Chunk 14 ==> . He is not interested in being named a full-time
Chunk 15 ==> said , `` to obtain the views of the general publi
Chunk 16 ==> '' . Mr. Reama , far from really being retired , i
Chunk 17 ==> making enforcement of minor offenses more effectiv
Chunk 18 ==> to tell the people where he stands on the tax issu
```

위 화면에서 각 단어 묶음별로 처음 50자를 확인할 수 있다.

백오브워드 모델을 사용해 단어 빈도 추출하기

텍스트 분석의 주요 목표 중 하나는 머신 러닝을 적용할 수 있도록 텍스트를 숫자 형식으로 변환하는 것이다. 데이터를 분석하고 의미 있는 정보를 추출하기 위해 머신 러닝 알고리즘을 사용하려면 입력으로 수치화된 데이터가 주어져야 하기 때문이다.[1]

이를 위해 백오브워드 모델이 등장한다. 이 모델은 문서에서 사용된 모든 단어가 포함된 어휘 목록을 만들고, 문서별 단어 빈도 정보가 포함된 문서 단어 행렬document

---

[1] 수백만 개의 단어가 사용된 텍스트 문서를 처리한다고 가정해보자. 이러한 문서를 분석하기 위해서는 효율적인 메모리 사용을 위해 텍스트를 숫자 형태로 변환해야 한다. — 옮긴이

term matrix을 만든다. 이를 통해 모든 문서를 단어의 집합으로 표현한다. 이 모델은 사용된 단어의 빈도만을 분석하고, 문법적 세부 사항과 단어 순서는 무시한다.

그럼 문서 단어 행렬이 무엇인지부터 알아보자. 문서 단어 행렬은 기본적으로 문서에 사용된 다양한 단어의 빈도를 제공하는 테이블이다. 문서 단어 행렬을 통해 텍스트 문서는 다양한 단어의 가중 조합[2]으로서 표현된다. 이때 특정 빈도 이상의 의미있는 단어만을 선별적으로 선택해 문서 단어 행렬을 구성할 수도 있다. 이런 방식으로 문서의 모든 단어에 대한 히스토그램을 작성하면 이를 텍스트 분류를 위한 특징 벡터로 사용할 수 있다.

다음 문장을 보자.

- 문장 1: The children are playing in the hall(홀에서 아이들이 놀고 있다.)
- 문장 2: The hall has a lot of space(홀에는 많은 공간이 있다.)
- 문장 3: Lots of children like playing in an open space(많은 아이들이 열린 공간에서 놀기를 좋아한다.)

위 세 문장에는 다음 14개의 고유 단어가 사용됐다.

- the
- children
- are
- playing
- In
- hall
- has
- a
- lot
- of

---

2 단어별로 중요한 단어에는 높은 가중치를 주고 중요하지 않은 단어에는 낮은 가중치를 줘서 표현하는 방법. 이 절에서 소개하는 문서 단어 행렬에서는 단어 빈도를 가중치로 사용했다. – 옮긴이

- space
- like
- an
- open

각 문장에 나타난 단어의 빈도로 구성된 히스토그램을 작성해보자. 총 14개의 서로 다른 단어를 가지고 있기 때문에 특징 벡터는 14차원으로 구성된다.

- 문장 1: [2, 1, 1, 1, 1, 1, 0, 0, 0, 0, 0, 0, 0, 0]
- 문장 2: [1, 0, 0, 0, 0, 1, 1, 1, 1, 1, 1, 0, 0, 0]
- 문장 3: [0, 1, 0, 1, 1, 0, 0, 0, 1, 1, 1, 1, 1, 1]

문장으로부터 특징 벡터를 추출하면 머신 러닝 알고리즘을 사용해 데이터를 분석할 수 있다.

이제 NLTK를 사용해 백오브워드 모델을 구축해보자.

새로운 파이썬 파일을 생성하고 다음과 같이 패키지를 불러온다.

```
import numpy as np
from sklearn.feature_extraction.text import CountVectorizer
from nltk.corpus import brown
from text_chunker import chunker
```

브라운 말뭉치에서 입력 데이터를 가져온다. 이 예제에서는 첫 5,400개 단어를 사용한다. 사용할 단어 개수를 바꾸고 싶다면 얼마든지 바꿔도 된다.

```
# 브라운 말뭉치에서 데이터 읽기
input_data = ' '.join(brown.words()[:5400])
```

단어 묶음에 포함될 단어 수를 정한다.

```
# 단어 묶음에 포함될 단어 수
chunk_size = 800
```

텍스트를 단어 묶음으로 나눈다.

```
text_chunks = chunker(input_data, chunk_size)
```

단어 묶음의 형type을 사전dictionary으로 변환한다.

```
# 사전 구조체로 변경
for count, chunk in enumerate(text_chunks):
    d = {'index': count, 'text': chunk}
    chunks.append(d)
```

CountVectorizer 함수를 사용해 단어별 빈도를 체크하고 문서 단어 행렬을 만든다. CountVectorizer 함수의 첫 번째 매개변수는 최소 문서 빈도며 두 번째 매개변수는 최대 문서 빈도다. 최소 문서 빈도보다 빈도가 적거나 최대 문서 빈도보다 빈도가 높은 단어는 무시된다.

```
# 문서 단어 행렬 만들기
count_vectorizer = CountVectorizer(min_df=7, max_df=20)
document_term_matrix = count_vectorizer.fit_transform([chunk['text'] for
chunk in chunks])
```

어휘 목록을 추출하고 화면에 표시한다. 여기서 어휘 목록은 사용된 고유한 단어 목록을 말한다.

```
# 어휘 목록을 추출하고 화면에 출력한다
vocabulary = np.array(count_vectorizer.get_feature_names())
print("\nVocabulary:\n", vocabulary)
```

단어 묶음별로 이름을 생성한다.

```
# 단어 묶음별로 이름 붙이기
chunk_names = []
for i in range(len(text_chunks)):
    chunk_names.append('Chunk-' + str(i+1))
```

문서 단어 행렬을 출력한다.

```python
# 문서 단어 행렬 출력
print("\nDocument term matrix:")
formatted_text = '{:>12}' * (len(chunk_names) + 1)
print('\n', formatted_text.format('Word', *chunk_names), '\n')
for word, item in zip(vocabulary, document_term_matrix.T):
    # 'item'은 희소 행렬(csr_matrix) 데이터 구조체다
    output = [word] + [str(freq) for freq in item.data]
    print(formatted_text.format(*output))
```

전체 코드는 bag_of_words.py 파일에 수록돼 있다. 코드를 실행하면 터미널에 다음과 같이 표시된다.

```
Document term matrix:

        Word     Chunk-1     Chunk-2     Chunk-3     Chunk-4     Chunk-5     Chunk-6     Chunk-7
         and          23           9           9          11           9          17          10
         are           2           2           1           1           2           2           1
          be           6           8           7           7           6           2           1
          by           3           4           4           5          14           3           6
      county           6           2           7           3           1           2           2
         for           7          13           4          10           7           6           4
          in          15          11          15          11          13          14          17
          is           2           7           3           4           5           5           2
          it           8           6           8           9           3           1           2
          of          31          20          20          30          29          35          26
          on           4           3           5          10           6           5           2
         one           1           3           1           2           2           1           1
        said          12           5           7           7           4           3           7
       state           3           7           2           6           3           4           1
        that          13           8           9           2           7           1           7
         the          71          51          43          51          43          52          49
          to          11          26          20          26          21          15          11
         two           2           1           1           1           1           2           2
         was           5           6           7           7           4           7           3
       which           7           4           5           4           3           1           1
        with           2           2           3           1           2           2           3
```

각 단어 묶음별로 포함하는 단어의 빈도를 확인할 수 있다.

카테고리 예측기 만들기

카테고리 예측기는 특정 텍스트의 카테고리를 예측하는 도구로, 텍스트 문서를 분류하기 위해 자주 사용된다. 검색 엔진에서도 관련성에 따라 검색 결과를 정렬하기 위해 이 도구를 자주 사용한다. 이 절에서는 예제를 통해 예측기를 어떻게 학습하고 응용하는지 알아보자.

주어진 문장이 속한 카테고리(예를 들어 스포츠, 정치, 과학)를 예측한다고 가정해보자. 이를 위해서는 우선 데이터 말뭉치를 수집하고 알고리즘을 학습해야 한다. 이 알고리즘은 새로운 데이터가 나타났을 때, 이 데이터의 카테고리를 예측하기 위해 사용된다.

예측기를 만들기 위해 단어 빈도^{Term Frequency}-문서 빈도 역수^{Inverse Document Frequency}(tf-idf)라고 불리는 통계 정보를 사용한다. 문서의 카테고리를 예측하려면 문서에서 사용된 단어별로 중요도를 파악해야 한다. tf-idf 통계는 주어진 단어가 일련의 문서에서 얼마나 중요한지 분석하는 데 도움이 된다.

우선 단어 빈도에 대해 알아보자. 단어 빈도(tf)는 특정 문서에서 특정 단어가 사용된 횟수를 나타낸다. 문서별로 사용된 단어 수가 다르므로 단어 빈도는 같은 단어라도 문서에 따라 다른 값을 가진다. 긴 문서와 짧은 문서를 공정하게 비교하려면 단어 빈도를 정규화해야 한다. 따라서 단어 빈도를 주어진 문서의 총 단어 수로 나눠서 정규화된 단어 빈도를 구한다.

다음으로 문서 빈도 역수(idf)에 대해 알아보자. 문서 빈도 역수는 특정 문서에 대한 특정 단어의 고유성의 척도라 볼 수 있다. 단어 빈도는 기본적으로 빈도가 높을수록 더 중요한 단어라고 가정한다. 그러나 and나 the와 같이 빈도는 높으나 의미적으로 중요하지 않은 경우를 생각해보면 이 가정은 옳지 않다. 모든 문서에 공통적으로 자주 사용되는 단어는 가중치를 줄이고, 특정 문서에서만 드물게 나타나는 고유한 단어에 대해서는 가중치를 높여야 한다. 이를 통해 각 문서별로 고유한, 따라서 차별성이 있고 중요한 단어를 식별할 수 있으며, 이는 고유한 특징 벡터를 만드는 데 도움이 된다.

문서 빈도는 특정 단어가 출현한 문서 수를 세고 이를 총 문서 수로 나눠 계산한다. 즉, 문서 빈도는 특정 단어를 포함하는 문서의 비율이라고 볼 수 있다. 문서 빈도 역수 값은 이 값을 역수화한 값이다.

단어 빈도와 문서 빈도 역수를 곱한 값을 이용해 문서를 분류하는 데 사용할 특징 벡터를 만든다. 이제 카테고리 예측기를 만드는 법을 살펴보자.

새로운 파이썬 파일을 생성하고 다음과 같이 패키지를 불러온다.

```python
from sklearn.datasets import fetch_20newsgroups
from sklearn.naive_bayes import MultinomialNB
from sklearn.feature_extraction.text import TfidfTransformer
from sklearn.feature_extraction.text import CountVectorizer
```

학습에 사용될 카테고리 맵을 사전형으로 정의한다. 예제에서는 다섯 가지 카테고리를 사용한다. 사전 구조체의 키 값은 사이킷런 데이터셋의 이름을 나타내도록 정의한다.

```python
# 카테고리 맵 정의
category_map = {'talk.politics.misc': 'Politics', 'rec.autos': 'Autos',
'rec.sport.hockey': 'Hockey', 'sci.electronics': 'Electronics', 'sci.
med': 'Medicine'}
```

fetch_20newsgroups 함수를 이용해 학습 데이터셋을 다운로드한다.

```python
# 학습 데이터셋을 받는다
training_data = fetch_20newsgroups(subset='train', categories=category_
map.keys(), shuffle=True, random_state=5)
```

CountVectorizer 객체를 사용해 단어 빈도를 추출한다.

```python
# count vectorizer를 선언하고 단어 빈도 추출
count_vectorizer = CountVectorizer()
train_tc = count_vectorizer.fit_transform(training_data.data)
print("\nDimensions of training data:", train_tc.shape)
```

단어 빈도-문서 빈도 역수(tf-idf) 변환기를 만들고 데이터를 사용해 학습시킨다.

```
# tf-idf 변환기 생성
tfidf = TfidfTransformer()
train_tfidf = tfidf.fit_transform(train_tc)
```

테스트에 사용될 몇 가지 샘플 입력 문장을 정의한다.

```
# 테스트 데이터 정의
input_data = ['You need to be careful with cars when you are driving on
slippery roads','A lot of devices can be operated wirelessly', 'Players
need to be careful when they are close to goal posts', 'Political debates
help us understand the perspectives of both sides']
```

데이터를 사용해 다항 분포 나이브 베이즈 분류기를 학습한다.

```
# 다항 분포 나이브 베이즈 분류기 학습
classifier = MultinomialNB().fit(train_tfidf, training_data.target)
```

count vectorizer를 사용해 입력 데이터를 벡터로 변환한다.

```
# count vectorizer를 사용해 입력 데이터 변환
input_tc = count_vectorizer.transform(input_data)
```

추론 모델에 사용할 수 있게 tf-idf 변환기를 사용해 벡터 데이터를 변환한다.

```
# tfidf 변환기를 사용해 벡터 데이터 변환
input_tfidf = tfidf.transform(input_tc)
```

tf-idf 벡터를 이용해 결과 값을 예측한다.

```
# 카테고리 예측
predictions = classifier.predict(input_tfidf)
```

입력 테스트 데이터 포인트별로 예측한 카테고리를 출력한다.

```
# 결과 출력
for sent, category in zip(input_data, predictions):
    print('\nInput:', sent, '\nPredicted category:', category_
map[training_data.target_names[category]])
```

전체 코드는 category_predictor.py 파일에 수록돼 있다. 코드를 실행하면 터미널에 다음과 같이 표시된다.

```
Dimensions of training data: (2844, 40321)

Input: You need to be careful with cars when you are driving on slippery roads
Predicted category: Autos

Input: A lot of devices can be operated wirelessly
Predicted category: Electronics

Input: Players need to be careful when they are close to goal posts
Predicted category: Hockey

Input: Political debates help us understand the perspectives of both sides
Predicted category: Politics
```

정확하게 카테고리를 예측했다.

성별 분류기 만들기

성별 인식은 흥미로운 주제 중 하나다. 이 장에서는 휴리스틱을 사용해 특징 벡터를 구성하고 이를 사용해 분류기를 학습한다. 사용할 휴리스틱은 이름의 마지막 N개 글자를 이용해 성별을 구분한다. 이름이 ia로 끝나는 경우는 Amelia나 Genelia와 같은 여성 이름일 가능성이 크다. 반면에 이름이 rk로 끝나면 아마도 Mark 또는 Clark와 같은 남성 이름일 것이다. 이름의 정확한 글자 수를 모르기 때문에 N의 값을 바꿔가면서 가장 좋은 값이 무엇인지 찾아낼 것이다. 이제 성별 분류기를 만드는 방법을 알아보자.

새로운 파이썬 파일을 생성하고 다음과 같이 패키지를 불러온다.

```
import random

from nltk import NaiveBayesClassifier
from nltk.classify import accuracy as nltk_accuracy
from nltk.corpus import names
```

입력 단어에서 마지막 N개의 문자를 추출하는 함수를 정의한다.

```
# 입력 단어에서 마지막 N개 글자를 추출해 자질로 사용
def extract_features(word, N=2):
    last_n_letters = word[-N:]
    return {'feature': last_n_letters.lower()}
```

메인 함수를 정의하고 사이킷런 패키지에서 학습 데이터를 추출한다. 이 데이터에는 남성과 여성으로 분류된 이름이 포함돼 있다.

```
if __name__ =='__main__':
    # NLTK의 이름 정보를 이용해 학습셋을 만든다
    male_list = [(name, 'male') for name in names.words('male.txt')]
    female_list = [(name, 'female') for name in names.words('female.
txt')]
    data = (male_list + female_list)
```

난수 발생기를 이용해 데이터를 뒤섞는다.

```
# 난수 발생기에 시드 값 전달
random.seed(5)

# 데이터 뒤섞기
random.shuffle(data)
```

테스트에 사용될 샘플 이름을 만든다.

```
# 테스트 데이터 만들기
input_names = ['Alexander', 'Danielle', 'David', 'Cheryl']
```

학습 및 테스트에 사용될 데이터의 비율을 정의한다.

```
# 학습셋과 테스트셋 비율 정하기
num_train = int(0.8 * len(data))
```

성별을 예측하기 위해 마지막 N 글자를 특징 벡터로 사용한다. N 값에 따라 성능이 어떻게 달라지는지 확인하자. 예제에서는 N 값으로 1에서 6까지의 숫자를 사용한다.

```
# 글자 수별로 성능 비교
for i in range(1, 6):
    print('\nNumber of end letters:', i)
    features = [(extract_features(n, i), gender) for (n, gender) in data]
```

데이터를 학습셋과 테스트셋으로 분리한다.

```
train_data, test_data = features[:num_train], features[num_train:]
```

학습 데이터를 사용해 나이브 베이즈 분류기를 만든다.

```
classifier = NaiveBayesClassifier.train(train_data)
```

NLTK의 빌트인 함수를 사용해 분류기의 정확도를 계산한다.

```
# 분류기의 정확도 계산
accuracy = round(100 * nltk_accuracy(classifier, test_data), 2)
print('Accuracy = ' + str(accuracy) + '%')
```

입력 테스트 리스트의 이름별로 성별을 예측한다.

```
# 학습한 분류기로 결과 예측
for name in input_names:
    print(name, '==>', classifier.classify(extract_features(name,i)))
```

전체 코드는 gender_identifier.py 파일에 수록돼 있다. 코드를 실행하면 터미널에
다음과 같이 표시된다.

```
Number of end letters: 1
Accuracy = 74.7%
Alexander ==> male
Danielle ==> female
David ==> male
Cheryl ==> male

Number of end letters: 2
Accuracy = 78.79%
Alexander ==> male
Danielle ==> female
David ==> male
Cheryl ==> female

Number of end letters: 3
Accuracy = 77.22%
Alexander ==> male
Danielle ==> female
David ==> male
Cheryl ==> female
```

앞의 화면은 테스트 데이터에 대한 예측 결과뿐만 아니라 정확도도 보여준다.

```
Number of end letters: 4
Accuracy = 69.98%
Alexander ==> male
Danielle ==> female
David ==> male
Cheryl ==> female

Number of end letters: 5
Accuracy = 64.63%
Alexander ==> male
Danielle ==> female
David ==> male
Cheryl ==> female
```

정확도는 두 글자에서 최고점을 찍은 후 감소하기 시작한다.

감성 분석기 만들기

감성 분석은 주어진 텍스트에 나타난 감성을 찾아내는 작업이다. 감성 분석은 자연어 처리를 응용한 사례 중 가장 대표적인 사례인데, 가령 영화 리뷰가 긍정적인지 부정적인지를 판별하는 데 사용한다. 감성 분석은 응용 분야에 따라 결과 값을 단순히 긍부정 두 단계가 아니라 여러 단계로 확장해 도출할 수도 있다. 이 기술은 일반적으로 사람들이 특정 제품, 브랜드 또는 주제에 대해 어떻게 느끼는지 분석하기 위해 사용된다. 예를 들어 마케팅 캠페인, 여론 조사, 소셜 미디어, 전자 상거래 사이트의 제품 리뷰 등을 분석하는 데 이 기술이 사용된다. 이 절에서는 영화 리뷰에 나타난 감성을 분석하는 방법에 대해 알아본다.

나이브 베이즈 분류기를 이용해 감성 분석기를 만들어보자. 먼저 텍스트에서 고유 단어 리스트를 추출한다. 그리고 NLTK 분류기로 이 데이터를 처리하기 위해 사전식으로 데이터를 배열한다. 다음으로 텍스트 데이터를 학습 및 테스트 데이터로 나눈 후에, 나이브 베이즈 분류기를 이용해 긍정적인 리뷰와 부정적인 리뷰로 분류한다. 마지막으로 긍정적인 리뷰와 부정적인 리뷰를 나누는 데 결정적인 역할을 한 단어가 무엇인지도 분석한다. 이를 통해 리뷰에서 주로 사용되는 단어가 무엇인지 파악한다.

새로운 파이썬 파일을 생성하고 다음과 같이 패키지를 불러온다.

```
from nltk.corpus import movie_reviews
from nltk.classify import NaiveBayesClassifier
from nltk.classify.util import accuracy as nltk_accuracy
```

입력 단어에 대한 사전 객체를 생성하고 이를 반환하는 함수를 정의한다.

```
# 입력 단어 리스트에서 자질 추출
def extract_features(words):
    return dict([(word, True) for word in words])
```

메인 함수를 정의하고 긍부정이 태깅된 영화 리뷰를 로드한다.

```
if __name__ =='__main__':
    # 말뭉치에서 리뷰를 로딩한다
    fileids_pos = movie_reviews.fileids('pos')
    fileids_neg = movie_reviews.fileids('neg')
```

영화 리뷰에서 특징을 추출하고 긍부정을 분류한다.

```
# 리뷰에서 특징 추출
features_pos = [(extract_features(movie_reviews.words( fileids=[f])),
'Positive') for f in fileids_pos]
features_neg = [(extract_features(movie_reviews.words( fileids=[f])),
'Negative') for f in fileids_neg]
```

학습 데이터와 테스트 데이터를 분리한다. 이 예제에서는 80%를 학습 데이터로 사용하고 20%를 테스트 데이터로 사용한다.

```
# 학습셋과 테스트셋을 나눈다 (80% 대 20%)
threshold = 0.8
num_pos = int(threshold * len(features_pos))
num_neg = int(threshold * len(features_neg))
```

학습, 테스트 데이터에 따라 특징 벡터를 분리한다.

```
# 학습, 테스트셋 만들기
features_train = features_pos[:num_pos] + features_neg[:num_neg]
features_test = features_pos[num_pos:] + features_neg[num_neg:]
```

학습 데이터와 테스트 데이터별로 포함된 데이터 포인트 개수를 출력한다.

```
# 데이터 수 출력
print('\nNumber of training datapoints:', len(features_train))
print('Number of test datapoints:', len(features_test))
```

학습 데이터를 이용해 나이브 베이즈 분류기를 학습하고 NLTK에 내장된 함수를 사용해 정확도를 계산한다.

```
# 나이브 베이즈 분류기 학습
classifier = NaiveBayesClassifier.train(features_train)
print('\nAccuracy of the classifier:', nltk_accuracy(classifier, features_test))
```

긍부정을 판별하는 데 가장 결정적인 단어 N개를 출력한다.

```
N = 15
print('\nTop ' + str(N) + ' most informative words:')
for i, item in enumerate(classifier.most_informative_features()):
    print(str(i+1) + '. ' + item[0])
    if i == N - 1:
        break
```

테스트에 사용할 샘플 문장을 정의한다.

```
# 영화 리뷰를 입력 데이터로 사용
input_reviews = [ 'The costumes in this movie were great', 'I think the
story was terrible and the characters were very weak', 'People say that
the director of the movie is amazing', 'This is such an idiotic movie. I
will not recommend it to anyone.' ]
```

샘플 데이터에 대해 예측 결과를 출력한다.

```
print("\nMovie review predictions:")
for review in input_reviews:
    print("\nReview:", review)
```

각각의 클래스별 확률을 계산한다.

```
# 확률 계산
probabilities = classifier.prob_classify(extract_features(review.split()))
```

가장 높은 확률 값을 가진 클래스를 선택한다.

```
# 가장 높은 값 선택
predicted_sentiment = probabilities.max()
```

예측한 클래스(긍정 혹은 부정)를 출력한다.

```
# 결과 출력
print("Predicted sentiment:", predicted_sentiment)
print("Probability:", round(probabilities.prob(predicted_sentiment), 2))
```

전체 코드는 sentiment_analyzer.py 파일에 수록돼 있다. 코드를 실행하면 터미널에 다음과 같이 표시된다.

```
Number of training datapoints: 1600
Number of test datapoints: 400

Accuracy of the classifier: 0.735

Top 15 most informative words:
1. outstanding
2. insulting
3. vulnerable
4. ludicrous
5. uninvolving
6. astounding
7. avoids
8. fascination
9. symbol
10. seagal
11. affecting
12. anna
13. darker
14. animators
15. idiotic
```

앞의 화면은 긍부정 판별에 가장 결정적인 15개의 단어를 보여준다. 터미널을 아래로 스크롤하면 다음과 같이 나타난다.

```
Movie review predictions:

Review: The costumes in this movie were great
Predicted sentiment: Positive
Probability: 0.59

Review: I think the story was terrible and the characters were very weak
Predicted sentiment: Negative
Probability: 0.8

Review: People say that the director of the movie is amazing
Predicted sentiment: Positive
Probability: 0.6

Review: This is such an idiotic movie. I will not recommend it to anyone.
Predicted sentiment: Negative
Probability: 0.87
```

정확하게 긍부정을 예측했다.

잠재 디리클레 할당을 통한 주제 모델링

주제 모델링은 특정 주제의 텍스트 데이터 패턴을 찾아내는 방법이다. 하나의 텍스트에 여러 주제가 포함된 경우 이 기술을 사용해 입력 텍스트 내에 표현된 주제를 식별하고 구분할 수 있다. 보통 주어진 문서 집합에 내재된 여러 주제들을 발견하기 위해 이 기술을 사용한다.

주제 모델링은 최적의 방법으로 문서를 분류해 분석에 사용할 수 있게 해준다. 주제 모델링 알고리즘의 중요한 특징 중 하나는 레이블(클래스)이 태깅된 데이터가 필요 없다는 것이다. 주제 모델링은 스스로 패턴을 식별할 수 있는 비지도 학습 방식을 사용한다. 인터넷에 엄청난 양의 텍스트 데이터가 있다는 점을 감안할 때, 주제 모델링은 학습 데이터 없이 이러한 데이터들을 요약할 수 있으므로 매우 유용하다.

잠재 디리클레 할당LDA, Latent Dirichlet Allocation은 텍스트가 여러 주제들의 조합으로 구성돼 있다는 직관에 기반한 기술이다. 다음 문장을 보자. '데이터 시각화는 재무 분석에서 중요한 도구입니다.' 이 문장에는 데이터, 시각화, 금융 등과 같은 여러 주제가 담겨 있다. 본질적으로 LDA는 이러한 직관에 착안해 모델을 생성하는 통계 모델로, 문서가 여러 개의 주제에 기반한 확률 프로세스에 의해 생성된다고 가정한다. 이때 주제는 기본적으로 특정한 단어 집합에 대한 분포로 본다.

이제 파이썬에서 주제 모델링을 구축하는 법을 살펴보자.

이 절에서는 gensim 라이브러리를 사용한다. 이 장의 첫 번째 절에서도 이 라이브러리를 설치하고 사용해봤다. 시작하기 전에 설치가 제대로 됐는지 확인해보길 바란다.

새로운 파이썬 파일을 생성하고 다음과 같이 패키지를 불러온다.

```
from nltk.tokenize import RegexpTokenizer
from nltk.corpus import stopwords
from nltk.stem.snowball import SnowballStemmer
from gensim import models, corpora
```

입력 데이터를 로드하는 함수를 정의한다. 입력 파일에는 10개의 줄로 구분된 문장이 들어있다.

```
# 입력 데이터 로드
def load_data(input_file):
    data = []
    with open(input_file, 'r') as f:
        for line in f.readlines():
            data.append(line[:-1])

    return data
```

입력 텍스트를 처리하는 함수를 정의한다. 우선 입력 텍스트를 다음과 같이 토큰화한다.

```
# 토큰화, 정지 단어 제거, 어간 추출 처리 함수
def process(input_text):
    # 정규화 토큰화기 생성
    tokenizer = RegexpTokenizer(r'\w+')
```

토큰화된 텍스트에 어간 추출 작업을 한다.

```
# 스노우볼 스테머 생성
stemmer = SnowballStemmer('english')
```

입력 텍스트에서 불필요한 정지 단어[stop word3]를 제거해야 한다. 정지 단어 목록을 가져오자.

```
# 정지 단어 목록 가져오기
stop_words = stopwords.words('english')
```

입력 문자열을 토큰화한다.

```
# 입력 문자열 토큰화
tokens = tokenizer.tokenize(input_text.lower())
```

정지 단어를 제거한다.

```
# 정지 단어 제거
tokens = [x for x in tokens if not x in stop_words]
```

토큰화된 단어를 어간 추출한다.

```
# 토큰화된 단어 어간 추출
tokens_stemmed = [stemmer.stem(x) for x in tokens]

return tokens_stemmed
```

---

3 and와 같이 큰 의미가 없으면서 자주 나타나는 단어 - 옮긴이

메인 함수를 정의하고 제공된 data.txt 파일에서 입력 데이터를 가져온다.

```
if __name__ =='__main__':
    # 입력 데이터 가져오기
    data = load_data('data.txt')
```

토큰화한다.

```
# 문장 토큰 리스트 생성
tokens = [process(x) for x in data]
```

토큰화된 문장을 기반으로 사전을 생성한다.

```
# 문장 토큰을 이용해 사전 생성
dict_tokens = corpora.Dictionary(tokens)
```

문장 토큰을 사용해 문서 단어 행렬을 만든다.

```
# 문서 단어 행렬 만들기
doc_term_mat = [dict_tokens.doc2bow(token) for token in tokens]
```

텍스트에 포함된 주제의 수를 입력 인수로 준다. 이 예제에서는 입력 텍스트에 두 개의 주제가 사용됐다. 다음과 같이 주제의 수를 지정하자.

```
# LDA 모델의 인수로 주제 수를 정한다
num_topics = 2
```

잠재 디리클레 모델을 생성한다.

```
# LDA 모델 생성
ldamodel = models.ldamodel.LdaModel(doc_term_mat, num_topics=num_topics,
id2word=dict_tokens, passes=25)
```

각 주제별로 핵심 단어 다섯 개를 출력한다.

```
num_words = 5
print('\nTop ' + str(num_words) + ' contributing words to each topic:')
for item in ldamodel.print_topics(num_topics=num_topics, num_words=num_
```

```
words):
    print('\nTopic', item[0])

    # 중요도가 높은 핵심 단어 출력
    list_of_strings = item[1].split(' + ')
    for text in list_of_strings:
        weight = text.split('*')[0]
        word = text.split('*')[1]
        print(word, '==>', str(round(float(weight) * 100, 2)) + '%')
```

전체 코드는 topic_modeler.py 파일에 수록돼 있다. 코드를 실행하면 터미널에 다음과 같이 표시된다(LDA의 특성상 실행할 때마다 확률 값은 조금씩 달라질 것이다).

```
Top 5 contributing words to each topic:

Topic 0
mathemat ==> 2.7%
structur ==> 2.6%
set ==> 2.6%
formul ==> 2.6%
tradit ==> 1.6%

Topic 1
empir ==> 4.7%
expand ==> 3.3%
time ==> 2.0%
peopl ==> 2.0%
histor ==> 2.0%
```

수학과 역사라는 두 가지 주제로 데이터를 분리하는 것이 합리적임을 확인할 수 있다. 텍스트를 보면 각 문장이 수학 또는 역사를 주제로 하고 있는 것을 알 수 있다.

요약

이 장에서는 자연어 처리의 다양한 기본 개념을 배웠다. 우선 토큰화와 토큰화를 이용해 입력 텍스트를 여러 종류의 토큰으로 분리하는 방법을 설명했다. 두 번째로 어간 추출과 표제화를 사용해 단어를 기본형으로 변형하는 방법을 배웠다. 다음으로, 사전에 정의된 조건에 따라 입력 텍스트를 단어 묶음으로 나누는 텍스트 청커를 구현해봤다.

백오브워드 모델에 대해 논의하고 입력 텍스트를 위한 문서 단어 행렬도 만들어봤다. 그리고 머신 러닝을 사용해 텍스트를 분류하는 방법도 배웠다. 휴리스틱을 사용해 성별 식별기도 만들어봤다. 또 머신 러닝을 사용해 영화 리뷰에 나타난 감성도 분석했다. 주제 모델링에 대해 배우고 주어진 문서에서 주제를 식별하는 시스템을 마지막으로 구현해봤다.

다음 장에서는 은닉 마르코프 모델을 사용해 순차적 데이터를 모델링하고, 이를 이용해 주식 시장 데이터를 분석하는 방법을 배워볼 것이다.

11

순차적 데이터에 대한 확률 추론

이 장에서는 순차적 학습 모델sequence learning model을 구축하는 방법을 배워본다. 우선 팬더Pandas 패키지를 이용해 시계열 데이터를 처리하는 방법을 배운다. 다음으로 시계열 데이터를 분할하는 방법과 이를 이용해 다양한 작업을 수행하는 방법도 알아본다. 또 이동 통계 기준rolling basis으로 시계열 데이터에서 다양한 통계를 추출하는 방법도 살펴본다. 은닉 마르코프 모델HMM, Hidden Markov Model에 대해 배우고 이 모델을 이용한 시스템도 구현해본다. 조건부 랜덤 필드Conditional Random Field를 사용해 알파벳 문자열을 예측하는 방법도 배운다. 마지막으로 이 기술들을 활용해 주식 시장 데이터를 분석하는 방법을 살펴본다.

이 장에서 다룰 주제는 다음과 같다.

- 팬더 패키지를 이용해 시계열 데이터 처리하기
- 시계열 데이터 분할하기
- 시계열 데이터 이용하기
- 시계열 데이터에서 통계 추출하기
- 은닉 마르코프 모델을 사용해 데이터 생성하기
- 조건부 랜덤 필드로 알파벳 문자열 예측하기
- 주식 시장 분석하기

순차적 데이터 이해하기

머신 러닝의 세계에서 우리는 이미지, 텍스트, 비디오, 센서 판독 값 등 많은 유형의 데이터를 접하게 된다. 일반적으로 데이터 유형이 다르면 다른 유형의 모델링 기술이 필요하다. 순차적 데이터도 마찬가지다. 여기서 순차적 데이터^{Sequential Data}는 순서가 중요한 데이터를 지칭한다.

시계열 데이터^{time-series data}는 순차적 데이터 중 하나로, 예를 들면 센서, 마이크, 주식 시장 등에서 측정된 것과 같이 시간 순서대로 정렬할 수 있는 데이터를 지칭한다. 시계열 데이터는 다른 데이터와 구분되는 다양한 특성이 있으며, 시계열 데이터를 효과적으로 분석하려면 이러한 특성을 적절히 고려해야 한다.

시계열 데이터는 일정한 시간 간격으로 측정한 데이터를 순서에 따라 정렬한 데이터며 시간 간격은 보통 매개변수를 통해 정한다. 시계열 데이터는 저장도 시간순으로 된다. 순서는 여기서 매우 중요한 정보로, 데이터에서 패턴을 추출하는 데 사용된다.

이 장에서는 시계열 데이터나 순차적으로 구성된 데이터를 모델링하는 방법을 살펴본다. 책을 읽어나가면 시계열 정보가 어떻게 활용되는지 이해하게 될 것이다. 시계열 데이터를 모델링하면 과거의 행동을 기반으로 미래를 예측할 수 있다.

시계열 데이터 분석은 재무 분석, 센서 데이터 분석, 음성 인식, 경제, 기상 예측, 제조 등의 분야에서 광범위하게 사용된다. 이 장에서는 시계열 데이터를 접할 수 있는 다양한 시나리오에 대해 알아보고 솔루션을 구축하는 방법을 살펴본다. 또 시계열 관련 작업 처리를 위해 사용되는 팬더라는 라이브러리를 배운다. 더불어 hmm 학습과 pystruct 같은 유용한 패키지도 사용한다. 우선 관련 패키지를 설치해보자.

터미널에서 다음 명령을 실행해 패키지를 설치한다.

```
$ pip3 install pandas¹
$ pip3 install hmmlearn
```

---

1 이 책의 예제를 실행하려면 최신 버전(0.19 이상)을 설치해야 한다. - 옮긴이

```
$ pip3 install pystruct
$ pip3 install cvxopt
```

cvxopt를 설치할 때 오류가 발생하면 http://cvxopt.org/install에서 해결 방법을 찾아보길 바란다. 패키지를 성공적으로 설치했다면 다음 절로 넘어가자.

팬더 패키지를 이용해 시계열 데이터 처리하기

이 절에서는 팬더 패키지를 이용해 시계열 데이터를 처리하는 방법을 배워본다. 우선 일련의 숫자를 시계열 데이터로 변환해 시각화한다. 팬더는 타임스탬프를 추가하고 데이터를 구성한 다음 효율적으로 조작할 수 있는 여러 옵션을 제공한다.

새로운 파이썬 파일을 생성하고 다음과 같이 패키지를 불러온다.

```
import numpy as np
import matplotlib.pyplot as plt
import pandas as pd
```

입력 파일에서 데이터를 읽는 함수를 정의한다. 매개변수 index는 관련 데이터가 포함된 열 번호를 나타낸다.

```
def read_data(input_file, index):
    # 입력 파일에서 데이터를 읽는다
    input_data = np.loadtxt(input_file, delimiter=',')
```

문자열을 팬더 날짜 형식으로 변환하는 람다 함수를 정의한다.

```
# 문자열을 날짜 형식으로 변환하는 람다 함수
to_date = lambda x, y: str(int(x)) + '-' + str(int(y))
```

이 람다 함수를 사용해 입력 파일의 첫 번째 줄에서 시작 날짜를 가져온다.

```
# 시작 날짜 추출
start = to_date(input_data[0, 0], input_data[0, 1])
```

팬더 라이브러리로 시계열 작업을 처리하려면 데이터의 종료일이 다른 데이터의 날짜와 달라야 한다. 마지막 줄의 날짜 필드를 한 달 늘리자.

```
# 종료 날짜 추출
if input_data[-1, 1] == 12:
    year = input_data[-1, 0] + 1
    month = 1
else:
    year = input_data[-1, 0]
    month = input_data[-1, 1] + 1

end = to_date(year, month)
```

시작일에서 종료일까지의 월별 빈도 정보가 있는 인덱스 목록을 만든다.

```
# 월별 빈도 정보 인덱스를 만든다
date_indices = pd.date_range(start, end, freq='M')
```

타임스탬프(시간 값)를 사용해 팬더 라이브러리의 시계열 데이터를 만든다.

```
# 시계열 데이터를 만들기 위해 입력 데이터에 타임스탬프를 설정한다
output = pd.Series(input_data[:, index], index=date_indices)

return output
```

메인 함수를 정의하고 입력 파일을 지정한다.

```
if __name__ =='__main__':
    # 입력 파일
    input_file = 'data_2D.txt'
```

데이터가 포함된 열을 지정한다.

```
# 시계열 데이터 인덱스로 변환할 열 지정
indices = [2, 3]
```

각 열의 데이터를 읽는다.

```
# 열별로 데이터를 읽어서 화면에 그린다
for index in indices:
    # 열 정보를 시계열 데이터 포맷으로 변환한다
    timeseries = read_data(input_file, index)
```

시계열 데이터를 화면에 그린다.

```
    # 데이터를 그린다
    plt.figure()
    timeseries.plot()
    plt.title('Dimension ' + str(index - 1))

plt.show()
```

전체 코드는 timeseries.py 파일에 수록돼 있다. 코드를 실행하면 두 개의 화면이 표시된다.

첫 번째 화면은 첫 번째 차원의 데이터를 나타낸다.

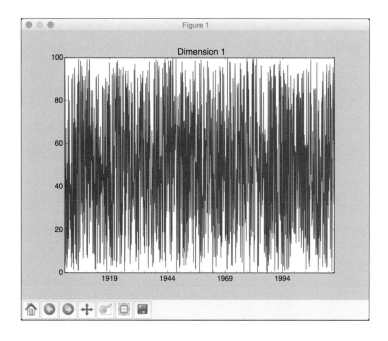

두 번째 화면은 두 번째 차원의 데이터를 나타낸다.

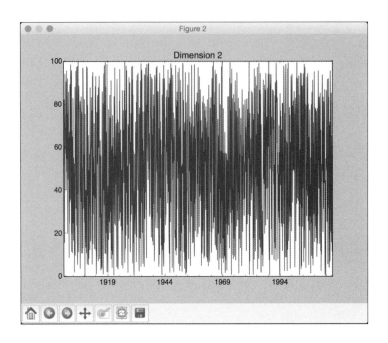

시계열 데이터 분할하기

앞에서 시계열 데이터를 처리하는 방법을 알아봤으니 이제 데이터 분할 방법을 살펴보자. 시계열 데이터 분할 처리는 데이터를 다양한 간격으로 나눈 후에 필요한 정보를 추출하는 작업을 지칭하는데, 이 작업은 시계열 데이터셋을 이용할 때 매우 유용하다. 분할 처리에서는 인덱스를 사용하는 대신 타임스탬프를 사용해 데이터를 분할한다.

새로운 파이썬 파일을 생성하고 다음과 같이 패키지를 불러온다.

```
import numpy as np
import matplotlib.pyplot as plt
import pandas as pd

from timeseries import read_data
```

세 번째 열을 데이터에서 읽어온다(0부터 인덱스가 시작되므로 값은 2).

```
# 데이터 읽기
index = 2
data = read_data('data_2D.txt', index)
```

시작 연도와 종료 연도를 정의한 다음 연도 단위로 세분화된 데이터를 그린다.

```
# 연도 단위로 데이터를 그린다
start = '2003'
end = '2011'
plt.figure()
data[start:end].plot()
plt.title('Input data from ' + start + ' to ' + end)
```

시작 월과 종료 월을 정한 다음 월 단위로 데이터를 그린다.

```
# 월 단위로 데이터를 그린다
start = '1998-2'
end = '2006-7'
plt.figure()
data[start:end].plot()
plt.title('Input data from ' + start + ' to ' + end)

plt.show()
```

전체 코드는 slicer.py 파일에 수록돼 있다. 이 코드를 실행하면 다음과 같이 두 개의 그림이 나타난다.

첫 번째 화면에서는 2003년부터 2011년까지의 데이터를 보여준다.

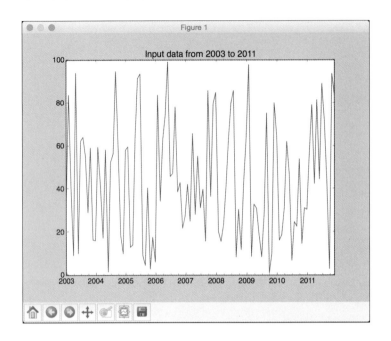

두 번째 화면에서는 1998년 2월부터 2006년 7월까지의 데이터를 보여준다.

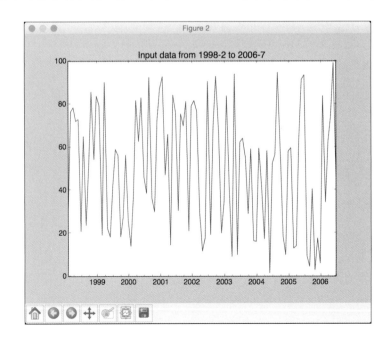

시계열 데이터 이용하기

팬더를 사용하면 시계열 데이터를 효율적으로 활용할 수 있다. 또한 몇 가지 조건을 이용한 데이터 필터링이나 시계열 변수 합산과 같은 다양한 작업을 수행할 수도 있다. 이렇게 하면 애플리케이션을 만들 때 새로운 모델을 만들지 않고도 기존 모델을 변경해서 바로 이용할 수 있다.

새로운 파이썬 파일을 생성하고 다음과 같이 패키지를 불러온다.

```
import numpy as np
import pandas as pd
import matplotlib.pyplot as plt

from timeseries import read_data
```

입력 파일 이름을 정한다.

```
# 입력 파일
input_file = 'data_2D.txt'
```

세 번째와 네 번째 열을 별도의 변수에 입력한다.

```
# 데이터 로드
x1 = read_data(input_file, 2)
x2 = read_data(input_file, 3)
```

두 가지 데이터 차원에 대한 이름을 정하고 팬더 데이터 프레임 개체를 만든다.

```
# 두 개의 차원으로 구성된 팬더 데이터 프레임 선언
data = pd.DataFrame({'dim1': x1, 'dim2': x2})
```

시작 연도와 종료 연도를 지정하고 데이터를 화면에 그린다.

```
# 데이터를 그린다
start = '1968'
end = '1975'
data[start:end].plot()
plt.title('Data overlapped on top of each other')
```

지정한 조건을 사용해 데이터를 필터링한 후 화면에 표시한다. 이 예제에서는 dim1의 값이 45보다 크거나 dim2의 값이 30보다 작은 데이터를 필터링한다.

```
# 조건을 이용해 필터링
# - 조건1: 'dim1'이 특정 임계 값보다 작다
# - 조건2: 'dim2'가 특정 임계 값보다 크다
data[(data['dim1'] < 45) & (data['dim2'] > 30)].plot() plt.title('dim1 <
45 and dim2 > 30')
```

팬더를 이용해 두 개의 데이터를 더할 수도 있다. 시작일과 종료일을 기준으로 dim1과 dim2를 합산해보자.

```
# 두 개의 데이터프레임 합산
plt.figure()
diff = data[start:end]['dim1'] + data[start:end]['dim2']
diff.plot()
plt.title('Summation (dim1 + dim2)')

plt.show()
```

전체 코드는 operator.py[2] 파일에 수록돼 있다. 코드를 실행하면 세 개의 화면이 표시된다. 첫 번째 화면은 1968년부터 1975년까지의 데이터를 보여준다.

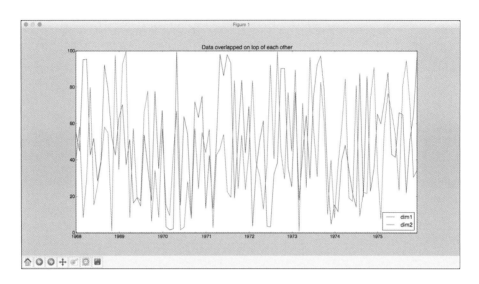

두 번째 화면은 필터링된 데이터를 보여준다.

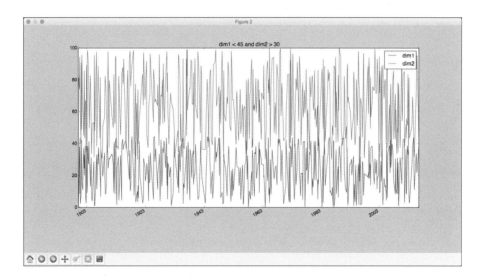

---

2 이 파일의 이름을 변경할 것을 권한다. 운영체제에 따라 이 파일과 같은 폴더에 있는 파이썬 코드를 실행시키면 컴파일 오류가 발생할 수도 있다. - 옮긴이

세 번째 화면은 합산 결과를 보여준다.

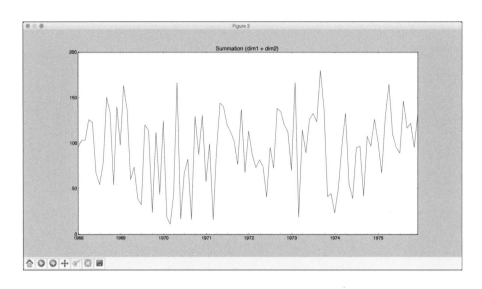

시계열 데이터에서 통계 추출하기

시계열 데이터에서 유의미한 정보를 추출하려면 평균, 분산, 상관관계, 최댓값 등의 통계를 분석해야 한다. 시계열 데이터를 위한 통계 분석 방법 중 하나로 지정된 창(간격) 안에서 시계열에 따라 연속적으로 통계를 계산하는 이동 통계[3] 방법이 있다. 이동 통계를 분석해 시간 경과에 따라 통계를 시각화하면 흥미로운 패턴을 볼 수 있다.

이제 본격적으로 시계열 데이터에서 통계를 추출하는 방법을 살펴보자.

새로운 파이썬 파일을 생성하고 다음과 같이 패키지를 불러온다.

```
import numpy as np
import matplotlib.pyplot as plt
import pandas as pd

from timeseries import read_data
```

---

3 지정된 창 크기 안에서 평균 등의 통계를 계산. 가령 창 크기가 3일인 이동 평균은 3일간의 평균을 나타낸다. – 옮긴이

입력 파일 이름을 정한다.

```
# 입력 파일
input_file = 'data_2D.txt'
```

세 번째와 네 번째 열을 별도의 변수에 입력한다.

```
# 시계열 데이터 로드
x1 = read_data(input_file, 2)
x2 = read_data(input_file, 3)
```

2차원의 팬더 데이터 프레임을 만든다.

```
# 분할 처리를 위한 데이터 프레임을 만든다
data = pd.DataFrame({'dim1': x1, 'dim2': x2})
```

각 차원별로 최댓값과 최솟값을 추출한다.

```
# 최댓값, 최솟값 추출
print('\nMaximum values for each dimension:')
print(data.max())
print('\nMinimum values for each dimension:')
print(data.min())
```

첫 번째 12개의 행에 대한 전체 평균과 행 단위 평균을 계산한다.

```
# 전체 평균과 행별 평균 추출
print('\nOverall mean:')
print(data.mean())
print('\nRow-wise mean:')
print(data.mean(1)[:12])
```

창 크기 24의 이동 평균$^{rolling\ mean}$을 그린다.

```
# 창 크기 24의 이동 평균 그리기
data.rolling(center=False, window=24).mean().plot()
plt.title('Rolling mean')
```

상관계수를 출력한다.

```
#  상관계수 출력
print('\nCorrelation coefficients:\n', data.corr())
```

창 크기 60의 이동 상관관계를 그린다.

```
#  창 크기 60의 이동 상관관계를 그린다
plt.figure()
plt.title('Rolling correlation')
data['dim1'].rolling(window=60).corr(other=data['dim2']).plot()

plt.show()
```

전체 코드는 stats_extractor.py 파일에 수록돼 있다. 코드를 실행하면 두 개의 화면
이 표시된다. 첫 번째 화면은 이동평균을 보여준다.

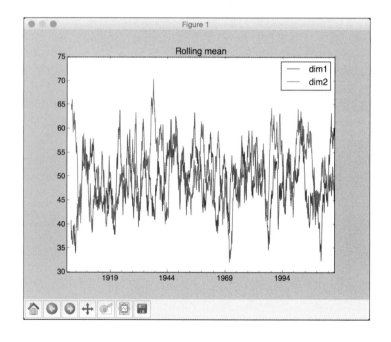

두 번째 화면은 이동 상관관계를 보여준다.

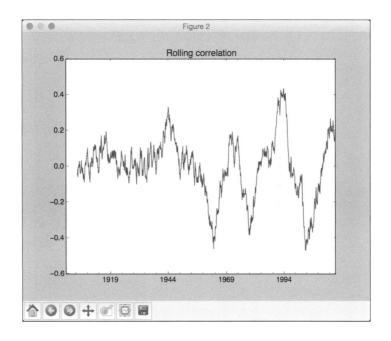

터미널에는 다음과 같이 표시된다.

```
Maximum values for each dimension:
dim1    99.98
dim2    99.97
dtype: float64

Minimum values for each dimension:
dim1    0.18
dim2    0.16
dtype: float64

Overall mean:
dim1    49.030541
dim2    50.983291
dtype: float64
```

아래로 스크롤하면 행 단위 평균값과 상관계수 값을 볼 수 있다.

```
Row-wise mean:
1900-01-31    85.595
1900-02-28    75.310
1900-03-31    27.700
1900-04-30    44.675
1900-05-31    31.295
1900-06-30    44.160
1900-07-31    67.415
1900-08-31    56.160
1900-09-30    51.495
1900-10-31    61.260
1900-11-30    30.925
1900-12-31    30.785
Freq: M, dtype: float64

Correlation coefficients:
          dim1      dim2
dim1  1.00000  0.00627
dim2  0.00627  1.00000
```

앞의 그림에서 상관계수는 차원 간의 상관관계 수준을 나타낸다. 1.0의 상관관계는 완벽한 상관관계를 나타내고, 0.0의 상관관계는 변수가 서로 관련이 없다는 것을 나타낸다.

은닉 마르코프 모델을 사용해 데이터 생성하기

은닉 마르코프 모델HMM, Hidden Markov Model은 순차적 데이터 중에서 눈으로 관측할 수 없는 내재(은닉)된 상태[4]를 가지는 데이터를 처리하기 위한 마르코프 모델[5]로, 순차적 데이터 분석에 굉장히 유용한 기술이다. 이 모델은 시스템이 은닉 상태의 마르코프 프로세스를 따른다고 가정한다. 이는 기본적으로 시스템이 현재 눈으로 관찰할 수 없는 특정한 상태에 있고 다음 순서가 되면 다른 상태로 이동한다는 것을 의미한다. 마르코프 프로세스에서는 일련의 상태 전이 과정을 거치며 결과 값을 생성한

---

4 예를 들어 문장에서 각 단어의 품사 - 옮긴이

5 참고로 마르코프 모델은 값이 순서에 따라 연쇄적으로 변하는 데이터를 처리하기 위한 모델이다. - 옮긴이

354

다. 이 과정에서 생성되는 결과 값은 관측할 수 있지만 상태의 변화 과정은 관측할 수 없다. 이렇게 직접적으로 관찰되지 않는 상태 전이를 추론하는 것이 은닉 마르코프 모델을 사용하는 주목적이다.

HMM에 대해 더 자세히 알고 싶다면, 다음 링크를 방문해보자.

https://ko.wikipedia.org/wiki/은닉_마르코프_모델

HMM을 이해하기 위해 세 도시 런던, 바르셀로나, 뉴욕 사이를 여행해야 하는 세일즈맨의 사례를 생각해보자.[6] 세일즈맨의 목표는 여행 시간을 최소화해 좀 더 효율적으로 일하는 것이다. 미팅 약속과 일정에 따라 도시 X에서 도시 Y로 세일즈맨이 이동할 확률을 계산할 수 있다고 하자. $P(X \rightarrow Y)$는 도시 X에서 도시 Y로 갈 확률을 나타낸다.

$P(London \rightarrow London) = 0.10$

$P(London \rightarrow Barcelona) = 0.70$

$P(London \rightarrow NY) = 0.20$

$P(Barcelona \rightarrow Barcelona) = 0.15$

$P(Barcelona \rightarrow London) = 0.75$

$P(Barcelona \rightarrow NY) = 0.10$

$P(NY \rightarrow NY) = 0.05$ $P(NY \rightarrow London) = 0.60$

$P(NY \rightarrow Barcelona) = 0.35$

이 정보를 다음과 같이 전이 행렬로 나타내보자.

	London	Barcelona	NY
London	0.10	0.70	0.20
Barcelona	0.75	0.15	0.10
NY	0.60	0.35	0.05

---

6 엄밀히 말해 이 예제는 HMM의 예제라기보다는 마르코프 체인의 예제다. - 옮긴이

필요한 정보를 모두 얻었으니 구체적으로 문제를 정의하자. 세일즈맨은 화요일 런던에서 여행을 시작하며 금요일의 이동 계획을 세워야 한다. 이동 계획은 그가 전날어디에 있는지에 따라 달라질 것이다. 금요일에 그가 바르셀로나에 있을 확률은 얼마나 될까? 위 표는 이 확률을 알아내는 데 도움을 준다.

이 문제를 모델링할 마르코프 체인^{Markov Chain}이 없었다면 여행 스케줄이 어떻게 진행될지 알기가 꽤나 어려웠을 것이다. 우리의 목표는 세일즈맨이 특정한 날에 특정도시에 있을 확률을 높은 신뢰도로 계산하는 것이다. 전이 행렬을 T로, 오늘을 $X(i)$라고 할 때, $X(i+1) = X(i).T$라고 정의하자.

금요일은 화요일로부터 3일 후다. 따라서 $X(i+3)$을 계산해야 한다.

$X(i+1) = X(i).T$

$X(i+2) = X(i+1).T$

$X(i+3) = X(i+2).T$

즉 다음을 계산하면 된다.

$X(i+3) = X(i).T^3$

$X(i)$를 다음과 같이 설정한다.

$X(i) = [0.10\ 0.70\ 0.20]$

다음으로 행렬의 세제곱을 계산한다. 행렬 연산을 수행하는 온라인 도구(http://matrix.reshish.com/multiplication.php)를 사용해 모든 행렬 연산을 수행하면 다음과같은 확률을 얻게 된다.

$P(London) = 0.31$

$P(Barcelona) = 0.53$

$P(NY) = 0.16$

바르셀로나에 있을 확률이 다른 도시에 있을 확률보다 더 높다. 바르셀로나가 지리적으로 뉴욕보다는 런던에 더 가깝기 때문에 그럴듯해 보인다.

이제 본격적으로 파이썬에서 HMM을 모델링하는 방법을 살펴보자.

새로운 파이썬 파일을 생성하고 다음과 같이 패키지를 불러온다.

```
import datetime

import numpy as np
import matplotlib.pyplot as plt
from hmmlearn.hmm import GaussianHMM

from timeseries import read_data
```

입력 파일에서 데이터를 불러온다.

```
# 입력 데이터 불러오기
data = np.loadtxt('data_1D.txt', delimiter=',')
```

학습을 위해 세 번째 열을 추출한다.

```
# 학습을 위해 데이터 열 추출(세 번째 열)
X = np.column_stack([data[:, 2]])
```

다섯 가지 구성 요소와 대각 공분산을 갖는 가우시안 HMM을 생성한다.

```
# 가우시안 HMM 생성
num_components = 5
hmm = GaussianHMM(n_components=num_components, covariance_type='diag', n_
iter=1000)
```

HMM을 학습한다.

```
# HMM 학습
print('\nTraining the Hidden Markov Model...')
hmm.fit(X)
```

HMM의 각 구성 요소에 대한 평균 및 분산 값을 출력한다.

```
# HMM 상태 출력
print('\nMeans and variances:')
for i in range(hmm.n_components):
```

```
print('\nHidden state', i+1)
print('Mean =', round(hmm.means_[i][0], 2))
print('Variance =', round(np.diag(hmm.covars_[i])[0], 2))
```

학습한 HMM 모델을 사용해 1,200개의 샘플을 생성하고 그려본다.

```
# HMM 모델을 사용해 데이터 생성
num_samples = 1200
generated_data, _ = hmm.sample(num_samples)
plt.plot(np.arange(num_samples), generated_data[:, 0], c='black')
plt.title('Generated data')

plt.show()
```

전체 코드는 hmm.py 파일에 수록돼 있다. 코드를 실행하면 1,200개의 샘플을 생성하고 보여준다.

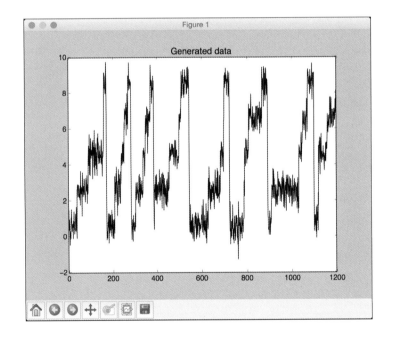

터미널에 다음과 같이 결과가 나타난다.

```
Training the Hidden Markov Model...

Means and variances:

Hidden state 1
Mean = 4.6
Variance = 0.25

Hidden state 2
Mean = 6.59
Variance = 0.25

Hidden state 3
Mean = 0.6
Variance = 0.25

Hidden state 4
Mean = 8.6
Variance = 0.26

Hidden state 5
Mean = 2.6
Variance = 0.26
```

조건부 랜덤 필드로 알파벳 문자열 예측하기

조건부 랜덤 필드^{CRF}는 구조화된 데이터를 분석하는 데 자주 사용되는 확률 모델이다. 이 모델은 다양한 형태의 순차적 데이터를 레이블링하고 분류하는 데 사용된다. CRF의 중요한 특징 중 하나는 CRF가 판별 모델^{discriminative model}이라는 것이다. 이는 생성 모델^{generative model}인 HMM과는 대조적이다.

레이블 값이 주어진 일련의 데이터가 있다면 이를 이용한 조건부 확률 분포를 정의할 수 있다. 이를 이용해 CRF 모델을 만들어볼 것이다. 참고로 HMM에서는 조건부 확률 분포가 아닌 (관측된 순차적 결과 값과 은닉된 레이블에 대한) 결합 분포를 이용한다.

CRF의 주요 장점 중 하나는 HMM과 달리 본질적으로 조건부라는 것이다. CRF는 연속되는 예측 결과 간의 독립성을 가정하지 않는다. 이와 달리 HMM은 특정 시간의 입력 데이터에 대한 출력이 이전 출력과 통계적으로 독립적이라고 가정한다. HMM은 추론 과정이 안정적으로 작동하도록 하기 위해 이 가정을 꼭 필요로 한다. 그러나 이러한 가정이 항상 옳다고 볼 수는 없다. 실제 환경의 데이터는 시간적으로 의존성을 가지는 경우가 많다.

CRF는 자연어 처리, 음성 인식, 생명공학 등과 같은 다양한 응용프로그램에서 HMM보다 우수한 성능을 보이는 경향이 있다. 이 절에서는 CRF를 사용해 알파벳 문자열을 예측하는 방법을 설명한다. 예제에서는 OCR(광학 문자 인식)로 인식한 문자열 데이터 정보를 사용한다. 이 데이터셋에 포함된 문자열은 첫 글자가 모두 삭제돼 있다. 이는 첫 글자인 대문자가 소문자와 다른 모양을 가지고 있어 OCR 데이터에서 제외한 것이다.

새로운 파이썬 파일을 생성하고 다음과 같이 패키지를 불러온다.

```
import os
import argparse
import string
import pickle

import numpy as np
import matplotlib.pyplot as plt
from pystruct.datasets import load_letters
from pystruct.models import ChainCRF
from pystruct.learners import FrankWolfeSSVM
```

입력 인수를 처리하는 함수를 정의한다. C 값을 입력 매개변수로 받을 것이다. C 매개변수는 잘못된 분류를 얼마나 많이 처벌할지를 제어한다. C 값이 높을수록 학습 중 오분류에 대해 더 높은 벌점을 주지만 이는 결국 모델에 오버피팅이 발생될 수 있다. 반면에 C 값이 너무 낮으면 오분류에 대해 낮은 벌점을 줘서 모델이 일반화되기 쉽다.

```
def build_arg_parser():
    parser = argparse.ArgumentParser(description='Trains a Conditional\
Random Field classifier')
    parser.add_argument("--C", dest="c_val", required=False, type=float,
default=1.0, help='C value to be used for training')
    return parser
```

CRF 모델을 구축하는 데 필요한 모든 기능이 구현된 클래스를 정의한다. 예제에서는 FrankWolfeSSVM의 체인 CRF 모델을 사용할 것이다.

```
# CRF 모델 클래스
class CRFModel(object):
    def __init__(self, c_val=1.0):
        self.clf = FrankWolfeSSVM(model=ChainCRF(), C=c_val, max_iter=50)
```

학습 데이터를 가져올 함수를 정의한다.

```
# 학습 데이터 가져오기
def load_data(self):
    alphabets = load_letters()
    X = np.array(alphabets['data'])
    y = np.array(alphabets['labels'])
    folds = alphabets['folds']

    return X, y, folds
```

CRF 모델을 학습하기 위한 함수를 정의한다.

```
# CRF 학습
def train(self, X_train, y_train):
    self.clf.fit(X_train, y_train)
```

CRF 모델의 정확성을 평가하는 함수를 정의한다.

```
# CRF의 정확성 평가
def evaluate(self, X_test, y_test):
    return self.clf.score(X_test, y_test)
```

새로운 데이터 포인트에 CRF 모델을 적용하는 함수를 정의한다.

```python
# 새로운 데이터에 CRF 적용
def classify(self, input_data):
    return self.clf.predict(input_data)[0]
```

인덱스 리스트를 알파벳 문자열로 변환하는 함수를 정의한다.

```python
# 인덱스를 알파벳으로 변환
def convert_to_letters(indices):
    # 모든 알파벳에 대한 numpy 배열 선언
    alphabets = np.array(list(string.ascii_lowercase))
```

글자를 추출한다.

```python
# 인덱스에 대응되는 알파벳 추출
output = np.take(alphabets, indices)
output = ''.join(output)

return output
```

메인 함수를 정의하고 입력 인수를 받는다.

```python
if __name__ =='__main__':
    args = build_arg_parser().parse_args()
    c_val = args.c_val
```

CRF 모델 오브젝트를 만든다.

```python
# CRF 모델 만들기
crf = CRFModel(c_val)
```

입력 데이터를 가져와서 학습 데이터와 테스트 데이터로 나눈다.

```python
# 학습 데이터와 테스트 데이터 가져오기
X, y, folds = crf.load_data()
X_train, X_test = X[folds == 1], X[folds != 1]
y_train, y_test = y[folds == 1], y[folds != 1]
```

CRF 모델을 학습한다.

```
# CRF 모델 학습
print('\nTraining the CRF model...')
crf.train(X_train, y_train)
```

CRF 모델의 정확도를 평가하고 출력한다.

```
# 정확도 평가
score = crf.evaluate(X_test, y_test)
print('\nAccuracy score =', str(round(score*100, 2)) + '%')
```

테스트 데이터 포인트에 적용하고 결과를 출력한다.

```
indices = range(3000, len(y_test), 200)
for index in indices:
    print("\nOriginal  =", convert_to_letters(y_test[index]))
    predicted = crf.classify([X_test[index]])
    print("Predicted =", convert_to_letters(predicted))
```

전체 코드는 crf.py 파일에 수록돼 있다. 코드를 실행하면 터미널에 다음과 같이 표시된다.

```
Training the CRF model...

Accuracy score = 77.93%

Original  = rojections
Predicted = rojectiong

Original  = uff
Predicted = ufr

Original  = kiing
Predicted = kiing

Original  = ecompress
Predicted = ecomertig

Original  = uzz
Predicted = vex

Original  = poiling
Predicted = aciting
```

끝까지 스크롤하면 터미널에 다음과 같이 표시된다.

```
Original  = abulously
Predicted = abuloualy

Original  = ormalization
Predicted = ormalisation

Original  = ake
Predicted = aka

Original  = afeteria
Predicted = ateteria

Original  = obble
Predicted = obble

Original  = hadow
Predicted = habow

Original  = ndustrialized
Predicted = ndusqrialyled

Original  = ympathetically
Predicted = ympnshetically
```

보다시피, 대부분의 단어를 정확하게 예측한다(단어의 첫 글자는 앞에서 설명했듯이 데이터셋에서 제외돼 있다).

주식 시장 분석하기

이 절에서는 주식 시장 데이터를 은닉 마르코프 모델을 사용해 분석한다. 주식 데이터는 타임스탬프가 붙어있는 대표적인 시계열 데이터 중 하나다. 예제에서는 matplotlib 패키지에 포함된 데이터셋을 사용한다. 이 데이터셋에는 몇년치의 주가 데이터가 포함돼 있다. 은닉 마르코프 모델은 주어진 시계열 데이터를 분석하고 내재된 구조를 분석할 수 있는 생성 모델이다. 이 모델을 사용해 주가 변동을 분석하고 결과를 예측해보자.

새로운 파이썬 파일을 생성하고 다음과 같이 패키지를 불러온다.

```
import datetime
import warnings

import numpy as np
import matplotlib.pyplot as plt
from matplotlib.finance import quotes_historical_yahoo_ochl as quotes_yahoo
from hmmlearn.hmm import GaussianHMM
```

1970년 9월 4일부터 2016년 5월 17일까지의 주식 데이터를 가져온다. 실습할 때
는 원하는 날짜를 자유롭게 선택해보자.

```
# matplotlib 패키지에서 과거 주식 데이터 가져오기
start = datetime.date(1970, 9, 4)
end = datetime.date(2016, 5, 17)
stock_quotes = quotes_yahoo('INTC', start, end)
```

날짜별로 종가와 거래량을 추출한다.

```
# 날짜별로 종가 추출
closing_quotes = np.array([quote[2] for quote in stock_quotes])
```

```
# 날짜별로 거래량 추출
volumes = np.array([quote[5] for quote in stock_quotes])[1:]
```

날짜별로 종가의 변화율을 계산한다.

```
# 종가 변화율 계산
diff_percentages = 100.0 * np.diff(closing_quotes) / closing_quotes[:-1]
```

첫 번째 날은 이전 날의 데이터가 없어 변화율을 계산할 수 없으니 배열의 크기를
조정해야 한다.

```
# 두 번째 날부터 데이터 처리
dates = np.array([quote[0] for quote in stock_quotes], dtype=np.int)[1:]
```

두 개의 데이터 열을 이용해 학습 데이터 집합을 만든다.

```
# 학습을 위해 변화율과 거래량으로 구성된 데이터 생성
training_data = np.column_stack([diff_percentages, volumes])
```

일곱 가지 구성 요소와 대각 공분산을 사용해 가우시안 HMM을 만들고 학습한다.

```
# 가우시안 HMM 학습
hmm = GaussianHMM(n_components=7, covariance_type='diag', n_iter=1000)
with warnings.catch_warnings():
    warnings.simplefilter('ignore')
    hmm.fit(training_data)
```

학습된 HMM 모델을 사용해 300개의 샘플을 생성한다. 실습 때는 원하는 만큼 샘플을 생성하도록 값을 변경해보자.

```
# HMM 모델을 이용해 데이터 생성
num_samples = 300
samples, _ = hmm.sample(num_samples)
```

예측한 변화율 값을 그린다.

```
# 변화율을 화면에 그린다
plt.figure()
plt.title('Difference percentages')
plt.plot(np.arange(num_samples), samples[:, 0], c='black')
```

예측한 거래량을 그린다.

```
# 거래량을 화면에 그린다
plt.figure()
plt.title('Volume of shares')
plt.plot(np.arange(num_samples), samples[:, 1], c='black')
plt.ylim(ymin=0)

plt.show()
```

전체 코드는 stock_market.py 파일에 수록돼 있다. 코드를 실행하면 다음 두 화면이 표시된다. 첫 번째 화면은 HMM으로 예측한 변화율을 보여준다.

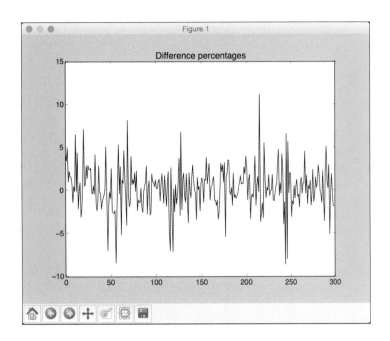

두 번째 화면은 HMM으로 예측한 거래량을 보여준다.

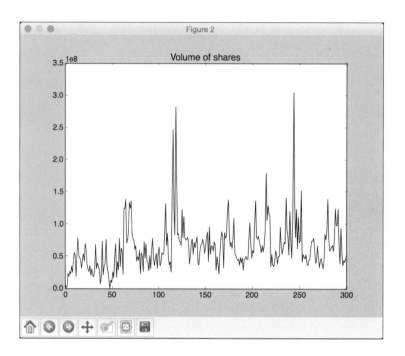

요약

이 장에서는 순차적 학습 모델을 구축하는 방법을 살펴봤다. 우선 팬더에서 시계열 데이터를 처리하는 방법을 배웠다. 다음으로 시계열 데이터를 분할해 다양한 작업에 이용하는 방법을 논의했다. 이동 통계 방식으로 시계열 데이터에서 다양한 통계를 추출하는 방법도 배워봤다. 또한 은닉 마르코프 모델을 이해하고 이 모델을 이용한 시스템을 구현해봤다.

다음으로 조건부 랜덤 필드를 사용해 알파벳 문자열을 예측하는 방법을 설명했다. 다양한 기법을 사용해 주식 시장 데이터를 분석하는 방법도 배워봤다.

다음 장에서는 음성 인식에 대해 배우고 자동으로 음성 단어를 인식하는 시스템을 구축해볼 것이다.

12

음성 인식기 만들기

이 장에서는 음성 인식speech recognition을 배운다. 우선 음성 신호speech signal를 이용하는 방법과 오디오 신호를 시각화하는 방법을 설명한다. 그리고 다양한 음성 신호 처리 기술을 활용해 음성 인식 시스템을 구축하는 방법을 학습한다.

이 장에서 배울 주제는 다음과 같다.

- 음성 신호 이용하기
- 오디오 신호 시각화
- 오디오 신호를 주파수 도메인frequency domain으로 변환하기
- 오디오 신호 생성하기
- 음색 합성하기Synthesizing tones
- 음성 특징 추출하기
- 단어 인식하기

음성 신호 이용하기

음성 인식은 마이크와 같은 장비를 통해 사람의 음성 신호를 입력받고 이를 분석해 어떤 단어가 사용됐는지 인식하는 프로세스다. 이 기술은 컴퓨터 인터페이스, 스마트폰, 음성 녹음, 생체 인식 시스템, 보안 등에 광범위하게 사용된다.

음성 신호를 분석하기 위해 우선 음성 신호가 어떤 성격을 가지는지 알아보자. 사람의 음성은 감정, 억양, 언어, 소음 등의 특징에 따라 다양한 양상을 나타내기 때문에 음성 신호 또한 매우 복잡하다.

따라서 좋은 성능의 음성 신호 분석 규칙을 만드는 것은 매우 어렵다. 사람은 어떨까? 사람은 음성 신호가 아무리 복잡해도 이를 쉽게 이해할 수 있다. 그래서 음성을 이해하는 일 자체가 그다지 특별해 보이지 않을 수 있다. 컴퓨터를 통해 음성을 인식하려면 사람의 음성 인식 체계를 이해하고 본받아야 한다.

음성 인식 분야의 연구자들은 단어 인식, 언어 이해, 말한 사람 식별, 감정 인식, 악센트 식별 등과 같은 다양한 주제를 연구한다. 이 장에서는 그중에서도 단어 인식에 초점을 맞출 것이다. 음성 인식 기술은 최근에 인간과 컴퓨터의 인터페이스를 위해 꼭 필요한 기술로 각광받고 있다. 인간과 유사한 로봇을 만든다고 하자. 당연히 사람과의 커뮤니케이션은 대화를 통해 이뤄져야 할 것이다. 최근 이 기술이 주목을 받고 있는 이유다. 자, 이제 본격적으로 음성 신호를 처리하고 음성 인식기를 만드는 방법을 알아보자.

오디오 신호 시각화

이 절에서는 파일에서 오디오 신호를 읽고 사용하는 법을 배운다. 그리고 읽은 신호를 보기 좋게 시각화할 것이다. 마이크로 오디오를 녹음할 때, 입력된 오디오 신호는 샘플링돼 디지털화된 버전으로 오디오 파일에 저장된다. 오디오 신호는 연속 값으로 구성된 파동으로, 오디오 신호를 있는 그대로 저장할 수 없기 때문이다. 오디오 신호는 특정 주파수로 샘플링돼 이산 숫자 형식으로 변환된다.

오디오 신호의 샘플링 주파수가 44,100Hz라는 것은 무슨 의미일까? 일반적으로 음성 신호는 44,100Hz에서 샘플링된다. 이는 음성 신호가 1초 단위로 44,100개 부분으로 나뉘며 각 시간대에서 나타난 값이 출력 파일에 저장된다는 것을 의미한다. 쉽게 말해 오디오 신호는 1/44,100초마다 한 번씩 파일에 저장된다. 높은 샘플링 주파수를 선택하면 사람이 들어봤을 때 끊기지 않고 더 자연스럽게 들리게 된다. 이제 오디오 신호를 샘플링하고 시각화해보자.

새로운 파이썬 파일을 생성하고 다음과 같이 패키지를 불러온다.

```
import numpy as np
import matplotlib.pyplot as plt
from scipy.io import wavfile
```

wavefile.read 함수를 사용해 입력 오디오 파일을 읽는다. 이 함수는 샘플링 주파수와 오디오 신호 두 값을 반환한다.

```
# 오디오 파일 읽기
sampling_freq, signal = wavfile.read('random_sound.wav')
```

신호의 모양, 데이터 유형, 오디오 신호의 지속 시간을 출력한다.

```
# 매개변수 출력
print('\nSignal shape:', signal.shape)
print('Datatype:', signal.dtype)
print('Signal duration:', round(signal.shape[0] / float(sampling_freq), 2),
'seconds')
```

신호를 정규화한다.

```
# 신호 정규화
signal = signal / np.power(2, 15)
```

화면에 그리기 위해 numpy 배열에서 처음 50개 값을 추출한다.

```
# 처음 50개 값 추출
signal = signal[:50]
```

1/1,000초 단위의 시간 축을 만든다.

```
# 1/1,000초 단위의 시간 축 만들기
time_axis = 1000 * np.arange(0, len(signal), 1) / float(sampling_freq)
```

오디오 신호를 화면에 그린다.

```
# 오디오 신호 화면에 그리기
plt.plot(time_axis, signal, color='black')
plt.xlabel('Time (milliseconds)')
plt.ylabel('Amplitude')
plt.title('Input audio signal')
plt.show()
```

전체 코드는 audio_plotter.py 파일에 수록돼 있다. 코드를 실행하면 다음 화면이 표시된다.

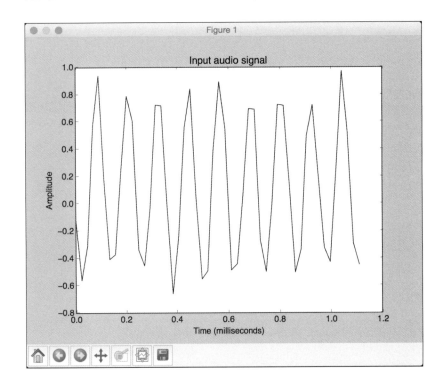

위 화면은 입력 오디오 신호의 처음 50개 샘플을 보여준다. 터미널에는 다음과 같이 신호 모양, 데이터 유형, 지속 시간 정보가 출력된다.

```
Signal shape: (132300,)
Datatype: int16
Signal duration: 3.0 seconds
```

오디오 신호를 주파수 도메인으로 변환

오디오 신호를 분석하려면 신호가 어떤 주파수로 구성돼 있는지 알아야 한다. 즉 의미 있는 정보를 오디오 신호에서 추출하려면 오디오 신호를 주파수로 바꿔 분석해야 한다는 것을 의미한다. 오디오 신호는 사인 곡선으로 구성된 다양한 주파수 조합, 위상, 진폭으로 구성된다.

모든 오디오 신호는 주파수 스펙트럼 분포를 분석하면 신호의 특성을 파악할 수 있다. 시간 도메인 신호를 주파수 도메인으로 변환하려면 푸리에 변환Fourier Transform과 같은 수학적 도구를 사용해야 한다. 푸리에 변환에 대해 자세히 알고 싶다면 http://www.thefouriertransform.com을 확인하자.

그럼 오디오 신호를 시간 도메인에서 주파수 도메인으로 변환하는 방법을 자세히 살펴보겠다.

새로운 파이썬 파일을 생성하고 다음과 같이 패키지를 불러온다.

```
import numpy as np
import matplotlib.pyplot as plt
from scipy.io import wavfile
```

wavefile.read 함수를 사용해 입력 오디오 파일을 읽는다. 이 함수는 샘플링 주파수
와 오디오 신호의 두 값을 반환한다.

```
# 오디오 파일 읽기
sampling_freq, signal = wavfile.read('spoken_word.wav')
```

오디오 신호를 정규화한다.

```
# 오디오 신호 정규화
signal = signal / np.power(2, 15)
```

신호의 전체 길이와 절반 길이를 추출한다.

```
# 신호의 길이 추출
len_signal = len(signal)
```

```
# 절반 길이 추출
len_half = np.ceil((len_signal + 1) / 2.0).astype(np.int)
```

신호에 푸리에 변환을 적용한다.

```
# 푸리에 변환 적용
freq_signal = np.fft.fft(signal)
```

주파수 도메인 신호를 정규화하고 제곱한다.

```
# 정규화
freq_signal = abs(freq_signal[0:len_half]) / len_signal
```

```
# 제곱하기
freq_signal **= 2
```

홀수, 짝수로 나눠서 푸리에 변환 값을 조정한다.

```
# 변환된 주파수 길이 측정
len_fts = len(freq_signal)
```

```
# 홀수, 짝수별로 신호 값 조정
if len_signal % 2:
    freq_signal[1:len_fts] *= 2
else:
    freq_signal[1:len_fts-1] *= 2
```

dB 단위의 신호 크기를 추출한다.

```
# dB 단위의 신호 크기 추출
signal_power = 10 * np.log10(freq_signal)
```

kHz 단위의 주파수 X축을 만든다.

```
# X축 만들기
x_axis = np.arange(0, len_half, 1) * (sampling_freq / len_signal) / 1000.0
```

화면에 그린다.

```
# 화면에 그리기
plt.figure()
plt.plot(x_axis, signal_power, color='black')
plt.xlabel('Frequency (kHz)')
plt.ylabel('Signal power (dB)')
plt.show()
```

전체 코드는 frequency_transformer.py 파일에 수록돼 있다. 코드를 실행하면 다음 화면이 표시된다.

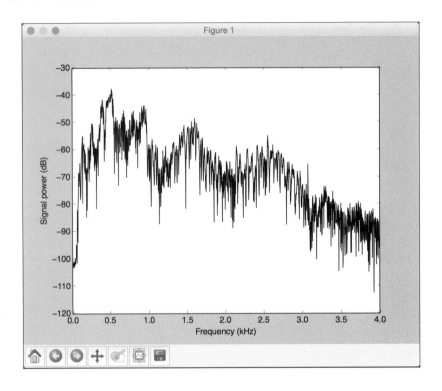

위 화면은 주파수 스펙트럼에 따른 신호의 세기를 보여준다.

오디오 신호 생성

앞에서 오디오 신호에 대해 알아봤다. 이제는 오디오 신호를 생성하는 방법을 배워보자. 오디오 신호는 사인 곡선의 조합으로, NumPy 패키지를 사용하면 다양한 오디오 신호를 생성할 수 있다. 예제를 통해 미리 정의된 매개변수를 사용해서 오디오 신호를 생성해보자.

새로운 파이썬 파일을 생성하고 다음과 같이 패키지를 불러온다.

```
import numpy as np
import matplotlib.pyplot as plt
from scipy.io.wavfile import write
```

생성할 오디오 출력 파일 이름을 정한다.

```
# 오디오를 저장할 파일 이름 지정
output_file = 'generated_audio.wav'
```

지속 시간, 샘플링 주파수, 음색 주파수, 최솟값 및 최댓값 같은 오디오 매개변수를
정한다.

```
# 오디오 매개변수 정의
duration = 4      # 초 단위로
sampling_freq = 44100   # Hz 단위로
tone_freq = 784
min_val = -4 * np.pi
max_val = 4 * np.pi
```

정의된 매개변수를 사용해 오디오 신호를 생성한다.

```
# 오디오 신호 생성
t = np.linspace(min_val, max_val, duration * sampling_freq)
signal = np.sin(2 * np.pi * tone_freq * t)
```

신호에 약간의 노이즈를 추가한다.

```
# 신호에 노이즈 추가
noise = 0.5 * np.random.rand(duration * sampling_freq)
signal += noise
```

신호를 정규화하고 크기를 조정한다.

```
# 16비트 정수 값으로 변환
scaling_factor = np.power(2, 15) - 1
signal_normalized = signal / np.max(np.abs(signal))
signal_scaled = np.int16(signal_normalized * scaling_factor)
```

생성된 오디오 신호를 출력 파일에 저장한다.

```
# 오디오 신호를 출력 파일에 저장
write(output_file, sampling_freq, signal_scaled)
```

화면에 그리기 위해 처음 200개의 값을 추출한다.

```
# 오디오 신호에서 처음 200개의 값 추출
signal = signal[:200]
```

시간 축을 1/1,000초 단위로 구성한다.

```
# 1/1,000초 단위의 시간 축 만들기
time_axis = 1000 * np.arange(0, len(signal), 1) / float(sampling_freq)
```

오디오 신호를 화면에 그린다.

```
# 오디오 신호 그리기
plt.plot(time_axis, signal, color='black')
plt.xlabel('Time (milliseconds)')
plt.ylabel('Amplitude')
plt.title('Generated audio signal')
plt.show()
```

전체 코드는 audio_generator.py 파일에 수록돼 있다. 코드를 실행하면 다음 화면이 표시된다.

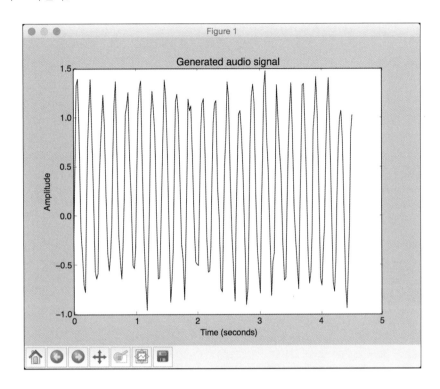

미디어 플레이어를 사용해 generated_audio.wav 파일을 재생하고 어떤 소리가 나는지 확인해보자. 재생되는 신호는 784Hz 신호와 잡음 신호가 혼합된 신호다.

음악을 만들기 위해 음색 합성하기

이전 절에서 간단한 모노 음색monotone을 생성하는 방법을 설명했다. 이전 절에서 만들어본 음색tone은 단순히 하나의 주파수로 구성된 것으로, 특별한 의미를 가지고 있지는 않았다. 이 절에서는 앞에서 배운 원리를 활용해 서로 다른 음색을 합성하고 음악이라 부를 수 있는 오디오 신호를 만든다. 이를 위해 A, C, G, F 등의 표준 음색standard tone을 사용한다. 표준 음색의 주파수 매핑을 확인하고 싶다면 http://www.

phy.mtu.edu/~suits/notefreqs.html에 방문해보자. 이제 매핑 정보를 사용해 음악 신호를 생성해보겠다.

새로운 파이썬 파일을 생성하고 다음과 같이 패키지를 불러온다.

```python
import json

import numpy as np
import matplotlib.pyplot as plt
from scipy.io.wavfile import write
```

입력 인수를 기반으로 음색을 생성하는 함수를 정의한다.

```python
# 입력 인수를 기반으로 음색 합성
def tone_synthesizer(freq, duration, amplitude=1.0, sampling_freq=44100):
    # 시간 축을 만든다
    time_axis = np.linspace(0, duration, duration * sampling_freq)
```

지정된 매개변수를 사용해 오디오 신호를 만들고 반환한다.

```python
# 오디오 신호를 만든다
signal = amplitude * np.sin(2 * np.pi * freq * time_axis)

return signal.astype(np.int16)
```

메인 함수를 정의한다. 그리고 출력 오디오 파일 이름을 정한다.

```python
if __name__ =='__main__':
    # 출력 파일 이름
    file_tone_single = 'generated_tone_single.wav'
    file_tone_sequence = 'generated_tone_sequence.wav'
```

음색 이름(예: A, C, G 등)별 주파수 매핑 정보가 포함된 음색 매핑 파일을 사용한다.

```python
# 출처: http://www.phy.mtu.edu/~suits/notefreqs.html
mapping_file = 'tone_mapping.json'
```

```
# 주파수-음색 매핑 파일 로드
with open(mapping_file, 'r') as f:
    tone_map = json.loads(f.read())
```

3초간 재생되는 F 음을 만든다.

```
# F 음색 생성
tone_name = 'F'
duration = 3     # 초 단위
amplitude = 12000
sampling_freq = 44100   # Hz 단위
```

특정 음색에 대응되는 주파수를 추출한다.

```
# 음색에 대한 주파수 값 할당
tone_freq = tone_map[tone_name]
```

앞에서 정의한 tone_synthesizer 함수를 사용해 음색을 생성한다.

```
# 위에서 정의한 매개변수를 사용해 음색 만들기
synthesized_tone = tone_synthesizer(tone_freq, duration, amplitude,
sampling_freq)
```

생성된 오디오 신호를 출력 파일에 저장한다.

```
# 출력 파일에 오디오 신호 저장
write(file_tone_single, sampling_freq, synthesized_tone)
```

음악처럼 들리도록 음색 시퀀스를 생성해본다. 음색 시퀀스를 초 단위로 다음과 같이 정한다.

```
# 초 단위로 음색 시퀀스 정의
tone_sequence = [('G', 0.4), ('D', 0.5), ('F', 0.3), ('C', 0.6), ('A',0.4)]
```

음색 시퀀스를 기반으로 오디오 신호를 만든다.

```
# 위 시퀀스를 기반으로 오디오 신호를 만든다
signal = np.array([])
for item in tone_sequence:
    # 음색의 이름 설정
    tone_name = item[0]
```

각 음색에 해당하는 주파수를 추출한다.

```
# 음색별로 주파수 추출
freq = tone_map[tone_name]
```

지속 시간을 추출한다.

```
# 지속 시간 추출
duration = item[1]
```

tone_synthesizer 함수를 사용해 음색을 합성한다.

```
# 음색 합성
synthesized_tone = tone_synthesizer(freq, duration, amplitude, sampling_
freq)
```

합성한 음색을 출력 신호에 추가한다.

```
# 출력 신호에 추가
signal = np.append(signal, synthesized_tone, axis=0)
```

출력 신호를 출력 파일에 저장한다.

```
# 오디오를 출력 파일에 저장
write(file_tone_sequence, sampling_freq, signal)
```

전체 코드는 synthesizer.py 파일에 수록돼 있다. 코드를 실행하면 generated_
tone_single.wav 및 generated_tone_sequence.wav라는 두 개의 출력 파일이 생
성된다.

미디어 플레이어를 사용해 오디오 파일을 재생하고 어떻게 들리는지 확인하자.

음성 특징 추출하기

앞에서 시간 도메인의 신호를 주파수 도메인으로 변환하는 방법을 배웠다. 이렇게 변환된 주파수는 특징 벡터의 형태로 모든 음성 인식 시스템에서 광범위하게 사용된다. 앞에서는 간단히 개념만 소개했지만, 실제 주파수를 음성 인식에 사용하려면 좀 더 복잡한 절차를 거쳐야 한다. 일단 신호를 주파수 도메인으로 변환하면, 특징 벡터의 형태로 이용할 수 있도록 처리해야 한다. 이를 위해 사용되는 도구가 멜 주파수 셉스트럴 계수^{MFCC, Mel Frequency Cepstral Coefficients}다. 이 절에서는 MFCC의 개념을 배우고 사용해볼 것이다.

MFCC는 오디오 신호에서 주파수 특징을 추출하기 위해 먼저 스펙트럼 세기를 추출한다. 다음으로 필터 뱅크^{Filter bank}와 이산 코사인 변환^{DCT, discrete cosine transform}을 사용해 특징을 추출한다. MFCC에 대해 더 자세히 알고 싶다면 다음 링크를 참고하길 바란다.

http://practicalcryptography.com/miscellaneous/machine-learning/guide-mel-frequency-cepstral-coefficients-mfccs

이제 python_speech_features 패키지를 사용해 MFCC 특징을 추출해보자. 패키지는 http://python-speech-features.readthedocs.org/en/latest에서 받을 수 있다.

독자의 편의를 위해 관련 파일을 코드 번들(12장 features 폴더)에 제공한다. 이제 본격적으로 MFCC 특징을 추출하는 방법을 살펴보자.

새로운 파이썬 파일을 생성하고 다음과 같이 패키지를 불러온다.

```
import numpy as np
import matplotlib.pyplot as plt
from scipy.io import wavfile
from features import mfcc, logfbank
```

분석을 위해 입력 오디오 파일을 로드하고 처음 10,000개의 샘플을 추출한다.

```
# 오디오 파일을 읽는다
sampling_freq, signal = wavfile.read('random_sound.wav')

# 분석을 위해 첫 10,000개의 샘플을 가져온다
signal = signal[:10000]
```

MFCC를 추출한다.

```
# MFCC 특징 추출
features_mfcc = mfcc(signal, sampling_freq)
```

MFCC 매개변수를 출력한다.

```
# MFCC 매개변수 출력
print('\nMFCC:\nNumber of windows =', features_mfcc.shape[0])
print('Length of each feature =', features_mfcc.shape[1])
```

MFCC 특징을 화면에 그린다.

```
# 특징을 화면에 그린다
features_mfcc = features_mfcc.T
plt.matshow(features_mfcc)
plt.title('MFCC')
```

필터 뱅크 특징을 추출한다.

```
# 필터 뱅크 특징을 추출한다
features_fb = logfbank(signal, sampling_freq)
```

필터 뱅크의 매개변수를 출력한다.

```
# 필터뱅크 매개변수 출력
print('\nFilter bank:\nNumber of windows =', features_fb.shape[0])
print('Length of each feature =', features_fb.shape[1])
```

추출한 특징을 화면에 그린다.

```
# 특징을 화면에 표시
features_fb = features_fb.T
plt.matshow(features_fb)
plt.title('Filter bank')

plt.show()
```

전체 코드는 feature_extractor.py 파일에 수록돼 있다. 코드를 실행하면 두 개의 화면이 표시된다. 첫 번째 화면은 MFCC 특징을 보여준다.

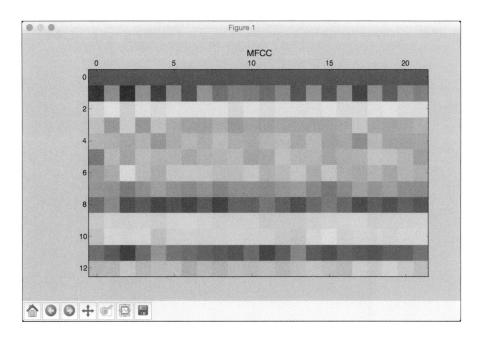

두 번째 화면은 필터 뱅크 특징을 보여준다.

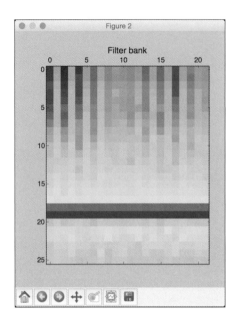

터미널에는 다음과 같이 표시될 것이다.

```
MFCC:
Number of windows = 22
Length of each feature = 13

Filter bank:
Number of windows = 22
Length of each feature = 26
```

단어 인식하기

앞에서 음성 신호를 분석하는 모든 기술을 배웠다. 이제 본격적으로 음성 단어를 인식하는 방법을 배워보겠다. 음성 인식 시스템은 오디오 신호를 입력으로 받아 신호에 포함된 단어를 인식한다. 예제에서는 음성 인식을 위해 HMM^{Hidden Markov Model}을 사용한다.

이전 장에서 논의했듯이 HMM은 순차적 데이터 분석에 유용하게 사용된다. 오디오 신호는 순차적 데이터 중 하나인 시계열 신호로 구성돼 있어 HMM을 적용하기에 적합하다. HMM은 일련의 은닉 상태를 거쳐서 관측 가능한 출력이 생성된다고 가정한다. 오디오 신호의 경우 관측할 수 있는 출력은 신호 그 자체며, 은닉 상태가 바로 우리가 알고 싶은 신호에 포함된 단어다. 해당 내용을 좀 더 자세히 알고 싶다면 다음 링크를 참고하자.

https://www.robots.ox.ac.uk/~vgg/rg/slides/hmm.pdf

이 절에서는 hmmlearn 패키지를 사용해 음성 인식 시스템을 구축한다. 이 패키지에 대한 자세한 내용은 http://hmmlearn.readthedocs.org/en/latest에서 확인할 수 있다. 터미널에서 다음 명령을 실행해 패키지를 설치한다.

```
$ pip3 install hmmlearn
```

음성 인식 시스템을 학습하려면 단어를 녹음한 오디오 데이터셋이 필요하다. 이 예제에서는 https://code.google.com/archive/p/hmm-speech-recognition/downloads에서 제공하는 데이터베이스를 사용한다. 편의를 위해 이 데이터셋은 코드 번들(data 폴더)에 포함돼 있으니 참고하길 바란다. 이 데이터셋에는 일곱 개의 단어가 들어있고 각 단어별로 15개의 오디오 파일이 있다. 이 파일들 중에서 14개의 파일을 학습에 사용하고 테스트용으로는 남은 한 개를 사용한다(사실 이 정도 숫자는 실제 환경에서 사용하기에는 적은 편이다. 서비스 가능한 수준의 음성 인식 시스템을 구축하려면 훨씬 더 큰 데이터셋이 필요하다). 이 데이터셋을 사용해 단어를 인식하는 음성 인식 시스템을 구축해보자. 예제를 실습하면 음성 인식에 더 익숙해질 것이다.

예제에서는 각 단어별로 HMM 모델을 구축하고 저장한다. 데이터셋에 포함되지 않은 새로운 오디오 파일이 주어지면 각각의 단어 인식 모델들을 적용하고, 가장 높은 점수를 획득한 모델에 대응되는 단어를 인식 결과로 선택한다. 자, 본격적으로 시스템 구축 방법을 알아보자.

새로운 파이썬 파일을 생성하고 다음과 같이 패키지를 불러온다.

```python
import os
import argparse
import warnings

import numpy as np
from scipy.io import wavfile

from hmmlearn import hmm
from features import mfcc
```

입력 인수를 처리하는 함수를 정의한다. 입력 인수로 학습 데이터 파일이 들어있는 입력 폴더를 지정해야 한다.

```python
# 입력 인수 처리 함수
def build_arg_parser():
    parser = argparse.ArgumentParser(description='Trains the HMM-based
speech  recognition system')
    parser.add_argument("--input-folder", dest="input_folder",
required=True, help="Input folder containing the audio files for training")
    return parser
```

HMM을 학습할 클래스를 정의한다.

```python
# HMM 학습을 위한 클래스 정의
class ModelHMM(object):
    def __init__(self, num_components=4, num_iter=1000):
        self.n_components = num_components
        self.n_iter = num_iter
```

HMM의 유형과 공분산 유형을 정한다.

```python
self.cov_type = 'diag'
self.model_name = 'GaussianHMM'
```

각 단어 모델을 저장할 변수를 선언한다.

```
self.models = []
```

지정된 매개변수를 사용해 모델을 정의한다.

```
self.model = hmm.GaussianHMM(n_components=self.n_components, covariance_
type=self.cov_type, n_iter=self.n_iter)
```

모델 학습 함수를 정의한다.

```
# 학습셋은 각 행이 13차원으로 구성된 2D numpy 배열로 구성돼 있다.
def train(self, training_data):
    np.seterr(all='ignore')
    cur_model = self.model.fit(training_data)
    self.models.append(cur_model)
```

입력 데이터에 대한 모델의 점수를 계산하는 함수를 정의한다.

```
# 입력 데이터의 단어를 인식하기 위해 HMM 모델을 적용한다
def compute_score(self, input_data):
    return self.model.score(input_data)
```

학습 데이터셋에 포함된 단어의 모델을 만드는 함수를 정의한다.

```
# 간 단어별 모델을 만드는 함수 정의
def build_models(input_folder):
    # 모든 모델을 저장해둘 변수 선언
    speech_models = []
```

디렉터리에 포함된 입력 파일을 처리한다.

```
# 입력 디렉터리 처리
for dirname in os.listdir(input_folder):
    # 하위 폴더를 가져온다
    subfolder = os.path.join(input_folder, dirname)

    if not os.path.isdir(subfolder):
        continue
```

레이블(단어명)을 추출한다.

```
# 레이블 추출
label = subfolder[subfolder.rfind('/') + 1:]
```

학습 데이터를 저장하기 위한 변수를 선언한다.

```
# 변수 초기화
X = np.array([])
```

학습에 사용될 파일의 리스트를 만든다.

```
# 학습에 사용될 파일 리스트 생성
# 폴더별로 테스트를 위해 한 개의 파일은 남겨둔다
training_files = [x for x in os.listdir(subfolder) if x.endswith('.wav')]
[:-1]
```

```
# 폴더에 포함된 학습 파일별로 모델을 만든다
for filename in training_files:
    # 현재 파일 경로 추출
    filepath = os.path.join(subfolder, filename)
```

파일에서 오디오 신호를 읽는다.

```
# 입력 파일에서 오디오 신호를 읽는다
sampling_freq, signal = wavfile.read(filepath)
```

MFCC 특징을 추출한다.

```
# MFCC 특징 추출
with warnings.catch_warnings():
    warnings.simplefilter('ignore')
    features_mfcc = mfcc(signal, sampling_freq)
```

변수 X에 데이터 포인트를 추가한다.

```
# 변수 X에 추가
if len(X) == 0:
    X = features_mfcc
else:
    X = np.append(X, features_mfcc, axis=0)
```

HMM 모델을 초기화한다.

```
# HMM 모델 생성
model = ModelHMM()
```

학습 데이터를 사용해 모델을 학습한다.

```
# HMM 학습
with warnings.catch_warnings():
    warnings.simplefilter('ignore')
    model.train(X)
```

단어 모델을 저장한다.

```
    # 단어 모델 저장
    speech_models.append((model, label))

    # 변수 초기화
    model = None

return speech_models
```

테스트 데이터셋을 이용하는 테스트 함수를 정의한다.

```
# 입력 파일을 테스트에 이용
def run_tests(test_files):
    # 입력 데이터 분류
    for test_file in test_files:
        # 입력 데이터 읽기
        sampling_freq, signal = wavfile.read(test_file)
```

MFCC 특징을 추출한다.

```
# MFCC 특징 추출
with warnings.catch_warnings():
    warnings.simplefilter('ignore')
    features_mfcc = mfcc(signal, sampling_freq)
```

최고 점수와 출력 레이블을 저장할 변수를 정의한다.

```
# 변수 정의
max_score = -float('inf')
output_label = None
```

구축한 단어 모델들 중에 최고의 모델을 선택한다.

```
# 모든 HMM 모델에 특징 벡터를 입력하고 최고 점수를 획득한 모델 선택
for item in speech_models:
    model, label = item
```

모델별로 점수를 계산하고 최고 점수와 비교한다.

```
score = model.compute_score(features_mfcc)
if score > max_score:
    max_score = score
    predicted_label = label
```

결과를 출력한다.

```
# 예측 결과 출력
start_index = test_file.find('/') + 1
end_index = test_file.rfind('/')
original_label = test_file[start_index:end_index]
print('\nOriginal: ', original_label)
print('Predicted:', predicted_label)
```

메인 함수를 정의하고 입력 인수로 데이터가 포함된 폴더의 경로를 준다.

```
if __name__ =='__main__':
    args = build_arg_parser().parse_args()
    input_folder = args.input_folder
```

폴더에 포함된 각 단어 파일에 대한 HMM 모델을 만든다.

```
# 각 단어별로 HMM 모델 만들기
speech_models = build_models(input_folder)
```

앞에서 단어별로 테스트를 위해 오디오 파일 하나를 학습에 사용하지 않고 남겨뒀
다. 이 파일을 사용해 모델의 정확성을 평가한다.

```
# 테스트 파일 -- 각 단어별로 15번째 파일
test_files = []
for root, dirs, files in os.walk(input_folder):
    for filename in (x for x in files if '15' in x):
        filepath = os.path.join(root, filename) test_files.append(filepath)

run_tests(test_files)
```

전체 코드는 speech_recognizer.py 파일에 수록돼 있다. 데이터 폴더가 코드 파일
과 동일한 폴더에 있는지 확인하고 다음 코드를 실행하자.

```
$ python3 speech_recognizer.py --input-folder data
```

코드를 실행하면 다음과 같은 결과가 출력된다(실제 실행 시에는 운영체제가 파일을 읽는 순서에 따라 순서가 조금 바뀔 수 있다).

```
Original:  apple
Predicted: apple

Original:  banana
Predicted: banana

Original:  kiwi
Predicted: kiwi

Original:  lime
Predicted: lime

Original:  orange
Predicted: orange

Original:  peach
Predicted: peach

Original:  pineapple
Predicted: pineapple
```

앞의 화면에서 볼 수 있듯이 우리가 구축한 음성 인식 시스템은 모든 단어를 올바르게 인식했다.

요약

이 장에서는 음성 인식을 살펴봤다. 우선 음성 신호를 다루는 방법과 이와 관련된 내용을 논의했다. 그리고 오디오 신호를 시각화하는 법을 배웠다. 푸리에 변환을 사용해 시간 도메인 오디오 신호를 주파수 도메인으로 변환하는 방법도 살펴봤다. 그리고 사전 정의된 매개변수를 사용해 오디오 신호를 생성하는 방법을 설명했다.

다음으로 앞에서 배운 개념들을 이용해 여러 음색을 붙여 음악을 합성했다. MFCC에 대해 배워봤고, 실제 환경에서 MFCC가 어떻게 사용되는지도 배웠다. 또 음성으로부터 주파수 특징을 추출하는 방법도 설명했다. 그리고 이 모든 기술을 사용해 음성 인식 시스템을 구축하는 방법을 배웠다.

다음 장에서는 객체 감지 및 추적에 대해 설명하고, 이 개념을 사용해 라이브 비디오의 객체를 추적할 수 있는 엔진을 구축할 것이다.

13

물체 감지와 추적

이 장에서는 물체 감지 및 추적 기법을 살펴본다. 먼저 컴퓨터 비전 분야에서 굉장히 유명한 라이브러리인 OpenCV를 설치하는 방법부터 소개한다. 그러고 나서 비디오 영상에서 움직이는 부분을 감지하는 프레임 차이 대조법을 살펴본다. 또한 색공간을 이용해 물체를 추적하는 방법도 소개한다. 이 과정에서 물체를 추적하기 위해 배경을 분리하는 배경 분리 기법도 살펴본다. 캠시프트 알고리즘을 이용해 인터랙티브 방식의 물체 추적기도 만들어본다. 그리고 광학 흐름 기반 추적기를 만드는 방법도 소개한다. 얼굴 검출의 개념과 이와 관련된 하 캐스케이드$^{Haar\ cascades}$와 적분 이미지 기법도 소개한다. 마지막으로 눈 검출 및 추적기를 만드는 방법도 소개한다.

이 장에서 다루는 주제는 다음과 같다.

* OpenCV 설치 방법
* 프레임 차이 계산법
* 색 공간을 이용한 물체 추적 기법
* 배경 분리 기법을 이용한 물체 추적 기법
* 캠시프트 알고리즘으로 인터랙티브 방식 물체 추적기를 만드는 방법
* 광학 흐름 기반 추적 기법

- 얼굴 검출 및 추적
- 하 캐스케이드를 이용한 물체 감지 방법
- 적분 이미지(영상)를 이용한 특징 추출 방법
- 눈 검출 및 추적 기법

OpenCV 설치

이 장에서 소개하는 예제는 OpenCV 라이브러리로 구현한다. OpenCV에 대한 자세한 사항은 http://opencv.org를 참고한다. 다음 절로 넘어가기 전에 반드시 OpenCV부터 설치한다. 윈도우와 우분투, 맥 운영체제에서 파이썬 3용 OpenCV 3를 설치하는 구체적인 방법은 다음 링크에 잘 나와 있다.

- 윈도우: https://solarianprogrammer.com/2016/09/17/install-opencv-3-with-python-3-on-windows
- 우분투: http://www.pyimagesearch.com/2015/07/20/install-opencv-3-0-and-python-3-4-on-ubuntu
- 맥: http://www.pyimagesearch.com/2016/12/05/macos-install-opencv-3-and-python-3-5/[1]

다 설치했다면 다음 절로 넘어간다.

프레임 차이 대조법

프레임 차이 대조법frame differencing(프레임 디퍼런싱)이란 실시간 비디오 스트림에서 캡처한 연속된 프레임들의 차이점을 분석한 정보를 이용해 영상에서 움직이는 부분을 찾아내는 기법이며, 동영상에서 움직임을 감지하기 위한 기법 중 상당히 간단한 편이다. 이 절에서는 연속된 프레임에서 차이점을 찾아 이를 화면에 표시하는 방

---

1 위 링크는 소스 빌드 방식이고, 홈브루(Homebrew) 환경을 사용한다면 http://www.pyimagesearch.com/2016/12/19/install-opencv-3-on-macos-with-homebrew-the-easy-way/를 참조해 간단히 설치할 수 있다. - 옮긴이

법을 소개한다. 예제를 실행하려면 카메라가 필요하다. 먼저 실습용 컴퓨터에 카메라부터 장착한다.

파이썬 파일을 새로 만들고 다음과 같이 패키지를 불러오는 문장을 작성한다.

```
import cv2
```

프레임 차이를 계산하는 함수를 정의한다. 가장 먼저 현재 프레임과 다음 프레임의 차이점을 계산하는 부분을 작성한다.

```
# 프레임 차이 계산
def frame_diff(prev_frame, cur_frame, next_frame):
    # 현재 프레임과 다음 프레임의 차이점 구하기
    diff_frames_1 = cv2.absdiff(next_frame, cur_frame)
```

현재 프레임과 이전 프레임의 차이도 구한다.

```
# 현재 프레임과 이전 프레임의 차이점 구하기
diff_frames_2 = cv2.absdiff(cur_frame, prev_frame)
```

두 차이점을 비트 단위로 AND 연산을 수행한 후 결과를 반환한다.

```
return cv2.bitwise_and(diff_frames_1, diff_frames_2)
```

카메라에서 현재 프레임을 가져오는 함수를 정의한다. 먼저 비디오 캡처 오브젝트를 읽는 부분을 작성한다.

```
# 카메라에서 현재 프레임을 가져오는 함수
def get_frame(cap, scaling_factor):
    # 비디오 캡처 오브젝트에서 현재 프레임 읽기
    _, frame = cap.read()
```

비율(scaling_factor)에 맞게 프레임의 크기를 조정한다.

```
# 이미지 크기 조정
frame = cv2.resize(frame, None, fx=scaling_factor,
        fy=scaling_factor, interpolation=cv2.INTER_AREA)
```

이미지를 흑백grayscale으로 변환한 후 결과를 반환한다.

```
# 흑백으로 변환
gray = cv2.cvtColor(frame, cv2.COLOR_RGB2GRAY)

return gray
```

메인 함수를 정의한다. 먼저 비디오 캡처 오브젝트를 초기화한다.

```
if __name__=='__main__':
    # 비디오 캡처 오브젝트 정의
    cap = cv2.VideoCapture(0)
```

이미지의 크기 조정에 적용할 비율(scaling_factor)을 정의한다.

```
# 이미지 비율 정의
scaling_factor = 0.5
```

현재 프레임과 다음 프레임, 그리고 다음 다음 프레임을 가져온다.

```
# 현재 프레임 가져오기
prev_frame = get_frame(cap, scaling_factor)
# 다음 프레임 가져오기
cur_frame = get_frame(cap, scaling_factor)
# 다음 다음 프레임 가져오기
next_frame = get_frame(cap, scaling_factor)
```

사용자가 ESC 키를 누를 때까지 무한 반복하는 코드를 작성한다. 먼저 프레임 차이를 계산한다.

```
# 사용자가 ESC 키를 누를 때까지 계속해서 카메라로부터 프레임을 가져온다
while True:
    # 프레임 차이를 구해서 화면에 표시하기
    cv2.imshow('Object Movement', frame_diff(prev_frame,
                cur_frame, next_frame))
```

그리고 프레임 변수를 업데이트한다.

```
# 변수 업데이트하기
prev_frame = cur_frame
cur_frame = next_frame
```

카메라에서 다음 프레임을 가져온다.

```
# 다음 프레임 가져오기
next_frame = get_frame(cap, scaling_factor)
```

사용자가 ESC 키를 눌렀다면 루프를 빠져나간다.

```
# 사용자가 ESC 키를 눌렀는지 확인
key = cv2.waitKey(10)
if key == 27:
    break
```

루프를 빠져나갔다면, 열린 창을 모두 닫는다.

```
# 모든 창 닫기
cv2.destroyAllWindows()
```

전체 코드는 이 책의 예제 묶음에 있는 frame_diff.py 파일에서 볼 수 있다. 코드를 실행하면 실시간 영상을 보여주는 창이 뜬다. 카메라 앞에서 서서 움직여보면, 다음과 같이 흰색 선으로 표시된 부분이 나타난다.

이 그림에서 흰색 선이 바로 예제에서 추출한 움직이는 물체다.

색 공간을 이용한 물체 추적 기법

프레임 차이 계산법도 나름 유용하긴 하지만 제대로 된 추적기를 구현하기에는 충분하지 않다. 노이즈에 굉장히 민감해서 물체를 정확히 추적할 수 없기 때문이다. 물체를 정확히 추적하려면 무엇보다도 물체의 속성을 정확히 파악해야 한다. 이때 색 공간color space을 활용할 수 있다.

이미지는 다양한 색 공간으로 표현할 수 있다. 흔히 RGB 색 공간을 가장 많이 사용하지만, 물체를 추적하기 위한 용도로는 적합하지 않다. 따라서 이 절에서는 HSV 색 공간을 사용한다. RGB보다 HSV 색 공간이 사람이 색을 인식하는 방식에 좀 더 가깝기 때문이다. HSV 색 공간에 대한 자세한 사항은 http://infohost.nmt.edu/tcc/help/pubs/colortheory/web/hsv.html을 참고한다. HSV 색 공간을 이용한 물체 추적 기법은 먼저 캡처한 RGB 프레임을 HSV 색 공간으로 변환하고 추적할 물체(또는 물체의 주요 속성)의 색상에 대한 임계(경계) 값threshold을 이용해 물체를 추적한다. 이를 위해 먼저 물체의 색상 분포를 파악해야 한다. 그래야 한계 값의 범위를 정확히 지정할 수 있다.

파이썬 파일을 새로 만들고 다음과 같이 패키지를 불러오는 문장을 작성한다.

```
import cv2
import numpy as np
```

카메라에서 현재 프레임을 가져오는 함수를 정의한다. 먼저 비디오 캡처 오브젝트를 읽는 부분을 작성한다.

```
# 카메라에서 현재 프레임을 가져오는 함수
def get_frame(cap, scaling_factor):
    # 비디오 캡처 오브젝트에서 현재 프레임 읽기
    _, frame = cap.read()
```

지정한 비율^{scaling factor}에 맞게 프레임의 크기를 조정한 후 결과를 반환한다.

```
# 이미지 크기 조정
frame = cv2.resize(frame, None, fx=scaling_factor,
        fy=scaling_factor, interpolation=cv2.INTER_AREA)

return frame
```

이제 메인 함수를 정의한다. 먼저 비디오 캡처 오브젝트를 초기화한다.

```
if __name__=='__main__':
    # 비디오 캡처 오브젝트 정의
    cap = cv2.VideoCapture(0)
```

이미지의 크기를 조정할 때 적용할 비율을 정의한다.

```
# 이미지 비율 정의
scaling_factor = 0.5
```

사용자가 ESC 키를 누를 때까지 무한 반복하는 코드를 작성한다. 먼저 현재 프레임을 가져오는 문장을 작성한다.

```
# 사용자가 ESC 키를 누를 때까지 계속해서 카메라로부터 프레임을 가져온다
while True:
    # 현재 프레임 가져오기
    frame = get_frame(cap, scaling_factor)
```

OpenCV에서 제공하는 함수를 이용해 이미지를 HSV 색 공간으로 변환한다.

```
# 이미지를 HSV 색 공간으로 변환하기
hsv = cv2.cvtColor(frame, cv2.COLOR_BGR2HSV)
```

사람의 피부색에 맞는 HSV 색상 범위를 정의한다.

```
# 피부색의 범위를 HSV로 정의
lower = np.array([0, 70, 60])
upper = np.array([50, 150, 255])
```

HSV 이미지에서 앞서 정의한 한계 값 범위 안에 해당하는 부분만 추출해 마스크 이미지를 생성한다.

```
# 피부색만 보기 위해 HSV 이미지의 한계 값 구하기
mask = cv2.inRange(hsv, lower, upper)
```

마스크와 원본 이미지에 대해 비트 단위로 AND 연산을 수행한다.

```
# 마스크와 원본 이미지에 대한 비트 단위 AND 연산
img_bitwise_and = cv2.bitwise_and(frame, frame, mask=mask)
```

미디언 블러링^{median blurring}으로 이미지를 부드럽게 처리한다.

```
# 미디언 블러링
img_median_blurred = cv2.medianBlur(img_bitwise_and, 5)
```

입력 프레임과 출력 프레임을 화면에 표시한다.

```
# 입력과 출력 이미지를 화면에 표시하기
cv2.imshow('Input', frame)
cv2.imshow('Output', img_median_blurred)
```

사용자가 ESC 키를 눌렀다면 루프를 빠져나간다.

```
# 사용자가 ESC 키를 눌렀는지 확인
key = cv2.waitKey(10)
if key == 27:
    break
```

루프를 빠져나갔다면, 열린 창을 모두 닫는다.

```
# 모든 창 닫기
cv2.destroyAllWindows()
```

전체 코드는 이 책의 예제 묶음에 있는 colorspaces.py 파일에서 볼 수 있다. 코드를 실행하면 창이 두 개 뜬다. Input이란 제목의 창은 카메라로 캡처한 프레임을 보여준다.

Output이란 제목의 창에는 피부색에 대한 마스크 이미지를 보여준다.

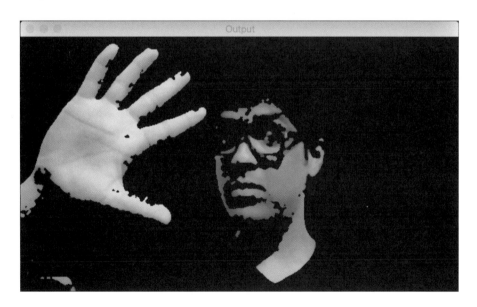

배경 분리법을 이용한 물체 추적 기법

배경 분리법^{background subtraction}이란 주어진 영상에서 배경에 해당하는 모델을 만들고, 이를 이용해 움직이는 물체를 추출하는 기법이다. 주로 영상 압축과 영상 감시 시스템에서 많이 사용한다. 특히 정적인 배경에서 움직이는 물체를 감지하는 데 뛰어난 성능을 발휘한다. 알고리즘의 핵심은 배경 모델을 만든 후 이 모델이 표현하는 배경을 현재 프레임에서 제거해 전경^{foreground}만 추출하는 것이다. 이렇게 뽑아낸 전경이 바로 움직이는 물체다.

이 기법의 두 가지 핵심 작업 중 하나는 배경에 대한 모델을 만드는 것이다. 연속된 프레임의 차이점을 찾아내는 프레임 차이 계산법과는 좀 다른 방식으로 처리해야 한다. 배경 모델을 실시간으로 업데이트해야 하기 때문이다. 따라서 기준점이 계속 변하는 적응형 알고리즘으로 구현한다. 프레임 차이 계산법보다 결과가 뛰어난 이유가 바로 여기에 있다.

파이썬 파일을 새로 만들고 다음과 같이 패키지를 불러오는 문장을 작성한다.

```
import cv2
import numpy as np
```

카메라에서 현재 프레임을 가져오는 함수를 정의한다.

```
# 카메라에서 현재 프레임을 가져오는 함수
def get_frame(cap, scaling_factor):
    # 비디오 캡처 오브젝트에서 현재 프레임 읽기
    _, frame = cap.read()
```

프레임의 크기를 조정한 후 결과를 반환한다.

```
# 이미지 크기 조정
frame = cv2.resize(frame, None, fx=scaling_factor,
fy=scaling_factor, interpolation=cv2.INTER_AREA)

return frame
```

메인 함수를 정의한다. 먼저 비디오 캡처 오브젝트를 초기화한다.

```python
if __name__=='__main__':
    # 비디오 캡처 오브젝트 정의
    cap = cv2.VideoCapture(0)
```

배경 분리 오브젝트를 정의한다.

```python
# 배경 분리 오브젝트 정의
bg_subtractor = cv2.createBackgroundSubtractorMOG2()
```

히스토리와 학습 속도를 정의한다. 여기서 말하는 '히스토리'의 의미는 다음 코드의
주석에 자세히 나와 있다.

```python
# 학습에 사용할 이전 프레임의 수를 정의한다
# 이 값을 통해 알고리즘의 학습 속도를 제어한다
# 여기서 학습 속도란 모델이 배경을 학습하는 속도를 의미한다
# '히스토리' 값이 크면 학습 속도가 느려진다
# 이 값을 조절해보면서 히스토리 값이 결과에 어떤 영향을 미치는지 관찰해본다
history = 100

# 학습 속도 정의
learning_rate = 1.0/history
```

사용자가 ESC 키를 누를 때까지 무한 반복하는 코드를 작성한다. 먼저 현재 프레임
을 가져오는 문장을 작성한다.

```python
# 사용자가 ESC 키를 누를 때까지 계속해서 카메라로부터 프레임을 가져온다
while True:
    # 현재 프레임 가져오기
    frame = get_frame(cap, 0.5)
```

앞에서 정의한 배경 분리 오브젝트로 마스크를 계산한다.

```
mask = bg_subtractor.apply(frame, learningRate=learning_rate)
```

흑백 마스크 이미지를 RGB로 변환한다.

```
# 흑백 이미지를 RGB 컬러 이미지로 변환하기
mask = cv2.cvtColor(mask, cv2.COLOR_GRAY2BGR)
```

입력과 출력 이미지를 화면에 표시한다.

```
# 입력과 출력 이미지를 화면에 표시하기
cv2.imshow('Input', frame)
cv2.imshow('Output', mask & frame)
```

사용자가 **ESC** 키를 눌렀다면 루프를 빠져나간다.

```
# 사용자가 ESC 키를 눌렀는지 확인
key = cv2.waitKey(10)
if key == 27:
    break
```

루프를 빠져나갔다면, 비디오 캡처 오브젝트를 해제하고 열린 창을 모두 닫는다.

```
# 비디오 캡처 오브젝트 해제하기
cap.release()
# 모든 창 닫기
cv2.destroyAllWindows()
```

전체 코드는 이 책의 예제 묶음에 있는 background_subtraction.py 파일에서 볼 수 있다. 코드를 실행하면 실시간 영상을 보여주는 창이 뜬다. 카메라 앞에서 움직여보면, 다음과 같이 어렴풋한 모습이 나타난다.

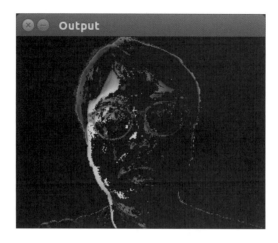

움직임을 멈추면 윤곽이 서서히 희미해진다. 카메라에 비춰진 모습이 움직이지 않기 때문에 알고리즘이 이를 배경으로 취급하도록 모델을 업데이트하기 때문이다.

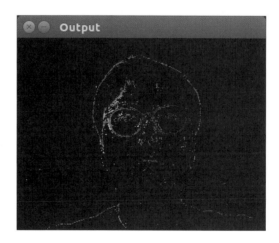

그대로 가만히 있으면, 다음 그림처럼 점점 더 희미해진다.

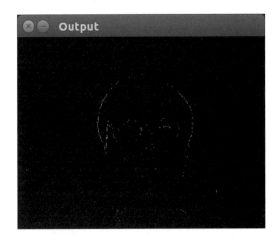

희미하게 변한다는 것은 카메라로 포착했던 물체가 점점 배경 모델의 일부분으로 전환된다는 것을 의미한다.

캠시프트 알고리즘을 이용한 인터랙티브 방식 물체 추적기

색 공간 기반 추적 기법을 이용하면 컬러로 표현된 물체를 추적할 수 있지만, 이렇게 하기 위해서는 먼저 색상의 범위를 정의해야 한다는 제약이 있다. 사람처럼 영상을 보면서 실시간으로 물체를 인식하고 추적한다면 더 좋을 것이다. 캠시프트 CAMShift, Continuously Adaptive Mean Shift 알고리즘은 바로 이러한 작업을 처리하기 위해 개발된 것이다. 평균(중심) 이동Mean Shift 알고리즘을 적응형adaptive으로 개선한 버전인 셈이다.

캠시프트 알고리즘을 제대로 이해하려면, 먼저 중심 이동 알고리즘의 작동 원리부터 알아야 한다. 입력된 프레임에서 관심 영역을 추적하는 경우를 생각해보자. 여기서 관심 영역ROI, Region of Interest이란 관심을 가지고 추적할 대상이 담긴 영역으로서, 추적할 물체 주변에 경계선을 그은 것이다. 그래서 '관심 영역'이라 부른다. 이러한 관심 영역에 있는 물체가 영상에서 움직이는 것을 감지하고 추적하는 방법을 알아보자.

먼저 해당 영역에 대한 컬러 히스토그램을 기준으로 (특징) 점의 집합을 선택하고, 그 점들의 중심을 구한다. 점들의 중심이 관심 영역의 기하 중심(무게 중심)에 머물러 있다면, 물체가 움직이지 않았다고 볼 수 있다. 반대로 점들의 중심점이 관심 영역의 중심과 다르다면, 물체가 움직였다고 판단한다. 따라서 경계선(관심 영역)을 이동해야 한다. 중심이 이동했다는 것은 물체가 움직였다는 것을 의미하기 때문이다. 이때 경계선의 중심점의 위치가 이동한 점들의 중심점의 위치와 일치해야 한다. 이작업을 각 프레임마다 실행하면 물체를 실시간으로 추적할 수 있다. 이처럼 중심(평균mean)이 끊임없이 이동하기 때문에 중심(평균) 이동Mean Shift 알고리즘이라 부른다. 이 알고리즘은 물체를 추적할 때 주로 사용한다.

이제 중심 이동 알고리즘과 캠시프트 알고리즘의 관계를 살펴보자. 중심 이동 알고리즘은 시간이 흐름에 따라 물체의 크기가 변할 수 없다는 단점이 있다. 경계선을 그린 후에는 물체와 카메라 사이의 거리가 변하더라도 그 크기는 고정돼 있다. 캠시프트 알고리즘은 바로 이러한 경계선의 크기가 물체의 크기에 적응하도록 개선한 것이다. 자세한 사항은 http://docs.opencv.org/3.1.0/db/df8/tutorial_py_meanshift.html을 참고한다. 이제 본격적으로 추적기를 만들어보자.

파이썬 파일을 새로 만들고 다음과 같이 패키지를 불러오는 문장을 작성한다.

```
import cv2
import numpy as np
```

물체 추적에 관련된 기능을 모두 담은 클래스를 정의한다.

```
# 물체 추적 관련 기능을 모두 담은 클래스 정의
class ObjectTracker(object):
    def __init__(self, scaling_factor=0.5):
        # 비디오 캡처 오브젝트 초기화
        self.cap = cv2.VideoCapture(0)
```

현재 프레임을 캡처한다.

```python
# 카메라에서 프레임을 캡처한다
_, self.frame = self.cap.read()
```

크기 조정 인자를 설정한다.

```python
# 캡처한 프레임에 대한 크기 조정 인자
self.scaling_factor = scaling_factor
```

프레임 크기를 조정한다.

```python
# 프레임 크기 조정
self.frame = cv2.resize(self.frame, None,
    fx=self.scaling_factor, fy=self.scaling_factor,
    interpolation=cv2.INTER_AREA)
```

결과를 화면에 표시할 창을 생성한다.

```python
# 프레임을 화면에 표시할 창 띄우기
cv2.namedWindow('Object Tracker')
```

마우스로부터 입력받도록 마우스 콜백 함수를 설정한다.

```python
# 마우스 포인터를 추적하기 위한 마우스 콜백 함수 설정
cv2.setMouseCallback('Object Tracker', self.mouse_event)
```

직사각형 모양의 선택 영역을 추적하는 데 사용할 변수를 초기화한다.

```python
# 직사각형 모양의 선택 영역에 대한 변수 초기화
self.selection = None
# 시작 위치에 대한 변수 초기화
self.drag_start = None
# 추적 상태에 대한 변수 초기화
self.tracking_state = 0
```

마우스 이벤트를 추적하는 함수를 정의한다.

```
# 마우스 이벤트 추적용 메소드 정의
def mouse_event(self, event, x, y, flags, param):
    # x, y 좌표를 16비트 numpy 정수로 변환
    x, y = np.int16([x, y])
```

마우스 왼쪽 버튼이 눌렸다면, 사용자가 선택 영역을 그리기 시작했다는 것을 의미한다.

```
# 마우스 버튼 다운 이벤트가 발생했는지 확인
if event == cv2.EVENT_LBUTTONDOWN:
    self.drag_start = (x, y)
    self.tracking_state = 0
```

선택 영역의 크기를 설정하기 위해 사용자가 마우스를 드래그한다면, 직사각형의 폭과 높이를 추적한다.

```
# 사용자가 선택 영역 설정 작업을 시작했는지 확인
if self.drag_start:
    if flags & cv2.EVENT_FLAG_LBUTTON:
        # 프레임의 크기 추출
        h, w = self.frame.shape[:2]
```

선택 영역의 시작 지점에 대한 X와 Y 좌푯값을 설정한다.

```
# 시작점 가져오기
xi, yi = self.drag_start
```

모든 방향의 마우스 드래그에 대해 직사각형 영역을 그리도록, 좌표의 최댓값과 최솟값을 가져온다.

```
# 최댓값/최솟값 가져오기
x0, y0 = np.maximum(0, np.minimum([xi, yi], [x, y]))
x1, y1 = np.minimum([w, h], np.maximum([xi, yi], [x, y]))
```

선택 영역에 대한 변수를 리셋한다.

```
# 선택 영역에 대한 변수 리셋
self.selection = None
```

직사각형 모양의 선택 영역을 마무리한다.

```
# 선택 영역 마무리
if x1-x0 > 0 and y1-y0 > 0:
    self.selection = (x0, y0, x1, y1)
```

선택 영역을 다 지정했다면, 해당 영역에 담긴 물체에 대한 추적을 시작하게 만드는 플래그를 설정한다.

```
else:
    # 선택이 끝나면 추적 시작하기
    self.drag_start = None
    if self.selection is not None:
        self.tracking_state = 1
```

물체를 추적하는 메소드를 정의한다.

```
# 물체를 추적하기 시작하는 메소드
def start_tracking(self):
    # 사용자가 ESC 키를 누를 때까지 계속 반복
    while True:
        # 카메라에서 프레임 캡처하기
        _, self.frame = self.cap.read()
```

프레임 크기를 조정한다.

```
# 입력 프레임 크기 조정
self.frame = cv2.resize(self.frame, None,
    fx=self.scaling_factor, fy=self.scaling_factor,
    interpolation=cv2.INTER_AREA)
```

프레임을 복사한다. 복사한 프레임은 나중에 사용한다.

```
# 프레임의 복사본 생성
vis = self.frame.copy()
```

프레임의 색 공간을 RGB에서 HSV로 변환한다.

```
# 프레임을 HSV 색 공간으로 변환
hsv = cv2.cvtColor(self.frame, cv2.COLOR_BGR2HSV)
```

미리 정의한 임계 값에 따라 마스크를 생성한다.

```
# 미리 정의한 임계 값에 따라 마스크 생성하기
mask = cv2.inRange(hsv, np.array((0., 60., 32.)),
                   np.array((180., 255., 255.)))
```

사용자가 영역을 선택했는지 확인한다.

```
# 사용자가 영역을 선택했는지 확인하기
if self.selection:
    # 선택한 직사각형 영역의 좌표 추출하기
    x0, y0, x1, y1 = self.selection

    # 추적 윈도우 추출하기
    self.track_window = (x0, y0, x1-x0, y1-y0)
```

HSV 이미지와 마스크에서 관심 영역[ROI]을 추출한다. 그리고 이 값을 이용해 관심 영역에 대한 히스토그램을 계산한다.

```
    # 관심 영역 추출하기
    hsv_roi = hsv[y0:y1, x0:x1]
    mask_roi = mask[y0:y1, x0:x1]

    # 마스크를 이용해 HSV 이미지에서
    # 관심 영역에 대한 히스토그램 계산하기
    hist = cv2.calcHist([hsv_roi], [0], mask_roi,
                        [16], [0, 180])
```

이렇게 구한 히스토그램을 정규화한다.

```
# 히스토그램을 정규화하고 변형하기
cv2.normalize(hist, hist, 0, 255, cv2.NORM_MINMAX);
self.hist = hist.reshape(-1)
```

원본 프레임에서 관심 영역을 추출한다.

```
# 프레임에서 관심 영역 추출하기
vis_roi = vis[y0:y1, x0:x1]
```

관심 영역에 대해 비트 단위로 NOT 연산을 수행한다. 이 값은 화면에 출력하기 위한 용도로만 사용한다.

```
# 반전 이미지 만들기(화면 출력용)
cv2.bitwise_not(vis_roi, vis_roi)
vis[mask == 0] = 0
```

시스템이 현재 추적 모드 상태에 있는지 확인한다.

```
# 시스템이 현재 추적(tracking) 모드에 있는지 확인하기
if self.tracking_state == 1:
    # 선택 영역에 대한 변수 리셋하기
    self.selection = None
```

히스토그램 역투영histogram backprojection을 계산한다.

```
# 히스토그램 역투영 계산하기
hsv_backproj = cv2.calcBackProject([hsv], [0],
            self.hist, [0, 180], 1)
```

이렇게 구한 히스토그램과 마스크에 대해 비트 단위로 AND 연산을 수행한다.

```
# 히스토그램 역투영과 마스크에 대해
# 비트 단위 AND 연산 수행하기
hsv_backproj &= mask
```

추적기의 종료 조건을 정의한다.

```
# 추적기의 종료 조건 정의
term_crit = (cv2.TERM_CRITERIA_EPS |
                cv2.TERM_CRITERIA_COUNT, 10, 1)
```

역투영한 히스토그램에 캠시프트 알고리즘을 적용한다.

```
# 'hsv_backproj'에 캠시프트 알고리즘 적용하기
track_box, self.track_window = cv2.CamShift(hsv_backproj,
self.track_window, term_crit)
```

물체 주변에 타원을 그리고 화면에 표시한다.

```
# 물체 주변에 타원 그리기
cv2.ellipse(vis, track_box, (0, 255, 0), 2)
# 결과를 비디오 스트림에 표시하기
cv2.imshow('Object Tracker', vis)
```

사용자가 ESC 키를 누르면 루프를 빠져나간다.

```
# 사용자가 ESC 키를 누르면 루프를 멈춘다
c = cv2.waitKey(5)
if c == 27:
    break
```

루프를 빠져나갔다면, 열린 창을 모두 닫는다.

```
# 열린 창 모두 닫기
cv2.destroyAllWindows()
```

추적을 시작하는 메소드를 호출하도록 메인 함수를 정의한다.

```
if __name__ == '__main__':
    # 추적 시작
    ObjectTracker().start_tracking()
```

전체 코드는 이 책의 예제 묶음에 있는 camshift.py 파일에서 볼 수 있다. 코드를 실행하면 카메라에서 찍은 비디오 스트림을 보여주는 창이 하나 뜬다.

물체를 손에 들고 카메라 앞에 선 다음, 물체 주위에 직사각형 영역을 선택한다. 선택한 후에는 마우스 포인터를 마지막에 있던 위치에서 최대한 먼 곳에 갖다 둔다. 이렇게 실행한 결과는 다음과 같다.

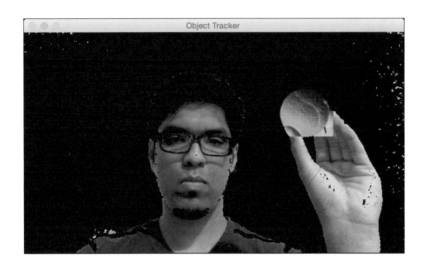

선택 영역을 지정한 후에는 마우스 포인터를 다른 곳으로 이동해 직사각형 영역을 잠근다. 그러면 다음과 같이 추적 작업을 시작한다.

이제 손에 들고 있던 물체를 움직여서 제대로 추적하는지 확인한다.

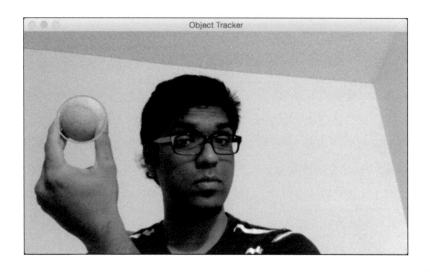

그림을 보면 잘 작동하는 것을 알 수 있다. 물체를 이리저리 움직이면서 실시간으로 추적하는 과정을 좀 더 살펴본다.

광학 흐름 기반 추적 기법

광학 흐름(옵티컬 플로우$^{optical flow}$)은 이미지의 특징점$^{feature point}$을 이용해 물체를 추적하는 기법으로 컴퓨터 비전 분야에서 굉장히 인기 있는 기법 중 하나다. 실시간 영상으로부터 연속적으로 들어오는 프레임을 보고 있다가 현재 프레임에서 일련의 특징점을 발견하면, 이에 대한 변위 벡터$^{displacement vector}$를 계산해서 특징점을 추적한다. 그리고 연속된 프레임 사이에서 이러한 특징점이 움직이는 것을 화면에 표시한다. 이렇게 움직이는 변위 벡터를 모션 벡터$^{motion vector}$라고 부른다. 광학 흐름 기법을 구현하는 방법은 굉장히 다양하게 나와 있지만, 그중에서도 루카스-카나데$^{Lucas-Kanade}$ 기법이 가장 유명하다. 이 기법은 다음 논문에서 처음 소개됐다.

http://cseweb.ucsd.edu/classes/sp02/cse252/lucaskanade81.pdf

루카스-카나데 기법을 수행하기 위해 가장 먼저 할 일은 현재 프레임에서 특징점을 추출하는 것이다. 이렇게 추출한 특징점의 중심에 3×3 패치patch(픽셀 집합)를 만든다. 이때 각각의 패치에 있는 점들은 모두 비슷한 방향으로 움직인다고 가정한다. 윈도우의 크기는 상황에 맞게 적절히 조절한다.

각각의 패치에 대해 이전 프레임에서 일치하는 부분이 있는지 찾는다. 오차 값을 기준으로 가장 유사한 것을 선택한다. 탐색 영역은 3×3보다 커야 한다. 다양한 3×3 패치 중에서 현재 패치에 가장 가까운 것을 골라야 하기 때문이다. 가장 유사한 패치를 찾았다면, 현재 패치의 중심점으로부터 이전 패치에서 찾은 유사한 패치의 중심점에 이르는 경로를 구한다. 이 경로가 바로 모션 벡터다. 다른 패치에 대해서도 이러한 방식으로 모션 벡터를 계산한다.

파이썬 파일을 새로 만들고 다음과 같이 패키지를 불러오는 문장을 작성한다.

```
import cv2
import numpy as np
```

광학 흐름 기법으로 물체를 추적하는 함수를 정의한다. 먼저 비디오 캡처 오브젝트와 크기 조정 인자를 초기화하는 문장을 작성한다.

```
# 물체를 추적하는 함수 정의
def start_tracking():
    # 비디오 캡처 오브젝트 초기화
    cap = cv2.VideoCapture(0)

    # 프레임에 대한 크기 조정 인자 정의
    scaling_factor = 0.5
```

추적할 프레임 수와 건너뛸 프레임 수를 정의한다.

```
# 추적할 프레임 수
num_frames_to_track = 5

# 건너뛸 프레임 수
num_frames_jump = 2
```

추적 경로와 프레임 인덱스에 대한 변수를 초기화한다.

```
# 변수 초기화
tracking_paths = []
frame_index = 0
```

추적 매개변수(윈도우 크기, 최대 수준, 종료 조건)를 정의한다.

```
# 추적 매개변수 정의
tracking_params = dict(winSize = (11, 11), maxLevel = 2,
criteria = (cv2.TERM_CRITERIA_EPS | cv2.TERM_CRITERIA_COUNT,
10, 0.03))
```

사용자가 **ESC** 키를 누를 때까지 무한 반복할 코드를 작성한다. 먼저 현재 프레임을 캡처한 후 크기를 조정하는 문장을 작성한다.

```
# 사용자가 ESC 키를 누를 때까지 계속 반복
while True:
    # 카메라에서 프레임 캡처하기
    _, frame = cap.read()

    # 프레임 크기 조정
    frame = cv2.resize(frame, None, fx=scaling_factor,
            fy=scaling_factor, interpolation=cv2.INTER_AREA)
```

RGB 프레임을 흑백으로 변환한다.

```
# 흑백으로 변환
frame_gray = cv2.cvtColor(frame, cv2.COLOR_RGB2GRAY)
```

프레임의 복사본을 생성한다.

```
# 프레임의 복사본 생성
output_img =frame.copy()
```

추적 경로의 길이가 0보다 큰지 확인한다.

```
if len(tracking_paths) > 0:
    # 이미지 가져오기
    prev_img, current_img = prev_gray, frame_gray
```

특징점을 구성한다.

```
# 특징점 구성하기
feature_points_0 = np.float32([tp[-1] for tp in \
tracking_paths]).reshape(-1, 1, 2)
```

특징점과 추적 매개변수를 이용해 이전 프레임과 현재 프레임 사이의 광학 흐름을
계산한다.

```
# 광학 흐름 계산
feature_points_1, _, _ = cv2.calcOpticalFlowPyrLK(
        prev_img, current_img, feature_points_0,
        None, **tracking_params)
# 역(reverse) 광학 흐름 계산
feature_points_0_rev, _, _ = cv2.calcOpticalFlowPyrLK(
        current_img, prev_img, feature_points_1,
        None, **tracking_params)

# 순 광학 흐름과 역 광학 흐름의 차이 계산
diff_feature_points = abs(feature_points_0 - \
feature_points_0_rev).reshape(-1, 2).max(-1)
```

대표 특징점을 추출한다.

```
# 대표 특징점 추출하기
good_points = diff_feature_points < 1
```

새로운 추적 경로에 대한 변수를 초기화한다.

```
# 변수 초기화
new_tracking_paths = []
```

추출한 대표 특징점에 대해 루프를 돌면서 그 주위에 원을 그린다.

```
# 모든 대표 특징점에 대해 루프 돌기
for tp, (x, y), good_points_flag in zip(tracking_paths,
feature_points_1.reshape(-1, 2), good_points):
    # 플래그가 참이 아니면 건너뛴다
    if not good_points_flag:
        continue
```

X와 Y 좌표를 추가하고 추적할 프레임 수를 초과하지 않는지 확인한다(넘으면 삭제한다).

```
# X와 Y 좌표를 추가하고
# 그 지점까지의 거리가 임계점을 넘지 않는지 확인하기
tp.append((x, y))
if len(tp) > num_frames_to_track:
    del tp[0]

new_tracking_paths.append(tp)
```

이 점 주위에 원을 그린다. 추적 경로를 업데이트하고 새로운 추적 경로에 따라 선을 그려 이동 경로를 표시한다.

```
    # 특징점 주위에 원 그리기
    cv2.circle(output_img, (x, y), 3, (0, 255, 0), -1)

# 추적 경로 업데이트하기
tracking_paths = new_tracking_paths

# 선 그리기
cv2.polylines(output_img, [np.int32(tp) for tp in \
tracking_paths], False, (0, 150, 0))
```

앞서 지정한 프레임 수만큼 건너뛰고 나서 다음에 나오는 if 조건문으로 들어간다.

```
# 지정된 프레임 수만큼 건너뛴 다음
# if 조건문으로 들어간다
```

```
if not frame_index % num_frames_jump:
    # 마스크를 생성한 후 원을 그린다
    mask = np.zeros_like(frame_gray)
    mask[:] = 255
    for x, y in [np.int32(tp[-1]) for tp in tracking_paths]:
        cv2.circle(mask, (x, y), 6, 0, -1)
```

추적할 대표 특징점을 계산한다. 이 작업은 OpenCV에서 제공하는 함수에 여러 가지 매개변수(마스크, 최대 모서리, 품질 수준, 최소 거리, 블록 크기)를 지정해서 호출하는 방식으로 처리한다.

```
# 추적할 대표 특징점 계산하기
feature_points = cv2.goodFeaturesToTrack(frame_gray,
mask = mask, maxCorners = 500, qualityLevel = 0.3,
minDistance = 7, blockSize = 7)
```

프레임에 특징점이 있다면 이를 추적 경로에 추가한다.

```
# 특징점이 있는지 확인하기
# 존재한다면 추적 경로에 추가한다
if feature_points is not None:
    for x, y in np.float32(feature_points).reshape(-1, 2):
        tracking_paths.append([(x, y)])
```

프레임 인덱스와 이전 흑백 이미지에 대한 변수를 업데이트한다.

```
# 변수 업데이트
frame_index += 1
prev_gray = frame_gray
```

결과를 화면에 출력한다.

```
# 결과 출력
cv2.imshow('Optical Flow', output_img)
```

사용자가 ESC 키를 눌렀는지 확인한다. 그랬다면 루프를 빠져나간다.

```
# 사용자가 ESC 키를 눌렀는지 확인하기
c = cv2.waitKey(1)
if c == 27:
    break
```

이제 메인 함수를 정의한다. 여기에서 추적을 시작하는 함수를 호출한다. 추적이 끝났다면 창을 모두 닫는다.

```
if __name__ == '__main__':
    # 추적기 시작하기
    start_tracking()

    # 모든 창 닫기
    cv2.destroyAllWindows()
```

전체 코드는 이 책의 예제 묶음에 있는 optical_flow.py 파일에서 볼 수 있다. 코드를 실행하면 실시간 영상을 보여주는 창이 하나 뜨고, 다음과 같이 특징점이 표시된 것을 볼 수 있다.

카메라 앞에서 움직여보면, 앞에서 표시된 특징점의 움직임이 선으로 표시되는 것을 볼 수 있다.

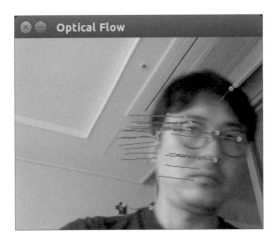

반대 방향으로 움직이면 선도 따라서 변한다.

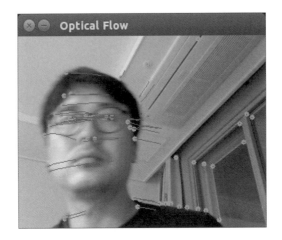

얼굴 검출 및 추적

얼굴 검출face detection이란 입력된 이미지에서 얼굴이 있는 지점을 찾아내는 것이다. 흔히 얼굴 인식과 혼동하는 경우가 많은데, 얼굴 인식은 그 사람이 누구인지를 알아내는 기법이다. 일반적으로 생체 인식 시스템은 얼굴 검출 기법과 얼굴 인식 기법을 모두 활용한다. 얼굴 검출 기법으로 얼굴이 있는 지점을 찾은 후 얼굴 인식 기법으로 그 사람이 누군지 알아낸다. 이 절에서는 실시간 영상에서 사람의 얼굴이 있는 지점을 찾아 추적하는 작업을 자동으로 처리하는 방법을 살펴본다.

하 캐스케이드를 이용한 물체 감지

영상에서 얼굴을 추출하기 위해 하 캐스케이드를 활용한다. 여기서 하 캐스케이드 Haar cascades란 하 특징Haar feature에 대한 여러 개의 분류기를 순차적으로 거치는 방식으로 물체를 감지하는 기법으로, 폴 비올라Paul Viola와 마이클 존스Michael Jones가 2001년 발표한 기념비적인 논문에서 처음 등장했다. 원문은 https://www.cs.cmu.edu/~efros/courses/LBMV07/Papers/viola-cvpr-01.pdf에서 볼 수 있다. 이 논문은 모든 물체를 효과적으로 검출하기 위한 머신 러닝 기법을 제시했다.

하 캐스케이드 기법은 단순한 분류기들을 여러 단계로 이어서 처리한다. 이렇게 여러 개의 분류기를 다단계로 수행함으로써 전반적인 분류 작업의 정확도를 높인다. 따라서 한 단계만으로 정확한 결과를 내도록 구현하지 않아도 된다. 한 단계의 연산으로 안정적인 결과를 내도록 구현하려면 계산 복잡도가 굉장히 높아진다.

테니스 공을 추적하는 예를 살펴보자. 테니스 공을 감지하려면 먼저 테니스 공의 생김새를 학습하는 시스템이 필요하다. 이 시스템은 입력된 이미지에서 테니스 공이 있는지 알아내는 데 사용한다. 시스템을 학습시킬 때는 테니스 공이 담긴 방대한 이미지를 이용해야 한다. 또한 테니스 공이 없는 이미지로도 학습한다. 그러면 시스템이 두 물체의 차이점을 좀 더 쉽게 학습할 수 있다.

너무 정확하게 만들면 모델이 상당히 복잡해진다. 그러면 작업을 실시간으로 처리할 수 없다. 반대로 너무 간단하게 만들면 정확도가 떨어진다. 이러한 속도와 정확도의 상충 관계는 현실에서 머신 러닝 문제를 다룰 때 흔히 겪는 문제다. 비올라-존스 기법은 여러 개의 단순한 분류기를 순차적으로 적용함으로써 이러한 한계를 극복했다. 여러 개의 단순한 분류기를 여러 단계로 연결하는 것만으로도 안정적이고 정확한 통합 분류기를 구축할 수 있다.

이제 비올라-존스 기법을 이용해 얼굴을 검출하는 방법을 구체적으로 알아보자. 얼굴을 검출하는 머신 러닝 시스템을 구축하려면 우선 특징 추출기부터 만들어야 한다. 머신 러닝 알고리즘은 특징 추출기로 뽑아낸 특징을 이용해 어떤 것이 얼굴인지 판단하는 방법을 학습한다. 이때 활용하는 특징이 바로 하 특징이다. 하 특징은 여러 이미지 사이의 패치를 단순히 더하고 뺀 것이다. 따라서 굉장히 쉽게 계산할 수 있다. 확장성을 높이려면 다양한 크기의 이미지에 대해 이 작업을 수행한다. 비올라-존스 기법에 대해 자세히 알고 싶다면 다음 링크에 나온 튜토리얼을 참고한다.

http://www.cs.ubc.ca/~lowe/425/slides/13-ViolaJones.pdf

특징을 추출한 후 여러 개의 단순 분류기가 차례대로 연결된 분류기에 전달한다. 여러 종류의 정사각형 모양의 부분 영역으로 이미지를 검사한 후 얼굴이 아닌 부분은 버린다. 그러면 최종 결과를 좀 더 빨리 구할 수 있다. 이때 적분 이미지 기법을 활용하면 작업 속도를 더욱 향상시킬 수 있다.

적분 이미지를 이용한 특징 추출

하 특징을 계산하려면 이미지 안에 담긴 여러 개의 부분 영역에 대해 덧셈과 뺄셈을 수행해야 한다. 또한 이러한 합과 차는 다양한 크기에 대해 계산해야 한다. 이 작업은 계산 복잡도가 상당히 높다. 실시간으로 처리하게 만들려면 적분 이미지^{integral image}를 활용해야 한다. 개념의 이해를 돕기 위해 다음 그림을 살펴보자.

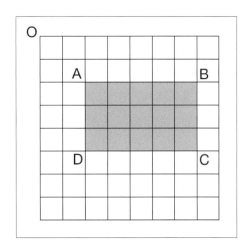

이 이미지에 나온 직사각형 *ABCD*의 면적은 그 안에 담긴 픽셀을 일일이 세어보지 않고도 구할 수 있다. 직사각형의 좌측 상단 모서리에 해당하는 점 *O*와 대각선 반대 방향에 있는 모서리에 해당하는 점 *P*로 형성된 직사각형의 면적을 *OP*로 표현하면, 직사각형 *ABCD*의 면적은 다음 공식을 통해 구할 수 있다.

직사각형 ABCD의 면적 = OC - (OB + OD - OA)

이 공식을 가만히 보면, 면적을 계산하기 위해 루프를 돌거나 직사각형 영역을 다시 계산할 필요가 없다는 것을 알 수 있다. 이 등식의 오른쪽에 나온 값들은 이미 이전 단계에서 계산한 것이기 때문이다. 따라서 직사각형의 면적을 계산할 때 그 값을 그대로 사용하면 된다. 그럼 직접 얼굴 검출기를 만들어보자.

파이썬 파일을 새로 만들고, 다음과 같이 패키지를 불러오는 문장을 작성한다.

```
import cv2
import numpy as np
```

얼굴 검출에 관련된 하 캐스케이드 파일을 불러온다.

```
#  하 캐스케이드 파일 불러오기
face_cascade = cv2.CascadeClassifier(
'haar_cascade_files/haarcascade_frontalface_default.xml')
```

```
# 캐스케이드 파일을 제대로 불러왔는지 확인하기
if face_cascade.empty():
    raise IOError('Unable to load the face cascade classifier xml file')
```

비디오 캡처 오브젝트를 초기화하고 크기 조정 인자를 정의한다.

```
# 비디오 캡처 오브젝트 초기화
cap = cv2.VideoCapture(0)

# 크기 조정 인자 정의
scaling_factor = 0.5
```

사용자가 **ESC** 키를 누를 때까지 무한 반복할 코드를 작성한다. 먼저 현재 프레임을 가져오는 문장을 작성한다.

```
# 사용자가 ESC 키를 누를 때까지 계속 반복
while True:
    # 카메라에서 프레임 캡처하기
    _, frame = cap.read()
```

프레임 크기를 조정한다.

```
# 프레임 크기 조정
frame = cv2.resize(frame, None,
        fx=scaling_factor, fy=scaling_factor,
        interpolation=cv2.INTER_AREA)
```

이미지를 흑백으로 변환한다.

```
# 흑백으로 변환
gray = cv2.cvtColor(frame, cv2.COLOR_RGB2GRAY)
```

흑백 이미지에 대해 얼굴 검출기를 실행한다.

```
# 흑백 이미지에 대해 얼굴 검출기 실행하기
face_rects = face_cascade.detectMultiScale(gray, 1.3, 5)
```

검출한 얼굴에 대해 루프를 돌며 그 주위에 직사각형을 그린다.

```
# 얼굴 주위에 직사각형 그리기
for (x,y,w,h) in face_rects:
    cv2.rectangle(frame, (x,y), (x+w,y+h), (0,255,0), 3)
```

결과를 화면에 출력한다.

```
# 결과 출력
cv2.imshow('Face Detector', frame)
```

사용자가 ESC 키를 눌렀는지 확인한다. 그랬다면 루프를 빠져나온다.

```
# 사용자가 ESC 키를 눌렀는지 확인하기
c = cv2.waitKey(1)
if c == 27:
    break
```

루프를 빠져나왔다면, 비디오 캡처 오브젝트를 해제하고 창을 모두 닫는다.

```
# 비디오 캡처 오브젝트 해제
cap.release()
```

```
# 창 모두 닫기
cv2.destroyAllWindows()
```

전체 코드는 이 책의 예제 묶음에 있는 face_detector.py 파일에서 볼 수 있다. 코드를 실행하면 다음과 같은 화면을 볼 수 있다.

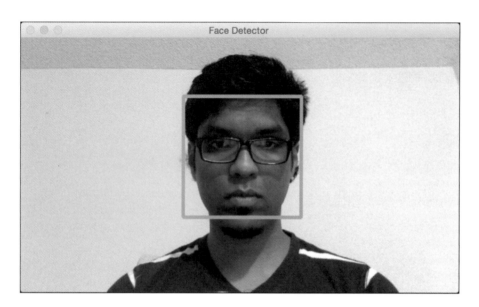

눈 검출 및 추적

눈 검출 방법은 얼굴 검출과 비슷하다. 얼굴에 대한 캐스케이드 파일 대신, 눈에 대한 캐스케이드 파일을 사용하면 된다. 파이썬 파일을 새로 만들고 다음과 같이 패키지를 불러오는 문장을 작성한다.

```
import cv2
import numpy as np
```

얼굴과 눈 검출에 대한 하 캐스케이드 파일을 불러온다.

```
# 얼굴과 눈에 대한 하 캐스케이드 파일 불러오기
face_cascade = cv2.CascadeClassifier(
'haar_cascade_files/haarcascade_frontalface_default.xml')
eye_cascade = cv2.CascadeClassifier(
'haar_cascade_files/haarcascade_eye.xml')
```

```
# 얼굴 캐스케이드 파일을 제대로 불러왔는지 확인하기
if face_cascade.empty():
    raise IOError('Unable to load the face cascade classifier xml file')

# 눈 캐스케이드 파일을 제대로 불러왔는지 확인하기
if eye_cascade.empty():
    raise IOError('Unable to load the eye cascade classifier xml file')
```

비디오 캡처 오브젝트를 초기화하고 크기 조정 인자를 정의한다.

```
# 비디오 캡처 오브젝트 초기화
cap = cv2.VideoCapture(0)
# 크기 조정 인자 정의
ds_factor = 0.5
```

사용자가 ESC 키를 누를 때까지 무한 반복하는 코드를 작성한다.

```
# 사용자가 ESC 키를 누를 때까지 계속 반복
while True:
    # 현재 프레임 캡처하기
    _, frame = cap.read()
```

프레임 크기를 조정한다.

```
# 프레임 크기 조정
frame = cv2.resize(frame, None, fx=ds_factor, fy=ds_factor,
interpolation=cv2.INTER_AREA)
```

RGB 이미지를 흑백으로 변환한다.

```
# 흑백으로 변환
gray = cv2.cvtColor(frame, cv2.COLOR_RGB2GRAY)
```

얼굴 검출기를 실행한다.

```
# 흑백 이미지에 대해 얼굴 검출기 실행하기
faces = face_cascade.detectMultiScale(gray, 1.3, 5)
```

검출한 얼굴에 대해 루프를 돌면서 각각의 검출 영역에 대해 눈 검출기를 실행한다.

```python
# 검출한 얼굴에 대해 눈 검출기 실행
for (x,y,w,h) in faces:
    # 흑백으로 된 얼굴 ROI 추출하기
    roi_gray = gray[y:y+h, x:x+w]
```

관심 영역을 추출한 후 눈 검출기를 실행한다.

```python
# 컬러로 된 얼굴 ROI 추출하기
roi_color = frame[y:y+h, x:x+w]

# 흑백 ROI에 대해 눈 검출기 실행하기
eyes = eye_cascade.detectMultiScale(roi_gray)
```

눈 주변에 원을 그리고 결과를 화면에 출력한다.

```python
# 눈 주변에 원 그리기
for (x_eye,y_eye,w_eye,h_eye) in eyes:
    center = (int(x_eye + 0.5*w_eye), int(y_eye + 0.5*h_eye))
    radius = int(0.3 * (w_eye + h_eye))
    color = (0, 255, 0)
    thickness = 3
    cv2.circle(roi_color, center, radius, color, thickness)
# 결과 출력
cv2.imshow('Eye Detector', frame)
```

사용자가 ESC 키를 눌렀는지 확인한다. 그랬다면 루프를 빠져나온다.

```python
# 사용자가 ESC 키를 눌렀는지 확인하기
c = cv2.waitKey(1)
if c == 27:
    break
```

루프를 빠져나왔다면, 비디오 캡처 오브젝트를 해제하고 창을 모두 닫는다.

```
# 비디오 캡처 오브젝트 해제
cap.release()
```

```
# 창 모두 닫기
cv2.destroyAllWindows()
```

전체 코드는 이 책의 예제 묶음에 있는 eye_detector.py 파일에서 볼 수 있다. 코드를 실행하면 다음과 같은 화면을 볼 수 있다.

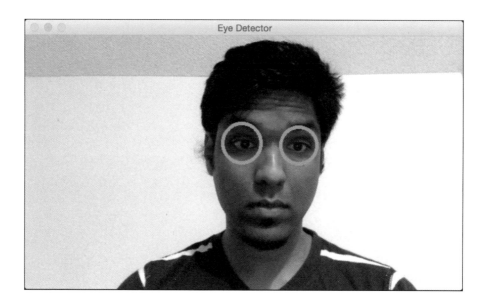

요약

이 장에서는 물체를 감지하고 추적하는 방법을 배웠다. 여러 운영체제에 파이썬용 OpenCV를 설치하는 방법도 소개했다. 프레임 차이 계산법의 개념과 이를 이용해 영상에서 움직이는 부분을 감지하는 방법도 배웠다. 색 공간을 이용해 사람의 피부색을 감지해서 추적하는 기법도 소개했다. 또한 배경 분리 기법의 개념과 이를 이용해 정적인 화면에서 움직이는 물체를 추적하는 방법도 살펴봤다. 그리고 캠시프트 알고리즘으로 인터랙티브 방식의 물체 추적기도 만들어봤다.

광학 흐름 기반 추적기를 만드는 방법도 소개했다. 얼굴 검출 기법과 이와 관련된 하 캐스케이드 및 적분 이미지 기법도 살펴봤다. 이러한 기법을 활용해 눈 검출 및 추적기도 만들어봤다. 다음 장에서는 인공 신경망의 개념과 이와 관련된 기법으로 광학 문자 인식 엔진을 구현하는 방법을 소개한다.

14
인공 신경망

이 장에서는 인공 신경망에 대해 알아본다. 먼저 인공 신경망의 개념과 관련 라이브러리를 설치하는 방법을 소개한다. 그리고 퍼셉트론의 개념과 이를 이용해 분류기를 만드는 방법을 살펴본다. 단층 신경망과 다층 신경망도 소개하고, 신경망을 이용해 벡터 양자화기를 만드는 방법을 살펴본다. 재귀 신경망을 이용해 순차적인 데이터를 분석하는 방법도 소개한다. 마지막으로 인공 신경망을 이용해 광학 문자 인식 엔진을 만드는 방법을 알아본다.

이 장에서 다루는 주제는 다음과 같다.

- 인공 신경망의 개념
- 퍼셉트론 기반 분류기를 만드는 방법
- 단층 신경망 구축 방법
- 다층 신경망 구축 방법
- 벡터 양자화기 구현 방법
- 재귀 신경망을 이용한 순차 데이터 분석 방법
- 광학 문자 인식[OCR] 데이터베이스에서 문자 시각화하는 방법
- 광학 문자 인식 엔진 구현 방법

인공 신경망의 개념

인공지능의 기본 전제 중 하나는 사람의 지능이 필요한 작업을 기계가 처리하게 만드는 것이다. 사람의 두뇌는 새로운 것을 배우는 데 굉장히 뛰어난 능력을 발휘한다. 그렇다면 사람의 두뇌를 모델로 삼아서 기계로 만들면 된다고 생각할 수 있다. 인공 신경망$^{\text{Artificial Neural Network}}$(아티피셜 뉴럴 네트워크)은 바로 이러한 발상에 따라 인간 두뇌의 학습 과정을 흉내 낸 모델이다.

인공 신경망은 데이터에 존재하는 패턴을 찾아서 의미 있는 정보를 학습하도록 설계한 것이다. 인공 신경망은 분류, 회귀 분석, 분할^{segmentation}을 비롯한 다양한 작업에 활용할 수 있다. 데이터를 신경망에 입력하려면 먼저 숫자 형태로 변환해야 한다. 현실에서는 시각, 문자, 시계열 등과 같이 굉장히 다양한 형태의 데이터를 다룬다. 따라서 인공 신경망이 문제를 쉽게 이해할 수 있는 형태로 잘 표현해야 한다.

신경망 구축 방법

사람이 학습하는 과정은 계층적으로 구성돼 있다. 사람의 뇌에 있는 신경망은 여러 단계^{stage}로 구성돼 있으며, 각 단계마다 데이터를 세분해 분석하고 처리하는 정도가 다르다. 어떤 단계는 단순한 대상만 학습하고, 또 어떤 단계는 복잡한 대상을 학습한다. 예를 들어 상자를 시각적으로 인식하는 과정을 살펴보자. 첫 번째 단계에서는 상자를 볼 때 모서리나 꼭지점과 같은 단순한 대상만 파악한다. 그다음 단계에서 전반적인 모양을 파악하고, 그다음 단계는 상자의 종류를 구분한다. 구체적인 처리 과정은 작업의 종류와 대상에 따라 다르지만 기본 개념은 이와 비슷하다. 사람의 뇌는 이처럼 계층을 형성함으로써 주어진 물체에 관련된 여러 가지 특성을 순식간에 구분해서 물체를 식별한다.

인공 신경망은 사람의 뇌가 학습하는 과정을 흉내 내기 위해 뉴런^{neuron}을 여러 계층(레이어^{layer})으로 쌓는 방식으로 구성한다. 여기서 말하는 뉴런은 방금 설명한 사람의 뇌의 학습 과정에서 활동하는 뉴런을 본떠 만든 것이다. 인공 신경망을 구성하는 각 계층은 독립적인 뉴런의 집합으로 구성된다. 또한 한 계층에 속한 뉴런은 인접한 계층의 뉴런과 연결된다.

신경망 학습 방법

N차원의 입력 데이터를 처리하려면, 입력 계층^{input layer}을 N개의 뉴런으로 구성한다. 학습 데이터를 M개의 독립적인 클래스로 구분했다면, 출력 계층^{output layer}을 M개의 뉴런으로 구성한다. 입력과 출력 계층 사이에 존재하는 계층을 은닉 계층^{hidden layer}(히든 레이어, 내부 계층, 중간 계층)이라 부른다. 간단한 신경망은 두 계층으로 구성되지만, 심층 신경망^{deep neural network}(딥 뉴럴 네트워크)은 여러 계층으로 구성된다.

데이터 분류 작업을 신경망으로 구현하는 경우를 살펴보자. 이를 위해 먼저 학습 데이터를 적절히 수집해서 레이블을 붙여야 한다. 각각의 뉴런은 간단한 함수처럼 작동하며 여러 개의 뉴런으로 구성된 신경망은 오차가 일정한 수준 이하로 떨어질 때까지 데이터를 학습한다. 여기서 오차란 인공 신경망으로 계산된 예측 값과 실측 값(레이블)의 차이를 의미한다. 오차가 크면 신경망을 조정해 정답에 가까워질 때까지 다시 학습한다. 신경망에 대한 자세한 사항은 http://pages.cs.wisc.edu/~bolo/shipyard/neural/local.html을 참조한다.

이 장에서는 예제를 구현할 때 뉴로랩^{NeuroLab} 라이브러리를 사용한다. 자세한 사항은 https://pythonhosted.org/neurolab을 참조한다. 이 라이브러리를 설치하려면 터미널 창에서 다음과 같이 커맨드를 실행한다.

```
$ pip3 install neurolab
```

다 설치했다면 다음 절로 넘어가자.

퍼셉트론 기반 분류기 구현 방법

퍼셉트론^{Perceptron}은 인공 신경망의 기본 구성 요소며, 입력을 받아서 연산을 수행한 후 결과를 출력하는 하나의 뉴런으로 구성된다. 의사 결정은 간단한 선형 함수로 내린다. N차원 입력 데이터 포인트를 처리하는 경우를 생각해보자. 하나의 퍼셉트론은 N개의 숫자에 대한 가중치 합^{weighted sum}을 구한 후 여기에 상수를 더해서 결과를 출력한다. 이때 더하는 상수를 뉴런의 바이어스^{bias}(편중 값)라 부른다. 놀랍게도 이렇게 단순한 퍼셉트론만으로 굉장히 복잡한 심층 신경망을 만들 수 있다. 그럼 지금부터 뉴로랩 라이브러리를 이용해 퍼셉트론 기반 분류기를 직접 만들어보자.

파이썬 파일을 새로 만들고 다음과 같이 패키지를 불러오는 문장을 작성한다.

```
import numpy as np
import matplotlib.pyplot as plt
import neurolab as nl
```

입력 데이터는 이 책에서 제공하는 예제 묶음에 담긴 텍스트 파일인 data_perceptron.txt에서 가져온다. 이 파일은 각 줄마다 공백으로 구분된 숫자가 담겨 있는데, 첫 번째와 두 번째 숫자는 특징을, 마지막 숫자는 레이블을 나타낸다.

```
# 입력 데이터 가져오기
text = np.loadtxt('data_perceptron.txt')
```

가져온 텍스트를 데이터 포인트와 레이블로 나눈다.

```
# 데이터 포인트와 레이블로 나누기
data = text[:, :2]
labels = text[:, 2].reshape((text.shape[0], 1))
```

데이터 포인트를 그래프에 표시한다.

```
# 입력 데이터 그래프 그리기
plt.figure()
plt.scatter(data[:,0], data[:,1])
plt.xlabel('Dimension 1')
```

```
plt.ylabel('Dimension 2')
plt.title('Input data')
```

각 차원마다 가질 수 있는 값의 최댓값과 최솟값을 지정한다.

```
# 각 차원에 대한 최댓값과 최솟값 지정하기
dim1_min, dim1_max, dim2_min, dim2_max = 0, 1, 0, 1
```

데이터를 두 개의 클래스로 분리했기 때문에 하나의 비트만으로 결과를 표현할 수
있다. 따라서 출력 계층은 하나의 뉴런으로 구성한다.

```
# 출력 계층에 있는 뉴런의 수
num_output = labels.shape[1]
```

이제 퍼셉트론을 정의한다. 예제에서 사용하는 데이터 포인트는 2차원으로 구성돼
있다. 따라서 각 차원마다 하나의 뉴런을 할당해 총 두 개의 뉴런으로 구성된 퍼셉
트론을 만든다.

```
# 두 개의 입력 뉴런으로 구성된 퍼셉트론 정의
# (입력 데이터가 2차원이기 때문임)
dim1 = [dim1_min, dim1_max]
dim2 = [dim2_min, dim2_max]
perceptron = nl.net.newp([dim1, dim2], num_output)
```

학습 데이터로 퍼셉트론을 학습시킨다.

```
# 학습 데이터로 퍼셉트론 학습시키기
error_progress = perceptron.train(data, labels, epochs=100, show=20,
lr=0.03)
```

오차 값을 기준으로 학습 진행 현황을 그래프에 표시한다.

```
# 학습 과정을 그래프로 표시하기
plt.figure()
plt.plot(error_progress)
plt.xlabel('Number of epochs')
plt.ylabel('Training error')
```

```
plt.title('Training error progress')
plt.grid()

plt.show()
```

예제의 전체 코드는 이 책의 예제 묶음에 있는 perceptron_classifier.py 파일에서
볼 수 있다. 코드를 실행하면 다음과 같이 두 개의 화면을 통해 결과가 나타난다. 첫
번째 화면은 입력 데이터 포인트를 보여준다.

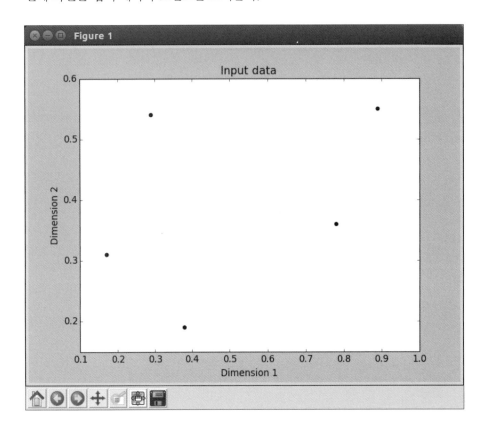

두 번째 화면은 오차 값을 이용해 학습 진행 상태를 보여준다.

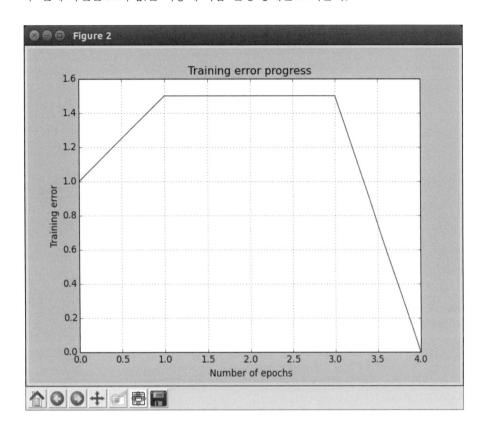

이 그래프를 보면 네 번째 학습 주기epoch가 끝나는 시점에 오차가 0으로 떨어지는 것을 알 수 있다.

단층 신경망 구축 방법

퍼셉트론은 신경망을 처음 배우기에는 좋지만 활용 범위는 넓지 않다. 이번에는 여러 개의 뉴런을 하나로 묶으면 어떤 작업을 수행할 수 있는지 살펴보자. 이 절에서는 입력 데이터를 서로 독립적인 여러 개의 뉴런으로 처리해서 결과를 출력하는 단층 신경망single neural network을 만드는 방법을 소개한다.

파이썬 파일을 새로 만들고 다음과 같이 패키지를 불러오는 문장을 작성한다.

```
import numpy as np
import matplotlib.pyplot as plt
import neurolab as nl
```

입력 데이터는 이 책의 예제 묶음에 있는 data_simple_nn.txt 파일에서 가져온다. 이 파일은 한 줄마다 네 개의 숫자가 담겨 있다. 첫 번째와 두 번째 숫자는 데이터 포인트고, 나머지 두 숫자는 레이블이다. 여기서 레이블을 두 개나 사용한 이유는 데이터셋을 네 개의 독립적인 클래스로 구분하므로 결과를 표현하기 위해 두 개의 비트($2^2=4$)가 필요하기 때문이다. 이제 데이터를 가져오는 문장을 다음과 같이 작성한다.

```
# 입력 데이터 가져오기
text = np.loadtxt('data_simple_nn.txt')
```

데이터를 데이터 포인트와 레이블로 분리한다.

```
# 데이터 포인트와 레이블로 나누기
data = text[:, 0:2]
labels = text[:, 2:]
```

입력 데이터를 그래프에 표시한다.

```
# 입력 데이터 그래프 그리기
plt.figure()
plt.scatter(data[:,0], data[:,1])
plt.xlabel('Dimension 1')
plt.ylabel('Dimension 2')
plt.title('Input data')
```

데이터를 보고 각 차원에 대한 최댓값과 최솟값을 구한다(앞 절과 달리 이번에는 최댓값/최솟값을 하드코딩 방식으로 지정하지 않는다).

```
# 각 차원에 대한 최댓값과 최솟값
dim1_min, dim1_max = data[:,0].min(), data[:,0].max()
dim2_min, dim2_max = data[:,1].min(), data[:,1].max()
```

출력 계층에서 사용할 뉴런의 수를 정의한다.

```
# 출력 계층의 뉴런 수 정의
num_output = labels.shape[1]
```

앞에서 지정한 매개변수로 단층 신경망을 정의한다.

```
# 단층 신경망 정의
dim1 = [dim1_min, dim1_max]
dim2 = [dim2_min, dim2_max]
nn = nl.net.newp([dim1, dim2], num_output)
```

학습 데이터로 신경망을 학습시킨다.

```
# 신경망 학습시키기
error_progress = nn.train(data, labels, epochs=100, show=20, lr=0.03)
```

학습 진행 상황을 그래프로 표시한다.

```
# 학습 진행 상황 그래프로 표시하기
plt.figure()
plt.plot(error_progress)
plt.xlabel('Number of epochs')
plt.ylabel('Training error')
plt.title('Training error progress')
plt.grid()

plt.show()
```

샘플 테스트 포인트를 정의하고, 학습한 신경망에 이 값을 입력한 후 실행한다.

```
# 테스트 데이터 포인트로 분류기 실행하기
print('\nTest results:')
data_test = [[0.4, 4.3], [4.4, 0.6], [4.7, 8.1]]
for item in data_test:
    print(item, '-->', nn.sim([item])[0])
```

예제의 전체 코드는 이 책의 예제 묶음에 있는 simple_neural_network.py 파일에서 볼 수 있다. 코드를 실행하면 다음과 같이 두 개의 화면이 나타난다. 첫 번째 화면은 입력 데이터 포인트를 보여준다.

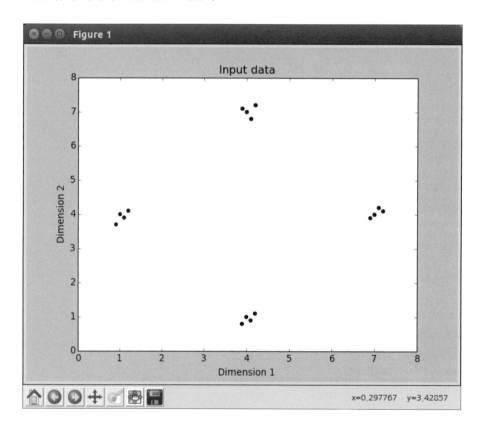

두 번째 화면은 학습 진행 상황을 보여준다.

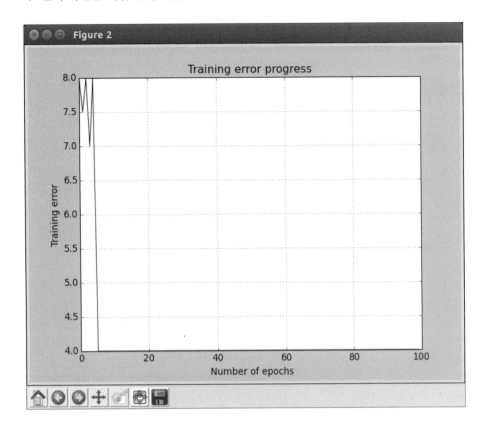

그래프 창을 닫으면 다음과 같이 터미널 창에 출력된 결과를 볼 수 있다.

```
Epoch: 20; Error: 4.0;
Epoch: 40; Error: 4.0;
Epoch: 60; Error: 4.0;
Epoch: 80; Error: 4.0;
Epoch: 100; Error: 4.0;
The maximum number of train epochs is reached

Test results:
[0.4, 4.3] --> [ 0.  0.]
[4.4, 0.6] --> [ 1.  0.]
[4.7, 8.1] --> [ 1.  1.]
nam@dev2:~/aipython/14$
```

여기서 사용한 테스트 데이터 포인트를 2D 그래프에서 살펴보면, 예측한 결과가 정확하다는 것을 눈으로 확인할 수 있다.

다층 신경망 구축 방법

신경망의 자유도를 높이면 정확도를 좀 더 높일 수 있다. 다시 말해 은닉 계층이 여러 개인 다층 신경망multilayer neural network으로 학습 데이터에 숨겨진 패턴을 추출해야 한다. 그럼 예제를 통해 다층 신경망을 구축하는 방법을 살펴보자.

파이썬 파일을 새로 만들고 다음과 같이 패키지를 불러오는 문장을 작성한다.

```
import numpy as np
import matplotlib.pyplot as plt
import neurolab as nl
```

앞에 나온 두 절에서는 신경망으로 분류기를 만들었다. 이 절에서는 다층 신경망으로 회귀 분석기를 만드는 방법을 살펴본다. $y = 3x^2 + 5$라는 등식을 이용해 샘플 데이터 포인트를 생성한 후 그 값을 정규화한다.

```
# 학습 데이터 생성하기
min_val = -15
max_val = 15
num_points = 130
x = np.linspace(min_val, max_val, num_points)
y = 3 * np.square(x) + 5
y /= np.linalg.norm(y)
```

앞에서 정의한 변수를 변형reshape해 학습 데이터셋을 생성한다.

```
# 데이터와 레이블 생성
data = x.reshape(num_points, 1)
labels = y.reshape(num_points, 1)
```

입력 데이터를 그래프로 그린다.

```
# 입력 데이터 그래프 그리기
plt.figure()
plt.scatter(data, labels)
plt.xlabel('Dimension 1')
plt.ylabel('Dimension 2')
plt.title('Input data')
```

은닉 계층이 두 계층으로 구성된 다층 신경망을 정의한다. 신경망의 구체적인 형태는 원하는 방식으로 마음껏 정의해도 된다. 예제에서는 첫 번째 계층에 10개의 뉴런을 사용하고, 두 번째 계층에 여섯 개의 뉴런을 사용하도록 정의한다. 예제에서 만들 신경망의 목적은 하나의 값을 예측하는 것이다. 따라서 출력 계층은 하나의 뉴런으로 구성한다.

```
# 두 개의 은닉 계층으로 구성된 다층 신경망 정의하기
# 첫 번째 은닉 계층은 10개의 뉴런으로 구성한다
# 두 번째 은닉 계층은 여섯 개의 뉴런으로 구성한다
# 출력 계층은 한 개의 뉴런으로 구성한다
nn = nl.net.newff([[min_val, max_val]], [10, 6, 1])
```

학습 알고리즘은 경사하강법^{gradient descent}(경사감소법)을 사용한다.

```
# 학습 알고리즘을 경사하강법으로 지정한다
nn.trainf = nl.train.train_gd
```

앞에서 생성한 학습 데이터로 신경망을 학습시킨다.

```
# 신경망 학습시키기
error_progress = nn.train(data, labels, epochs=2000, show=100, goal=0.01)
```

학습용 데이터 포인트에 대해 신경망을 실행한다.

```
# 학습용 데이터 포인트로 신경망 실행하기
output = nn.sim(data)
y_pred = output.reshape(num_points)
```

학습 진행 상황을 그래프로 표현한다.

```
# 학습 오차 그래프 그리기
plt.figure()
plt.plot(error_progress)
plt.xlabel('Number of epochs')
plt.ylabel('Error')
plt.title('Training error progress')
```

예측 결과를 그래프로 표시한다.

```
# 출력 그래프 그리기
x_dense = np.linspace(min_val, max_val, num_points * 2)
y_dense_pred = nn.sim(x_dense.reshape(x_dense.size,1)).reshape(x_dense.
size)

plt.figure()
plt.plot(x_dense, y_dense_pred, '-', x, y, '.', x, y_pred, 'p')
plt.title('Actual vs predicted')

plt.show()
```

전체 코드는 이 책의 예제 묶음에 있는 multilayer_neural_network.py 파일에서 볼 수 있다. 코드를 실행하면 다음과 같이 세 개의 화면이 나타난다. 첫 번째 화면은 입력 데이터를 보여준다.

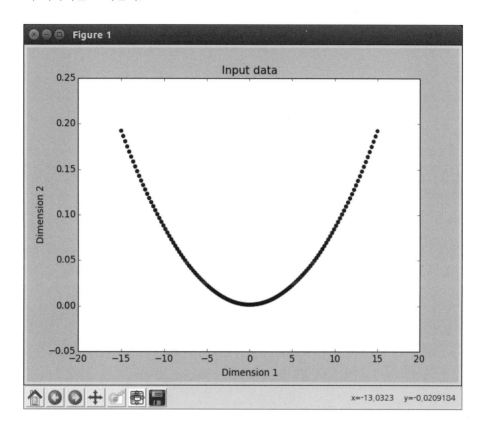

두 번째 화면은 학습 진행 상황을 보여준다.

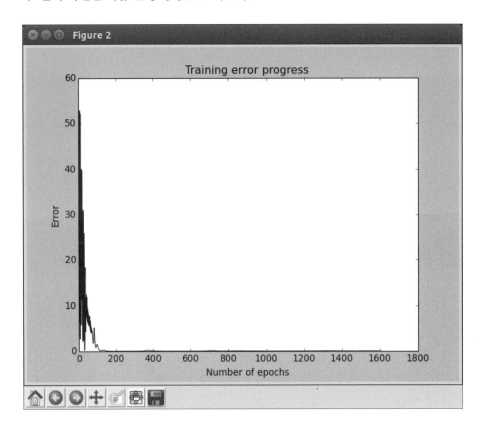

세 번째 화면은 예측 결과를 보여준다. 결과를 입력 데이터 그래프 위에 덧그렸다.

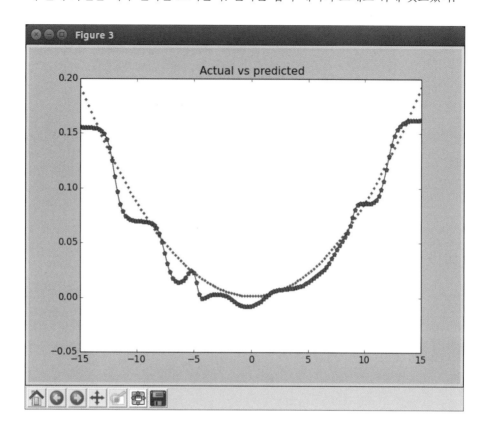

예측 결과는 입력 곡선과 비슷하게 나타난다. 신경망의 학습 주기를 늘려서 오차가 줄어들수록 예측 결과 곡선이 입력 곡선에 좀 더 가까워진다.

터미널 화면에는 다음과 같이 결과가 표시된다.

```
Epoch: 100; Error: 1.328538405723751;
Epoch: 200; Error: 0.019317766296625176;
Epoch: 300; Error: 0.014928314227870021;
Epoch: 400; Error: 0.1019619568596929;
Epoch: 500; Error: 0.01224385883787241;
Epoch: 600; Error: 0.010219628952047718;
Epoch: 700; Error: 0.10440487497321922;
Epoch: 800; Error: 0.030181008571536487;
Epoch: 900; Error: 0.036515391764429805;
Epoch: 1000; Error: 0.01145516994524433;
Epoch: 1100; Error: 0.02284554002401039;
Epoch: 1200; Error: 0.010681001691894525;
Epoch: 1300; Error: 0.045532307681641106;
Epoch: 1400; Error: 0.016281425552577587;
Epoch: 1500; Error: 0.01476614426491404;
Epoch: 1600; Error: 0.010370992037828054;
The goal of learning is reached
```

벡터 양자화기 만들기

벡터 양자화Vector Quantization란 입력 데이터를 고정된 수의 대표점에 매핑(사상)하는 것을 말한다. 숫자를 고정된 자릿수에 맞추도록 반올림하는 작업의 N차원 버전으로 볼 수도 있다. 이 기법은 주로 이미지 인식, 의미 분석, 데이터 과학을 비롯한 다양한 분야에서 사용한다. 이 절에서는 인공 신경망을 이용해 벡터 양자화기vector quantizer를 만드는 방법을 살펴본다.

파이썬 파일을 새로 만들고 다음과 같이 패키지를 불러오는 문장을 작성한다.

```
import numpy as np
import matplotlib.pyplot as plt
import neurolab as nl
```

입력 데이터는 이 책의 예제 묶음에 있는 data_vector_quantization.txt 파일에서 가져온다. 이 파일의 각 줄마다 여섯 개의 숫자가 담겨 있다. 처음 두 개는 데이터 포인트고, 마지막 네 개는 (한 요소만 1이고 나머지는 0으로 만드는) 원핫one-hot 인코딩을 적용한 레이블이다. 따라서 총 클래스 수는 네 개다.

```
# 입력 데이터 가져오기
text = np.loadtxt('data_vector_quantization.txt')
```

텍스트를 데이터와 레이블로 분리한다.

```
# 데이터와 레이블로 분리
data = text[:, 0:2]
labels = text[:, 2:]
```

두 개의 계층으로 구성된 신경망을 정의한다. 이때 입력 계층은 10개의 뉴런으로, 출력 계층은 네 개의 뉴런으로 구성한다.

```
# 두 계층으로 구성된 신경망 정의
# 입력 계층은 10개의 뉴런, 출력 계층은 네 개의 뉴런으로 구성
num_input_neurons = 10
num_output_neurons = 4
weights = [1/num_output_neurons] * num_output_neurons
nn = nl.net.newlvq(nl.tool.minmax(data), num_input_neurons, weights)
```

학습 데이터로 신경망을 학습시킨다.

```
# 신경망 학습시키기
_ = nn.train(data, labels, epochs=500, goal=-1)
```

출력으로 나온 클러스터(클래스)를 시각적으로 표현할 메시 그리드(정방 행렬)를 생성한다.

```
# 입력 격자 생성하기
xx, yy = np.meshgrid(np.arange(0, 10, 0.2), np.arange(0, 10, 0.2))
xx.shape = xx.size, 1
yy.shape = yy.size, 1
grid_xy = np.concatenate((xx, yy), axis=1)
```

신경망으로 그리드 위의 점들의 클래스를 예측한다.

```
# 그리드 위의 점들의 클래스 예측하기
grid_eval = nn.sim(grid_xy)
```

네 개의 클래스를 추출한다.

```
# 네 개의 클래스 정의하기
class_1 = data[labels[:,0] == 1]
class_2 = data[labels[:,1] == 1]
class_3 = data[labels[:,2] == 1]
class_4 = data[labels[:,3] == 1]
```

각 클래스에 속하는 그리드 위의 점을 추출한다.

```
# 네 개의 클래스에 대한 X-Y 격자 정의하기
grid_1 = grid_xy[grid_eval[:,0] == 1]
grid_2 = grid_xy[grid_eval[:,1] == 1]
grid_3 = grid_xy[grid_eval[:,2] == 1]
grid_4 = grid_xy[grid_eval[:,3] == 1]
```

결과를 그래프로 출력한다.

```
# 결과 그래프 그리기
plt.plot(class_1[:,0], class_1[:,1], 'ko',
        class_2[:,0], class_2[:,1], 'ko',
        class_3[:,0], class_3[:,1], 'ko',
        class_4[:,0], class_4[:,1], 'ko')
plt.plot(grid_1[:,0], grid_1[:,1], 'm.',
        grid_2[:,0], grid_2[:,1], 'bx',
        grid_3[:,0], grid_3[:,1], 'c^',
        grid_4[:,0], grid_4[:,1], 'y+')
plt.axis([0, 10, 0, 10])
plt.xlabel('Dimension 1')
plt.ylabel('Dimension 2')
plt.title('Vector quantization')

plt.show()
```

전체 코드는 이 책의 예제 묶음에 있는 vector_quantizer.py 파일에서 볼 수 있다. 코드를 실행하면 다음과 같이 입력 데이터 포인트와 클러스터 사이의 경계선을 보여주는 화면이 나타난다.

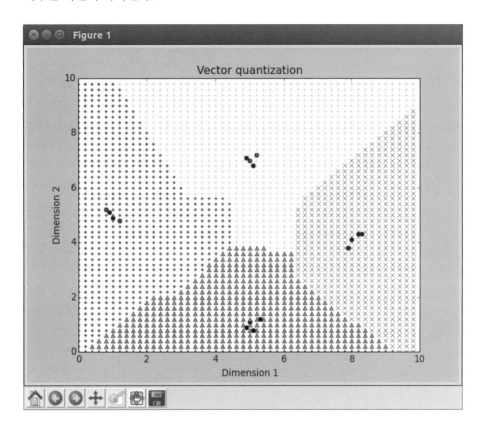

터미널 화면에는 다음과 같이 결과가 출력된다.

```
Epoch: 100; Error: 0.0;
Epoch: 200; Error: 0.0;
Epoch: 300; Error: 0.0;
Epoch: 400; Error: 0.0;
Epoch: 500; Error: 0.0;
The maximum number of train epochs is reached
```

재귀 신경망을 이용한 순차적인 데이터 분석 방법

지금까지는 정적인 데이터만 다뤘다. 인공 신경망은 순차적인 데이터에 대한 모델을 만드는 데도 뛰어난 성능을 발휘한다. 그중에서도 재귀 신경망recurrent neural network은 순차적인 데이터를 모델링하는 데 특히 뛰어나다. 현실에서는 여러 가지 순차적인 데이터 중에서 시계열time-series 데이터를 가장 많이 다룬다. 재귀 신경망에 대한 자세한 사항은 http://www.wildml.com/2015/09/recurrent-neural-networks-tutorial-part-1-introduction-to-rnns를 참고한다. 범용 학습 모델로는 시계열 데이터를 다루는 데 한계가 있다. 시계열 데이터의 주요 특성인 시간적인 종속성/의존성을 고려해 모델을 만들어야 한다. 그럼 이러한 모델을 직접 만들어보자.

파이썬 파일을 새로 만들고 다음과 같이 패키지를 불러오는 문장을 작성한다.

```
import numpy as np
import matplotlib.pyplot as plt
import neurolab as nl
```

파형을 생성하는 함수를 정의한다. 먼저 다음과 같이 네 개의 사인파sine wave를 정의하는 문장을 작성한다.

```
def get_data(num_points):
    # 사인파 생성
    wave_1 = 0.5 * np.sin(np.arange(0, num_points))
    wave_2 = 3.6 * np.sin(np.arange(0, num_points))
    wave_3 = 1.1 * np.sin(np.arange(0, num_points))
    wave_4 = 4.7 * np.sin(np.arange(0, num_points))
```

파형마다 진폭을 서로 다르게 지정한다.

```
# 다양한 진폭의 파형 생성하기
amp_1 = np.ones(num_points)
amp_2 = 2.1 + np.zeros(num_points)
amp_3 = 3.2 * np.ones(num_points)
amp_4 = 0.8 + np.zeros(num_points)
```

전체 파형을 생성한다.

```
wave = np.array([wave_1,wave_2,wave_3,wave_4]).reshape(num_points * 4, 1)
amp = np.array([[amp_1,amp_2,amp_3,amp_4]]).reshape(num_points * 4, 1)

return wave, amp
```

신경망의 출력을 시각적으로 표현하는 함수를 정의한다.

```
# 출력 시각화
def visualize_output(nn, num_points_test):
    wave, amp = get_data(num_points_test)
    output = nn.sim(wave)
    plt.plot(amp.reshape(num_points_test * 4))
    plt.plot(output.reshape(num_points_test * 4))
```

메인 함수를 정의한다. 여기서 파형을 생성하는 문장을 작성한다.

```
if __name__ == '__main__':
    # 샘플 데이터 생성하기
    num_points = 40
    wave, amp = get_data(num_points)
```

두 계층으로 구성된 재귀 신경망을 생성한다.

```
# 2계층 재귀 신경망 생성하기
nn = nl.net.newelm([[-2, 2]], [10, 1], [nl.trans.TanSig(), nl.trans.
PureLin()])
```

각 계층에 대한 초기화 함수를 설정한다.

```
# 계층마다 초기화 함수 정의하기
nn.layers[0].initf = nl.init.InitRand([-0.1, 0.1], 'wb')
nn.layers[1].initf = nl.init.InitRand([-0.1, 0.1], 'wb')
nn.init()
```

신경망을 학습시킨다.

```
# 재귀 신경망 학습시키기
error_progress = nn.train(wave, amp, epochs=1200, show=100, goal=0.01)
```

신경망에 데이터를 입력해 실행한다.

```
# 학습 데이터로 신경망 실행하기
output = nn.sim(wave)
```

결과를 그래프로 출력한다.

```
# 결과 그래프 그리기
plt.subplot(211)
plt.plot(error_progress)
plt.xlabel('Number of epochs')
plt.ylabel('Error (MSE)')

plt.subplot(212)
plt.plot(amp.reshape(num_points * 4))
plt.plot(output.reshape(num_points * 4))
plt.legend(['Original', 'Predicted'])
```

새로운 테스트 데이터로 신경망의 성능을 테스트한다.

```
# 새로운 테스트 데이터로 신경망 성능 테스트하기
plt.figure()

plt.subplot(211)
visualize_output(nn, 82)
plt.xlim([0, 300])

plt.subplot(212)
visualize_output(nn, 49)
plt.xlim([0, 300])

plt.show()
```

전체 코드는 예제 묶음 안에 있는 recurrent_neural_network.py 파일에서 볼 수 있다. 코드를 실행하면, 두 개의 출력 그래프가 표시된다. 첫 번째 화면의 상단 그래프는 학습 진행 상태를 보여주고, 하단 그래프는 입력 파형 위에 예측한 결과 값을 덮어 쓴 형태로 보여준다.

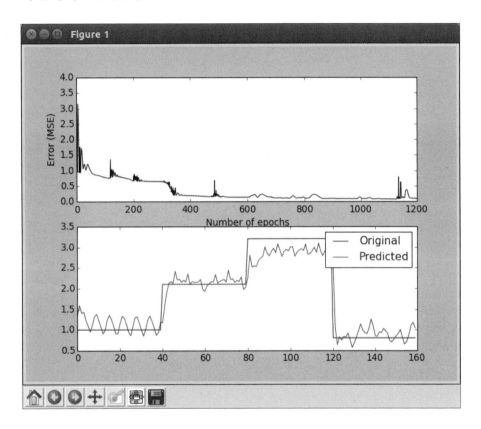

두 번째 화면의 상단 그래프는 파장의 길이를 늘렸을 때 신경망이 파형을 생성하는 과정을 보여준다. 하단 그래프는 파장이 줄었을 때 파형의 생성 과정을 보여준다.

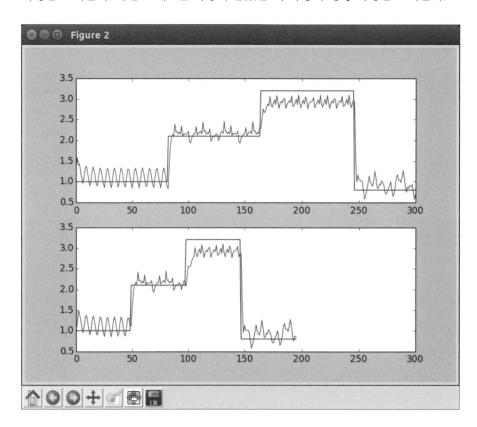

터미널 화면에서는 다음과 같은 결과를 볼 수 있다.

```
Epoch: 100; Error: 0.7814383822655347;
Epoch: 200; Error: 0.7100146397005693;
Epoch: 300; Error: 0.6440547739409723;
Epoch: 400; Error: 0.19126190351988187;
Epoch: 500; Error: 0.21159791680160067;
Epoch: 600; Error: 0.13042563701134618;
Epoch: 700; Error: 0.11122377726031196;
Epoch: 800; Error: 0.11907959398401206;
Epoch: 900; Error: 0.09446584379278858;
Epoch: 1000; Error: 0.12329998073819037;
Epoch: 1100; Error: 0.07301475273780848;
Epoch: 1200; Error: 0.08952849091649026;
The maximum number of train epochs is reached
```

OCR 데이터베이스로 문자 시각화하기

인공 신경망은 광학 문자 인식[OCR, Optical Character Recognition]에도 활용할 수 있으며, 인공 신경망의 대표적인 응용 사례이기도 하다. 광학 문자 인식은 손으로 쓴 문자를 인식하는 기술이다. OCR 모델을 만드는 방법을 설명하기 전에 먼저 데이터셋의 형태부터 살펴봐야 한다. 이 절에서는 http://ai.standord.edu/~btaskar/ocr에서 제공하는 데이터셋을 사용한다. 그중에서 letter.data 파일을 다운로드한다. 독자의 편의를 위해 이 책의 예제 묶음 파일에도 넣어뒀다. 그럼 지금부터 이 데이터를 읽어 문자를 화면에 표시하는 코드를 작성해보자.

파이썬 파일을 새로 만들고 다음과 같이 패키지를 불러오는 문장을 작성한다.

```
import os
import sys

import cv2
import numpy as np
```

OCR 데이터가 담긴 입력 파일을 정의한다.

```
# 입력 파일 정의하기
input_file = 'letter.data'
```

이 파일에서 데이터를 가져오는 데 필요한 시각화 관련 매개변수를 정의한다.

```
# 시각화 매개변수 정의
img_resize_factor = 12
start = 6
end = -1
height, width = 16, 8
```

사용자가 ESC 키를 누를 때까지 파일을 한 줄 단위로 읽는 루프문을 작성한다. 파일의 각 줄에 담긴 내용은 탭^{tab}으로 구분한다. 각 줄을 읽고 그 값을 255배로 확대한다.

```python
# 사용자가 ESC 키를 누를 때까지 반복하는 코드
with open(input_file, 'r') as f:
    for line in f.readlines():
        # 데이터 읽기
        data = np.array([255 * float(x) for x in line.split('\t')[start:end]])
```

1D 배열을 2D 이미지로 변환한다.

```python
# 데이터를 2D 이미지로 변환하기
img = np.reshape(data, (height, width))
```

이미지를 시각적으로 표시하기 위해 적절한 비율로 확대한다.

```python
# 이미지 확대하기
img_scaled = cv2.resize(img, None, fx=img_resize_factor, fy=img_resize_factor)
```

이미지를 화면에 표시한다.

```python
# 이미지 출력하기
cv2.imshow('Image', img_scaled)
```

사용자가 ESC 키를 눌렀는지 확인한다. 그랬다면 루프를 빠져나온다.

```python
# 사용자가 ESC 키를 눌렀는지 확인하기
c = cv2.waitKey()
if c == 27:
    break
```

전체 코드는 이 책의 예제 묶음에 있는 character_visualizer.py 파일에서 볼 수 있다. 코드를 실행하면 다음과 같이 문자를 출력하는 창이 나타난다. 스페이스 바를 계속 누르면 다른 문자가 계속 표시된다. o는 다음과 같이 나타난다.

i는 다음과 같이 나타난다.

OCR 엔진 만들기

지금까지 데이터를 다루는 방법을 살펴봤다. 이제 인공 신경망을 이용해 OCR 시스템을 만들어보자.

파이썬 파일을 새로 만들고 다음과 같이 패키지를 불러오는 문장을 작성한다.

```
import numpy as np
import neurolab as nl
```

입력 파일을 정의한다.

```
# 입력 파일 정의
input_file = 'letter.data'
```

가져올 데이터 포인트의 수를 지정한다.

```
# 입력 파일에서 가져올
# 데이터 포인트의 수 지정하기
num_datapoints = 50
```

예제에서 레이블로 사용할 문자로 구성된 문자열을 정의한다.

```
# 레이블로 사용할 문자열
orig_labels = 'omandig'
```

클래스의 수(문자의 종류)를 추출한다.

```
# 문자의 종류 계산
num_orig_labels = len(orig_labels)
```

학습용 데이터와 테스트용 데이터의 비율을 정의한다. 예제에서는 데이터 포인트의 90%를 학습용으로, 10%를 테스트용으로 사용한다.

```
# 학습용 데이터와 테스트용 데이터 수 정의하기
num_train = int(0.9 * num_datapoints)
num_test = num_datapoints - num_train
```

데이터셋 추출 관련 매개변수를 정의한다.

```
# 데이터셋 추출 매개변수 정의하기
start = 6
end = -1
```

데이터셋을 생성한다.

```
# 데이터셋 생성하기
data = []
labels = []
with open(input_file, 'r') as f:
    for line in f.readlines():
        # 현재 줄을 탭 단위로 나누기
        list_vals = line.split('\t')
```

현재 레이블이 앞서 지정한 레이블 리스트에 없다면 건너뛴다.

```
# 레이블이 GT 레이블(orig_labels)에 있는지 확인하기
# 없다면 건너뛴다
if list_vals[1] not in orig_labels:
    continue
```

현재 레이블을 추출해서 메인 리스트에 추가한다.

```
# 현재 레이블을 추출해서 메인 리스트에 추가하기
label = np.zeros((num_orig_labels, 1))
label[orig_labels.index(list_vals[1])] = 1
labels.append(label)
```

문자 벡터를 추출해서 메인 리스트에 추가한다.

```
# 문자 벡터를 추출해서 메인 리스트에 추가하기
cur_char = np.array([float(x) for x in list_vals[start:end]])
data.append(cur_char)
```

데이터셋을 다 생성했다면 루프를 빠져나온다.

```
# 필요한 데이터셋을 모두 생성했다면 루프를 빠져나온다
if len(data) >= num_datapoints:
    break
```

리스트를 numpy 배열로 변환한다.

```
# 데이터와 레이블을 numpy 배열로 변환하기
data = np.asfarray(data)
labels = np.array(labels).reshape(num_datapoints, num_orig_labels)
```

차원의 수를 추출한다.

```
# 차원의 수 추출하기
num_dims = len(data[0])
```

피드포워드^{feedforward}(전방 전달, 전방향) 신경망을 생성하고, 학습 알고리즘을 경사하강법으로 지정한다.

```
# 피드포워드 신경망 생성하기
nn = nl.net.newff([[0, 1] for _ in range(len(data[0]))],
[128, 16, num_orig_labels])
```

```
# 학습 알고리즘을 경사하강법으로 지정하기
nn.trainf = nl.train.train_gd
```

신경망을 학습시킨다.

```
# 신경망 학습시키기
error_progress = nn.train(data[:num_train,:], labels[:num_train,:],
epochs=10000, show=100, goal=0.01)
```

테스트 데이터에 대한 출력을 예측한다.

```
# 테스트 입력에 대한 출력 예측하기
print('\nTesting on unknown data:')
predicted_test = nn.sim(data[num_train:, :])
for i in range(num_test):
    print('\nOriginal:', orig_labels[np.argmax(labels[i])])
    print('Predicted:', orig_labels[np.argmax(predicted_test[i])])
```

전체 코드는 이 책의 예제 묶음에 있는 ocr.py 파일에서 볼 수 있다. 코드를 실행하면 터미널 창에 다음과 같이 결과가 표시된다.

```
Epoch: 100; Error: 73.47653183612681;
Epoch: 200; Error: 18.884493832163315;
Epoch: 300; Error: 5.205689394791668;
Epoch: 400; Error: 1.3159929890186723;
Epoch: 500; Error: 0.7849899506840127;
Epoch: 600; Error: 0.5605471392115354;
Epoch: 700; Error: 0.31434419284252074;
Epoch: 800; Error: 0.29201180055361536;
Epoch: 900; Error: 0.2548368026989093;
Epoch: 1000; Error: 0.18436543487721643;
Epoch: 1100; Error: 0.2555534593070101;
Epoch: 1200; Error: 0.12234114450307089;
Epoch: 1300; Error: 0.16060656978005766;
Epoch: 1400; Error: 0.13797017553791702;
Epoch: 1500; Error: 0.1264864116569053;
Epoch: 1600; Error: 0.11117890654153481;
Epoch: 1700; Error: 0.1032853267460869;
Epoch: 1800; Error: 0.11229570227904315;
Epoch: 1900; Error: 0.10151847031393595;
Epoch: 2000; Error: 0.1355259516403153;
Epoch: 2100; Error: 0.08756489226865553;
Epoch: 2200; Error: 0.07794351060907219;
```

학습 작업은 주기가 10,000(epochs=10000)에 도달할 때까지 계속 진행된다. 다 끝나면 다음과 같은 결과를 볼 수 있다.

```
Epoch: 9500; Error: 0.02770813283023565;
Epoch: 9600; Error: 0.029065275919703596;
Epoch: 9700; Error: 0.016700714829978466;
Epoch: 9800; Error: 0.012510657182083927;
Epoch: 9900; Error: 0.015063727610920322;
Epoch: 10000; Error: 0.019512718292693708;
The maximum number of train epochs is reached

Testing on unknown data:

Original: o
Predicted: o

Original: m
Predicted: n

Original: m
Predicted: m

Original: a
Predicted: o

Original: n
Predicted: n
nam@dev2:~/aipython/14$
```

그림에서 보는 바와 같이 다섯 개의 테스트 데이터 중에서 세 개를 정확하게 맞췄다. 데이터셋과 학습 주기를 좀 더 늘리면 정확도를 더욱 높일 수 있다.

요약

이 장에서는 인공 신경망을 다뤘으며, 신경망을 구축하고 학습시키는 방법을 소개했다. 퍼셉트론을 소개하고 이를 이용해 분류기를 만드는 방법도 살펴봤다. 단층 신경망과 다층 신경망도 소개했으며, 신경망으로 벡터 양자화기를 만드는 방법도 알아봤다. 또한 재귀 신경망으로 순차적인 데이터를 분석하는 방법도 살펴봤다. 마지막으로 인공 신경망으로 OCR 엔진을 만드는 방법도 소개했다. 다음 장에서는 강화 학습에 대해 소개하고, 이를 통해 스마트 학습 에이전트를 만드는 방법을 살펴본다.

15
강화 학습

이 장에서는 강화 학습에 대해 알아본다. 강화 학습의 배경과 기본 개념을 살펴보고, 지도 학습과의 차이점을 비교한다. 그리고 현실에서 강화 학습을 활용한 사례와 다양한 응용 분야를 살펴본다. 또한 강화 학습의 기본 구성 요소와 관련 개념을 소개하고, 실전에서 강화 학습을 활용하기 위한 파이썬 환경을 구축한다. 마지막으로 이 장에서 소개한 개념을 토대로 학습 에이전트를 만들어본다.

이 장에서 다루는 주제는 다음과 같다.

- 배경 및 기본 개념
- 강화 학습 vs. 지도 학습
- 강화 학습의 실전 사례
- 강화 학습의 기본 구성 요소
- 환경 구축 방법
- 학습 에이전트 구현 방법

기본 전제

학습^{learning}은 인공지능에서 가장 기본적인 요소다. 인공지능에서 학습이란 기계가 스스로 학습할 수 있도록 기계에게 학습 방법을 가르치는 것을 의미한다. 사람은 주변을 관찰하고 상호 작용하면서 학습한다. 새로운 장소에 가면 주변 상황을 재빨리 살펴보고 파악한다. 누군가에게 배워서 이렇게 행동하는 것이 아니다. 사람은 본능적으로 주변 환경을 관찰하고 상호 작용하면서, 자신이 속한 환경과 그 안의 여러 사물에 대한 정보를 수집한다. 그리고 이를 통해 다양한 현상에 대한 인과 관계를 파악한다. 그래서 특정한 행동에 대한 결과를 예측하고, 원하는 바를 달성하기 위해 어떤 행동을 취해야 할지 학습한다.

사람은 일상생활에서 이러한 전제에 따라 행동한다. 주변 환경에 대한 정보를 모두 수집한 후 이에 대한 대응 방법을 학습한다. 사람이 연설하는 과정을 예를 들어 살펴보자. 뛰어난 연설가는 자신이 한 말에 대해 청중들이 어떻게 반응할지 알고 있다. 청중으로부터 아무런 반응이 없으면 즉시 화제를 바꿔 청중이 몰입하게 만든다. 이처럼 연설가는 자신의 행동을 통해 주변 환경에 영향을 미친다. 이러한 과정을 다르게 표현하면, 연설가는 원하는 목적을 달성하기 위한 행동을 취하기 위해 청중과의 상호 작용을 통해 청중의 반응을 학습한다고 할 수 있다. 바로 이러한 학습 과정이 인공지능에서 가장 기본적으로 다루고 있는 영역이며, 여러 인공지능 관련 분야에서 이를 토대로 연구를 진행하고 있다. 그럼 이러한 전제를 염두에 두고 본격적으로 강화 학습에 대해 알아보자.

강화 학습^{reinforcement learning}은 주어진 상황에 대해 취할 행동을 보상을 극대화하는 방향으로 결정하는 방법을 학습한다. 대다수의 머신 러닝 기법은 주어진 목적을 달성하기 위해 학습 에이전트가 취할 행동을 직접 지시하는 방식으로 처리한다. 반면 강화 학습은 학습 에이전트에게 취할 행동을 따로 지정하지 않는다. 어떤 행동을 취할 때 보상을 극대화할 수 있는지를 학습 에이전트가 스스로 발견해야 한다. 이때 취하는 행동은 보상뿐만 아니라 다음 상황에 직접적인 영향을 미친다. 이 말은 그 후에 발생하는 모든 보상에 영향을 미친다는 것을 의미한다.

강화 학습을 제대로 이해하려면 학습 문제를 정의하는 것과 학습 기법을 정의하는 것을 구분해야 한다. 문제 해결에 도움이 되는 기법은 모두 강화 학습 기법으로 볼 수 있다. 강화 학습이 다른 학습과 뚜렷이 구분되는 대표적인 특징은 시행 착오 학습^{trial and error learning}과 지연 보상^{delayed reward}이다. 강화 학습 에이전트는 이러한 두 가지 특성을 통해 행동과 결과의 상관관계를 학습한다.

강화 학습 vs. 지도 학습

현재 진행되고 있는 연구의 대다수는 지도 학습에 대한 것이다. 얼핏 생각하면 강화 학습이 지도 학습과 비슷한 것 같지만 근본적으로 전혀 다르다. 지도 학습은 별도로 제공된 레이블이 달린 샘플을 통해 학습한다. 굉장히 효과적인 방법이지만, 상호 작용을 통해 학습하는 방식에는 적합하지 않다. 처음 보는 지형을 탐색하는 기계를 만들 때는 지도 학습 기법을 적용할 수 없다. 사전에 주어진 학습용 샘플 데이터가 없기 때문이다. 따라서 처음 보는 지형과 상호 작용하면서 스스로 쌓은 경험을 통해 학습하게 만들어야 한다. 강화 학습은 이러한 종류의 문제에서 강력한 힘을 발휘한다.

새로운 환경과 상호 작용하면서 학습하는 탐사 에이전트를 만든다고 생각해보자. 이 에이전트가 탐사할 수 있는 범위는 어디까지일까? 주어진 환경이 얼마나 방대한지 알 수 없으며, 설사 안다고 하더라도 모든 경우의 수를 일일이 탐색하는 것은 거의 불가능하다. 이러한 상황에서 에이전트는 어떻게 행동해야 할까? 제한된 경험만으로 학습해야 할까? 아니면 좀 더 주변 상황을 탐색한 후 행동을 취해야 할까? 이러한 문제는 강화 학습에서 풀어야 할 대표적인 사례다. 더 큰 보상을 얻으려면 이전에 시도해본 검증된 행동을 취하는 것이 좋다. 하지만 이렇게 검증된 행동을 찾기 위해서는 이전에는 한 적 없는 새로운 행동을 시도해야 한다. 지난 수년 동안 많은 학자들이 이러한 탐색^{exploration}과 이용^{exploitation}의 상충 관계^{trade-off}에 대해 연구했고, 지금도 활발히 연구가 진행되고 있다.

강화 학습의 실전 사례

현실에서 강화 학습을 어떻게 적용하고 있는지 살펴보면, 강화 학습의 원리를 좀 더 이해할 수 있을 뿐만 아니라, 새로운 응용 분야를 개척하는 데 도움이 될 수도 있다.

- 게임: 바둑이나 체스와 같은 보드 게임을 생각해보자. 최적의 수를 결정하기 위해서는 수많은 요인을 검토해야 한다. 이 과정에서 따져봐야 할 경우의 수는 너무 많아서 단순히 하나씩 탐색하는 방법으로는 계산할 수 없다. 이런 게임을 수행하는 기계를 기존 기법만으로 만든다면, 방대한 경우의 수를 탐색하기 위해 수많은 규칙을 입력해야 한다. 강화 학습은 이러한 문제를 가볍게 해결한다. 규칙을 따로 입력할 필요가 없기 때문이다. 학습 에이전트는 게임을 실제로 진행하면서 학습한다.

- 로보틱스: 처음 본 건물을 탐사하는 로봇을 만드는 경우를 생각해보자. 먼저 출발지로 되돌아올 때까지 배터리가 충분한지부터 확인해야 한다. 로봇은 탐사 작업을 수행하는 과정에서 의사 결정을 내릴 때 항상 두 가지의 상충 관계, 즉 수집한 정보가 탐사에 충분한지와 출발지로 안전하게 돌아갈 만큼 배터리양이 충분한지 항상 고려해야 한다.

- 산업용 제어기: 엘리베이터를 제어하는 스케줄러의 예를 살펴보자. 잘 만든 스케줄러라면 최소한의 전력으로 최대한 많은 사람을 실어 나를 수 있어야 한다. 이러한 문제에 강화 학습을 적용하면, 시뮬레이션 환경을 통해 제어 방식을 학습하게 만들 수 있다. 이렇게 습득한 경험을 토대로 최적의 스케줄링 알고리즘을 도출할 수 있다.

- 아기: 갓 태어난 아이는 처음 몇 개월 동안 걷는 방법을 힘겹게 터득한다. 아기들은 완벽하게 균형을 잡을 수 있을 때까지 수많은 시행 착오를 반복한다.

지금까지 소개한 예를 자세히 살펴보면, 몇 가지 공통적인 특징을 발견할 수 있다. 한결같이 환경과 상호 작용하며, 학습 에이전트는 환경에 대한 불확실성이 어느 정도 있더라도 주어진 목적을 달성하려고 노력한다. 나중에 환경의 상태가 달라지면 에이전트가 취하는 행동이 달라질 수 있다. 이러한 변화는 나중에 에이전트가 환경과 상호 작용하는 방식에 영향을 미치는 요인이 된다.

강화 학습의 기본 구성 요소

지금까지 강화 학습을 활용한 사례를 알아봤다. 이제 본격적으로 강화 학습 시스템을 알아보자. 먼저 강화 학습을 구성하는 요소부터 살펴보자. 에이전트와 환경 사이의 상호 작용뿐만 아니라 다음과 같은 몇 가지 요인을 함께 고려해야 한다.

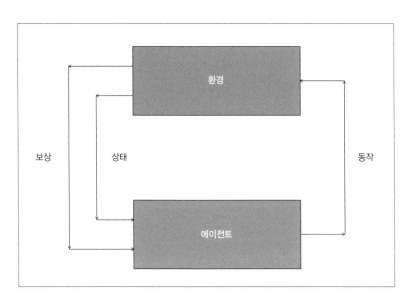

강화 학습 에이전트는 대체로 다음과 같은 절차에 따라 작업을 수행한다.

- 에이전트와 환경에 관련된 몇 가지 상태가 정의돼 있다. 특정한 시점에 에이전트는 주변 환경에 대한 정보가 담긴 상태를 입력받는다.
- 에이전트가 취할 동작에 관련된 정책이 정의돼 있다. 이러한 정책은 의사 결정 기능을 수행한다. 입력 상태에 대해 에이전트가 취할 동작은 이러한 정책에 따라 결정한다.
- 에이전트는 이전 단계의 결정에 따라 동작을 수행한다.
- 환경은 에이전트가 취한 동작에 따라 반응한다. 에이전트는 환경으로부터 보상을 받는다.
- 에이전트는 보상에 대한 정보를 기록한다. 이때 동작과 상태에 대해 어떤 보상이 주어졌는지를 기록한다.

강화 학습 시스템은 여러 가지 작업을 동시에 수행한다. 시행 착오를 통해 학습하고, 에이전트가 속한 환경에 대한 모델을 학습하고, 이렇게 구축된 모델을 통해 다음 행동을 결정한다.

강화 학습 환경 구축 방법

예제를 통해 강화 학습 환경을 구축하는 방법을 살펴보자. 예제는 OpenAI Gym 패키지로 구현한다. 이 패키지에 대한 자세한 내용은 https://gym.openai.com을 참조한다. 패키지는 다음과 같이 터미널 창에서 pip로 설치한다.

```
$ pip3 install gym
```

설치 방법에 대한 여러 가지 팁은 https://github.com/openai/gym#installation에서 볼 수 있다. 다 설치했다면 본격적으로 코드를 작성해보자.

파이썬 파일을 새로 만들고 다음과 같이 패키지를 불러오는 문장을 작성한다.

```
import argparse
```

```
import gym
```

입력 인수를 파싱하는 함수를 정의한다. 이렇게 전달된 값을 통해 예제를 실행할 환경의 종류를 지정한다.

```
def build_arg_parser():
    parser = argparse.ArgumentParser(description='Run an environment')
    parser.add_argument('--input-env', dest='input_env', required=True,
        choices=['cartpole', 'mountaincar', 'pendulum', 'taxi', 'lake'],
        help='Specify the name of the environment')
    return parser
```

메인 함수를 정의한다. 여기에 입력 인수를 파싱하는 함수를 호출하는 문장을 작성한다.

```
if __name__=='__main__':
    args = build_arg_parser().parse_args()
    input_env = args.input_env
```

입력 인수의 문자열과 OpenAI Gym 패키지에서 제공하는 환경의 이름에 대한 매핑을 정의한다.

```
name_map = {'cartpole': 'CartPole-v0',
            'mountaincar': 'MountainCar-v0',
            'pendulum': 'Pendulum-v0',
            'taxi': 'Taxi-v1',
            'lake': 'FrozenLake-v0'}
```

입력 전달 인자로 지정한 환경을 생성하고 리셋한다.

```
# 환경 생성 및 리셋
env = gym.make(name_map[input_env])
env.reset()
```

1,000번 반복하면서 각 단계마다 동작을 수행한다.

```
# 1,000번 반복
for _ in range(1000):
    # 환경 렌더링
    env.render()

    # 무작위로 선택한 동작 수행
    env.step(env.action_space.sample())
```

전체 코드는 이 책의 예제 묶음에 있는 run_environment.py 파일에서 볼 수 있다. 다음과 같이 --help 옵션을 지정하면 코드를 실행하는 방법을 볼 수 있다.

```
$ python3 run_environment.py --help
usage: run_environment.py [-h] --input-env
                          {cartpole,mountaincar,pendulum,taxi,lake}

Run an environment

optional arguments:
  -h, --help            show this help message and exit
  --input-env {cartpole,mountaincar,pendulum,taxi,lake}
                        Specify the name of the environment
```

cartpole 환경으로 예제를 실행해보자. 터미널 창에서 다음과 같이 명령을 입력하면 된다.

```
$ python3 run_environment.py --input-env cartpole
```

그러면 다음과 같이 카트가 오른쪽으로 움직이는 화면이 나타난다. 초기 상태는 다음과 같다.

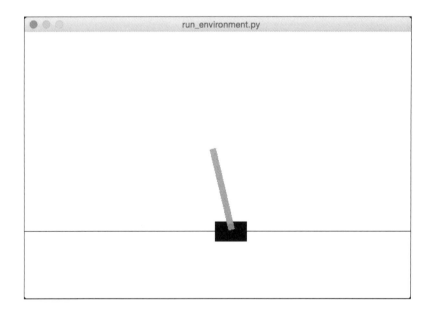

1초 정도 지나면 다음과 같이 카트가 이동한다.

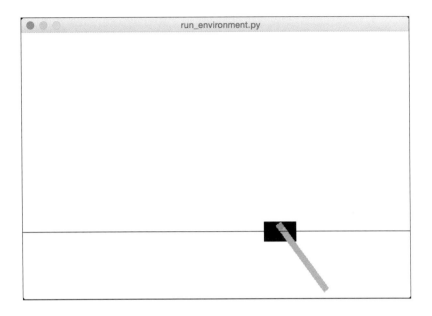

카트가 계속 이동하면서 창 밖으로 사라지려고 한다.

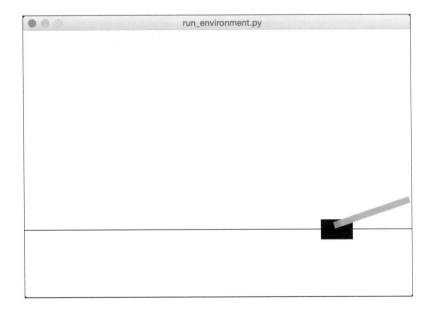

이번에는 mountaincar 환경에서 실행해보자. 터미널에 다음과 같이 명령을 입력한다.

```
$ python3 run_environment.py --input-env mountaincar
```

코드를 실행하면 다음과 같은 초기 상태의 화면이 나타난다.

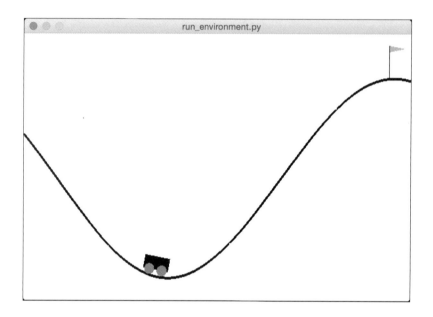

몇 초 동안 내버려두면, 깃발에 닿기 위해 차가 앞뒤로 왔다갔다 하는 것을 볼 수 있다.

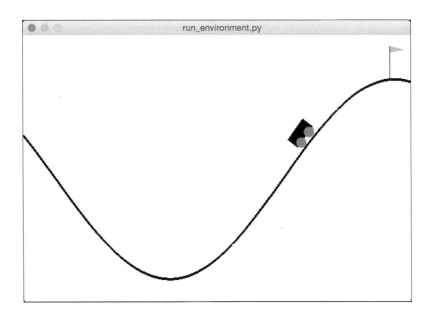

차의 왕복 이동 거리가 점점 길어지는 것을 볼 수 있다.

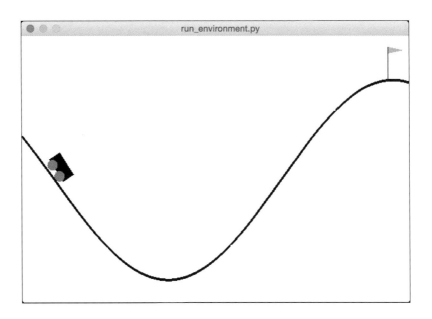

학습 에이전트 구현 방법

이번에는 특정한 목적을 달성하는 학습 에이전트를 만들어보자. 여기서 만들 학습 에이전트는 주어진 목적을 달성하기 위한 방법을 학습한다. 파이썬 파일을 새로 만들고 다음과 같이 패키지를 불러오는 문장을 작성한다.

```
import argparse

import gym
```

입력 전달 인자를 파싱하는 함수를 정의한다.

```
def build_arg_parser():
    parser = argparse.ArgumentParser(description='Run an environment')
    parser.add_argument('--input-env', dest='input_env', required=True,
choices=['cartpole', 'mountaincar', 'pendulum', 'taxi', 'lake'],
help='Specify the name of the environment')
    return parser
```

메인 함수를 정의한다. 먼저 입력 전달 인자를 파싱하는 함수를 호출한다.

```
if __name__=='__main__':
    args = build_arg_parser().parse_args()
    input_env = args.input_env
```

입력 전달 인자의 문자열과 OpenAI Gym 패키지에서 제공하는 환경의 이름에 대한 매핑을 정의한다.

```
name_map = {'cartpole': 'CartPole-v0',
            'mountaincar': 'MountainCar-v0',
            'pendulum': 'Pendulum-v0'}
```

입력 매개변수로 지정한 환경을 생성한다.

```
# 환경 생성
env = gym.make(name_map[input_env])
```

반복문을 작성한다. 먼저 환경을 리셋하는 문장을 작성한다.

```
# 반복 시작
for _ in range(20):
    # 환경 리셋
    observation = env.reset()
```

매번 리셋할 때마다 100번씩 반복하는 루프를 작성한다. 루프 안에서 가장 먼저 환경을 렌더링하는 문장을 작성한다.

```
# 100번 반복
for i in range(100):
    # 환경 렌더링
    env.render()
```

현재 관찰한 결과를 화면에 출력하고, 허용된 동작(action_space) 중에서 적절한 것을 선택해 수행한다.

```
# 현재 관찰한 결과 출력하기
print(observation)
```

```
# 동작 수행하기
action = env.action_space.sample()
```

현재 수행한 동작에 대한 결과를 도출한다.

```
# 동작의 결과(관찰 결과, 보상, 상태 등) 추출하기
observation, reward, done, info = env.step(action)
```

주어진 목적을 달성했는지 확인한다.

```
# 목적 달성 여부 확인하기
if done:
    print('Episode finished after {} timesteps'.format(i+1))
    break
```

전체 코드는 이 책의 예제 묶음에 있는 balancer.py 파일에서 볼 수 있다. 다음과 같이 --help 옵션을 지정하면 코드를 실행하는 방법을 볼 수 있다.

```
$ python3 balancer.py --help
usage: balancer.py [-h] --input-env {cartpole,mountaincar,pendulum}

Run an environment

optional arguments:
  -h, --help            show this help message and exit
  --input-env {cartpole,mountaincar,pendulum}
                        Specify the name of the environment
```

예제를 cartpole 환경에서 실행해보자. 터미널에 다음과 같이 명령을 입력한다.

$ python3 balancer.py --input-env cartpole

코드를 실행하면 다음과 같이 카트가 스스로 균형을 잡는 것을 볼 수 있다.

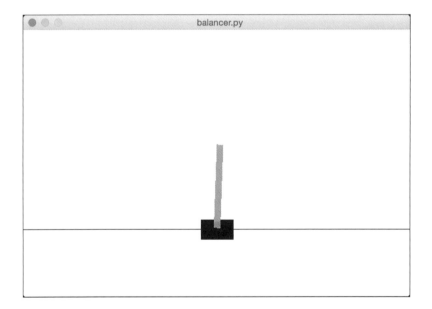

몇 초가 지나도 다음과 같이 계속 균형을 잡고 있는 것을 확인할 수 있다.

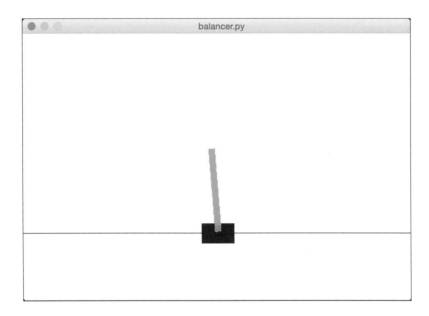

터미널 화면을 보면 다음과 같이 많은 정보가 출력된 것을 확인할 수 있다. 하나의 에피소드에 대해 다음과 같은 값이 출력된다.

```
[ 0.01704777  0.03379922 -0.01628054  0.02868271]
[ 0.01772375 -0.16108552 -0.01570689  0.31618481]
[ 0.01450204  0.03425659 -0.00938319  0.01859014]
[ 0.01518717 -0.16072954 -0.00901139  0.30829785]
[ 0.01197258 -0.35572194 -0.00284543  0.59812526]
[ 0.00485814 -0.16056029  0.00911707  0.30454742]
[ 0.00164694 -0.35581098  0.01520802  0.60009165]
[-0.00546928 -0.16090505  0.02720986  0.31223756]
[-0.00868738 -0.35640386  0.03345461  0.61337594]
[-0.01581546 -0.55197696  0.04572213  0.91640525]
[-0.026855   -0.3575021   0.06405023  0.63843544]
[-0.03400504 -0.16332896  0.07681894  0.36659087]
[-0.03727162 -0.3594537   0.08415076  0.68247294]
[-0.04446069 -0.5556372   0.09780022  1.00041801]
[-0.05557344 -0.75192055  0.11780858  1.32214352]
[-0.07061185 -0.55846765  0.14425145  1.06853119]
[-0.0817812  -0.36551752  0.16562207  0.82437502]
[-0.08909155 -0.56247052  0.18210957  1.16423244]
[-0.10034096 -0.75943464  0.20539422  1.50803784]
Episode finished after 19 timesteps
```

종료 시점까지 수행한 단계의 수는 에피소드마다 다르다. 터미널 화면에 출력된 내용을 스크롤해보면 직접 확인할 수 있다.

요약

이 장에서는 강화 학습을 알아봤다. 먼저 강화 학습에 대한 기본 개념을 소개하고, 이를 구축하는 방법을 살펴봤다. 그리고 강화 학습과 지도 학습의 차이점도 알아봤다. 강화 학습에 대한 몇 가지 실전 활용 사례와 강화 학습을 활용하는 시스템의 다양한 형태도 살펴봤다.

에이전트, 환경, 정책, 보상과 같은, 강화 학습의 기본 구성 요소와 개념을 소개했다. 파이썬 코드로 환경을 생성하고 동작을 수행하는 예제도 만들었다. 이러한 개념을 토대로 강화 학습 에이전트를 구현하는 방법도 살펴봤다.

16

CNN을 이용한 딥러닝

이 장에서는 딥러닝과 CNN을 소개한다. CNN은 최근 몇 년 사이에 엄청난 속도로 발전했다. 그중에서도 특히 이미지 인식 분야에서 두드러진 성과를 거뒀다. 먼저 CNN의 정의와 구조, 은닉 계층의 종류를 살펴본다. 그리고 텐서플로우^{TensorFlow}라는 패키지를 사용하는 방법도 소개한 후 퍼셉트론 기반으로 선형 회귀 분석기 예제를 만들어본다. 단층 신경망으로 이미지 분류기를 만드는 방법과 CNN으로 이미지 분류기를 만드는 방법도 소개한다.

이 장에서 다루는 주제는 다음과 같다.

- CNN의 정의
- CNN의 구조
- CNN을 구성하는 계층의 종류
- 퍼셉트론 기반 선형 회귀 분석기 구현 방법
- 단층 신경망을 이용한 이미지 분류기 구현 방법
- CNN을 이용한 이미지 분류기 구현 방법

CNN의 정의

14장과 15장에서는 신경망의 기본 원리를 살펴봤다. 신경망은 가중치weight와 바이어스bias가 주어진 뉴런으로 구성된다. 신경망의 학습 효율은 이러한 가중치와 바이어스를 조율하는 방식으로 높일 수 있다. 각각의 뉴런은 일련의 입력을 받아서 나름대로 처리한 후 하나의 값을 출력한다.

신경망을 여러 계층으로 구성한 것을 심층 신경망deep neural network(딥 뉴럴 네트워크)이라 부른다. 이러한 심층 신경망을 주로 다루는 AI 분야가 바로 딥러닝deep learning(심층 학습)이다.

기존 신경망의 가장 큰 단점은 입력 데이터의 구조를 고려하지 않는다는 것이다. 신경망에 전달하는 모든 데이터를 일차원 배열로 변환하므로 일반 데이터에 대해서는 꽤 괜찮은 결과를 얻을 수 있지만, 이미지와 같이 공간적 구조를 가지는 데이터를 처리하기에는 적합하지 않다.

흑백grayscale 이미지의 예를 살펴보자. 이미지는 2차원 구조로 돼 있으며 픽셀의 공간적인 배열에 다양한 정보가 숨겨져 있다. 이러한 정보를 무시해버리면 내부에 존재하는 수많은 패턴을 날려버리게 된다. 이러한 단점을 극복하기 위해 CNNconvolutional neural network(컨볼루션 신경망, 합성곱 신경망)이 등장했다. CNN은 이미지를 처리할 때 2D 구조를 함께 고려한다.

CNN은 가중치와 바이어스로 이뤄진 뉴런으로 구성한다. 여기서 뉴런은 입력 데이터를 받고, 처리하고, 특정한 결과를 출력한다. CNN의 목적은 입력 계층에 들어온 미가공raw 이미지 데이터에 해당하는 클래스를 예측하는 것이며, 예측된 클래스는 출력 계층의 결과 값 형태로 출력된다. 기존 신경망과 CNN의 가장 큰 차이점은 은닉 계층의 종류와 입력 데이터를 다루는 방식에 있다. CNN은 모든 입력이 이미지처럼 공간 구조를 가진다고 가정하며 데이터에서 여러 가지 속성을 추출한다. 따라서 이미지를 다룰 때는 CNN을 활용하는 것이 훨씬 효율적이다. 그럼 지금부터 본격적으로 CNN을 만들어보자.

CNN의 구조

기존 신경망을 다룰 때는 입력 데이터를 하나의 벡터로 변환한다. 이렇게 변환된 벡터는 신경망의 입력으로 전달하고, 다시 신경망을 구성하는 여러 계층을 거친다. 각계층에 존재하는 뉴런은 모두 이전 계층에 있는 뉴런과 연결돼 있다. 여기서 주의할점은 같은 계층에 속한 뉴런끼리는 서로 연결되지 않는다는 것이다. 뉴런은 항상 인접한 서로 다른 계층끼리만 연결된다. 신경망의 마지막 계층은 출력 계층으로, 최종결과를 표현한다.

이미지를 기존 신경망의 구조로 표현하면 직접 다루기 힘든 형태로 바뀐다. 예를 들어 256×256 크기의 RGB 이미지로 구성된 데이터셋을 생각해보자. 이미지에서 사용하는 채널의 수가 세 개이므로, 가중치의 수는 *256 * 256 * 3 = 196,608*이 된다. 단 하나의 뉴런에 대한 값이 이 정도다. 한 계층에 여러 개의 뉴런이 존재하므로, 총가중치의 수는 계층이 추가될 때마다 급격히 증가하게 된다. 다시 말해 엄청나게 많은 수의 매개변수로 구성된 모델을 학습시켜야 한다는 의미다. 따라서 학습 과정이 굉장히 복잡하고 시간도 오래 걸린다. 각 계층에 있는 모든 뉴런이 이전 계층에 존재하는 모든 뉴런과 연결된 신경망을 완전 연결^{full connectivity} 신경망이라 부른다. 완전 연결 신경망을 제대로 처리하기란 현실적으로 불가능하다.

CNN은 데이터를 처리할 때 이미지의 구조를 적극적으로 활용한다. CNN을 구성하는 뉴런은 3차원(폭, 높이, 깊이)으로 정렬돼 있다. 그리고 현재 계층에 속한 각각의 뉴런들이 이전 계층의 출력의 일부분에만 연결된다. 마치 입력 이미지 위에 N×N 필터를 올려둔 것과 같다. 이는 현재 계층의 뉴런이 이전 계층의 모든 출력에 연결된 완전 연결 신경망과 대조적이다.

하나의 필터만으로 이미지에 담긴 의미를 모두 찾을 수 없다. 따라서 모든 세부 사항을 수집하기 위해 이 작업을 M번 수행한다. 이때 사용하는 M개의 필터는 특징 추출기^{feature extractor} 역할을 한다. 필터에서 출력한 결과를 살펴보면, 가장자리나 모서리와 같은 특징을 추출한 것을 알 수 있다. CNN의 초반 계층은 이렇게 구성된다. 신경망의 은닉 계층으로 들어갈수록 좀 더 고차원적인 특징을 추출한다.

CNN에서 사용하는 계층의 종류

이제 CNN의 구조를 어느 정도 파악했으니, 구체적으로 어떤 종류의 계층이 있는지 살펴보자. CNN에서 주로 사용하는 계층은 다음과 같다.

- 입력 계층: 미가공 이미지 데이터를 있는 그대로 받는 계층이다.
- 컨볼루션convolution 계층: 입력 계층의 여러 패치와 뉴런 사이의 컨볼루션 연산을 수행하는 계층이다. 이미지 컨볼루션을 간략히 살펴보려면, 다음 링크를 참조한다.

  http://web.pdx.edu/~jduh/courses/Archive/geog481w07/Students/Ludwig_ImageConvolution.pdf

  컨볼루션 계층은 기본적으로 이전 계층의 출력에 있는 작은 패치와 가중치에 대한 내적 스칼라곱dot product을 계산한다.
- ReLU(정류 선형 유닛rectified linear unit) 계층: 이전 계층의 출력에 활성 함수activation function를 적용하는 계층이다. 이 함수는 max(0, x)와 같은 형태를 지니며 비선형 함수다. 신경망을 이용해 다양한 함수를 근사하려면 각 계층 사이에서 선형으로 분류할 수 없는 데이터까지 성공적으로 분류하기 위해 신경망에 비선형성nonlinearity을 추가해야 한다.
- 풀링pooling 계층: 이전 계층의 출력 일부분만 선택하거나 평균을 내는 방식 등으로 데이터 차원을 줄이는 계층이다. 풀링 계층을 이용하면 신경망의 계층을 통과할 때 두드러진 부분만 골라서 처리하게 만들 수 있다. 주어진 $K \times K$ 윈도우에서 최댓값을 골라내는 맥스 풀링max pooling 기법을 주로 사용한다.
- 완전 연결fully connected 계층: 마지막 계층의 출력 결과를 계산한다. 이렇게 구한 결과의 크기는 $1 \times 1 \times L$이다. 여기서 L은 학습 데이터셋의 클래스 수다.

픽셀 값으로 표현된 이미지는 신경망의 입력 계층에 들어가서 여러 계층을 거친 후 출력 계층에 나올 때 클래스 점수로 변환된다. 지금까지 굉장히 다양한 형태의 CNN 구조가 제안됐으며, 현재도 활발히 연구되고 있다. 모델의 정확성과 견고함은 여러 가지 요인에 따라 결정된다. 계층의 종류, 신경망의 깊이, 신경망 내부에 배치된 계층의 순서, 계층에서 선택한 함수, 학습 데이터 등이 영향을 미친다.

퍼셉트론 기반 선형 회귀 분석기

이 절에서는 퍼셉트론을 이용해 선형 회귀 분석 모델을 만드는 방법을 소개한다. 선형 회귀 분석은 이전 장에서 소개한 적이 있지만, 이 절에서는 신경망을 이용해 선형 회귀 모델을 만드는 방법에 초점을 맞춰 설명한다.

이 장에서는 텐서플로우^{TensorFlow} 패키지를 사용한다. 텐서플로우는 딥러닝 패키지로 굉장히 유명하며 현실에 적용할 다양한 시스템을 구축하는 데 널리 사용되고 있다. 이 절에서는 먼저 텐서플로우의 기본 사용법부터 소개한다. 계속 진행하기 전에 먼저 텐서플로우부터 설치한다. 설치 방법은 https://www.tensorflow.org/get_started/os_setup을 참조한다. 제대로 설치됐다면 파이썬 파일을 새로 만들고, 다음과 같이 패키지를 불러오는 문장을 작성한다.

```
import numpy as np
import matplotlib.pyplot as plt
import tensorflow as tf
```

데이터 포인트를 생성하고 이를 이용해 모델을 학습시킨다. 먼저 생성할 데이터 포인트의 수를 정의한다.

```
# 생성할 데이터 포인트 수 정의
num_points = 1200
```

데이터 생성에 사용할 매개변수를 정의한다. 예제에서는 $y=mx + c$라는 선형(직선) 모델을 사용한다.

```
# y = mx + c라는 등식에 따라 데이터 생성하기
data = []
m = 0.2
c = 0.5
for i in range(num_points):
    # 'x' 생성하기
    x = np.random.normal(0.0, 0.8)
```

데이터에 약간의 변화를 주기 위해 노이즈를 추가한다.

```
# 노이즈 생성
noise = np.random.normal(0.0, 0.04)
```

등식의 y 값을 계산한다.

```
# 'y' 값 계산
y = m*x + c + noise

data.append([x, y])
```

반복문이 끝나면 데이터를 입력 변수와 출력 변수로 나눈다.

```
# x와 y로 분리하기
x_data = [d[0] for d in data]
y_data = [d[1] for d in data]
```

데이터를 그래프로 그린다.

```
# 생성된 데이터에 대한 그래프 그리기
plt.plot(x_data, y_data, 'ro')
plt.title('Input data')
plt.show()
```

퍼셉트론에 대한 가중치와 바이어스를 생성한다. 가중치는 균등 난수 발생기[uniform random number generator](균일 분포 난수 생성기)로 생성하고, 바이어스는 0으로 지정한다.

```
# 가중치와 바이어스 생성하기
W = tf.Variable(tf.random_uniform([1], -1.0, 1.0))
b = tf.Variable(tf.zeros([1]))
```

등식을 텐서플로우 변수로 정의한다.

```
# 'y'에 대한 등식 정의하기
y = W * x_data + b
```

학습 과정에 적용할 손실 함수^{loss function}를 정의한다. 옵티마이저^{optimizer}(최적화기)는 이 값을 가능한 한 작게 만든다.

```
# 손실 계산 방법 정의
loss = tf.reduce_mean(tf.square(y - y_data))
```

경사하강법 옵티마이저를 정의하고, 손실 함수를 지정한다.

```
# 경사하강법 옵티마이저 정의하기
optimizer = tf.train.GradientDescentOptimizer(0.5)
train = optimizer.minimize(loss)
```

지금까지 변수를 정의만 하고 초기화하지 않았다. 이제 초기화한다.

```
# 모든 변수 초기화하기
init = tf.initialize_all_variables()
```

텐서플로우 세션을 생성하고, 초기화한 변수를 입력해 구동한다.

```
# 텐서플로우 세션 생성 및 실행
sess = tf.Session()
sess.run(init)
```

학습 과정을 시작한다.

```
# 반복문 시작
num_iterations = 10
for step in range(num_iterations):
    # 세션 실행하기
    sess.run(train)
```

학습 진행 상태를 화면에 출력한다. 반복 횟수가 늘어날 때마다 loss 매개변수 값이
감소한다.

```
# 진행 상태 출력하기
print('\nITERATION', step+1)
print('W =', sess.run(W)[0])
print('b =', sess.run(b)[0])
print('loss =', sess.run(loss))
```

생성된 데이터를 그래프로 그린다. 그 위에 예측 모델을 덧그린다. 예제에서는 모델
이 직선이다.

```
# 입력 데이터 그래프 그리기
plt.plot(x_data, y_data, 'ro')

# 예측 결과에 대한 직선 그래프 그리기
plt.plot(x_data, sess.run(W) * x_data + sess.run(b))
```

그래프에 대한 매개변수를 설정한다.

```
# 그래프 매개변수 설정하기
plt.xlabel('Dimension 0')
plt.ylabel('Dimension 1')
plt.title('Iteration ' + str(step+1) + ' of ' + str(num_iterations))
plt.show()
```

전체 코드는 이 책의 예제 묶음에 있는 linear_regression.py 파일에서 볼 수 있다. 코드를 실행하면 다음과 같이 입력 데이터를 보여주는 화면이 나타난다.

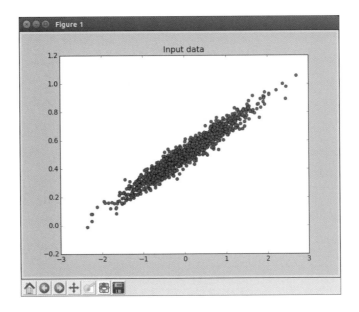

이 창을 닫으면 학습 진행 상태를 볼 수 있다. 반복문을 한 번 수행한 후의 결과는 다음과 같다.

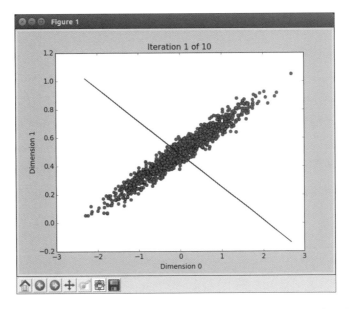

결과에서 보는 바와 같이 선이 완전히 어긋나 있다. 이 창을 닫으면 다음 반복을 수행한다.

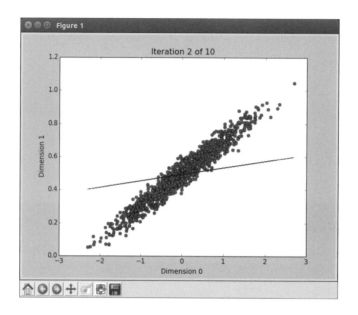

이전보다 훨씬 나아졌다. 그래도 여전히 벗어나 있다. 이 창을 닫으면 계속해서 다음 반복을 수행한다.

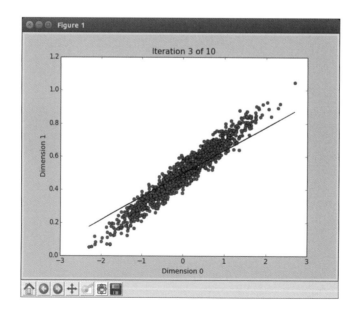

이제 선이 실제 모델에 가까워졌다. 이러한 반복 과정을 계속 진행하면 모델이 훨씬 정확해진다. 여덟 번 반복한 후의 결과는 다음과 같다.

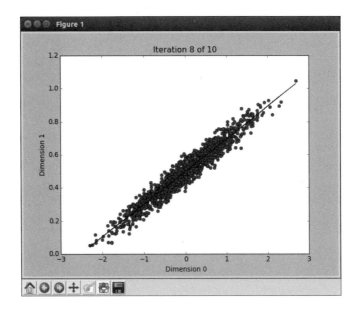

선과 데이터가 거의 일치한다. 터미널 화면을 보면 다음과 같은 값이 출력된 것을 확인할 수 있다.

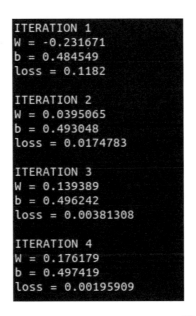

학습이 끝나면 터미널에 다음과 같이 결과가 출력된다.

```
ITERATION 7
W = 0.196561
b = 0.498071
loss = 0.0016688

ITERATION 8
W = 0.197238
b = 0.498092
loss = 0.00166818

ITERATION 9
W = 0.197487
b = 0.4981
loss = 0.00166809

ITERATION 10
W = 0.197579
b = 0.498103
loss = 0.00166808
nam@dev2:~/aipython$
```

단층 신경망으로 이미지 분류기 만들기

이제 텐서플로우를 이용해 단층 신경망을 생성하고, 이를 활용해 이미지 분류기를 만들어보자. 예제에서는 MNIST 이미지 데이터셋을 사용한다. 이 데이터셋에는 손으로 쓴 숫자들이 담겨 있다. 예제의 목적은 이미지에 담긴 숫자를 정확히 판별하는 분류기를 만드는 것이다.

파이썬 파일을 새로 만들고, 다음과 같이 패키지를 불러오는 문장을 작성한다.

```
import argparse

import tensorflow as tf
from tensorflow.examples.tutorials.mnist import input_data
```

입력 인수를 파싱하는 함수를 정의한다.

```
def build_arg_parser():
    parser = argparse.ArgumentParser(description='Build a classifier using \
MNIST data')
    parser.add_argument('--input-dir', dest='input_dir', type=str,
default='./mnist_data', help='Directory for storing data')
    return parser
```

메인 함수를 정의한다. 먼저 입력 인수를 파싱하는 문장을 작성한다.

```
if __name__ == '__main__':
    args = build_arg_parser().parse_args()
```

MNIST 이미지 데이터를 불러온다. 레이블에 원핫 인코딩을 적용하도록 one_hot 플래그를 지정한다. 이렇게 하면 n개의 클래스가 있을 때, 주어진 데이터 포인트에 대한 레이블을 길이가 n인 배열로 만든다. 배열에 담긴 각 원소는 특정한 클래스에 대한 것이다. 클래스를 지정하려면 해당 인덱스의 값을 1로 지정하고, 나머지 값을 0으로 지정한다.

```
# MNIST 데이터 가져오기
mnist = input_data.read_data_sets(args.input_dir, one_hot=True)
```

데이터베이스에 있는 이미지는 28×28 크기로 돼 있다. 입력 계층을 생성하도록 이미지를 하나의 1차원 배열로 변환한다.

```
# 이미지는 28x28로 돼 있으므로,
# 784개의 뉴런(28x28=784)으로 구성된 입력 계층을 생성한다

x = tf.placeholder(tf.float32, [None, 784])
```

가중치와 바이어스가 주어진 단층 신경망을 생성한다. 데이터베이스에는 10종류의 숫자가 담겨 있다. 입력 계층에 있는 뉴런의 수는 784개로, 출력 계층의 뉴런은 10개로 구성한다.

```python
# 가중치와 바이어스가 주어진 계층 생성하기
# 숫자의 종류는 10개이므로, 출력 계층은 10개의 클래스를 갖도록 구성한다
W = tf.Variable(tf.zeros([784, 10]))
b = tf.Variable(tf.zeros([10]))
```

학습에 적용할 등식을 생성한다.

```python
# 'y'에 대한 등식 생성하기(y = W*x + b)
y = tf.matmul(x, W) + b
```

손실 함수와 경사하강법 옵티마이저를 정의한다.

```python
# 엔트로피 손실 및 경사하강법 옵티마이저 정의하기
y_loss = tf.placeholder(tf.float32, [None, 10])
loss = tf.reduce_mean(tf.nn.softmax_cross_entropy_with_logits(logits=y,
labels=y_loss[1]))
optimizer = tf.train.GradientDescentOptimizer(0.5).minimize(loss)
```

모든 변수를 초기화한다.

```python
# 모든 변수 초기화하기
init = tf.initialize_all_variables()
```

텐서플로우 세션을 생성하고 실행한다.

```python
# 세션 생성하기
session = tf.Session()
session.run(init)
```

학습을 시작한다. 학습은 배치 방식으로 진행한다. 다시 말해 현재 배치에 대해 옵티마이저를 실행하고, 다음 배치는 다음 반복 단계에서 수행한다. 반복 주기를 새로 시작할 때마다 학습할 배치 이미지부터 가져온다.

```python
# 학습 시작하기
num_iterations = 1200
```

---

1 텐서플로우 1.0 버전 이상부터는 named argument로 지정해야 한다. – 옮긴이

```
batch_size = 90
for _ in range(num_iterations):
    # 학습할 배치 가져오기
    x_batch, y_batch = mnist.train.next_batch(batch_size)
```

가져온 이미지 배치에 대해 옵티마이저를 실행한다.

```
# 가져온 이미지 배치로 학습하기
session.run(optimizer, feed_dict = {x: x_batch, y_loss: y_batch})
```

학습이 끝나면 테스트 데이터셋을 이용해 정확도를 측정한다.

```
# 테스트 데이터로 정확도 측정하기
predicted = tf.equal(tf.argmax(y, 1), tf.argmax(y_loss, 1))
accuracy = tf.reduce_mean(tf.cast(predicted, tf.float32))
print('\nAccuracy = ', session.run(accuracy, feed_dict = {
    x: mnist.test.images,
    y_loss: mnist.test.labels}))
```

전체 코드는 이 책의 예제 묶음 안에 있는 single_layer.py 파일에서 볼 수 있다. 코드를 실행하면 디폴트 옵션에 따라 현재 폴더 아래에 있는 mnist_data라는 이름의 폴더에 데이터를 다운로드한다. 폴더의 이름과 위치는 입력 인수를 통해 얼마든지 변경할 수 있다. 코드를 실행한 후에는 터미널 창에서 다음과 같은 결과를 확인할 수 있다.

```
Extracting ./mnist_data/train-images-idx3-ubyte.gz
Extracting ./mnist_data/train-labels-idx1-ubyte.gz
Extracting ./mnist_data/t10k-images-idx3-ubyte.gz
Extracting ./mnist_data/t10k-labels-idx1-ubyte.gz

Accuracy = 0.921
```

터미널 창에서 보는 바와 같이 이 모델의 정확도는 92.1%다. 결과는 실행할 때마다 달라질 수 있다.

CNN을 이용해 이미지 분류기 만들기

앞 절에서 만든 이미지 분류기는 성능이 뛰어난 편이 아니다. MNIST 데이터셋으로 92.1%의 정확도를 달성하기는 쉽다. 이 절에서는 CNN을 활용해 정확도를 좀 더 높여보자. 이번 예제에서도 앞 절과 동일한 데이터셋을 사용하지만, 단층 신경망 대신 CNN으로 분류기를 구현한다.

파이썬 파일을 새로 만들고, 다음과 같이 패키지를 불러오는 문장을 작성한다.

```
import argparse

import tensorflow as tf
from tensorflow.examples.tutorials.mnist import input_data
```

입력 인수를 파싱하는 함수를 정의한다.

```
def build_arg_parser():
    parser = argparse.ArgumentParser(description='Build a CNN classifier \
using MNIST data')
    parser.add_argument('--input-dir', dest='input_dir', type=str,
default='./mnist_data', help='Directory for storing data')
    return parser
```

각 계층에 대한 가중치를 생성하는 함수를 정의한다.

```
def get_weights(shape):
    data = tf.truncated_normal(shape, stddev=0.1)
    return tf.Variable(data)
```

각 계층에 대한 바이어스를 생성하는 함수를 정의한다.

```
def get_biases(shape):
    data = tf.constant(0.1, shape=shape)
    return tf.Variable(data)
```

입력한 shape에 대한 계층을 생성하는 함수를 정의한다.

```
def create_layer(shape):
    # 가중치와 바이어스 구하기
    W = get_weights(shape)
    b = get_biases([shape[-1]])

    return W, b
```

2D-컨볼루션 연산을 수행하는 함수를 정의한다.

```
def convolution_2d(x, W):
    return tf.nn.conv2d(x, W, strides=[1, 1, 1, 1],
padding='SAME')
```

2×2 맥스 풀링 연산을 수행하는 함수를 정의한다.

```
def max_pooling(x):
    return tf.nn.max_pool(x, ksize=[1, 2, 2, 1],
strides=[1, 2, 2, 1], padding='SAME')
```

메인 함수를 정의한다. 먼저 입력 인수를 파싱하는 문장을 작성한다.

```
if __name__ == '__main__':
    args = build_arg_parser().parse_args()
```

MNIST 이미지 데이터를 가져온다.

```
# MNIST 데이터 가져오기
mnist = input_data.read_data_sets(args.input_dir, one_hot=True)
```

784개의 뉴런으로 구성된 입력 계층을 생성한다.

```
# 이미지 크기가 28x28이므로
# 784개의 뉴런을 가진 입력 계층을 생성한다(28*28=784)
x = tf.placeholder(tf.float32, [None, 784])
```

이미지의 2D 구조를 최대한 활용하도록 CNN으로 처리한다. x를 4D 텐서^{tensor}로 변환한다. 텐서의 두 번째와 세 번째 차원은 이미지의 크기를 표현한다.

```
# 'x'를 4D 텐서로 변환하기
x_image = tf.reshape(x, [-1, 28, 28, 1])
```

첫 번째 컨볼루션 계층을 생성한다. 이 계층은 이미지에 있는 모든 5×5 패치로부터 32개의 특징을 추출한다.

```
# 첫 번째 컨볼루션 계층 정의하기
W_conv1, b_conv1 = create_layer([5, 5, 1, 32])
```

이전 단계에서 계산한 가중치 텐서로 이미지에 컨볼루션 연산을 수행하고, 그 결과에 바이어스 텐서를 더한다. 그러고 나서 그 결과에 ReLU(정류 선형 유닛) 함수를 적용한다.

```
# 가중치 텐서로 이미지에 컨볼루션 연산을 수행하고 바이어스를 더한 후
# ReLU 함수를 적용한다
h_conv1 = tf.nn.relu(convolution_2d(x_image, W_conv1) + b_conv1)
```

이전 단계에서 구한 결과에 2×2 맥스 풀링 연산을 적용한다.

```
# 맥스 풀링 연산 적용하기
h_pool1 = max_pooling(h_conv1)
```

각각의 5×5 패치에 대해 64가지의 특징을 추출하는 두 번째 컨볼루션 계층을 생성한다.

```
# 두 번째 컨볼루션 계층 정의하기
W_conv2, b_conv2 = create_layer([5, 5, 32, 64])
```

이전 계층의 출력에 앞 단계에서 계산한 가중치 텐서를 적용함으로써 컨볼루션 연산을 수행하고 바이어스를 더한다. 이렇게 구한 결과에 ReLU 함수를 적용한다.

```
# 이전 계층의 출력에 가중치 텐서를 적용해 컨볼루션 연산을 수행하고
# 바이어스를 더한 후 ReLU 함수를 적용한다
h_conv2 = tf.nn.relu(convolution_2d(h_pool1, W_conv2) + b_conv2)
```

이전 단계의 출력에 대해 2×2 맥스 풀링 연산을 수행한다.

```
# 맥스 풀링 연산 적용하기
h_pool2 = max_pooling(h_conv2)
```

이제 이미지 크기가 7×7로 줄었다. 1,024개의 뉴런으로 구성된 완전 연결 계층을 생성한다.

```
# 완전 연결 계층 정의하기
W_fc1, b_fc1 = create_layer([7 * 7 * 64, 1024])
```

이전 계층의 출력을 변환한다.

```
# 이전 계층의 출력 변환하기
h_pool2_flat = tf.reshape(h_pool2, [-1, 7*7*64])
```

이전 계층의 출력과 완전 연결 계층의 가중치 텐서를 곱한 후 바이어스 텐서를 더한다. 이렇게 구한 결과에 ReLU 함수를 적용한다.

```
# 이전 계층의 출력과 가중치 텐서를 곱하고 바이어스를 더한 후
# ReLU 함수 적용하기
h_fc1 = tf.nn.relu(tf.matmul(h_pool2_flat, W_fc1) + b_fc1)
```

오버피팅을 줄이도록 주어진 확률에 따라 뉴런의 출력을 무시하는 드롭아웃dropout 계층을 생성한다. 드롭아웃 계층에서 적용할 뉴런의 출력에 대한 확률 값을 담을 텐서플로우 플레이스홀더를 하나 만든다.

```
# 모든 뉴런에 대한 확률 플레이스홀더로 드롭아웃 계층 정의하기
keep_prob = tf.placeholder(tf.float32)
h_fc1_drop = tf.nn.dropout(h_fc1, keep_prob)
```

데이터셋에 있는 10개의 클래스에 해당하는 10개의 출력 뉴런으로 구성된 리드아웃readout (출력) 계층을 생성하고, 출력 결과를 계산한다.

```
# 리드아웃(출력) 계층 정의하기
W_fc2, b_fc2 = create_layer([1024, 10])
y_conv = tf.matmul(h_fc1_drop, W_fc2) + b_fc2
```

손실 함수와 최적화 함수를 정의한다.

```
# 엔트로피 손실 함수와 최적화 함수 정의하기
y_loss = tf.placeholder(tf.float32, [None, 10])
loss = tf.reduce_mean(tf.nn.softmax_cross_entropy_with_logits(logits=y_
conv, labels=y_loss))
optimizer = tf.train.AdamOptimizer(1e-4).minimize(loss)
```

정확도 계산 공식을 정의한다.

```
# 정확도 계산 공식 정의하기
predicted = tf.equal(tf.argmax(y_conv, 1), tf.argmax(y_loss, 1))
accuracy = tf.reduce_mean(tf.cast(predicted, tf.float32))
```

변수를 초기화한 후 세션을 생성해 실행한다.

```
# 세션 생성하고 실행하기
sess = tf.InteractiveSession()
init = tf.initialize_all_variables()
sess.run(init)
```

학습을 시작한다.

```
# 학습 시작하기
num_iterations = 21000
batch_size = 75
print('\nTraining the model....')
for i in range(num_iterations):
    # 이미지의 다음 배치를 가져온다
    batch = mnist.train.next_batch(batch_size)
```

50번 반복할 때마다 현재 정확도를 화면에 표시한다.

```
# 현재 정확도 출력하기
if i % 50 == 0:
    cur_accuracy = accuracy.eval(feed_dict = {
x: batch[0], y_loss: batch[1], keep_prob: 1.0})
    print('Iteration', i, ', Accuracy =', cur_accuracy)
```

현재 배치에 대해 최적화 함수를 실행한다.

```
# 현재 배치로 학습시키기
optimizer.run(feed_dict = {x: batch[0], y_loss: batch[1], keep_prob: 0.5})
```

학습이 끝나면 테스트 데이터셋으로 정확도를 계산한다.

```
# 테스트 데이터로 정확도 계산하기
print('Test accuracy =', accuracy.eval(feed_dict = {
    x: mnist.test.images, y_loss: mnist.test.labels,
    keep_prob: 1.0}))
```

전체 코드는 이 책의 예제 묶음에 있는 cnn.py 파일에서 볼 수 있다. 코드를 실행하면 터미널 화면에 다음과 같은 결과가 나타난다.

```
Training the model....
Iteration 0 , Accuracy = 0.0933333
Iteration 50 , Accuracy = 0.706667
Iteration 100 , Accuracy = 0.826667
Iteration 150 , Accuracy = 0.893333
Iteration 200 , Accuracy = 0.88
Iteration 250 , Accuracy = 0.893333
Iteration 300 , Accuracy = 0.96
Iteration 350 , Accuracy = 0.853333
Iteration 400 , Accuracy = 0.973333
Iteration 450 , Accuracy = 0.933333
Iteration 500 , Accuracy = 0.88
Iteration 550 , Accuracy = 0.853333
Iteration 600 , Accuracy = 1.0
Iteration 650 , Accuracy = 0.96
Iteration 700 , Accuracy = 0.946667
Iteration 750 , Accuracy = 0.96
Iteration 800 , Accuracy = 0.946667
```

다음 그림의 결과에서 확인할 수 있듯이, 반복 횟수가 늘어날수록 정확도가 높아진다.

```
Iteration 3000 , Accuracy = 0.973333
Iteration 3050 , Accuracy = 1.0
Iteration 3100 , Accuracy = 0.986667
Iteration 3150 , Accuracy = 0.946667
Iteration 3200 , Accuracy = 0.946667
Iteration 3250 , Accuracy = 0.986667
Iteration 3300 , Accuracy = 0.986667
Iteration 3350 , Accuracy = 1.0
Iteration 3400 , Accuracy = 0.986667
Iteration 3450 , Accuracy = 0.986667
Iteration 3500 , Accuracy = 0.986667
Iteration 3550 , Accuracy = 1.0
Iteration 3600 , Accuracy = 1.0
Iteration 3650 , Accuracy = 1.0
Iteration 3700 , Accuracy = 0.986667
Iteration 3750 , Accuracy = 0.986667
Iteration 3800 , Accuracy = 0.986667
Iteration 3850 , Accuracy = 0.986667
Iteration 3900 , Accuracy = 1.0
Iteration 3950 , Accuracy = 1.0
```

예제를 실행한 결과를 통해 단순 신경망을 사용할 때보다 CNN을 이용할 때 정확도가 훨씬 높은 것을 알 수 있다.

요약

이 장에서는 딥러닝과 CNN을 다뤘으며, CNN의 개념과 필요성을 설명했다. 이어서 CNN의 구조를 살펴보고, CNN 내부에서 사용하는 계층의 종류를 소개했다. 또한 텐서플로우를 사용하는 방법도 살펴봤다. 텐서플로우를 이용해 퍼셉트론 기반 선형 회귀 분석기를 만들어봤다. 그리고 단층 신경망으로 이미지 분류기를 만드는 예제를 살펴본 후 CNN으로 이미지 분류기도 만들었다.

찾아보기

510

에이콘출판의 기틀을 마련하신 故 정완재 선생님 (1935-2004)

파이썬으로 배우는 인공지능

현실 세계와 지능적으로 상호작용하는 인공지능 애플리케이션 만들기

발 행 | 2017년 5월 24일

지은이 | 프라틱 조쉬
옮긴이 | 남기혁·윤여찬
감수자 | 이 용 진

펴낸이 | 권 성 준
편집장 | 황 영 주
편 집 | 조 유 나
디자인 | 박 주 란

에이콘출판주식회사
서울특별시 양천구 국회대로 287 (목동)
전화 02-2653-7600, 팩스 02-2653-0433
www.acornpub.co.kr / editor@acornpub.co.kr

한국어판 ⓒ 에이콘출판주식회사, 2017, Printed in Korea.
ISBN 978-89-6077-866-5
ISBN 978-89-6077-210-6 (세트)
http://www.acornpub.co.kr/book/ai-python

이 도서의 국립중앙도서관 출판시도서목록(CIP)은 서지정보유통지원시스템 홈페이지(http://seoji.nl.go.kr)와
국가자료공동목록시스템(http://www.nl.go.kr/kolisnet)에서 이용하실 수 있습니다.(CIP제어번호: CIP2017011052)

책값은 뒤표지에 있습니다.